広島修道大学学術選書69

ビジネス教育論の展開

河内 滿

大学教育出版

はしがき

　本書は、ビジネスとは何か、ビジネス教育とは何か、そして、ビジネス教育をビジネス教育論といえるまで高めるには、どのようにすればよいのかについて検討・解明しようとしたものである。

　まず、第Ⅰ部「ビジネス教育論の構築」では、ビジネス教育とは何かについて定義づけを行い、ビジネス取引は商品を中心に売る者と買う者がビジネス取引を行う当事者として利害関係が正反対の立場にあるが、双方が価格・条件について納得することによってビジネス取引が成立すること、そして主体としてのビジネスが行うビジネスの諸活動は、資本の論理とビジネスの論理が貫徹していること、ビジネスが利潤を得る根拠は使用価値の創造と交換価値の創造にあること、さらに、ビジネスには簿記会計の素養が不可欠であることを明らかにしている。

　第Ⅱ部「ビジネスパースンとビジネス倫理観の育成」は、ビジネスに携わるものをビジネスパースンとよび、ビジネスパースンを育成するビジネス教育はどのような人間観に基づいているかを明らかにし、その育成のための道筋を示し、現代のビジネス教育の焦眉の課題であるビジネス倫理観の育成は、資本の論理とビジネスの論理を理解したうえで一定の思考過程を繰り返すことによって、結果としてビジネス倫理観が身に付くものであることを明らかにしている。また、現在、初等中等教育として唯一のビジネスに関する専門教育を行っている高等学校の商業教育におけるビジネス倫理観育成のための具体的な筋道を示している。

　第Ⅲ部「商業教育からビジネス教育へ」は、高等学校の商業教育の原点である高等学校学習指導要領（試案）は商業教育の普通教育への広がりを模索していたこと、そして、英語版の高等学校学習指導要領は商業を Business と英訳していることは高等学校の商業教育の教育内容は事実上ビジネス教育であることを明らかにし、高等学校の商業教育理念の再検討から導かれる商業教育の方

向性はその専門性の深化のなかにあることを示し、さらに歴代の文部省・文部科学省の教科調査官（商業）が商業教育内容としてビジネス教育をどのように捉えてきたかを明らかにしている。

　第Ⅳ部「ビジネスの起源と教材開発」では、日本の歴史のなかでビジネスがいかに経済社会のなかで根付いてきたかについて主体的に学習するには、ビジネスとして成立する条件を設定し判断する適切な教材開発が不可欠であることを示し、ビジネスの歴史を学習する上で重要なことは、ビジネスを取り巻く外部環境としての社会体制であることを明らかにし、ビジネスの外部環境・内部環境の変化がその時代のビジネス倫理観に現れてくること、いかなる時代においてもビジネスには革新性や創造性が不可欠のものであることを明らかにしている。

　町の本屋やインターネット上には、ビジネス教育に関する書物や見解・コメントが溢れているが、ビジネスとは何か、その本質とは何か、について正面から問いかけるビジネス教育論と呼べる記述はほとんど見当たらない。確かに、現実のビジネスの諸活動は、様々な課題を抱えているのは事実である。その原因を資本の論理に求め、ビジネスには利潤の極大化という本質的な問題があると一刀両断にしてしまうのは容易い。しかし、ビジネス教育論のねらいはそこにあるのではない。ビジネス教育論が目指すものは、ビジネスの本質を見据えたうえで、ビジネスの信頼性、非科学性、非近代性、浪費、無駄、欺瞞性等についての様々な諸問題に立ち向かいその解決を図る人材の育成である。

　ビジネス教育論は実践論である。目の前に放置できない問題がある以上、その問題を避けて通ることはできない。そのためには、ビジネスの本質を見抜く力を育成したうえで、現代社会のビジネスの諸活動を分析し、現実的な問題解決に立ち向かう創造的で柔軟な主体性のあるビジネスパーソンを育成しなければならない。本書はそのための道筋とその教材開発の指針を示したものである。

　本書の意図がどの程度達成されたか疑問であるが、今後、教育現場の先生方からのご批判・ご教授をいただき、少しでもビジネス教育論の研究が前進することを願っている。また、ビジネス教育の教材開発として江戸時代の商家の家

訓については、ビジネス倫理観の育成との関連で興味深い。本書の成果を踏まえ、新たに研究を重ねていくつもりである。

　ビジネス教育に携わる者にとって一番大切なことは何か。それは、ビジネス教育を愛することである。ただ愛するのではなく、愛するためには、日々の教育実践のなかでビジネスの諸活動に関する、知識、技能、ビジネス倫理観の醸成がなければならない。

　本書はこれまで『修道商学』（広島修道大学）や『商業教育論集』（日本商業教育学会）で発表した論文を書き改めるとともに、新たに執筆した部分を加えたものである。

　本書を上梓するにあたり、大学院時代の恩師である古林喜樂先生の著書を改めてひも解き、古林先生がいつもご教授されていた「まず疑え、つぎに深く考えよ、そして現実的な対応を行え」という言葉を思い出し、誠に感慨深いものがある。いま、改めて諸先生方の学恩の深さを痛感するものであり、深く感謝申し上げる。また、現在の私があるのは、家族の支えがあったことによるものである。

　2017年7月

河内　　滿

ビジネス教育論の展開

目　次

はしがき …………………………………………………………………… i

第1部　ビジネス教育論の構築

第1章　ビジネス教育 ………………………………………………… 2
　はじめに　*2*
　1.　ビジネス教育の定義　*2*
　2.　教育の不易と流行　*3*
　3.　ビジネス教育論の構築にむけて　*6*
　4.　ビジネスとは何か　*8*
　5.　ビジネスの論理　*15*
　むすび　*20*

第2章　ビジネス取引と主体としてのビジネス ……………………… 25
　はじめに　*25*
　1.　ビジネス取引と主体としてのビジネス　*26*
　2.　ビジネス取引　*28*
　3.　ビジネス教育と社会　*32*
　4.　使用価値の創造　*34*
　5.　交換価値の創造　*36*
　6.　主体としてのビジネス　*38*
　7.　命がけの飛躍　*45*
　8.　ビジネスと労働　*47*
　むすび　*54*

第3章　ビジネス教育と利潤追求 ……………………………………… 59
　はじめに　*59*
　1.　規範論と実践論　*60*

2. 経済のしくみとビジネス取引　*69*
　3. 資本の論理　*75*
　4. 資本の論理と企業目的　*77*
　むすび　*82*

第4章　ビジネス教育の共通言語としての簿記会計　………………… *87*
　はじめに　*87*
　1. 簿記と会計　*88*
　2. 理論、教育、実務の乖離　*91*
　3. 簿記会計教育　*93*
　4. 大学教育と簿記会計教育　*97*
　5. 簿記会計教育の位置づけ　*100*
　むすび　*107*

第2部　ビジネス倫理観とビジネスパースン

第5章　ビジネス教育における人間観　……………………………… *112*
　はじめに　*112*
　1. 個性の尊重　*113*
　2. 自我の確立　*116*
　3. 生きるためのツール　*119*
　4. ビジネス教育の人間観　*122*
　5. ビジネス教育のあり方　*125*
　むすび　*128*

第6章　ビジネスパースンの育成　…………………………………… *130*
　はじめに　*130*
　1. 経済社会とビジネス　*130*

2. ビジネスと学校教育　*132*
　　3. ビジネスパースンの資質　*140*
　　4. ビジネスパースン育成の教材化　*146*
　　むすび　*154*

第7章　ビジネス倫理観の育成 …………………………………… *156*
　　はじめに　*156*
　　1. ビジネスと倫理観　*156*
　　2. ビジネス倫理観育成の思考過程　*160*
　　3. ビジネス倫理観の多様性　*168*
　　むすび　*174*

第8章　高等学校の商業教育とビジネス倫理観 ……………… *176*
　　はじめに　*176*
　　1. 高等学校学習指導要領にみるビジネス倫理観の育成　*176*
　　2. ビジネス倫理観の育成と主体性の確立　*181*
　　3. 商業教育とビジネス倫理観の育成　*183*
　　4. 商業の機能説と倫理観の育成　*184*
　　5. 商業教育とビジネス倫理観　*186*
　　むすび　*187*

第3部　商業教育からビジネス教育へ

第9章　高等学校の商業教育とビジネス ……………………… *190*
　　はじめに　*190*
　　1. 高等学校学習指導要領とビジネス　*191*
　　2. 教科商業とビジネス・ビジネスの諸活動　*192*
　　3. 商業教育とビジネス　*193*

4．ビジネスと利潤追求　*197*
　5．ビジネスの諸活動　*200*
　6．ビジネス教育論の展開　*203*
　むすび　*208*

第10章　商業教育の原点（試案）と学習指導要領の英語版 …………… *210*
　はじめに　*210*
　1．一般教育目標（試案）と商業教育　*211*
　2．高等学校学習指導要領商業科編（試案）の一般目標　*216*
　3．商業教育と高等学校学習指導要領（英語版）　*218*
　4．高等学校における商業教育理念　*221*
　5．ビジネスの諸活動　*227*
　むすび　*234*

第11章　高等学校における商業教育理念の再検討 ………………………… *236*
　はじめに　*236*
　1．商業教育理念の定義　*237*
　2．商業教育と経済社会　*238*
　3．商業教育の特質　*241*
　4．教育改革の方向性への疑問　*243*
　5．商業教育における専門性の変質　*245*
　6．商業教育における専門性の深化　*248*
　むすび　*251*

第12章　ビジネス教育に関する教科調査官の諸説 ………………………… *253*
　はじめに　*253*
　1．大埜隆治と商業（Business）教育　*253*
　2．雲英道夫と商業教育　*258*
　3．澤田利夫と商業教育　*264*

4. 吉野弘一とビジネス教育・商業（Business）教育　*266*
むすび　*269*

第4部　ビジネスの起源と教材開発

第13章　ビジネスの歴史を主体的に学ぶ基軸とは何か ……………… *274*
はじめに　*274*
1. ビジネスの歴史の分析軸　*275*
2. ビジネスの黎明期　*282*
3. 封建社会とビジネス　*287*
4. 封建社会と主体としてのビジネス　*290*
むすび　*296*

第14章　ビジネスの起源と織豊時代 ……………………………… *302*
はじめに　*302*
1. 戦国時代　*303*
2. 織田信長　*312*
3. 豊臣秀吉　*320*
むすび　*327*

第15章　ビジネスの起源と幕藩体制の成立 ……………………… *335*
はじめに　*335*
1. 徳川家康　*336*
2. 江戸幕府の成立　*339*
3. 参勤交代とビジネス　*343*
むすび　*347*

第16章　封建社会の家とビジネス …………………………………… *351*

　はじめに　*351*

　1. 家と家族　*352*

　2. 家とは何か　*353*

　3. 武家の管理　*354*

　4. 家と家業　*356*

　5. 商家とビジネスの第1次目的　*356*

　6. 家長　*357*

　7. 運命共同体　*358*

　8. 共同体（ウチ）と協働体（ソト）　*360*

　9. 能力主義　*361*

　10. ビジネスの歴史を学ぶ意味　*363*

　むすび　*364*

第17章　江戸時代とビジネスの革新性 …………………………… *369*

　はじめに　*369*

　1. 伊勢商人（三井八郎兵衛高利）　*370*

　2. 近江商人（中井源左衛門光武）　*373*

　3. 大坂と江戸との海運ビジネス　*375*

　4. 米市場と商人　*378*

　5. 中井家帳合法　*385*

　むすび　*393*

あとがき ……………………………………………………………………… *398*

第1部

ビジネス教育論の構築

第1章
ビジネス教育

はじめに

　ビジネスとは何か。日常的に耳にするビジネスという用語も正確にはどのような意味で使われているのか、その実体はなかなかつかめない。その主な理由は、ビジネスは一般用語であり、専門用語として経済学、経営学、会計学、商学の分野では認識されていないからである[1]。従って、ビジネスについての統一した定義づけの試みは、ほとんどなされていないといっても過言ではない。ましてや、ビジネス教育が論として成り立つのかについては、未開の地に足を踏み入れるようなものである。ビジネス教育が論として成り立つためには、ビジネスとは何か、ビジネス教育とは何かについて検討し、ビジネス教育としての教育理念、教育目的、教育内容、教育方法についての見解を示さなければならない。ここでは、学校教育[2]を念頭におき、ビジネスとは何かについて検討する。

1. ビジネス教育の定義

　ビジネスと教育を単純に並べただけではビジネス教育とはならない。ビジネス教育はビジネス教育としての独自の教育理念、教育目的、教育内容、教育方法があってしかるべきである[3]。ビジネス教育を検討するにあたり、ここでビジネス教育についての筆者の定義づけをしておくと以下のようになる。ビジ

ネス教育とは、第1次産業、第2次産業、第3次産業はいうにおよばず、営利・非営利を問わず全ての産業分野に横断的に貫徹するビジネスの論理と資本の論理を理解し、ビジネスを管理・運営する知識、技能、倫理観の学習を通して、ビジネス・マネジメント能力の育成を図り、経済社会を支えその発展に寄与する人材（ビジネスパースン）を育成する教育である。

2. 教育の不易と流行

（1） ビジネス教育の必要性

　学校教育において、社会科や家庭科等の教科で、消費者教育として企業やビジネスについて取り扱う視点と、ここで論じるビジネス教育として、企業やビジネスを取り扱う視点は、同一のものではない。人間が経済的欲望を満たそうとする行為を経済行為[4]とよび、その経済的行為によって成り立っている社会を経済社会であるとすれば、経済社会における商品の売買は、買い手（消費者）の視点で取り上げる教育（消費者教育）と売り手（ビジネス）である企業の視点で取り上げる教育（ビジネス教育）の両方があってしかるべきである。経済社会における個人は、生活者として消費者の側面を持っていると同時に、職業人としてビジネスの側面をあわせ持っている。良いものを、何時でも、何処でも、安く手に入れたいという消費者の論理の主張は、ビジネスの論理（収益－費用＝利益）を理解することによって合理的・客観点な判断ができるのである。

　ビジネスとして、消費者が求める良いものを、何時でも、何処でも、安く手に入れたいという欲求は、ビジネスを行う側からみると、理念としては理解できるがあまりにも抽象的である。良いものといっても、必要・最低限の欲求を満たしていればよいのか、何時でも・何処でもといっても、それなりの利便性でよいのか、安くといっても、原価を割っての販売の継続は不可能である。これらのことは、売り手側のビジネスの論理（収益－費用　＝利益）のなかで、販売量とコスト計算上どこまで可能なのかが問われ、ビジネスとして合理的な行動を取ったとしても、同業他社の判断も考慮しなければならないし、何より

消費者に受け入れられるかどうかは、やってみなければわからないのである。このような意味において、ビジネスの側から見た消費者主権は成り立っている。

誤解を恐れず単純化すれば、売買とは取引である。売買取引とは商品を仲立ちとして、売り手側と買い手側の利害関係が真正面から対立するものであるが、ここで重要なことは、現実の売買取引は、売り手側も買い手側もそれぞれ異なった事情があるなかで、総合的に検討し、折り合える一致点を模索し、売買取引の成立をみているということである。

現状の学校教育のなかにおいて、売る側の論理や行動様式を客観的に学ぶ教育が確立されているとはいいがたい。買う側の教育に偏ると、売る側への不信感を助長する結果となりはしないか。加えて、日々の生活の中では、ビジネスの不信感を助長する企業の不祥事にはこと欠かない。身近な体験として、消費者は、確かにその場の流れで商品を買ってはみたものの、購入後、しまった、損をした、何か変だ、不必要なものまで買わされたのではないか等の衝動買いを含めると、ビジネスへの不信感は根深いものがある。

このような状況の中で、実社会に巣立っていく学生・生徒の現実的な対応が、ビジネスへの不信感は一旦棚上げして、ビジネスについての十分な理解のないまま"世の中とはこのようなものである"と達観して、収入の糧としてのビジネスに関する仕事に就くことがあるとしたら、不幸なことである。仕事そのものは貴いものであるし、国民の権利であり義務である（憲法　第27条）という建前と、仕事は収入を得る手段であるという現実との間を埋めることを、教育として見過ごしてはならない。ビジネスに携わる者として、自らの仕事に自信と誇りを持ち、自らの仕事の方向性の正しさについて胸を張って主張する論拠を提供する教育が必要とされているのではなかろうか。

（2）　教育の時代性と国家性

教育の目的は、国家・社会の要請に基づき人としての能力を開発し、国家およびその社会を形成する主体としての人材を育成することにある（教育基本法第1条）。教育は、人格の完成[5]を目指すものであり、人格こそ、人間のさま

ざまな資質能力を統一する本質的な価値である[6]。

　すべての個人は、生得的にも、後天的にも、ひとり一人の特性は異なり、同じことを習得するにも、同じ教育方法で良いとは限らない。学校におけるビジネス教育は、人としての発達段階に関する探求の成果に基づいた改善を行う配慮がなければならない。学校教育は、人と社会との関連性の中で、個々人の潜在的な可能性をよりいっそう豊かに開発することを目指して、不断の改善・改良が図られている。

　学校教育は、それぞれの時代の諸要請を反映したものであるから、社会体制が異なれば、事の善悪自体が逆転することもあり得る。そもそも社会そのものが一筋縄ではいかないから、様々な学問が生まれているといっても過言ではない。奴隷が基本的な生産手段であった古代奴隷制社会と現代社会では、社会体制そのものが異なる。同じ資本主義を指向する社会であっても、その時代が平和な時代なのか戦時体制下であるのか、またはその社会の完成度によっても、社会の教育に対する要請は異なってくるのである。

　人間が社会を構成している限り、理想的な社会は机上の空論であるかもしれない。社会科学は、永遠にこの問題を抱えているからこそ、例え根本的な解決策を提示できたとしても、その実行段階において全ての人が満足すべき解決策を見出しえないからこそ、それぞれの学問は、自らの存在意義を主張できるのかもしれない。ましてや善悪の判断基準たる社会体制が変化すれば、国民の合意そのものが過去のものとなる。しかし、このような状況においても、教育は他の社会科学と同様に、よりよい教育を求め、時代と国家に応えなければならない。いつの時代も、教育が迷走していると映るのはこのためである。

（3）教育の不易と流行

　ビジネスを活発化させ、経済発展を図ること自体においても、地球の資源が有限な現代社会において、人類の将来について地球規模の全面的な合意に到ることは不可能であろう。ある国家、ある国民、ある民族が、その時代において合意することが精一杯ではなかろうか。しかし、だからといって問題を放置してよいということではない。教育は、教育としての指針を不易（時代が変わろ

うと変化しないもの）と流行（時代と共に変化するもの）の中に接地点を求め、その時代、その社会体制のなかで自らの中の不易と流行を見極め、より良いものを求めて、人材の育成に取り組んできたのである[7]。このような社会情勢のなか、ビジネス教育は、ビジネスの諸活動が行われる経済社会を乗り切るために、複雑に絡んだ経済現象をビジネスの不易と流行というキーワードによって、教育という視点で解きほぐす指針の一つとなることが求められている。

3. ビジネス教育論の構築にむけて

（1） 学際的結びつき

　企業行動そのものについては、経済学、経営学、会計学、商学の各学問分野において企業経営という研究対象に対して、その分野独自の知識や技能についての理論を体系的に論理的に解明する研究が積み重ねられている。その研究は、経済学、経営学、会計学、商学のなかの各分野であったり、個別企業を対象とするものであったり、その個別企業を業務内容によって横断的に切り取り理論化することを研究するものであったりする。そのまとめ方のアプローチは、個は全体を構成し、全体は個によって成り立っているという相互依存関係のなかで、一つの事業体として取り扱うか、又は多数の事業体の共通の業務である、例えば、貿易なら貿易という分野に注目し、全体を横断的に統一する理論を見出す研究が積み重ねられている。また、まず営利企業でその学問を確立し、その手法をもって他の分野と融合し、新しい問題に挑戦することや、営利を取り除き非営利事業へ援用する方法、また、ある分野が解決すべき問題をはらんでいるとの問題意識を持つことにより、新たな分野が生まれるという学際的な自己増殖が図られている。このようなすべての分野をビジネス教育として個別対応することには限界がある。

（2） 個としてのビジネスと教育

　一つ一つのビジネスは常に動いており、それにつれてビジネス全体も変化している。産業動向とは、一つ一つのビジネスが活動する中で、全体として把

握した場合の一つの方向性である。個としてのビジネスは、産業動向に逆らい逆の方向に向かっていくビジネスがあるかと思えば、すべてをかけて全体の方向へ突き進むビジネスもある。また、ゆったりと様子見を決め込むビジネスがあっても不思議ではない。ただ一つ確実にいえることは、それぞれのビジネスは、自らの存在を賭けて行動しているということであり、その結果を概観したとき、そのビジネス分野全体としての産業動向が、一つの方向性として映るのである。

　それぞれ、個々のビジネスを突き動かしている行動や変化の根本は、後述するビジネスの論理と資本の論理であり、その結果として収支の均衡、利潤の極大化に収束する。個々のビジネスと経済社会との関連性は、経済社会における産業分野、産業構造、企業形態、企業規模等、まさに千差万別であり、その個々のビジネスの特殊性もあり、すべてのビジネスの行動を予測・把握することは困難である。個々のビジネスの具体的な行動は、ある事象をビジネスチャンスとみるか、そのビジネスに見切りをつけるか、すぐに動かず様子を見極めるか、ビジネスを担う個人に大きく依存している俗人的な要素が強く表れる。

　また、ビジネスに携る人材の育成に関しても、学習者個人は人格を持った存在であり、たとえ同じビジネスの構成者としてビジネスの方向性そのものが同じであっても、その構成員たる個々人の受け取り方は異なる。そのような中で必要なことは、一つの目的を共有することである。個々のビジネスの方向性は見えないにしても、ビジネスは一つの企業の維持・発展という目標によって結ばれ、個々人の行動は何らかの統一性を持っているか、持とうとする姿勢を構成者の中に見出さなければ、ビジネスそのものが成り立たない。ビジネス教育は、ビジネスという事業体は統一目標の実現のために作られた共同体であると認識し、その共同体の構成員として求められる知識、技能、倫理観を育成する教育であることを前提としなければ成り立たない。

（3） ビジネス教育論の構築にむけて

　事業主が、ある活動をビジネスと認識した場合にどのような論理で行動するのであろうか。主体としてのビジネス（事業体）が行うビジネスの論理や資本

の論理に従って行う様々な活動は、利益を追求するという意味において時代を超え、地域を越え、いかなる国民・民族においても共通である。このような意味において、ビジネスは、国民性を超え、社会体制を超える。しかし、その反面、時代性、国民性、民族性、社会体制を無視した、「ただ儲ければよい」という論理のみが成り立つとも考えにくい。何故なら、現実の生活は、時代性、国民性、民族性、社会体制によって成り立つ倫理観の拘束のもとで生活しているからである[8]。ましてや、教育は不易と流行との関わり合いのなかで歴史的継続性のもと、現代社会で教育活動が営なまれており、ビジネス教育もその例外ではありえないのである。

　現実の企業経営は常に動いている。その動いている断片を断片としてそのまま書き連ね、その対応策を提示しただけでは、ビジネス教育論とはならない。論という限りは、その行為について、またそれぞれの断片を捉えて、なぜそのようなことが起こったのか、なぜそのような行動を取ったのか、または取らざるを得なかったのかを明らかにしなければならない。ビジネス教育は、実践教育として、ビジネスの諸活動を論理的に明らかにし、具体的な改善策を示し、より良いビジネスを構築することに貢献できなければならない。

　さらに、ビジネス教育は、教育として生きたビジネスの息吹と論理性を教材の中に取り込むことが求められる。ビジネス教育は、なにより実践的でなければならないし、その客観性は数字を通して理解できるものでなくてはならない。これらのことは、ビジネス教育理念として、小学校教育から大学教育に至る学校教育を包括し、また、会社の社員教育や公民館等での社会教育においても成り立つ汎用性を持つものでなければならない。

4. ビジネスとは何か

（1）ビジネスという語感

　英語のbusinessの日本語訳である仕事、事業、商売等と日常的に使われているカタカナの"ビジネス"とは異なるのではないか。ここで気をつけなければならないことは、カタカナのビジネスの語感である。businessの日本語訳

にそのまま教育を付けて、仕事教育、事業教育、商売教育とした場合では、日本語の語感としてのビジネス教育とは異なり限定的な印象を与える。

　カタカナでビジネスといった場合は非常に幅広い意味を持っており、そのビジネスの当事者が共通に理解・イメージしているものを導き出すことは容易なことではない。たとえ自らがビジネスの定義をし、その内容を構成したとしても、その定義そのものが現実の世間一般でイメージされているビジネスとの乖離があるとしたら、ここで検討している論としてのビジネス教育論そのものが誤解されてしまう可能性がある。

　ここで一般的に使われているビジネスという用語を整理しておくと、ビジネスは、ビッグビジネス、エコビジネス、介護ビジネス、観光ビジネス等のように業界と認識されているもの。さらに、ビジネス行為を行う主体、つまり個々の事業体として使われているビジネスである。そして、その主体としてのビジネス（事業体）が行う行為を表すビジネスの諸活動を意味する場合もある。加えて、主体としてのビジネス（事業体）が行うビジネスの諸活動が持つイメージや雰囲気を伝えるための形容詞としてのビジネスがある。業界としてのビジネス、個々の事業体としてのビジネス、売買取引等の行為としてのビジネス、そして、ビジネスという雰囲気を表すために形容詞として使われるビジネスである。従って、ビジネスホテルという使い方は、ビジネスホテル（業界）の中で、ビジネスホテルを事業として営む主体としてのビジネス（事業体）が、ビジネスの諸活動としての宿泊業を営むという営業活動（業務）を行い、他の高級ホテルやリゾートホテルとの差別化を図るために主要な利用者をビジネスに携る人に限定するというビジネスのイメージを伝えている（形容詞）のである[9]。

（2）ビジネスを理解するアプローチ

　ビジネスとは何かという問いかけに、2つのアプローチが考えられる。1つは、時代性、社会性、国民性を除いた普遍性に関わるアプローチと、もう1つは現代社会におけるビジネスとは何か、つまり現代のビジネスを取り巻く社会体制の中からビジネスの本質を解明しようとするアプローチである。前者のア

プローチにそってビジネスを検討していくと、ビジネスという行為は取引そのものに収束していく（ビジネスの不易の部分）。また、後者のアプローチで分析していくと、ビジネスとしての行為そのものが時代、社会体制、国民に受け入れられるために必要不可欠なものへと収束していく（ビジネスの流行の部分）のである。

　例えば、大西洋奴隷貿易[10]では、かつて奴隷の売買はビジネスとして成立していた。しかし、現代社会では人間そのものを商品とした人身売買は認められるはずもない。その売買取引を行うというビジネス取引（不易）は不変であるということと、現代のビジネスとして何がよくて、何がよくないのかということ（流行）を考えなければビジネスは成り立たない。ビジネスの諸活動を行う主体としての売買取引（不易）とその売買取引が社会で認められること（流行）とを区別していくと同時に、現代のビジネスは、その不易と流行の統合であるという柔軟な思考が求められる[11]。不易と流行の混合割合は、そのビジネスが置かれている状況や取り扱う商品によって、まさにケース・バイ・ケースである。

　ビジネス教育論の構築は、現在というピンポイントにおけるビジネスの実態解明と、過去・現在・未来という時間軸の流れの中でのビジネスの本質の解明とを、同時展開させなければならない。歴史を遡りビジネスの本質を明らかにする作業と、そのビジネスの本質（不易）にビジネスを取り巻く、時代性、国民性、社会性というビジネス外部環境（流行）を付与し、現代の経済社会におけるビジネスの意義や役割に結び付けていかなければならないのである。

（3）取　引

　自給自足の生活では生産と消費が一致していた。生産と消費が自己完結している消費生活に取引は起こらない。ビジネスの原形は、人と人との関わり合いの中で、お互いに必要としながらも、少しでも自らに有利な取引条件を引き出そうとする利害関係の中で起こってきたと考えられる。このような生活環境においては、結果として交換取引が行われ、交換の仲立ちを主要な仕事とする第三者、つまり商品流通の仲介者たる商人[12]の発生はまだない。しかし、交換

取引の当時者が、自分により優利な条件を引き出すという意味において、ビジネスの起源（原型）は、交換取引に求められる。このことを広義のビジネスとする。

このように、利害関係が相反するものが、少しでも自分に有利な取引が出来るように交渉・合意できる行為を広義のビジネス取引であるとすると、現代に通じるビジネス一般についての出発点は、販売される目的でつくられたモノやサービス、すなわち、商品[13]を認識することに求められる。ビジネスの原形を商品の売買取引とすれば、生産者がモノやサービスを販売目的の商品として認識した時にビジネスの当事者（販売者）となり、仲介業者はもちろん、最終消費者であっても、商品を購入する時はビジネスの当事者（購入者）となる。この商品との関連性でビジネスを捉えることによって、ビジネスは、経済社会の生産から消費に至るまでの全ての分野において、商品が移転する売買取引の連鎖の中に組み込まれ、売買取引のあるところ全てにビジネスは存在すると認識できる。

売買取引は、市場[14]を形成し、市場は競争を通じて、ビジネスに効率性、信頼性、利便性を担保し、売買取引は拡大する。競争のない売買取引は、市場を形成しておらず、需要と供給の関係によって価格が決まっているわけではないから、ビジネスとしての合理性を担保できない。ビジネスには市場を通した競争という、自浄作用が不可欠である。

売買取引は、売り手と買い手の当事者間の行為であるから、経済主体としての企業、家計、政府の経済活動そのものにも関連する[15]。それぞれの経済主体の行動基準は、営利目的の企業[16]と非営利目的の家計や政府とでは異なるが、経済主体としてより良い売買取引条件を引き出すという行動基準に違いはない。その意味では、全ての経済主体はビジネス取引を行っている。

各経済主体が行うビジネスとしての売買取引は、第1次産業、第2次産業、第3次産業等すべての産業分野において、経済活動を維持していくうえで必要不可欠であり、営利事業、非営事業を問わず、当事者が意識しているかいないかに関わらず、幼稚園児がおやつを買う行為でさえ、売買取引が行われる限り、ビジネス取引である。

現代の経済社会では、いかなる産業であれ、またいかなる職業であれ、他の経済主体と全く無縁に存在しているわけではない。相互に関連し合い、依存し合って、その経済社会を維持・発展させている。ビジネスは、売買取引を通じて、このような相互の関連性を有機的に結合させるはたらきを担っており、現代の経済社会はビジネス取引なくしては成り立たないのである。静的に、生産者は生産物を市場に供給し続け、消費者は市場から消費財を購入し続けているわけではない。動的に、ビジネス取引である以上、生産者は原材料の仕入れ一つについても、ギリギリのコストダウンを求められ、完成品が売れるか売れないかのリスクにさらされている。ビジネスの理解には、経済社会は生きて動いているという感覚が不可欠なのである。

（4） 交換価値の創造

アダム・スミス（Adam Smith、1723年〜1790年）によれば、価値という言葉には二つの意味がある。すなわち、あるときはある特定物の効用を表し、あるときは他の財貨を購買する力を表す。前者を使用価値、後者を交換価値とよぶ[17]。マルクス（Karl Heinrich Marx、1818年〜1883年）も使用価値と交換価値とを区別し、使用価値は財の有用性であり、あらゆる商品は使用価値をもっている。すなわち使用価値をはなれて商品は存在しえないのである[18]。

生産者がいくら使用価値を主張しても、消費者が実際に商品として認め貨幣と交換しなければ売買取引は成立しない。つまり、モノやサービスが商品になれるかなれないかは、ひとえに交換価値にかかっている。商品としての使用価値が正当に評価されるためには、消費者にその商品を認識させ、購買に値するかどうかの判断を乗り越え、実際に購買へと結び付けなければならない。このことをここでは交換価値の創造とする。財から商品への転換はまさに交換価値の創造であり、ビジネスにとって命がけの飛躍である[19]。

（5） ビジネスとサービス

経済社会は、どのようなシステムから成り立ち、ビジネスはお互いにどのような関係にあり、どのような機能を果たしているか。ビジネスとサービスの関

係の中からその存在意義を考えてみる。ビジネスの意義としての思考のはじめは、ビジネスはどのようにすれば効率的であるか、合理的であるか、経済社会に貢献できるか、ということである。

　商品流通のビジネスは、交換価値の創造であると仮定すれば、商品流通のビジネスは、サービス[20]との相互作用なくしては成り立たないことになる。現代の経済社会において、商品は売れてこそ商品であり、売れなければただの資源の浪費となる。商業の機能説によれば、商業とは生産者と消費者との間にある場所的、時間的、人的な隔たりを埋める機能である[21]。特に小売業や接客業は商品の魅力や存在感を引き立てるサービス（交換価値の創造）なくしては商品としての評価・販売に結びつかない。財の生産者は、販売そのものに責任を持つことは当然であるとしても、商品としての品質に直接責任を持つことに専念できれば、その仕事は効率的に行える。製品の使用価値に責任を持つ生産者とその製品を商品に転化させる交換価値の創造に責任を持つ当事者は、一体のこともあるし、専門化し仕事を分担している場合もある。いずれにしてもサービス（交換価値の創造）の当事者は、目の前の消費者と相対取引を行い消費者に直接責任を持つのである。販売という結果に結びつくサービスの本質は、販売者も購買者もお互いにメリットを実感し取引相手として意識していることにある。ビジネス教育の主要なテーマの一つに、広い意味のコミュニケーション能力[22]の育成という課題が浮び上ってくる。

（6）交換価値の創造とサービス

　ここでサービスについて整理しておくと、商品としてのサービスは、他の商品としてのモノと同様である。つまり、家事代行というサービス（使用価値）そのものと、その家事代行サービスを販売するサービス（交換価値）とを区別することである。サービスを提供するためのコストは、モノを作りのコストと変わりない。強いて言えば、材料費、労務費、経費の材料費にあたるものがないだけである。モノやサービスが商品として、実際に売買されるためには、付加されるサービス、つまり交換価値を創造するためのサービスが不可欠である。この交換価値を創造するためのサービスのコスト構造は、商品としてのモ

ノやサービスと同様である。

　売買取引が成立するかどうかは、サービスという商品の販売者とサービスという商品の購買者との相互作用によって決まる。ビジネスは、人と人とを新しい関係として結びつけ、新しいサービスを創造し、新しい便益を提供することによって生活の質を向上させるという、経済社会のニーズに応えているのである。

　消費者と生産者を経済社会関係と捉えれば、ビジネスは新しい文脈に基づいて商品を組み替え、商品の交換価値の創造を通して経済社会で新しい役割を創り出す。サービスは、人と人との相互作用が核心をなすものであるから、ビジネスは効率性を向上させるために消費者を標準化し画一化させる方向に進む。しかし、消費者を標準化・画一化する方向性とは真反対に消費者を絞り込むビジネスもある。標準化・画一化という方向性と個別化・多様化という方向性の幅の中に現実のビジネスの選択肢がある。消費者を一人ひとり独立したものとして理解すると同時にそれらを組み合わせることによって、ビジネスの無限の多様性が生まれるのである。

　ビジネスは、交換価値の創造を目指すものであるから、サービスが商品のあり方を変え、商品がサービスのあり方を変えることによって、ビジネスの多様性と効率性の両立を図りながら自己増殖させていく。多様なビジネスは、その効率性と個別性の主張という微妙なバランス感覚の中で成り立ち、常に変動し揺れ動いている。ビジネスにおいて、商品の交換価値を創造するためのサービスは、商品の使用価値を高めるもの、いわば交換価値を創造する核心となるものであり、ビジネスの地殻変動の震源地となっている。

（7）ビジネスとマネジメント

　売買取引（ビジネス取引）を行う主体としてのビジネスは、ビジネスが行う外部取引としての売買取引と、その外部売買取引を支えるビジネスの内部管理とに区別する必要があり、この内部管理のことをここではマネジメントとする。つまり、ビジネス（外部取引）とマネジメント（内部管理）とが一体となって主体としてのビジネスを構成しているのであり、その主体としてのビジ

ネスが行う外部取引と内部管理を統合した活動をビジネスの諸活動と整理しておく。

ビジネスの本質は、売買取引（ビジネス取引）であり、その売買取引は通常外部取引を意味する。ビジネスとして外部取引を行うには、それを支えるビジネスの内部管理が不可欠であることは言うまでもない。個人であれ、法人であれ、主体としてのビジネスが行うビジネスの諸活動は、対外的なビジネス取引を行う主体としてのビジネスがビジネスの内部管理を行うマネジメントに支えられて、売買取引を行うことである。

ビジネスの諸活動（ビジネスの対外的な諸活動）には、内部管理としてのマネジメントが不可欠であり、すべての産業分野の事業体においても横断的にマネジメントは存在する。さらに、非営利事業などの分野においても、個々人の消費生活を営むうえにおいても、ビジネス取引を行う以上、ビジネス（外部管理）は、マネジメント（内部管理）を意識する・意識しないとに関わらず、機能として不可欠である。ビジネス教育は、主体としてのビジネスにおけるすべての外部取引と内部管理を合理的に調和させ、自己実現を図る教育を目指さなければならない。

5. ビジネスの論理

（1） ビジネスの論理と損益計算

ビジネス教育が目指すものは、経済社会におけるビジネスの当事者としての事業体や個人が、独立した経済主体として存続・発展する術を学ぶことであり、その術とは、収入と支出の合理的な調和を図る知識、技能、ビジネス倫理観である。すべての産業分野において、営利企業、非営利企業、行政法人、地方公共団体等に関わらず、ビジネス取引を行う個人や法人を横断的に貫く、損益計算を行う行動基準を、本稿ではビジネスの論理という。

経済主体が行う行動基準は、極めて単純な以下の3つの会計上の計算式で示される。会計上の損益計算が、事業体なり個人がビジネスを行う行動基準を示すとすれば、その計算式は、経済主体の存在理由や行動目的によって意味が異

なり、以下のように3つに集約され、公の事業体においては、会計監査、会計報告が求められる。

① 利益の追求（営利企業を想定）

収益 − 費用 = 利益

営利企業は利潤を追求し、しかも利潤の極大化を目指す[23]。この計算式によれば、利益をあげる方法は、収益を上げるか、費用を下げるかの2つしかない。営利を目的とする企業や個人事業主の行動基準は、結果として、利益を上げることに、その存在意義を見出すことを前提としている。

② 収支の均衡（非営利事業を想定）

収入 − 支出 = 0

行政等の非営利団体では収支の均衡・独立採算制が前提となり、収入に対し、いかに質のよいサービスを提供するかが問われる。この行動基準における収入についての解釈は、提供するサービスについての先取り（収入を負債）と認識し、収入に見合うサービスを提供することによって支出の合理性が保たれその義務（負債）は解除される。従って、予算を消化できない場合は収入に見合うサービスを提供できなかったことになり、通常は翌年より予算（収入）を削減される。

③ 将来の支出に備えた収支の均衡（個人の生活を想定）

収入 − 支出 = 残高

個人において収入は労働の対価であるから、支出は自らの労働の再生産に向けての消費活動に向けられるが、すべて使い切ることなく、将来に向けての蓄えについても配慮しなければならない。残高（貯蓄）を残すのは次世代の労働力の再生産を維持するためである。このことは個人の消費生活が中心であるが、希望的観測を含めて当事者の意識にもよるが、非営利団体等についても当てはまる行動基準である。

ビジネスを行う主体は、主要には①の基準であるが②③を含めて、いずれかの行動基準を前提としている。このことは、いかなるビジネスを行う主体においても赤字であることは、事業体・個人としての存続が危ぶまれることを意味している。現金にはマイナスの概念がなく、不足分は借入によるしかないから

である。公の事業体においては、お金の動くところ（ビジネス取引）には必ず合理的な使途、資金運用、財務諸表の公表等が求められ、ビジネスの諸活動の把握には、簿記会計の素養が不可欠である。

　この3つの式に共通するものは、事業の主体や消費生活の当事者の行動基準は、いかに効率的、合理的に事業の運営や収支の均衡を図るか、ということである。ビジネスの論理の貫徹するところ、公のものについては行動の合理性についての説明責任と財務諸表の公示が求められ、個人においては収支のバランスの実態把握に努めなければならない。

　主体としてのビジネスが行う、ビジネスの諸活動の行動基準たるビジネスの論理は、経済社会生活のあらゆるところに関係している。例えば、伝統文化財の保存にしても、文化財の保存そのものがビジネスとなることもあるし、公的な文化財保存のための適正な予算執行等についてもビジネスの論理は貫徹する。このことは、文化財保護という上位目的の達成のためには、ビジネスの論理に従い行動するという下位目的を果たさなければならないことを意味し、その下位目的を達成するためには、下位目的を達成する為の具体的な知識、技能、倫理観の育成を図るビジネス教育が不可欠である。

　上位目的の達成は、個々の下位目的達成の連鎖の流れの中で可能であり、目的達成のための連鎖を途切れさせてはならない。目的達成の連鎖は、事業体の性質、規模、社会的責任等によって様々であるが、いずれにしろビジネスの論理が貫徹しているのである。なお、ビジネスの論理といった場合、一般的には①の営利企業のビジネスのことをさしており、ここでは営利企業を中心に検討する。

（2）ビジネスの利益追求と利潤追求

　現代の経済社会におけるビジネスの本質は、利潤追求である[24]。ここで一言付け加えたいのは、利益と利潤との使い分けである。本稿では、利益は「収益－費用＝利益」という個別企業のビジネスの論理を表しており、利潤は、利潤の追求、利潤の極大化という資本主義社会の経済法則として、資本の自己増殖が目的化している資本の論理を表している。個々のビジネスとしての利益

の追求、利潤の極大化は、ビジネスの不易の側面を表し、主体としてのビジネス（事業体）には、ビジネスの論理が貫き、ビジネスの過去・現在・未来にわたって変わることがない。また、資本主義社会においては、限りない資本の自己増殖を図る資本の論理が貫いている。資本主義社会体制がビジネスの論理を際立たせていることは、資本の論理とビジネスの論理が連動していることを意味している。

　利益の追求は私的営利であるが、ビジネスを行う行為そのものは、経済社会の維持・発展に結びつく。詐欺商法といわれるものは社会的に容認される行為ではないので、ここでは除外して考える。しかし、詐欺商法とビジネスとは微妙な関係にある。詐欺商法と呼ばれるものにも、ビジネスの論理は貫徹するからである。過大な債務を抱えて家庭が崩壊することや、悪徳金融業者の暗躍によって破綻する事業体が後を絶たない。その元凶である詐欺商法であっても、利益が確保できなければ継続する意味がない。これらの違法行為においても不易としてのビジネスの論理は貫徹している。しかし、正当なビジネスとの違いは、その目的が過去それに近い行為が容認されていたとしても、現在の法に違反しており、ビジネスとして容認される流行に合致していないことである。

　ビジネスは、本来なんらかの形で継続・発展を求めるものである。継続性を考慮しないビジネスは、利益の極大化のみが前面に押し出され、もはやまともなビジネスとはいえない。詐欺は詐欺であってビジネスではない。要は、"世の中にはうまい話はない"というレベルの話であって、High Risk High Returnや衝動買い以前の話である。そもそも儲け話を他人に教えること自体、非論理的である[25]。

（3）ビジネスの公共性と公益性

　ビジネス教育では、モノやサービスを提供する事業体を主体としてのビジネスとすると同時に、モノやサービスの提供を受ける事業体も主体としてのビジネスとして取り扱う。売り手と買い手の違いはあるが、少しでも自らに取って有利になるように、ビジネスの論理に従って、ビジネスの諸活動を行う当事者であるからである。ここでは、その事業形態が営利企業であるか公益団体で

あるかを問うているわけではない。主体としてのビジネスは、ビジネスの論理（収益－費用＝利益）に従って行動しているのであり、求められるビジネス上のスキルは、第1次産業、第2次産業、第3次産業はいうにおよばず、営利・非営利を問わず、すべての産業分野に横断的に貫徹するビジネスの諸活動を管理・運営するために必要とされる知識、技能、ビジネス倫理観である。これらのスキルは、営利企業の社員、地方公共団体の職員を問わずビジネスの公共性と公益性に不可欠のものである。

　ビジネスの公共性と公益性について整理しておかなければならないことは、ミクロとしての個々のビジネスとマクロとしての事業・業種としてのビジネスとを区別することである。マクロとしてのビジネスには、営利企業であれ、公共事業団体であれ、公共性と公益性については、その事業の設立目的や社会的な意義や役割について組み込まれており、ビジネスの公共性と公益性の問題は発生しない。問題は、個々の私的営利企業における公共性と公益性の認識である。

　個々のビジネスは、独自の判断で市場に参入するのであるから、常にモノであれ、サービスであれ、商品の需給は揺れ動いている。従って、マクロとしてのビジネスでは、結果として需給バランスが維持されることになるが、ミクロとしてのビジネス（個々のビジネスの当事者）は、何よりもまず存続することが前提となる。このことは、市場のなかでの競争にさらされる個々のビジネスは、ビジネスの論理を強く意識し、公益性に反しないか、費用が収益を越えないか、キャッシュフローがマイナスにならないか等、常に状況判断が求められる。個々のビジネスの存続・発展は、利益の追求・極大化にかかっているからである。しかし、個々のビジネスの目的が、利益の追求・極大化であるからといって、ビジネスに公共性や公益性がないということには結びつかない。確かに、私的な商品生産とその売買取引がすべてにおいて公益性があるとはいえないが、ビジネスの公共性・公益性とは、ビジネスが継続性を前提とし経済社会に存在することそのものである。そもそも公共性・公益性に反するものはビジネスの対象であってはならないからである。

むすび

　商品の商品たる所以は、売買取引されることにある。極限すれば、第三者にとって、あっても、なくても良いものであったとしても、消費者が利用価値を認めると商品へと飛躍ができる。モノやサービスが使用価値を信じて生産され、交換価値を認められることによって商品となるのであり、その逆ではない。商品生産は商品として売買することを目指して見込み生産されるものであり、売ってみなければわからない。従って、何を、何時までに、何処で、どれだけ、いくらで売りさばくのかということは、ビジネスの中心的な課題となる。個々の売買取引の連鎖が、結果として、総資源の配分における合理性を維持しているという側面は否定できないと同時に、価格高騰が資源の枯渇を加速させることもある。

　個々のビジネスの最大利益の追求が、全体の視点から見ると、総資源の適性配分の機能を果たし、個々のビジネスの当事者にとっても、経済社会全体にとっても、結果として、その維持・発展に寄与している側面もあるし、その逆もある。利益追求・利潤の極大化のなせる業である。このことは、ビジネスには何らかのセーフティ・ネットが必要であることを示唆している。個々のビジネスの成功の是非が、経済社会の維持・発展が直接に結びつくとはいえないが、経済全体を見渡せば、個々のビジネスの意識とは関わらず、結果として、ビジネスの諸活動は、公共性・公益性と結びついているという安定性は、その時代の社会体制に基づいた社会の目指す目的の内にあることを意味している。そうでなければ、当該ビジネスは経済社会から排除される。個々のビジネスにとって、公共性・公益性ということは、公正で厳しい市場での競争・選別を経て、経済社会の中でビジネスの諸活動が結果として受け入れられていることである。

第1章　ビジネス教育　21

注
1)　「『経済学辞典第3版』岩波書店、『経済学大辞典』東洋経済新報社、『有斐閣経済辞典新版』有斐閣、『日本経済辞典』日本経済新聞社、『経営学大辞典第2版』中央経済社、『現代ビジネス法辞典』嵯峨野書店、『経営実務大百科』ダイヤモンド社、『第三版会計学辞典』同文舘出版、『会計学大辞典』中央経済社、『会計学辞典』東洋経済新報社には、ビジネスゲーム、ビジネスシステム、ビジネススクリーン、ビジネスリスク等の項目はあるもののこれらの辞書には"ビジネス"（以後、一般用語としてのビジネスは"ビジネス"とする。）そのものについての記述はない。このことは、経済学、経営学、会計学において"ビジネス"そのものは専門用語として認識されていないことを意味しているのではなかろうか。
　　次に、現代用語としての"ビジネス"について検討してみる。『現代用語の基礎知識2002』自由国民社には、"ビジネス"に関するものとして、ビジネス広告、ビジネス・インテリジェンス等9項目。『ｉｍｉｄａｓ　'02』集英社には、ビジネスマッチング、ビジネスモデル特許の2項目。『知恵蔵2003』朝日新聞社には、ビジネスインキュベーター、ビジネスオートメーション等13項目記載されているが"ビジネス"そのものについての用語説明はない。
　　結局、"ビジネス"とは何かについては、国語辞典に求めなければならない。『広辞苑第5版』岩波書店には、ビジネス（business）事務、実業、商業上の取引。『辞林21』三省堂には、ビジネス（business）①仕事、事業、商売　②特に個人的な感情をまじえない金もうけの手段としての仕事。『新明解国語辞典第4版』三省堂には、ビジネス①（business）一　事務、仕事、二　実業。これら国語辞典の"ビジネス"は、主要には英語のbusinessの日本語訳が基盤となっているのではないか。」（河内　満「教科『商業』におけるビジネス教育論の位置付け」『商業教育論集』第14集、平成16年3月、p.1）。
2)　ここで、学校教育を行う学校とは、学校教育法　第1条　小学校、中学校、高等学校、中等教育学校、大学、高等専門学校、盲学校、聾学校、養護学校、幼稚園、及び第82条の2　専修学校、第83条各種学校をいう。
3)　「それでは、英語教育、理科教育、環境教育、簿記会計教育は本質的に同じものであろうか、教育内容の異なる理科教育と簿記会計教育とでは、同質の部分もあるし、異質の部分もある。異質の部分がある以上、同じものではない。簿記の不易性、会計の流行性、そして教育の本質として内在する不易と流行、これらのことは、簿記プラス会計プラス教育が簿記会計教育と単純に理解できないことを示している。このことは、教育内容が教育にとって重要な意味を持っていることを示唆しており、教育内容が異なれば同じ教育理念、同じ教育方法で教育を行っても、すべての教育において同様な教育効果を期待することはできない。確かに教育として共通する部分もあるが、形式的に教育内容と教育を単純に足し算することで形作られた教育ではそれぞれの教育の特質を理解できないし、教育効果に大きな疑問が残る。教育は何を教えるかによってその教育の特質は異なってくる。」（河内　満「簿記会計教育論の構築にむけて」『私学研修』第167号、2006年12月、p.78）。

4) 千種義人『新版経済学入門』同文館出版、平成14年17版、pp.8-10。
5) 「個人の価値と尊厳との認識に基づき、人間の具えるあらゆる能力を、出来る限り、しかも調和的に発展せしめること。」(文部省訓令「教育基本法制定の要旨」昭和22年)。
6) 「いうまでもなく、教育は人格の完成をめざすものであり、人格こそ、人間のさまざまな資質能力を統一する本質的な価値である。」(中央教育審議会「後期中等教育の拡充整備について(答申)」昭和41年10月、第1、1)。
7) 「教育においては、どんなに社会が変化しようとも『時代を超えて変らない価値のあるもの』(不易)…(中略)…また、教育は同時に社会の変化に無関心であってはならない。『時代の変化とともに変えていく必要のあるもの』(流行)…(中略)…このように、我々は、教育における『不易』と『流行』を十分に見極めつつ、子供たちの教育を進めていく必要があると考えるが、このことは、これからの時代を拓いていく人材の育成という視点から重要だというだけではなく、子供たちがそれぞれ将来、自己実現を図りながら、変化の激しいこれからの社会を生きていくために必要な資質や能力を身に付けていくという視点からも重要だと考える。」(中央教育審議会「21世紀を展望した我が国の教育の在り方について(第一次答申)」第1部、(3))。
8) 「簿記の不易性と普遍性、会計の時代性と国家性という科目の重要な特質を考える」(安藤英義『簿記会計の研究』中央経済社、平成8年、p.41)。
9) 「"ビジネス"は、一般用語として様々なかたちで用いられるが、それには二つの使い方がある。一つは、"ビジネス"は形容詞として使用される場合であり、ビジネスシーズ、ビジネスパースン、ビジネスランチ等がこれにあたる。この場合のビジネスは、後にくる名詞をより具体的に説明するものであり、ビジネスとして行う行為、もしくはビジネス活動に付随して生じるものがこれにあたると考えられる。もう一つは、"ビジネス"が後にきて名詞として使用される場合であり、ニュービジネス、サイドビジネス、環境ビジネス、介護ビジネス等がこれにあたる。この場合のビジネスは、事業主体としてのビジネスをあらわしていると考えられる。一般的にビジネスは、これら2つの意味あいが混在しており、"ビジネスとは何か"といった場合、これら2つの使い方を峻別しなければからない。」(河内 満、前掲書、p.1)。
10) 「[奴隷貿易]奴隷を商品として売買すること。古代社会にもあったが、15世紀末以来南北アメリカの植民地開発のためアフリカ黒人を対象とする奴隷貿易が行われた。」(新村 出編『広辞苑第4版』岩波書店、1991年、p.1882)。
11) 河内 満「教科商業におけるビジネス倫理観の育成」『商業教育論集』第16集、平成18年3月、pp.29-31。
12) 「一般的には、生産者でもなく消費者でもない特定の第三者による商品流通の媒介であり、またそれによって媒介される商品流通の一定の部分であると捉えることができること、および特定の第三者とは、歴史的現実の場においては、資本主義および先資本主義段階では、商

人と呼ばれる」（久保村隆裕・荒川裕吉『商業学』有斐閣、1993年第18刷、p.58）。
13) 千種義人、前掲書、pp.10-11。
14) 「需要と供給が集まる場所を市場という。経済学上、市場というのは、需要が集まる抽象的、観念的な場所を意味するのであって、実際に商品が取引される具体的な市場（いちば）を示すものではない。」（同上書、p.169）。
15) 「経済行為を営むものを経済主体という。個人、家計、企業、学校、地方自治体、国家財政などがそれである。これら個々の経済主体の経済行為が集まって社会全体の経済現象ができあがる。ひとたびこれが形成されると、経済主体はこれによって何らかの制約を受ける。経済現象間に存在するこの制約を経済的秩序という。」（同上書、p.11）。
16) 「このような交換形式は G（貨幣）－W（商品）－G'（G＋g）で示される。この式の中の＋gが剰余価値または利潤とよばれるものであって、これを獲得することが生産活動の動機となるのである。営利主義は合理主義となって現われる。営利を追求するためには、生産をできるだけ合理化して、生産費を減らさなければならないからである。」（同上書、p.45）。
17) 同上書、p 171。
18) 同上書、p.177。
19) 「資本主義社会における資本の運動の$G-W<{P_m \atop A}\cdots P\cdots W'-G'(G+g)$について言えば、どの部分にも不確実性がひそんでいるが、特に決定的なのは、W'－G'である。すなわち造った製品が売れるかどうかである。命がけの飛躍といわれるゆえんである。」（古林喜樂『経営学原論』千倉書房、昭和53年、p.13）。

　　　古林喜樂は、あえて$W<{A \atop P_m}$ではなく$W<{P_m \atop A}$としている。
20) 「本来は①有形財（財貨、製品、生産物）に対する無形財を意味するが、②接客に際しての態度、行動、精神を指す場合があり、③さらに特恵的な値引き、一定の価値物の無料提供を意味する場合もある。それぞれの業務的（機能的）サービス、態度的（精神的）サービス、犠牲給付的サービスと呼ぶことができる。業務的サービスは、①企業がその企業の基本的提供物たる商品に添え、付加的提供物として有料もしくは無料で提供する場合と、②企業がその企業本来の基本的提供物として供する場合の2種の提供の仕方かあり、いわゆるサービス産業（service industries）は後者の方式で商品として無形財を供する企業群を総合する概念である。」（久保村隆祐・荒川祐吉監修『最新商業辞典［改訂版］』同文舘出版、平成14年、p.107）。
21) 「商業を、社会的に生産者と消費者との間に存在するにいたった何らかの分離ないし懸隔を克服し、これに架橋することを機能とする、特定のしくみないし活動と捉えようとする共通の志向もっている。」（久保村隆裕・荒川裕吉、前掲書、p.62）。
22) ビジネス教育でいうコミュニケーション能力とは、人も法人（事業体）も含む、従って、コミュニケーション能力は、人と人、人と法人、法人と人、法人と法人とのコミュニケーションを含み、この人や法人はビジネス取引の当事者であるから、主体としてのビジネスと

いうことになる。
23)「資本主義社会においては、このような抽象的資本が、貨幣増殖の運動をするもの、利潤をもたらすものとして現われる。企業の経営が、貨幣の運動の中で行われる面は、資本主義社会における企業経営に共通な、利潤追求的側面であり、企業の行っているそれぞれのファンクションのほうは、個々の経営が、それぞれ個別的・具体的に果している特殊・非共通的な側面である。」(古林喜樂、前掲書、pp.2-3)。
24) 河内 満「ビジネス教育論の展開」『商業教育論集』第13集、平成15年3月、pp.23-24。
25)「利益を得る積極的な根拠は、良い商品を安く提供することによる社会的サービスであり、ビジネスの利益追求はそれぞれの企業が他の企業より安くて良い商品を作るとか、流通コストの削減をするとか、確実に商品を届けるノウハウを身に付けるとか、商品を安全に保管する等、ビジネスの質の向上に求めなくてはならない。利益を得る過程を無視した結果としての利益とは同じ利益でも異質のものである。確かに、公害・環境問題は深刻な問題であり悲劇的結末をむかえた部分を否定するものではない。しかし、この中から人類は多くのものを学び、それを達成出来ない企業は長期的に見れば市場が存続を許さない。別の言い方をすれば、市場での利益追求が安全弁としての機能を果たしたという側面があることを評価しても良いのではないか。現実に企業は社会的貢献をし、多くの人々に生活の糧を与えている。利益の追求には二つの側面がある。利益追求の為には手段を選ばずあえて不法行為をも犯しかねない強欲的な利益追求と経済社会の成熟に裏付けられた企業の社会的貢献に代表される客観的・合理的な利益追求である。どちらも結果として利益を追求しているのであるが明確に区別しなければならない。」(同上書、p.25)。

第2章
ビジネス取引と主体としてのビジネス

　はじめに

　ビジネス教育は、とりわけ学校教育においては、汎用性が求められる。小学校で扱うビジネスも、義務教育である中学校で扱うビジネスも、高等学校の普通教育や専門教育（産業教育）で扱うビジネスも、ビジネスの概念は同じものでなくてはならない。そして、何よりビジネス教育を受けるものにとって、理解しやすいものでなければならない。
　「ビジネスにはトラブルが付きものである。」という批判がまず浮かぶ。このビジネスに関する批判が、ビジネスそのものの遺伝子に関わるものなのか、現在のビジネスが置かれている環境によるものなのか、またはその組み合わせによるものなのか、そもそも、これらの問題について正面から取り組むにはどのようにすればよいのか、これらのことについての不明確さがビジネスに関する批判そのものを複雑にしている。
　ビジネスに限らず、本質的に、人間社会で起こる不祥事は、時代を超え、国を超え、社会体制を超え、無くならないし、無くなるという見通しもない。しかし、だからといって手をこまねいて、見ていてよいというものではない。ビジネス教育は、より良い国、社会、時代を創るために何ができるのか。また、何をしなければならないのか。ビジネス教育に携わるものは、この問について答えを見い出さなければならない。そして、なによりビジネス教育に誇りが持てなければならない。ビジネス教育が、教育論たり得るには、このことを避け

現代の経済社会における、ビジネスをどのように教育として捉えるのか。ビジネスをとおして、現代の経済社会を理解・分析する視点をどのように育成していくのか。このような視点をもつことが、ビジネス教育論の原点でなければならない。ビジネス教育は、自らの人生において、働くということ、仕事をするということ、社会貢献をするということについて、自らのなかで答えを出し続けていく資質を育てる教育でなければならない。

1. ビジネス取引と主体としてのビジネス

一般的に使われているカタカナのビジネスを整理すると、ビジネスとは利益を得るための売買取引そのものを意味する商行為をさしている場合と、その商行為をする事業体をビジネスと呼ぶ場合がある[1]。本稿では、前者をビジネス取引とよび、後者を主体としてのビジネスとよぶことにする。

（1）売り手と買い手

ビジネスである限り、営利性を排除することはできない。同じ営利性であっても、売り手の営利性と買い手の営利性とでは、その意味は異なる。売り手は収益性を意識し、買い手は費用性を意識する。売り手は、より高く売りたいし、買い手はより安く買いたいのである。従って、ビジネス取引は、取引である以上、売り手と買い手の思惑が対立する。それぞれ取引の背景が異なるからである。

業者が学校に備品を納入する場合、納入業者と学校は共に備品を売買するという意味では、お互いに売買取引（ビジネス取引）の当事者（主体としてのビジネス）である。つまり、ビジネス取引を行う主体がすべて営利企業というわけではないのである。

主体としてのビジネスが行う行為は、前章で述べたように①収益－費用＝利益（利益の追求、営利企業を想定）、②収入－支出＝0（収支の均衡、行政を想定）、③収入－支出＝残高（将来の支出に備えた収支の均衡、個人の生活

を想定）の三つのパターンに集約されるが、学校の備品の購入についての例は①営利企業と②行政の組み合わせであり、営利企業は備品の販売益を意識し、行政は限られた予算内でのより良い備品の購入を意識する。

（2）ビジネスの当事者

　主体としてのビジネスの立場が、営利企業と行政とで異なっていたとしても、少しでも自己に有利な売買取引を成立させるという行為については同じである。このような観点で経済社会とビジネスを捉えれば、事業体であれ、個人であれ、ビジネス取引を行うものは、最終消費者を含めて、すべてビジネス取引の当事者となってくる。現代の経済社会では、すべての人が日常的にビジネスに携わっているのであり、このことは、ビジネス教育の産業横断的な側面を表している。

　現代の経済社会においては、民間の企業経営は当然のこととして、地方公共団体の公共事業にしても、NPOの資材調達にしても、少しでも自らに有利な売買取引条件を引き出そうとする。ビジネス取引はビジネスの論理で動いているのである。

　ビジネス教育の教育内容の構成は、まず小規模の事業体単位で全体像をつかみ、その主体としてのビジネスを理解した上で、中規模・大規模の主体としてのビジネスの分析にむかうというサイクル・メソッドを用いるのが適切である。このことによって、ビジネス教育はその目的の一つであるビジネス全体の中での自らの所属する部署の位置づけを論理的に体験的に理解し、いま自分は何をしなければならないのか、というビジネスの諸活動のなかで自らの主体性を身につけることに結びつけていく教育内容を構成しなければならない。

　主体としてのビジネスである事業体の一員になるということは、担当部署の位置づけやその担当部署内での自らの役割を理解することからはじまる。ビジネスに携わるものは、主体としてのビジネス（事業体）と自らの仕事内容とをビジネスの目的（当該事業体の目的）にベクトルを一致させなければならない。自分個人の判断や行動であっても、当該ビジネスの外部のものからみれば、自らが所属している主体としてのビジネス（事業体）の判断と映るからで

ある。

2. ビジネス取引

　ビジネス教育として、主体としてのビジネスが行うビジネス取引において、ビジネスが利益を得る根拠をどこに求めればよいのであろうか。そもそもビジネス取引はどのようにして成立するのであろうか。ビジネス取引の原点である物々交換から論をはじめる。

（1）物々交換とビジネス取引

　未開社会においては、すべての人が独力で自己の生活に必要なものを調達していた。分業がまだ成立しておらず、交換もめったに行われない社会においては、仕事を分担するという発想そのものが生まれない。従って、何かを作るための資財をあらかじめ貯蓄したり貯えたりすることもなく、人々は、そのときどきの欲望を自分自身の労働によって、そのつど充足しているだけの社会であった[2]。

　このような家族、部族単位の自給自足の社会においても、物々交換の萌芽が生まれてくる。山に生活の本拠地をおく共同体もあれば、海辺に生活の本拠地をおく共同体もある。異なる共同体は、それぞれの自然環境のうちに異なる生活環境と生産手段を見い出し、共同体独自の生活様式や生産様式を形成し、それぞれの生産物は共同体ごとに異なってくる。このような自給自足の生活においても、自然発生的にそれぞれの必要性に合わせて共同体同士の接触は起こってくる。当初は自然発生的な物々交換もそれぞれの共同体において、共同体相互の生産物の交換をうながし、共同体間の物々交換が頻繁に行われるようになると、共同体の中では自らの共同体の特性を生かし、他の共同体との生産物の交換を目的に物が生産されるようになってくる[3]。ひとたび共同体の外部との交換がはじまると、自らの共同体のなかにおいても、その生産物は物々交換の対象となってくる。なぜなら、その生産物は、外部の共同体と交換できるからである[4]。

物々交換が盛んになってくると共同体では、交換を目的に物を生産するようになり、交換の対象となる生産物の所有者は自分自身で物々交換できる場所まで生産物を持って行き、自分自身が交換の当事者となり交換に携わることになる。このことは、交換するための生産物を所有している者同士がお互いに相対し、交換する実物を調べ納得することを意味している。このような過程を経て交換の当事者は、お互いに自らの生産物を交換したいという共通の意思・行為によって、自らの生産物を譲渡して他人の生産物を取得するという、物々交換が社会的な仕組みとして定着するようになってくる[5]。さらにこれらの物々交換の広がりは、様々な生産局面の区別を作り出すだけではなく、異なる諸生産物どうしを関連させていくことによって、たがいに依存し合う社会関係を作り出していくのである[6]。

（2） ビジネス教育の原点としての物々交換

ビジネス教育としての取引の原点は、当事者同士の対等な交換取引関係が前提であり、しかも交換当事者の双方にとって物々交換が有益なものでなくてはならない。物々交換は、相手がいて、自分がいて、交換する物があって、お互いに少しでも自らに有利な条件で交換を成立させたいというお互いの意向のぶつかり合いでもある。

ビジネス教育の視点でこの物々交換を整理すると、物々交換を行う交換の当事者は、それぞれが自らに有利に交換したいという思惑をもっている。純粋な物々交換においては、物々交換の前提として、二人以上複数の交換当事者の存在と、それぞれの当事者が持つ交換しようとする物がなくてはならない。さらに物々交換がビジネス取引の原点として成立するためには、交換当事者は対等であることが保証されていなければならない。逆に言えば、これらの条件が整っていない場合、例えば、経済外的な力による交換は物々交換であっても、ビジネス取引とはいえない。

このような前提のもと、お互いに少しでも自己に有利な交換を目指して行動し、双方が納得する場合にのみ物々交換（ビジネス取引）は成立する。あくまでも交換当事者の双方が共に自らの利益になるということが前提である。ビジ

ネス取引としての物々交換は、交換当事者がお互いに満足・納得するものでなければならず、強制、威嚇、不誠実等が片方にあった場合は、ビジネス取引としての交換要件を満たしたことにはならない。

　ビジネス取引としての物々交換は、お互いの交換条件についての納得が前提であるが、そこに客観性があるとは限らない。物々交換（ビジネス取引）には、それぞれの自己の背景に基づく合理性が働き、独自の判断を行うからである。ある者にとっては、石ころ同然の物であっても、交換当事者にとっては宝物であることは価値観の相違であり、ビジネス取引として問題とはならない。ビジネス取引は、自己責任のもとでの多様性や価値観の相違は容認されなくてはならないし、個人の自由な意思決定が尊重されなくてはならない。ビジネス取引においては、個人の自由な意思決定と自己責任は表裏一体の関係となる。

　ビジネス取引の当事者は、目の前の取引が"自分にとって不利であるのか、不利でないのか"について、検証することを怠ってはならない。ビジネス取引は、納得することが前提であり、交換当事者の属人的な認識の違いがあることは不正とはいえないのである。不合理と思われるのは、相対的に客観性がないだけであり、あくまでも、ビジネス取引は、自己の意思決定と、自己責任の問題である。

　ビジネス取引は、当事者間の対等な関係と相互の納得が成立要件であり、当事者が悪意を持ってニセモノや不良品をつかませることは、詐欺等の不正な行為であり、ビジネス取引要件を満たしていないのである。古来よりビジネス取引の成立に関するトラブルは、物々交換のルールや交換する物についての知識不足等の自己責任の問題の側面も少なくない。このようなビジネス取引の原点をみてくるとビジネス教育の教育内容として、様々なトラブルを避けるために、取引についての確かな知識と理論に基づいた技能の習得とビジネス倫理観の醸成が主要な教育テーマとして浮かび上ってくる。

（3）商　品

　商品には、使って役に立つ側面と貨幣と交換するという側面がある。物々交換の延長線上にある交換は、貨幣が介在した交換であっても、交換当事者の意

識は、等価交換である[7]。この物品の等価交換取引から、利潤を得る根拠は見い出すことはできないのである。

　社会的には、利潤を得る根拠は、何らかの価値を創造しなければならない。収入－支出＝利益の計算式から算出された利益は、収入についての根拠について触れていないし、費用についての合理性について語っているわけではない。単に、入ったお金から、出て行ったお金を引き算して、残ったお金がいくらあると計算しているにすぎない。粗悪品と知っていながら売りつけようが、他人に押し売りしようが、残ったお金が増えていればよいということであれば、何ら、社会的価値を生み出さないし、社会に存在する意義も見当たらない。

　マルクスは、価値は生産過程のみで生まれ、流通段階の利潤は、生産された商品のうちに、すでにある剰余価値の分け前だと説明する[8]。「商人資本は、流通部面で機能する資本以外の何ものでもない。流通過程は総再生産過程の一段階である。しかし、流通過程では、何らの価値も、したがってまた剰余価値も、生産されない。ただ同じ価値量の形態変化が行われているにすぎない。そのものとしては、価値創造または価値変化には何の関係もない諸商品の変態以外には、実際、何も行われない、生産された商品の販売で剰余価値が実現されるとすれば、それは、その商品のうちに、すでに剰余価値が存在するからである。」[9] この説明は、経済学的には正論であるかもしれないが、ビジネス教育として、この説に従うわけにはいかない。

　利潤[10]は製造業の製造過程のみで生まれるという説明では、商業のように商品の売買に携わる仕事をしている人々にとっては、利潤を得る積極的な根拠を失うことになるし、ましてや、金融業は人から集めたお金を他人に貸し付けて利子を取る存在でしかない。現代の経済社会での物流の重要性、経済の血液である貨幣の循環についての意義や役割が、教育として十分に説明されているとはいいがたい。

　ビジネス教育の立場は、すべての人の労働は経済社会において重要であり、それぞれ独自の役割を持っている。それぞれの人が、それぞれの仕事に誇りを持って働くことによって社会に貢献し、そして、すべての労働が同様に価値を生む存在でなければならない。価値創造の原点に労働を据えておかなければ教

育論とはならない。この労働について考慮しないビジネス教育は、現代の経済社会における教育感覚やビジネス感覚から大きくズレてしまうからである。

3. ビジネス教育と社会

教育には、時代性、国家性がある。教育そのものが過去の遺産を未来に引き継ぐ使命をもっている。従って、教育は、その時々の社会体制・国家体制の擁護と限界の中から次世代に向かう新たな萌芽が生まれるという弁証法的な発展性をその遺伝子として持っているのである。このことは、不易と流行という言葉で表されることもある[11]。ビジネス教育もその例外ではありえない。

（1） ビジネス教育とビジネス教育論

現代の経済社会において、ビジネス教育の教育対象となる児童・生徒・学生・社会人は、生まれ育った時代そのものが資本主義社会であり、現代の経済社会といえば資本主義社会のことであり、他の経済社会を体験として知っているわけではない。

経済社会体制は、その体制内にいる者にとっては、空気のようなものであるから、ビジネス教育は、現代の経済社会から出発しなければ全国民を対象とする教育として成り立たない。このことは、裏を返せば、少なくとも、ビジネス教育の初期・導入の段階では、社会体制を捨象することに結びつくのである。必要以上の混乱を避けるためである。

このことをもって、ビジネス教育論は論としての、真理の探究を放棄したとの批判は短絡的である。ビジネス教育とビジネス教育論とを区別する必要がある。ビジネス教育は、教育を受ける児童・生徒・学生・社会人を対象としており、ビジネス教育論は、ビジネス教育を施す教育者を対象としている。それぞれの教育対象が異なるのである。

ビジネス教育は、社会科学としていかにあるべきか、という問いかけは、初等・中等教育の教育内容ではなく、高等教育で取り扱うべき教育内容である。真理の探究には、それなりの教育的な積み重ねがなくてはならないからであ

る。従って、実際に公教育として行われるビジネス教育と、社会科学としてのビジネス教育論とは区別して論じなければならないのである。

このような観点に立てば、現代のビジネス教育として、資本主義社会を教育の前面に出すことについては、疑問が残る。このことは、ビジネス教育論として、資本主義社会におけるビジネスの問題を回避していることではない。学校教育の中で、資本主義社会や自由主義社会について正確に学習していない段階での用語の使用についての疑問である。初等・中等教育におけるビジネス教育は、資本主義経済社会ではなく「現代の経済社会」という表現が適切であると考える。

(2) ビジネス取引の不易と流行

商品そのものは資本主義社会特有のものではない。古代奴隷制社会にも商品があったし、封建制社会においても商品は身近というより生活に欠かせないものであった。しかし、商品そのものは同じであっても、社会科学において、社会制度を無視もしくは軽視したのでは、ものごとの本質はつかめない。社会が変われば、商品の本質も意味も変わるからである。

古代奴隷制社会では、人間そのものが商品として売買されていたし、豊臣秀吉の身分統制令（天正十九年）等による士農工商の身分制度のもとでは、商品の販売は商人に限定され他の身分の者が商品の商いをすることは、身分制度そのものを脅かすものであった。また、ビジネス取引（売買取引）の採算計算（売上－売上原価＝利益）は、古代エジプトでも意識されていたはずであるし、現代の商人においてもビジネスの基本である。その意味において、商品の採算計算は、時代、国家、社会体制を超えたものである。しかし、この採算計算においても、私有財産制が認められた社会なのか、自由競争が保障されている社会であるのかによって、その実態は異なる。ビジネス取引は、時代、国家、社会体制の制約のもとで行われているからである。

4. 使用価値の創造

　ビジネス教育論では、ビジネス取引による利益の獲得はどのように説明すればよいのであろうか。ビジネス取引による利益獲得の根拠は、ビジネス取引の中心にある商品についての分析からはじめなければならない。

（1）商品（モノとサービス）

　交換を目的に作られたモノや自然から直接採取された産物は、交換を目的としているという意味では商品である。それらの商品が交換されるのは、その商品に何らかの価値があるからである。

　ビジネス教育において商品とは、売買されている対象、つまり売買目的で作られたモノやサービスである。モノとサービスを同質のものとして同列に並べることに違和感があるかもしれないが、ビジネス教育では商品として区別する必要はない。モノであれサービスであれ、それぞれ製造コスト（材料費、労務費、経費）がかかるからである

　サービスとは本来有形財（財貨、製品、生産物）に対する無形財を意味するものであり、一般に使われているサービスの意味としては、接客に際しての態度、行動、精神を指す場合があり、さらに、特恵的な値引き、一定の価値物の無料提供を意味する場合もあるが、ここでは業務としてのサービスについて検討する[12]。

　ビジネス教育が、モノと同列に対象としている商品としてのサービスは、販売目的としての業務的サービス（有料）である。その典型的なものは、いわゆるサービス産業と呼ばれている業種のものである。モノにしてもサービスにしても、売買に耐えるものであるから商品であり、モノであれ、サービスであれ、製造コストがかかっている点では同一である。それでは、ビジネスの売買の対象たる商品とは、いかなる価値を持つのであろうか。

（2） 使用価値

　使用価値とは、そのモノの持つ有用性であり、そのモノの使用価値は、使用または消費されることによってのみ実現される[13]。ビジネス教育にとっての使用価値の認識は、商品としての有用性を認める者がいることが前提であり、属人的な要素の強いものである。従って、使用価値の大きさと商品であるかどうかということは、直接的には関係ないのであり、使用価値があるからといって、販売目的で作られた商品になるとは限らないのである。例えば、人間が生きていくために不可欠な自然界にある水や空気は商品ではないし、また、人間が生きていくために不可欠な使用価値があるとは思えないダイヤモンドが高価な商品として認知されている等である[14]。

　また、使用価値は、人にとって役に立つものであるから、人が作ったものとは限らない。自然界の空気や水は、人が作り出したものではないが、その使用価値は絶大なものである。アルプスの絶景と新鮮な空気は、その場に行かなければ体感することはできない。アルプスの絶景と新鮮な空気という使用価値を求めてその場に連れていくサービスはビジネスとして成り立つのである。また、自分自身が自己消費目的で作ったものは、自分にとっては有用（使用価値がある）であるが、他人が必要とするかどうか（使用価値があると認めるかどうか）は、わからないのである[15]。

（3） 使用価値の創造

　ビジネス教育の教育内容として、使用価値を考えると、それは教育として現代の経済社会に必要なモノを創り、人々の必要としているサービスを創造するという使用価値の創造する力（創造力）育成に関する教育内容である。販売目的でモノを生産することは、使用価値を創造することである。販売目的であれば、いくら良いモノを作っても、消費者がそのモノに使用価値を認めなければ、生産することそのものに意味がなくなる。単なる資源の無駄使いにすぎないのである。

　また、サービスの使用価値についても、サービスを単純に自分のために何かをしてもらうことである、と考えれば、それが有償であるか、無償であるかを

別にしても、有用性はあると考えられる。自分で出来るかもしれないが、他人に代わりに行ってもらう行為に対して有用性を認めるからこそ、依頼するのである。サービスはモノではないが、人々の欲望を満たすものであるから、モノと同様に使用価値を創造しているのである。

　使用価値は、人が作るモノやサービスだけに限定されるものではない。自然界に存在するもの、その環境をサービスとすることもできる。前述のように、水は人間に限らず生物にとって使用価値は絶大であるが、現在の地球環境が維持される限り、大自然の循環作用により無償で入手できる。ただし、アルプスの伏流水は山頂のさわやか景観をイメージすることによって、より大きな使用価値を付加することになる。

　商品を生産するためには、モノを生産する者の意思や思い込みだけでなく、社会的に使用価値と認められる客観性がなければならない。使用価値は、モノやサービスの有用性であるので、人々の嗜好を含めて、属人的な要素が強い。ある意味、使用価値の創造は人間の労働をとおして、モノに内在している有用性を引き出したものであるから、ビジネス教育にとって、使用価値の創造というテーマが重要な教育内容として浮かびあがってくる。

　このようにみてくると、ビジネス取引が成立するためには、いくつものハードルを越えなければならないことがわかる。使用価値は、使用または消費されることによってのみ実現される。従って、モノやサービスが、使用または消費されるためには、その使用または消費されるところまで商品を届ける必要がある。それは交換価値の創造の役割である。

5. 交換価値の創造

　ビジネス教育は、ビジネス取引において、利益を得る根拠をどのように説明するのであろうか。利益を得る根拠は価値を創造することにあり、その価値は人の労働によってもたらされる。使用価値の創造に加えて、実際に商品の販売に結びつく交換価値の創造について検討する。

（1） 交換価値

　ビジネス取引の本質は売買取引である。売買取引の中心にあるのはモノやサービスの使用価値であるが、使用価値のみでは商品とはならない。モノやサービスの使用価値を認め貨幣で交換することを希望する第三者が現れてはじめて、売買行為としてのビジネス取引のための交渉がはじまるのである。

　商品になることを前提にした、製造技術・製造過程そのものの創意工夫は、工業の教育内容である。また、様々なサービスについて対応・創造するサービス産業、いかにして効率的に良質の米を作るかについての農業、漁獲高を高め安定した漁業を行うかという水産業等については、それぞれの産業教育の教育内容であるが、その先に商品になることを見据えていなければならない。それぞれの産業がいかにして売買に結びつけ、それぞれの産業が維持・発展するかということは、産業横断的なビジネス教育の教育内容である。現代の経済社会では、製造業、サービス産業、農林水産業等は、ビジネス教育の素養がなければ、成り立っていかないのである。ビジネス教育を産業横断的な教育と認識する所以である。

　モノやサービスに使用価値を認めるのは、それを必要としている人が見つかるかどうかで決まる。つまり、使用価値そのものを認めるのは、自分ではなく、他人である。自分と他人との使用価値についてのギャップを埋めなければ、商品を目指して創造したモノやサービスであっても、結果として商品として認められない。使用価値そのものは商品ではないのである。売買目的であるモノやサービスが貨幣と交換されること、ビジネス取引の成立という行為によって、使用価値は交換価値の実現と結びつくことを通して、モノやサービスは商品になれるのである。

（2） 交換価値の創造

　生産者は、商品生産を行ったつもりでも、ビジネス取引に結びつかなければ、在庫の山を築くことになる。商品は使用価値なくして交換価値に結びつかないのであるが、使用価値があったとしても、交換価値に結びつくとは限らないのである。現代の経済社会において、ビジネス取引の成立という結果を通し

てのみ、商品になれるのであり、商品が先あって自動的に売買に結びつくのではない。そもそも取引相手がいなければ、ビジネス取引そのものが成立しない。実は、この取引相手を探すことがビジネス取引の生命線なのである。

商品は販売に結びついてこそ商品であり、その商品価値を高めることは、交換価値を高めることであり、本稿では、このことを交換価値の創造とよぶ。これまで述べてきたように、使用価値と交換価値は車の両輪であり、一体化することによって、結果として商品になれるのであり、決して商品が先にあるのではない。

ビジネス教育が求めるものは、製造業、サービス業、農林水産業のように、商品を目指し、製品そのものが信頼でき、より良く、効率よく、原材料の仕入コストを低減させ、地球環境に配慮する等のことだけを教育内容とする教育とは異なる。ビジネスは、売れなければコストの回収はできないし、従業員の給料も払えないのである。この現実を見過ごしては、ビジネスとして成り立たないし、ビジネス教育とはならない。確かに、第1次産業、第2次産業、第3次産業が、商品を目指し使用価値の実現のために行う創意工夫は、ビジネス教育の領域である。しかし、現代の経済社会は、モノやサービスを創れば売れるという社会ではない。ビジネス教育は、この結果を出すための教育である。交換価値の創造は、ビジネス教育の主要な教育内容である。

6. 主体としてのビジネス

ビジネス教育において主体としてのビジネスの把握は、まず、主体としてのビジネスを一つの財務単位として捉えることからはじめる。主体としてのビジネス（財務単位）は、個人企業のように、たとえ、主体としてのビジネスとオーナーである個人が一体になっていたとしても、主体としてビジネスの財務単位としての独立性（ウチとソトの区別）は保つべきであり、個人の私的流用等の公私混同は許されない。オーナーといえども、主体としてのビジネスから給料を受け取る存在である。

主体としてのビジネスを財務単位とすれば、その主体としてのビジネスは、

ビジネス（以降、ビジネスといった場合は、ビジネス取引と主体としてのビジネスが一体化したものとする。）を個人が行っているか、大企業として何万人もの従業員を抱え組織的に行っているかは、規模の問題でしかない。個人企業であれ、大企業であれ、利益を追求する方法は、収益を上げるか、費用を節減するか、その組み合わせ以外にないからである。

（1） 主体としてのビジネス（財務単位）

　ビジネス教育として、ビジネス取引の主要なテーマは、交換価値の創造である。それでは、ビジネス取引を行う主体としてのビジネスは、いかなる概念であるかについて検討しなければならない。

　この財務単位である主体としてのビジネスの動きを明らかにするには、まずその活動を総体（マクロ）として捉えてビジネスの全体像をつかみ、個々の主体としてのビジネス（ミクロ）の具体的な行動をビジネスの諸活動[16]として明らかにする必要がある。現代の経済社会において無から有は生まれない。主体としてのビジネスは、インプット（購買）し、何らかのモノやサービスを（生産）し、その製品を商品としてアウトプット（販売）し、売上原価を上回れば利益を上げることができる。利益を上げることができなければ、主体としてのビジネス（営利企業）は、経済社会の中で、その存在意義を認められたことにはならなず、企業として生き残れないのである。

　典型的な主体としてのビジネスの行動は、モノであれ、サービスであれ、使用価値を創造する。モノやサービスの使用価値は、交換価値の創造と結びついて、市場[17]をとおして、結果として商品になるのである。従って、主体としてのビジネスは、基本的には何かを生産する事業体でなければならない。現代の経済社会に有益なモノやサービスを生産しなければ、主体としてのビジネスは、経済社会での存在意義を主張することができないからである。

（2） 主体としてのビジネス（マクロ）の運動と利潤

　主体としてのビジネス（財務単位）の行動は、個別資本の循環運動と重なる。主体としてのビジネスの典型である製造業についての、営利目的の個別資

本の運動を総体的（マクロ）な貨幣資本の循環の動きとして捉えると、以下のような貨幣資本の循環図で表される[18]。

$$G - W \genfrac{}{}{0pt}{}{\nearrow A}{\searrow P_m} \cdots\cdots P \cdots\cdots W' - G'(G+g)$$

　　（購買活動）　　　　（生産活動）　　　（販売活動）

　G：貨幣、W：商品、A：労働、P_m：生産手段、g：利益

　ビジネス教育とマルクスの貨幣資本の循環との接点は、どこにあるのか。また、なぜ、貨幣資本の循環の式による説明にこだわるのか。その理由は、ビジネス教育とて、この貨幣資本の循環運動が、極めてシンプルで、ビジネスの諸活動の本質をつき、ビジネス教育の学習者にとって理解しやすいことにある。

　衆智のごとく、Gは貨幣、Wは商品、P_mは生産手段、Aは労働、Pは生産過程、W'は生産過程で生産された新たな商品、G'は最初に投下した貨幣を回収し新たな商品生産による剰余価値を加えたもので、+gはその新たに加わった剰余価値である。

　そして、営利目的の個別資本の運動は、以下の製造業、商業、金融業に整理される。

　「いうまでもなく、資本主義社会においては、企業経営が利潤を追求するのは、経済法則的に定められた命数なのであり、欲すると欲せざるとにかかわりなく、それは宿命的に背負わされている。なんとなれば資本主義社会においては、すべての物が商品に化し、貨幣で取引される。だから例えば工業経営においては、

$$G - W \genfrac{}{}{0pt}{}{\nearrow A}{\searrow P_m} \cdots\cdots P \cdots\cdots W' - G'(G+g)$$

の資本の運動が行われるのであり、商業経営においては、

$$G \longrightarrow W \longrightarrow G'(G+g)$$

銀行などの金融企業経営においては、

$$G \longrightarrow G'(G+g)$$

の資本の運動が行われる。いずれの資本の運動においても、Gにはじまって Gにおわる。このような貨幣にはじまって貨幣におわる運動は、貨幣の増殖されること（＋g）以外に意義をもち得ない。けだし貨幣は質的に同じであるから、量の変化においてのみ意味をもつからである。」[19]

ここで、ビジネス教育として、新たな問題が発生する。この貨幣資本の循環運動では労働や生産手段は商品であると捉えているからである。特に、ビジネス教育として、労働を商品と言い切るには抵抗感が生じる。ビジネス教育として、商品と労働についての論理的な説明が不可欠であるが、このことについては、後述する。

（3）製造業、商業、金融業の統一

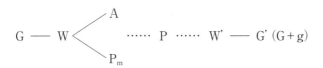

（購買活動）　　　　（生産活動）　　　（販売活動）

G－W は、貨幣による商品の購買過程であり、ある貨幣額によって商品を購入することである。この購買活動は、ビジネス取引である。ビジネス取引では、売り手がいて買い手がいて、商品市場があり、需要と供給によって商品価格が決まる。買い手にとっては、貨幣による商品の購入であり、売り手にとっては、自らの商品の販売による貨幣の取得である。この購買過程は、商品の購入でありここで商品は、W－A（労働力の購入）と、W－P_m（生産手段の購入）の二つに分かれる。なぜ分ける必要があるのか、そもそも労働は商品であるのか、については後述するが、この購入する A と P_m は、全く異なる市場に属し

ているからである。P_m はモノやサービスの商品市場であり、A は労働市場である。G−W や W'−G' の − は、実線で表してある。この実線は主体としてのビジネスの外部取引（購買取引、販売取引）を表している。また、生産過程である … P …の点線は、主体としてのビジネスの内部活動を表している。

　この生産過程で生産されるものは、モノだけではなく、サービスについても当てはまる。モノやサービスの生産のために投入されるのが労働であり生産手段である。現代の経済社会において、主体としてのビジネスが利潤を得るには、モノやサービスという使用価値を創造し、市場で交換価値の創造による売買取引の対象となること、つまり商品と認められることである。その市場で使用価値を認められるには交換価値を創造しなければならない。その使用価値の創造過程が … P …であれば、G−W−G' の商業資本の運動にもサービスを創造する生産過程があるはずである。もしそうでなければ、商業を含むサービス産業（第3次産業）は、利潤を得る根拠がなくなってしまう。

　生産者と消費者との地理的な隔たりの橋渡しをする運送を例に考えてみると、運送というサービス自体がサービスの生産過程を持っている。物を運送するためには、労働者を雇い、運送用のトラックを購入し、安全確実に依頼品を運ぶこと自体が運送というサービスの生産過程 … P … である。ここでは運送というサービスとしての使用価値が創造されているのである。そのサービスを創るには人件費やトラックの減価償却費や燃料費というコストが掛かり、運賃計算の基となる。確かに運送したモノは同じ製品であるが、運送というサービスの使用価値が背後にあることにより G'(G+g) の +g（利潤）を得ることができるのである。

　運送ビジネスが利潤を得る根拠は、製造業の製品の売却による利益の実現のためには、必要な消費地へ製品の運送というサービスによる交換価値の創造に依存しているからである。製品を消費地に運ぶことができなければ、創造された製品の使用価値は実現せず、工場の倉庫に眠ったままである。その倉庫に保管されることも保管というサービスであり、これらのサービスが一体となって交換価値の創造に結びつくのである。

　同様に、金融業 G−G' のなかにもサービスの生産過程… P …がある。預金

を集める業務、そしてその預金を貸し出すには、従業員を雇い、コンピュータシステム等を整備し、金融サービスを提供しG'(G+g)の+g（利潤）を得るのである。商業にしろ、金融業にしろ、A（労働）とP$_m$（生産手段）なくしては、サービスは創造できないのであり交換価値の創造にも結びつかないのである。

　ビジネス教育としては、主体としてのビジネス（マクロ）は、製造業、商業、金融業ともに使用価値の生産過程があり、その生産するものが、モノであるか、サービスであるかの違いでしかなく、そこに、使用価値を創造することや交換価値を創造することについての本質的な違いはない。モノやサービスのコスト構造を分析することにより、終始一貫した説明が可能となる。従って貨幣資本の循環運動は、以下の一つの循環式に集約されるのである。

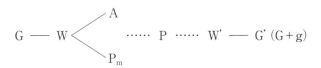

　　（購買活動）　　　　（生産活動）　（販売活動）　（利潤）

　貨幣資本の循環は、この+gのために、すべてのビジネスの諸活動が凝縮され結果として+gその一点に、人々の関心はむかうのである。主体としてのビジネスの諸活動の結果は、+gばかりとは限らない、-gということもあり得る。主体としてのビジネスは、ビジネスの諸活動の結果が+g（利益）を出すか、-g（損失）を被るかは、ビジネスの存在意義そのものを問うものである。

（4）主体としてのビジネス（ミクロ）の運動と利益

　主体としてのビジネス（マクロ：業界）の運動は、個々の主体としてのビジネス（ミクロ：個別企業）を総合的・抽象的に捉えたものであり、ビジネス教育として、なぜ、ビジネスは利潤を得ることができるのか、という問に対する答えである。

　　収益 - 費用 = 利益 又は 損失

総体（マクロ）と個別（ミクロ）の関係は、総体の動きは独立した個別の動きを抽象的に捉えたものであるから、個別そのものではない。ここで、総体（マクロ）の主体としてのビジネスの運動と個別（ミクロ）の主体としてのビジネスの財務単位としての運動を整理しておくと、同じ＋gであっても、総体（マクロ）としての個別資本の運動は、一般的・抽象的な＋gであり、ビジネスは、一般的・抽象的に利潤の獲得を目指して運動するという説明に用いられる。

ビジネス（ミクロ）の経済社会での利益の必要性は、一般的・抽象的な意味におけるビジネスそのものの必要性を前提にしているが、ビジネス（ミクロ）はこれとは別の論理で行動している。個別企業としては、全体としての方向性はどうであれ、第1義的には自らの存続そのものが死活問題である。従って、ビジネス（ミクロ）個別企業の活動は、ビジネス（マクロ）の企業像としての社会的存在意義とは別の次元のものがある。つまり、経済社会に必要性が認められる事業であっても、個別企業としてはビジネスとして成り立たず、競争に敗れ、市場から排除されることはめずらしくない。

個別の財務単位としてのビジネスの諸活動は、それぞれ独自に利益の獲得（収益－費用＝利益）を目指している。そして、ビジネス（ミクロ：個別企業）においても、その利益を得る根拠は、使用価値の創造と交換価値の創造であることには違いはない。しかし、自由競争・自己責任のもと、同一市場での他のビジネスは、当事者（主体としてのビジネス）にとって直接の競争相手となるのである。

ここで、ビジネス教育において、利潤追求なのか、利益追求なのかということを整理しておこう。利潤追求は、社会的な主体としてのビジネスの総体（マクロ）から導き出される使用価値、交換価値に関する新たな価値の創造による成果の獲得活動であり、個別資本の循環運動の束を指している。利益は、個別の主体としてのビジネス（ミクロ：個別企業）が自らのビジネスの諸活動による、使用価値や交換価値に関する新たな価値の創造による成果であり、収益－費用＝利益から導きだされる個別の財務単位としての自己の利益である。

7. 命がけの飛躍

　ビジネス教育における典型的な主体としてのビジネスは、営利を目的としたモノやサービスの商品生産・商品販売を行う個人を含めた事業体（財務単位）である。従って、ビジネス教育としての主要な教育内容は、商品を目指したモノやサービスを生産（使用価値の創造）すること、そして生産したモノやサービスを売却（交換価値の創造）することによって、製造コストを回収し利益を確保することであり、そのモノやサービスの使用価値の実現は、最終消費者の手に渡り使用・消費されることによって実現するという、この一連の流れのなかにある。

（1）ビジネスと不確実性

　個別の財務単位としてのビジネスは、製造業に例をとると、必要な資金の調達、従業員の雇用、原材料の調達、機械設備の導入、製品の設計、製品の歩留まり率、工場の稼働率、納期の問題等々、製品生産のどの部分にも不確実性が潜んでいる。このことは、製造業に限らず、商業、金融業、農林水産業等においても同様である。凶作に泣くこともあれば、豊作貧乏に天を仰ぐこともある。また、安定供給と収入の安定をかけた養殖業者が赤潮の被害に見舞われることもある。主体としてのビジネスは、利益を得る主体であるが、同時に損失を被る主体でもある。

　確かに商品の価格は、需要と供給の関係で決まる。ビジネス取引は、売り手が得をすれば買い手が損をするというゼロサムゲームでは価値を創造したことにはならない。現実のビジネス取引では、売り手にも、買い手にもメリットがあるような関係でなければ売買取引は成立しないし価値を創造したことにもならない。ただ、売り手や買い手が本当に得をするかどうかはあくまでも当事者の主観的な予測であり、将来のことはわからないことも事実である。ビジネスにはリスクはつきものなのである。

　現代の経済社会において、様々なビジネスのリスクのなかでも、本質的なリ

スクは、製品の完成による使用価値の創造を、完成品の販売という交換価値の創造に結びつけられるかどうかである。ビジネスにとって、モノやサービスが商品になるということは、使用価値の創造と交換価値の創造が両立したことを意味している。商品になれるのか、あるいは、単なる資源と労力の無駄遣いに終るのかは、交換価値の創造にかかっている。モノやサービスは、交換価値の創造に結びつくことによってのみ、結果として、商品になるのである。

交換価値の実現は、営利を追求するビジネスにとって業績の境界線であるし、公共事業にとっても提供するサービス等の事業内容が住民に受入れるかどうかの境目である。共に、消費者に受け入れられないことは事業体にとって致命傷となる。

（2）命がけの飛躍と交換価値の創造

個別の主体としてのビジネスにとって最も重要なことは、使用価値と交換価値が合体して商品となり、売却してその商品代金を回収し、利益を上げることである[20]。従って、ビジネス教育において、命がけの飛躍と交換価値の創造は相関関係にある。

モノやサービスを商品として販売するためには、モノやサービスをそれが消費される場所まで届ける必要がある。モノの生産者は、モノの消費地まで計画どおりに届けること、また旅行業者は依頼人を景勝地まで安全・快適に送り届けることがサービスである。運送によって生産物の量が増すことはありえないが、モノやサービスは消費されるところまで届けなければ、その使用価値は実現できない。ビジネス教育では、単に生産過程の延長線上に流通過程があるのではないのであり、商業や金融業はサービスという固有の商品生産を行う産業と捉えなければならないのである。

製造業、商業、金融業、農林水産業、あるいは国・地方公共団体や公益法人を含めて、それぞれがその持分と特徴を十分に発揮して経済社会を構成しているのであり、ビジネス取引なくして、それぞれは機能しえないのである。商品を目指して生産されたモノやサービスがその使用価値を認められ、交換価値に結びつき商品になることは、ビジネスにとってまさに命がけの飛躍である[21]。

現代の経済社会において、商業や金融業は、もはや製造業で生産された剰余価値の分け前にありつく存在ではない。また、営利を目的にしない事業体（財務単位）も、購入、消費に関して、ビジネス取引を行っている。しかしビジネス取引を行う販売側には、冷厳な現実がある。商品をめざして生産されたモノやサービスは、販売に結びつかなければ、すべては徒労に終わってしまうという現実である。

商品開発には、それなりの時間と労力を必要とする。商品として日の目を見るためには、商品開発計画を立て、設計をし、試作品を作り、原材料を調達し、生産ラインを組み替え、製品が完成し、市場に投入するまでのタイムラグがあり、経済社会の動向、消費動向を読みきることができないのが、実情であろう。ファッション衣料品については、生鮮食料品に例えられることもある。生半可なことではビジネスを維持することができないのである。ビジネス教育は、ビジネスに関する確かな、知識、技能、ビジネス倫理観の育成によって、対応していかなければならない。それでも、ビジネスはやってみなければわからないのである。まさに、販売過程は命がけの飛躍である[22]。この命がけの飛躍をするための創意工夫が、交換価値の創造の主要な部分である。このようなビジネスの現実を認識し、対応・対処できる資質・能力の育成を目指す教育が、ビジネス教育である。

8. ビジネスと労働

ビジネスは、何ゆえ総体としての利潤、個別の事業体としての利益を得ることができるのであろうか。また、ビジネスにとって商品を通して、使用価値、交換価値を実現させる根拠はどこにあるのであろうか。ビジネス教育は、その根拠を人の労働[23]そのものに求めなければならない。

（1）使用価値の創造と労働

職人がイスを作り、それを商人[24]に売り、その商人がイスを使う最終消費者に販売する過程を考えてみる。まず、職人は、イスのための原材料を調達

し、培った知識と技能を使って原材料を加工し、販売目的のイスという使用価値を創造する。この場合、出来上がったイスを作るために投入された職人の労働が、使用価値の創造についての決定的な要因となる[25]。

イスを作るための材木は、確かにイスの主要な部材にはちがいない。しかし、その部材を集めただけでは、その使用価値は薪くらいにしかならない。その部材からイスという新しい使用価値を創ることは職人の労働の質と量に関わっている。イスにとって部材は単なる原材料であり、その部材を加工してイスを作ることによる使用価値の創造に占める原材料の占める位置は大きくない。いくら良い原材料を使っても、丈夫で使い勝手のよいイスが出来るというものではない。

また、労働は、一律に語れるものではない。複雑な熟練を要する仕事もあれば、その仕事に分業が確立し、それほどの熟練を必要としない労働もある。高度な知的労働が求められることもあるし、強い身体能力が求められることもある。いずれにしても、使用価値の創造に占める原材料の割合は多くなく、使用価値の創造に決定的に重要なのは、投下される労働の質と量である。

（2） 交換価値の創造と労働

交換価値の創造についてはどうであろうか。商人は、職人の作ったイスの使用価値を認め、仕入れたイスは商品となる。商人は、他者にそのイスの販売を試みる。この場合、商人は、そのイスの使用価値を強調することはできるがイスの使用価値そのものを創造したわけではない。商人は、そのイスを市場に持って行き、店を開きそのイスの需給関係等を見極めて販売価格を設定する。そして販売に結びつくと、そのイスは最終消費者の手に渡り、使用価値が実現する。この一連の流れのなかで商人は、自らの交換価値実現のために費やした労働報酬を受け取る。この労働報酬は、商人としての知識、技能、ビジネス倫理観が発揮された結果である。

ビジネス教育の観点に立てば、商人が受け取った労働報酬は、職人が作ったイスの使用価値の分け前という説明では、現代の経済社会における流通の重要性を正しく伝えたことにはならない。ビジネスの当事者としてのビジネス感覚

と教育の間にズレが生じてしまうからである。商人の交換価値の創造（販売努力）なくして、イスはイスとしての使用価値の実現は出来なかったのであり、販売活動という労働こそが交換価値を実現し、生産者と消費者を結びつけ、使用価値の実現に結びつけたのである。

（3） 価値の源泉としての労働

　使用価値の創造と交換価値の創造の源泉は労働である。それでは、ビジネス教育として、どのように説明すればよいのであろうか。それには、まず、それぞれの取引ごとに分解し、コスト計算する必要がある。職人のイスの生産コストは、原材料と職人の投下した労働の質と量で成り立っている。商人の販売コストは、イスの使用価値（原材料＋職人の労働）に、店舗の維持費や備品の調達費、そして、なにより重要な商人としての知識と技能とビジネス倫理観によって交換価値の創造を図る販売努力（命がけの飛躍）による。商人としての交換価値を創造する労働なくしてイスは商品とはならず、使用価値の実現もないのである。ビジネス教育の主要な学習テーマとして、労働こそが価値の源泉であるという教育内容が浮かび上がってくる。

（4） ビジネスと労働の価値

　それでは、ビジネス教育として、使用価値にせよ、交換価値にせよ、その労働の価値の根拠をどのように説明すればよいのであろうか。確かに、商品市場においては、結果として平均価格が求められる。それはあくまで結果であり、売買の当事者はその売買価格の落ち着く先は見えない。しかし、どこかに落ち着き先、均衡点があるはずである。ビジネス教育として、需要と供給を超えた労働の価値を理論的に説明するにはどのようにすればよいのであろうか。

　なぜ、10gのダイヤモンドが1,000万円で買い手が見つかり、なぜ米の国内価格が10Kg 5,000円なのか。また、米の種類は異なるとはいえ、米の国際価格は日本の国内価格より、なぜ極端に安いのか。使用価値においては価格ほどの大差はないはずである。販売価格がここまで差がある理由はなぜか。

　モノやサービスの価格は、商品のために投入された労働量と質によるという

説明は、ビジネス教育として理解しやすく説得力がある[26]。加えて、労働の価値には国境があることを認識する必要がある。日本の平均賃金と発展途上国の平均賃金は異なり、国際化した市場においてはその賃金の差が製造コストの差として表面化する。しかし、その賃金格差ほどそれぞれの国での生活実態には差がないのも事実である。つまり、その国の平均賃金の受給者は、その国での平均的な生活を送っているのではあるが、電気掃除機が生活必需品と認識されているか、自家用車を持つことが平均的な家族であるのかという生活水準の差がある。この平均的な生活水準を維持する家計費が平均賃金と重なり、その国での労務費を形成しているのである。

　一般的な製品価格については、原材料、機械・備品・建物等の減価償却費は、全世界共通であるが、投下された労務費が国によって異なる。従って、製造工程で設置された機械設備の割合の大きい装置産業的な製造業は、発展途上国でのメリットが得られない。労務費が安いメリットを生かすには、労働集約的な製造業でなければ、先進国に太刀打ちできないのである。それとは逆に、先進国が労働集約的で低価格な商品を発展途上国と全く同じ製造工程・製造方法で製品を製作したのでは、国際競争に敗れてしまうのはこのためである。

　モノやサービスの使用価値の創造であれ、交換価値の創造であれ、決定的に重要なのは、その商品を目指して生産するために投下された労働の質と量そのものである。モノやサービスの製作のための、原材料等の購入過程、モノやサービスの製造過程、完成した製品の販売過程とそれにまつわるすべてのビジネスの諸活動において、労働の質と量はビジネスの業績そのものを左右するのである。

（5）ビジネスと労働の特殊性

　ビジネス教育において労働は、ビジネスの売買取引の対象である商品の使用価値の創造、交換価値の創造において決定的に重要であり、労働は主体としてのビジネスが行うモノやサービスの商品を目指して生産する全過程において不可欠である。

　主体としてのビジネスが、ビジネスのために購入する原材料や機械・設備等

は、商品として売買取引されることについては、違和感はない。しかし、ビジネスの諸活動に不可欠であり、使用価値や交換価値の創造の要である労働が商品であるかと聞かれた場合、ビジネス教育としてどう答えればよいのであろうか。

現代の経済社会では、現実的に賃金は需要と供給の関係で決まっているのであり、質の高い労働は賃金が高いし、高度な知識、技術、訓練を必要としない労働は賃金が高くない。ビジネスにとって労働の質と量は、使用価値であり交換価値であるビジネス取引の最重要事項である。その労働は、労働市場において賃金という価格によって取引されている以上、商品であると認識することに違和感はない。

しかし、ビジネス教育にとって労働は、そのように単純なものではない。古林喜樂は、労働について、「資本主義社会の企業経営において、日々遂行されている労働は、売られたのではない労働者が、売られた労働力を、職場においてその機能を発揮することである。経営者からいえば、買ったのではない労働者をして、賃金を対価として買った労働力を職場で行使せしめることである。」[27]と述べている。つまり、現代の経済社会における労働は、売買される商品の側面である労働力と、売買してはならない側面である労働者[28]から成り立っている。人間である労働者を抜きにして、労働力を使用価値や交換価値の創造のために使うことはできないのである。このことは、製造工程で発揮される労働は商品であるが、その労働力を発揮する労働者は商品ではないことを示唆している。

（6）ビジネスにおける利潤追求と労働問題

現代の経済社会には、労働に関するさまざまな法律がある。その主要なものは、労働基準法、労働組合法、労働関係調整法のいわゆる労働三法である。労働力は生きた人間を通してのみ発揮されるのであるから人権問題が発生する。このことは、労働は単純な商品でないことを如実に物語っている。

ひとくちに、能率や生産性の向上といっても、ベルトコンベアのスピードを速めることにより同じ時間内により多くの製品ができるという意味では生産

性が上がったことになるが、はたしてそれでよいのか。また、労働者が不良品を出すことなく、作業が可能であるぎりぎりのスピードに流れ作業を設定することが、ビジネスにとって最も合理的であるが、はたしてそれでよいのか。また、労働以外の他の商品が、使うことによって使用価値が減少もしくは消滅していくのに対して、労働は逆の動きをする。人間の能力というものは、使うこと、繰り返すこと、訓練すること、強化することによって、知識の集積や技能を磨き、さらにその能力を高めることができるからである。同じ時間内により多くの製品が出来た生産性の向上は、労働強化との関連によるものか、製造工程の工夫によるものか、現実には判断がつきにくいのである。

　労働が他の商品と決定的に異なるのは、ビジネスにとって、他の商品が自由に処分できるのに対して、労働は生きた人間の能力発揮であるから、労働者の意思を無視してビジネスの諸活動を命じることはできないことにある。これらのことをビジネス教育は、正確に理解しなければならない。ビジネス教育として、リーダーシップ論やコミュニケーション能力の育成が重要な教育内容となる所以である。

　現代の経済社会において、労働問題が微妙で困難な問題であるのは、利潤追求を目的とするビジネスにとって労働の費用対効果の視点に立てば、仕事についての自己啓発が能力開発であるのか、労働強化であるのかの客観性を求めにくい点にある。ビジネスは、資本の論理、ビジネスの論理が貫徹し、労働強化が日常的に起こりうる土壌があることを認識しておかなければならない。

　これらのことを勘案したうえで、ビジネス教育は教育内容として、単純にものごとは解決できないこと、誠実にものごとを理解する心を育てることの育成が求められる。このことは、ビジネス教育として、個人の主体性の確立という人間としての成長とビジネスに関する人材育成を両立させることが、いったい何のために、いったい誰のために行うのかという教育課題と真正面から向かい合わなければならないことを意味している。ビジネスの経営者として労働を見る場合と、労働者として労働を見る場合では、景色が異なるのである。

（7） ビジネス教育と主体性の確立

　労働は、ビジネス教育にとって極めて微妙なテーマである。ビジネス教育はビジネス教育論として、ビジネスの利潤極大化を目指すビジネスの方向性と、人間が労働する意味と勤労観を育成するという教育的立場とが、真正面から対立しかねないからである。

　主体としてのビジネスの観点に立てば、ビジネスとして労働コストの縮減を求め、ビジネスで働く労働者側の観点に立てば、収入と労働強化の問題を指摘せざるをえない。どちらの観点に立つかによって、利害関係は真反対に表れる。ビジネスにとって労務費は費用であり、家計にとって給料は収入である。つまり、ビジネスにとって労務費は少ない方が良いが、家計にとって給料は多いに越したことはないのである。このようななかでも、ビジネス教育は、ビジネスの存続と発展という方向へ双方のベクトルを一致させなければならない。ビジネスの維持・発展に結びつかないビジネス教育は存在意義を失うからである。

　このような矛盾は、ビジネスにとって日常茶飯事のことでもある。そもそもビジネス取引そのものが、売り手と買い手の利害関係が相反するもの同士の合意形成である。従って、ビジネス教育にとって、トレードオフ（trade off）に関わる意思決定の問題は重要な教育内容となる。ビジネスの世界で生き抜くためには、合理的な判断が求められる。しかも、日時、取扱商品、数量、単価、取引相手には、全く同じ取引条件はなく、ビジネスの実務はすべてがケース・バイ・ケースの応用問題の連続である。

　現実的な対応が求められるビジネス教育は、単純な二者択一論に陥ってはならない。現代の経済社会において、ビジネスは、使用価値の創造に貢献すること、交換価値の創造に立ち向かうこと、この両立なくしてその存続は危うい。ものごとを、YesかNoか、で二分する単純な二者択一論では、この複雑な現代の経済社会を乗り切っていくことはできないからである。

　しかし、ここでまた、現実的な問題が生じる。ビジネス取引は、曖昧性を容認しないからである。買うのか、買わないのか、値段はいくらで、いつまでにどのような決済手段で代金を支払うのか。時間をかけて考えるということ

は、場合によっては取引中断を意味する。現実のビジネスには、どちらでもよい、ということはありえない。まさに二者択一の論理そのものの世界である。しかも、うまく予定通りに進むのか、進まないのかは、やってみなければわからないのである。競争相手が不特定多数の市場の中で日々格闘し続けるビジネスは、まさに命がけの飛躍の連続である。従って、ビジネスに携わる者には、責任観とビジネス倫理観に基づいた主体性の確立が不可欠である。常に自らの判断と結果責任が求められるからである。ビジネス教育はビジネスという教育内容を学ぶことをとおした、主体性を確立する教育でなければならないのである。

むすび

　使用価値の実現は、消費されること、使用されること、によってのみ実現されるものであり、交換価値の実現は、売買されることによってのみ、実現されるものである。この使用価値と交換価値の実現にまつわるビジネスの諸活動こそが、ビジネス教育の教育内容である。使用価値も交換価値も労働によって形作られ、その結実したものが商品である。現代の経済社会では、モノやサービスは商品になれるかどうかわからない不安定な存在であることを認識しなければならない。

　ビジネスである以上、取引は最終的には、いくらで売るか、いくらで買うのか、というビジネスの論理に収束される。その収束にかかる時間、過程、労働に合理性があるかどうかについての意思決定は、必ずしも客観性があるとは限らない。ビジネスの当事者にとっては、戦略として、自らのなかで客観性があるとしても、他のビジネスからみて客観性があるとは限らないのである。成功事例、失敗事例のなかには、無謀と思えるものはいくらでもある。ビジネスとして似たような製品開発、販売戦略、経営判断であったとしても、成功すれば客観性があったということであり、想定外のことが起こり失敗すれば客観性がなかったことになるにすぎないのである。ビジネスは、結果がすべてであるが、教育は、その結果に至るまでの過程を重視し、将来の展望を切り開いてい

くものでなければならない。

　ビジネス教育は、実践的課題の解決を目指す教育である。現象のみにこだわっていたのでは、本質的な解明はできない。ビジネスの問題として表面化したものについての、対処方法の羅列だけでは、ビジネス教育論とはならない。なぜか、なぜそうなるのか、その背後を探る心を育てる教育でなければならないのである。ビジネス教育に様々な批判はありうるが、現実のビジネスで発生しているリスク、不合理、非効率、ビジネス倫理観の欠如等の問題は、ビジネス教育を通して解決していかなければならないのである。

注
1) ここでいう商行為とは商法第一編、第二章商人のおこなう行為である。また、第一条①商人の営業、商行為その他商事については、他の法律に特別の定めがあるものを除くほか、この法律に定めるところによる。商人との関係においては、第4条①この法律において「商人」とは、自己の名をもって商行為をすることを業とする者をいう。
2) 「分業がなく、交換もめったにおこなわれず、あらゆる人が独力であらゆるものを調達するという社会の未開状態においては、その社会の業務をおこなうために、資財があらかじめ貯蓄されたり、貯えられたりする必要はまったくない。あらゆる人は、そのときどきの欲望を自分自身の勤労によってそのつど充足しようと努力する。空腹になれば、かれは狩りをしに森へ行くし、自分の上着が着古されれば、自分が殺した最初の大きな動物の皮を身にまとうし、自分の小屋がこわれかかれば、もっとも手ぢかなところにある木や芝草でできるだけじょうずにそれを修理する。」(アダム・スミス大内兵衛・松川七郎訳『アダム・スミス諸国民の富Ⅰ』岩波書店、昭和44年、p.445)。
3) 「分化の初期にあっては、独立して相対するものは、私個人ではなく、家族、部族等だからである。異なる共同体は、それらの自然環境のうちに異なる生産手段と生活手段を見出す。したがって、それらの生産様式、生活様式、および生産物は、種々に異なっている。共同体の接触に際して、相互の生産物の交換を、したがって、これらの生産物の商品への漸次的転化を惹き起こすものは、この自然発生的差異である。」(カール・マルクス向坂逸郎訳『マルクス資本論第1巻』岩波書店、昭和42年、p.453)。
4) 「商品交換は、共同体の終わるところに、すなわち、共同体が他の共同体または他の共同体の成員と接触する点に始まる。しかしながら、物は一たび共同体の対外生活において商品となると、ただちに、また反作用をおよぼして、共同体の内部生活においても商品となる。その量的交換比率は、まず初めは全く偶然的のものである。」(同上書、p.115)。
5) 「商品は、自分自身で市場に行くことができず、また自分自身で交換されることもできな

い。したがって、われわれはその番人を、すなわち、商品所有者をさがさなければならない。…（中略）…商品の番人は、お互いに人として相対しなければならぬ。彼らの意志がそれらの物の中にひそんでいる。したがって、ある一人は、他人の同意をもってのみ、したがって各人は、ただ両者に共通な意志行為によってのみ、自身の商品を譲渡して他人の商品を取得する。」（同上書、p.111）。

6) 「交換は、諸生産部面の区別をつくり出すのではなく、異なる諸生産部面を関連させて、それを一つの社会的総生産の、多かれ少なかれ、たがいに異存し合う部門に、転化させるのである。」（同上書、p.453）。

7) 「したがって、両交換当事者が、使用価値について利得することができるとしても、交換価値について、二人とも利するということはできない。ここではむしろこう言われる、『平等のあるところに利得なし』と。商品は、その価値から離れた価格で売られうるのであるが、しかし、この偏差は、商品交換の法則の毀損として現われる。商品交換は、その純粋なる態容においては、等価の交換であって、したがって、価値を増すための手段ではない。」（同上書、p.205）。

8) 「したがって、G−W−G なる過程は、その内容を、両極の質的な相違から受け取るのではなく、ただその量的な相違から受け取るのである。何故かというと、その両極はともに貨幣であるからである。…（中略）…この過程の完全なる形態は、したがって、G−W−G'であって、このばあい G'＝G＋⊿G' すなわち、最初に前貸しされた貨幣額プラス増加分である。この増加分、すなわち、最初の価値をこえる剰余を、私は――剰余価値（surplus value）と名づける。」（同上書、p.194）。

9) カール・マルクス向坂逸郎訳『マルクス資本論第3巻』岩波書店、昭和42年、pp.346-347。

10) 「すなわち財貨は売らんがために生産される。生産の動機は営利の追求である。G（貨幣）−W（商品）−G（＝G＋g）この式の中の g が剰余価値または利潤と呼ばれるものであって、これを獲得することが生産活動の動機となるのである。」（千種義人『新版　経済学入門』同文舘、平成14年、p.45）。

11) 中央教育審議会答申「21世紀のを展望した我が国の教育の在り方について（第1次答申）」平成8年7月19日、第1部（3）。

12) 久保村隆祐・荒川祐吉監修『最新商業辞典［改訂版］』同文舘出版、平成14年、p.107。

13) 「一つの物の有用性は、この物を使用価値にする。しかしながら、この有用性は空中に浮かんでいるものではない。それは、商品体の属性によって限定されていて、商品体なくしては存在するものではない。だから、商品体自身が、鉄、小麦、ダイヤモンド等々というように、一つの使用価値または財貨である。このような商品体の性格は、その有効属性を取得することが、人間にとって多くの労働を要するものか、少ない労働を要するものか、ということによって決まるのではない。…（中略）…使用価値は使用または消費されることによって

のみ実現される。使用価値は、富の社会形態の如何にかかわらず、富の素材的内容をなしている。われわれがこれから考察しようとしている社会形態においては、使用価値は同時に――交換価値の素材的な担い手をなしている。」(前掲書、『マルクス資本論第 1 巻』p.46)。

14) 「価値には二つの意味があり、特定物の効用をあらわす使用価値、他の財貨を購買する力をあらわす交換価値がある。ところが最大の使用価値をもつものでも、往々にして交換価値をほとんど、またはまったくもたないものがある。これに反し、最大の交換価値をもつものでも、往々にして、ほとんど、またはまったく使用価値をもたないものがある。」(千種義人、前掲書、p.171)。

15) 「物は、価値でなくして使用価値であるばあいがある。その物の効用が、人間にとって労働によって媒介せられないばあいは、それである。例えば、空気、処女地、自然の草地、野生の樹木等々がそうである。物によっては、有用であり、また人間労働の生産物であって、商品でないばあいがある。自分の生産物で自身の欲望を充足させる者は、使用価値はつくるが、商品はつくらない。商品を生産するためには、彼は使用価値を生産するだけではなく、他の人々にたいする使用価値、すなわち、社会的使用価値を生産しなければならぬ。」(前掲書、『マルクス資本論第 1 巻』p.53)。

16) ビジネス教育におけるビジネスの諸活動とは、主体としてのビジネスが自らの責任において行う様々な活動であり主要には、商品の売買取引に関する対外的・対内的な活動の総合である。

17) 千種義人、前掲書、pp.10-11。

18) カール・マルクス向坂逸郎訳『マルクス資本論第 2 巻』岩波書店、昭和 42 年、pp.29-71。

19) 古林喜樂『経営労働論序説』ミネルヴァ、昭和 42 年、pp.57-58。

20) 「消費はいっさいの生産の唯一の目標であり、目的なのであって、生産者の利益は、それが消費者の利益を促進するのに必要なかぎりにおいてのみ顧慮されるべきものである。この命題は完全に自明であって、わざわざ証明しようとするのもおかしいくらいである。」(大内兵衛・松川七郎訳、前掲書、p.679)。

21) 「資本主義社会における資本の運動の $G-W<{}^{P_m}_A\cdots P\cdots W'(G+g)$ について言えば、どの部分にも不確実性がひそんでいるが、特に決定的なのは、$W'-G'$ である。すなわち造った製品が売れるかどうかである。命がけの飛躍といわれるゆえんである。」(古林喜樂『経営学原論』千倉書房、昭和 53 年、p.13)。

古林は $W<{}^A_{P_m}$ ではなく $W<{}^{P_m}_A$ としている。

22) 「個々の経営は直接には利潤を目的として生産を行う。個々の経営はそれがどれだけであるか分からないで生産している。社会的に必要な量以上を生産しているかもしれない。製品が商品として貨幣に転形し、資本の運動を完成するためには『命がけの飛躍』(salto mortale) が行われるのである。かかる性質は、市場に全面的にとりかこまれているところ

23）「経済上の意味において労働というのは、生産を目的とし、報酬を期待して行われる人間の精神的・肉体的な活動である。」（千種義人、前掲書、p.111）。
24）「一般的には、生産者でもなく消費者でもない特定の第三者による商品流通の媒介であり、またそれによって媒介される商品流通の一定の部分であると捉えることができること、および特定の第三者とは、歴史的現実の場においては、資本主義および先資本主義段階では、商人と呼ばれる」（久保村隆裕・荒川裕吉『商業学』有斐閣、1993年第18刷、p.58）。
25）「このようにして、一つの使用価値または財貨が価値をもっているのは、ひとえに、その中に抽象的に人間的な労働が対象化されているから、または物質化されているからである。そこで、財貨の価値の大きさはどうして測定されるか？　その中に含まれている『価値形成実体』である労働の定量によってである。労働の量自身は、その継続時間によって測られる。そして労働時間には、また時、日等のような一定の時間部分としてその尺度標準がある。」（前掲書、『マルクス資本論第1巻』p.50）。
26）「ある商品の価値は、それを所有してはいても自分自身で使用または消費しようとは思わず、それを他の諸商品と交換とようと思っている人にとっては、その商品がその人に購買または支配させる労働の量に等しい。それゆえ、労働はいっさいの商品の交換価値の実質的尺度なのである。」（大内兵衛・松川七郎訳、前掲書、p.105）。
27）「資本主義社会の企業経営において、日々遂行されている労働は、売られたのではない労働者が、売られた労働力を、職場においてその機能を発揮することである。経営者からいえば、買ったのではない労働者をして、賃金を対価として買った労働力を職場で行使せしめることである。」（古林喜樂、前掲書『ドイツ経営経済学』、p.24）。
28）　労働基準法第9条この法律で「労働者」とは、職業の種類を問わず、事業または事務所（以下「事業」という。）に使用される者で、賃金を支払われる者をいう。

第3章
ビジネス教育と利潤追求

はじめに

　ビジネス教育論は、論として成り立つのであろうか。ビジネス教育論としてビジネス教育を扱う以上、ビジネスとは何かという解明と、なぜビジネスは利益を得ることができるのかという利潤追求の根拠やその客観性・合理性について、明らかにしなければならない。

　"ビジネスとは何か"について、英語の business と日本語として使われているビジネスとは感覚が異なるのではないか、日本語のカタカナのビジネスの雰囲気と使われ方については、まず、行為としてのビジネスを"ビジネス取引"（売買取引）とし、そのビジネス取引を行う主体を"主体としてのビジネス"（事業体：会計単位）と整理した[1]。

　ビジネスと教育を結びつければ、ビジネス教育になるというものではない。そもそも教育とは何かについては、大学教育において伝統的な学部が成り立つほど大きな課題である。教育とは何かという思考の迷路に迷い込まない為に、学校教育のなかでも唯一ビジネスを専門教育として行っている商業教育（高等学校学習指導要領第3章第3節商業）を念頭に置き、ここでは社会教育（社会教育法第二条で定義された教育）は除外して検討する。

1. 規範論と実践論

(1) ビジネス教育は規範論か実践論か

　ビジネス教育は規範論か実践論かの問いについては、教育である以上まず規範論として"ビジネスはこのようにあるべきである"というビジネスのあるべき姿を示したうえで、ビジネスに携わる者としてビジネスの諸活動[2]を行ううえで必要不可欠な知識、技能、ビジネス倫理観の育成が求められる。一方、ビジネス教育には実務に対応する実践力が不可欠である。特に社員研修等の社会教育[3]では実践的な教育内容が重視されている。また、学校教育として行われる産業教育[4]は、公教育としてそれぞれの産業の社会的な意義や役割を理解し、その産業に必要とされる知識、技能、ビジネス倫理観を育成し、経済社会[5]の発展とりっぱな社会人になるための人材育成を行う教育であることが求められている。

　実務を前提にしたビジネス教育は、職業教育として基本的に実践論でなければならない。多種多様なビジネスをマネージメント（経営・管理・運営）するには各産業分野についての確かな知識、技能、ビジネス倫理観のバランスのとれた教育内容がなければビジネスの諸活動に対応しきれない。とりわけビジネス教育を受けた学生や生徒を受け入れる実社会から、これでは実務では使えないと一定の距離を置かれてしまっては、ビジネス教育は職業教育としての責務を果たしたことにはならない。ビジネス教育は、実社会からの要望を常に意識し真摯に教育内容の改善に努めなければならないのである。産業教育は、それぞれの産業分野に携わる人材の育成を目指している。農作物を作る作業実習を伴わない農業教育はあり得ないし、看護実習を行わない看護教育は医療現場において無力である。

　実際のビジネスの現場では、ビジネスの諸活動に必要な知識、技能、ビジネス倫理観の育成についてのノウハウが集積されている。しかし、役に立つものをいくら集めても実践集となるが実践論とはならない。ビジネス実践の集積の中からその実践に対応する実践理論を導き出すことやその実践理論に基づきビ

ジネスを学び身に付ける道筋を導き出すことによって、ビジネスの諸課題に柔軟に対応できる実践力が身に付くのである。

　ビジネスに関わる人材の育成は、単なる知識、技能の教授だけではなく、ビジネスに関わる人としてのあるべき姿、ビジネス倫理観の育成が求められている。特に公教育においては、ビジネス倫理観の醸成が緊急の教育課題である[6]。

（2）ビジネスにおける規範論と労働

　規範論[7]の前提は、ビジネス取引の当事者である売り手側も買い手側も誠実で正しく合理的な判断・態度で取引条件について交渉を行うことによって、ビジネス取引が成立することである。ビジネス取引は、売り手側も買い手側も双方にメリットがあり、誠実なビジネス取引が繰り返されることによって、それぞれのビジネスが成り立ち、そのことが経済社会の維持・発展に結びつくことが想定されている。

　個人の利益と経済社会全体の利益が結びつくためには、ビジネスによる新たな価値の創造の連鎖が必要となる。売り手側は新たな価値を付加し、買い手側はその新たな価値に代価を支払う。その新たな価値創造の源泉となっているのが、労働[8]である。

　ビジネス取引が成立するということは、売り手側の働き手と買い手側の働き手の相方に使用価値と交換価値の創造によるメリットがあり価値の創造に対する労働の対価[9]を支払うための正当な利益の獲得である。つまり、このことはビジネス取引において、働いた当事者全員が、労働の対価を得ることができなければならないことを意味している。規範論では、ビジネスの目的が正しくて、その目的を達成するためのビジネス取引の道筋が正しく行われるならば、ビジネス取引の連鎖が価値創造の連鎖をもたらし、当事者全員の利益に結びつき、経済社会が発展するという前提で成り立っている。

　ここで問題となるのは、社会で頻発するビジネス上のトラブルである。学校教育として、現実のビジネスで起こる様々な不正行為等の問題を見過ごすことはできない。ビジネス教育としての見解は、このようなビジネス上の問題が発生するのは、ビジネスを正しく理解しビジネスに正しく関わっていない事業者

がいることが問題であり、教育によって改善されるべき内容である。ビジネスに関わるものは、自らを正しく律し、正しいビジネス観に基づいた行動を取ることによって、詐欺行為または詐欺まがいの行為を自ら行わないことは当然のことであり、さらに詐欺行為を見破ることが、ビジネス教育を充実することによって可能となるはずである。そもそも詐欺は、犯罪行為であってビジネス行為ではないのである。

規範論では、人は正直に正しく働くことによって正当な対価を得る。すべての人はビジネスとの関わりのなかで、正当な行為が正しく評価され、正しいものが勝ち、不正を行うものは罰せられるビジネスの世界を実現しなければならない。世の中に様々なビジネスに関わる問題点があるが、それは、ビジネスの正しい仕組みが十分に理解され機能していないからである、という見解にたどりつく。

(3) ビジネスにおける規範論とリスクの認識

ビジネスのあるべき姿を求める規範論であっても、ビジネスにはリスクが存在することを認識しなければならない。そうでなければ、現実のビジネスとかけ離れたビジネス教育となり、教育内容として適切とはいえない。古来、冒険商人を引き合いに出すまでもなく、リスクのないビジネスはあり得ないからである。ここで問題になるのは、ビジネスにおける正しい行動によって、リスクをいかに回避するかということである。

農作物の作付けを見誤り、市場には同じ種類の野菜が溢れ、投入した労働力の回収ができないこともある。また、天候不順で不作となり自らの生活が脅かされることもあるし、逆に、自然の恵みを受け豊作でその利益を享受することもある。いずれにしろ大なり小なりビジネスとして農業を行う以上、リスクは避けて通れないものであり、ビジネスはいつでも不確定要素を抱えている。それぞれの産業教育においてリスクの問題は、認識されなければならないし、運・不運の問題として片付けるのではなく、予め予測できるものには対応しなければならない。従って、それぞれのリスクへの対応策は各産業教育の重要な教育内容であり、教育課題でもある。それぞれのビジネスが私的営利を追求す

るためには、市場において良いものを安く提供することが求められる。そのことが結果として消費者の利益となり、生産者の利益にも貢献する。さらに、取引量の増加による消費者と生産者の利益の積み重ねが、市場を活性化させ経済社会の発展に結びつく。

　自由に商品を提供できる生産者と商品に対する十分な知識・情報を持った消費者で構成する市場では、ビジネスの当事者間の競争による自浄作用が働く。このような条件が整っている市場では、それぞれのビジネスが私的営利を追求することが、そのまま経済社会の維持・発展に結びつくのである。

　私益（個々のビジネスの利益の追求）と公益（経済社会全体の発展）が直接結びつく経済社会では、ビジネスが利益を追求するということをあえて説明する必要はなく当事者の胸の内に秘めておけば良いことであり、ビジネスの社会的貢献の主張のみで事足りるのである。

　規範論におけるビジネス教育論は、主観的にビジネスはこうあるべきであるというものを設定し、現実のビジネスをそのまま、あるべき姿に転換する作業が中心的な課題となる。ビジネスは社会貢献に努めることが結果として私的営利に結びつく前提であるから、もし、ビジネス取引のリスクが取り除かれるならば、利益配分の問題は残るが、労働とビジネス取引の対価としての利益は拮抗するはずである[10]。

（4）ビジネスにおける連帯感の創出

　労働とその対価との関連でビジネス取引における利益獲得についての説明が可能であれば、ビジネス教育における企業の営利目的や利益追求の位置づけは教育内容として決定的なものではなくなる。ビジネスにおける利益の獲得は、ビジネスの諸活動の結果、労働の対価として得られるものであり、多種多様なビジネスがあったとしてもそれぞれが適正な利益率に落ち着くはずである。このような説明が受け入れられるのであれば、ビジネス教育は規範論を用いることによって、ビジネスにおける利益の追求の問題がロンダリング[11]されることになる。

　このような論理展開によれば、規範論としてのビジネスは、経済社会におけ

るビジネスの役割・機能の重要性を取り込んでいく。ビジネスは、現代の経済社会に不可欠な機能として、その意義と役割を前面に出すことにより、ビジネス教育は、商業はもとよりすべての産業分野に横断的な広がりをもち、必要不可欠な教育としての市民権を得ることができるのである。

　ドラッカーによれば、利益には3つの役割があり、その見解によれば、利益はリスクをカバーするためのもので、事業存続のためのコストということになる[12]。このような見解によれば、すべての産業に横断的な広がりをもつビジネスは、利益を追求することが経済社会への貢献と直接結びつき、労働に対する対価の原資としての利益の獲得であると正当化できる、と整理できる。このことは、ビジネスを運営する立場の者（経営者）と、そのビジネスの構成員として働く者（従業員）として立場の違い、という差こそあれ、全員が主体としてのビジネスに関わる者としてベクトルを一致させ、一心同体、一丸となってビジネスの維持・発展に邁進する、という道筋を立てることができるのである。

(5) 商業と利潤追求

　ビジネス教育として、商業における利潤追求[13]の説明には配慮がいる。商業以外の産業教育においては、ビジネスにおける利潤を得る根拠の説明は、統一的に行える。例えば、農作物であれば、消費者はデパートの地下での品定め、スーパーの目玉商品、インターネットによる産直であれ、産地、品質、価格を見定めて、自らの意思で農作物を選択できる。工業製品や医療サービスも品質と価格の比較をとおして、ビジネス取引として納得したうえでその対価を支払う。それは、商品の使用価値を認めた結果である。

　農業にしても、工業にしても、あるいは福祉にしても、それぞれの産業分野において利益を得る根拠は、提供するモノやサービスである。それぞれの産業分野では「新たな使用価値を創造している」という説明が統一的に可能である。

　しかし、同じビジネス取引であっても、商業は使用価値を創造するわけではない。経済学上の説明では、生産者の作ったモノやサービスの使用価値に変化

はなく、仲介者として商品の流通を円滑に行い流通コストの削減部分（流通にかける投下資本の節約分）を受け取るにすぎないのであり、商業は他の産業が創造した使用価値の分け前にあずかる存在でしかない[14]。

この説明は、経済学的に正しいかもしれないが、ビジネス教育として、商品流通に関わる進路を選択した学生や生徒に、誇りを持って自らの仕事に就くように教育・説明することができない。他の産業が創造した使用価値の分け前にあずかる存在でしかない商業であってはならない。この閉塞感を切り抜けるヒントは、販売を目的として創られた商品としてのモノやサービスは、最終消費者の手元に届けられ消費されることによって使用価値が実現されることである。

（6）ビジネス教育としての反論

商業の実態は、生産者と消費者の間のモノやサービスの売買取引に関わり、生産者からはできる限り安い価格で買い取り、消費者にはできる限り高い価格で販売することによって、出来るだけ高い利益を獲得する、このことが商業の本質であるとの批判があるとしたら、ビジネス教育としてどのように反論すべきであろうか。

① 交換価値の創造

販売を目的としたモノやサービスは、使用価値と交換価値が両立することによって商品となるという見解である[15]。ここで問題となるのは、結果として商品になるということである。交換価値の実現のために様々なコストが加算され販売費が積み重なっていくことにより高い販売価格になることもあるし、販売コストを極力減すことにより販売価格を低く押えていくこともあるが、いずれにしても、売れなければ消費者に受け入れられなかったということであり、不良在庫となり、最終的には単なる資源の無駄遣いになってしまう。

あらゆるコストダウンに取り組み、ぎりぎりまで価格を引き下げ薄利多売のビジネスを行う場合もあれば、逆に、ターゲットを絞り高級品の販売をめざして、販売員を訓練し都心の一等地に店舗を構え多額の販売費を掛ける

66　第1部　ビジネス教育論の構築

場合も、売れれば、ビジネス取引が成立し交換価値が認められたことになる。骨董品は希少価値があるがその使用価値は未知数である。いかにして交換価値を創造するか。本来の使用価値（何百年か前の食器）に新たな使用価値（骨董品としての希少価値）を見出し、実際に買い手が付くことによって売買取引が成立する。その売買取引(ビジネス取引)が成立するまでの労力は、新たな骨董品としての交換価値を創造したことにより、利益を得る根拠となるのである。

　労働力や原材料を加算していくことにより、コスト計算上の使用価値に新たな価値を付加し使用価値を創造していくことになるが、ビジネス取引が成立する保証はない。商品は結果として商品になるのであって、当初から商品というものはない。商品を目指したモノやサービスは当事者が使用価値をアピールしているにすぎないのである。例え、注文生産であっても、売り手側と買い手側の売買取引が成立し、使用価値と交換価値が両立し、その代金が支払われた結果、商品になれるのである。店頭に並んでいるのは、商品になることを目指したモノやサービスという使用価値の陳列であり、売れなければ意味がないのがビジネス取引である。商業とりわけ流通業においては、その機能と役割を交換価値の創造とすることによって、商業の意義を主張することができる。

② ビジネスの社会的責任と利益の獲得

　ビジネスに利益が必要なことは所与の条件として棚上げする見解である。ビジネスの存立根拠としてそれぞれの産業における意義と役割について説明し、それぞれのビジネスについての合目的性と合理性を前面に出すことにより、経済社会での全体的な成立根拠を示す。この場合、ビジネスは利益を得るための単なる How to ものとしての技能の集積に陥らないように、自らの産業の本質・概念の把握とその社会的責任について主張する。横断的に広がる様々な産業分野において、それぞれのビジネスが拡大・発展すれば、人々の働く場が増えるのであり、安心して生活ができる基盤を経済社会に与えることができる[16]。よりよい社会を実現するためには、賃金の支払い等の原資としてビジネスによって得た利益が不可欠であり、赤字企業はビジネス

としての社会的責任を果たすことができず、市場から淘汰されるのであるから、企業が利益を得ることは自明の理である。従って、社会的責任を果たすことと利益を得るということは、車の両輪であり、企業の社会的責任が達成できるのは、適切な利益の獲得にかかっている、との主張である。

③ ビジネス倫理観の育成

　商業道徳、ビジネス倫理観の育成という教育内容を充実させる。ビジネスに関しては、商業に限らず、他のすべての産業分野において、不正競争、不良品、製造年月日の改ざん、産地偽装等、ビジネス上のトラブルは数え上げればきりがない。産業としての意義や役割に立ち返り、このような不正行為から自らを正すと共に、多くの正しく誠実な認識を持ったビジネスと、違法行為・不正行為を行うビジネスとを切り離し、自らの正当性を主張する。

　ビジネスは継続性が命である。継続性を念頭に置かないビジネスは、ビジネス倫理観とは縁がない。いくら老舗の看板を掲げていても、現在のビジネスに携わっているものが、ビジネス倫理観が欠如し、製造年月日の改ざん等の不正行為が発覚すると、当該ビジネスは決定的なダメージを受け、場合によっては経済社会から排除されてしまう。学習者を正しいビジネスに誘導することは、ビジネス教育の重要な教育内容である。悪質な不正行為は、そもそもビジネスの継続性を念頭においていない。ビジネスの要諦は信用である。

④ ビジネス取引の妥当性

　正当な売買取引とはどのようなものであろうか。商品の質と取引金額には、どの程度の客観性が求められるのか。正月明けの東京築地市場での1番マグロの初競りに1億5,540万円の値をつけた年もあれば、その23分の1の736万円で競り落とされた年もある[17]。ビジネス取引は目に映る客観性より取引の公正性が重要である。公開の市場で公正に競りが行われた売買取引である以上、ビジネス取引として問題は生じない。買い手は、宣伝効果、業界での存在感のアピール等を考え、結果として、企業収益の向上に貢献するとの総合的な判断である。ビジネス取引の当事者の判断は、その売買価格の客観性ではなく、様々なビジネス環境を勘案しての判断である。従っ

て、正月の一番競りという話題性がその取引価格に大きく反映した結果であり、ビジネス取引の当事者にとっては、経済的合理性を担保しているのである。

⑤　規範論と"神の手"

　教育の立場としてのビジネスにおける規範論は、結局、アダム・スミスの「神の手」に落ち着いてしまうのではないか[18]。それぞれのビジネスが、私的営利を追求するためには、市場において良いものを安く提供する健全なる競争のもと、優勝劣敗の環境の中で生き残りをかけることが求められ、このことが経済社会の発展に結びつくのである。規範論の行きつく先は、市場における自由競争による自浄作用を前提とした私益の追求である。従って、あえて私的営利に触れなくても、個々のビジネスの目的を果たすことが、そのまま経済社会全体の発展に寄与することであり、結果として、経営理念が前面に押し出されてくるのである。

　自発的な相互扶助の理想主義の旗の下に、個人の利己心や私的営利心を追求することが、それぞれのビジネスの共存共栄と利益の確保をもたらすのである。かくして、私的営利を目的としながらも、私的営利の追求を棚上げした企業の社会的責任論等の経営理論が生まれてくるのである。

　規範論を主要な教育内容とするビジネス教育論は、主観的なあるべき姿に客観的なものを転換する作業が中心的な課題となる。しかし、現実のビジネスは、こうあるべきだと言ってもその通りにならないし、ビジネス上のトラブルはなくなるという保証もない。ここでは、後述する資本の論理もビジネスの論理も置き去られているのである。つまるところビジネスの問題は、人間の性に行き着いてしまうのではないのか、「神の手」をもすり抜けてしまうのが、ビジネスの現実でもある。

⑥　ビジネス教育の役割

　規範論から目を現実のビジネスに移すと、ビジネスは営利志向を本質とすると認識せざるを得ない。個々のビジネスの利潤追求は、広がれば特定の産業での国益と国益の対立や業界団体同士の掛け引き、日常に目を移せばスーパーとコンビニの顧客争奪戦等が浮び上がる。これらの諸問題につい

て、利潤追求を棚上げしてしまうことやビジネスの営利主義が問題であると批判するだけではビジネス教育とはならない。

　ここでビジネスの役割を整理しておくと、ビジネスが商品を扱うということの本質は、モノやサービスの使用価値を発掘し、交換価値を創造することによって売買取引に結びつけ、経済社会の新たなニーズを掘りおこす作業を担っている、ということである。それぞれの産業分野が経済全体の有機的結合体として、一つひとつの産業が独自の役割を果たすと共に、それぞれが支えあって全体を構成し、経済全体のバランスを保っているのである。また、各産業分野においても個々のビジネスの主体が集まって全体を構成し、個々は当概産業分野全体を支え、全体は個々を支えるという有機的な構成関係によって成り立っている。このような全体経済の微妙なバランス感覚を維持・発展する要となるのが、ビジネス倫理観の育成をはじめとする教育の力である。ビジネス教育は、それぞれの産業分野の存在意義と役割をあるべき姿へと方向づける教育を行うことによって、ビジネス倫理観の醸成に努め、ビジネスを正しい方向へと向かわせ、経済社会の発展へと結び付ける使命を担っているのである。

2. 経済のしくみとビジネス取引

（1） ビジネス取引

　ビジネス取引とは、商品を中心に、売り手側も買い手側もビジネスの主体（主体としてのビジネス）として共に独立し、双方が尊重し合い、売り手側はできるだけ高く売り抜けたいし、買い手側はできるだけ安く買い叩きたいとの思惑からの交渉を行い、相互に取引条件を納得し、商品を引き渡し、その代金を支払うことによって、ビジネス取引が完結するまでの一連の活動をいう[19]。

　現代の経済社会では、人々は日常生活を行うなかで衣食住において様々な欲望を抱いている。その欲望を充足するためには、必要とするモノやサービスを自ら制作するか、または、貨幣との交換によって手に入れなければならない。この欲望充足のためにモノやサービスを獲得する行為が経済行為[20]であり、

また、自己消費するのではなく販売目的で作ったモノやサービスのことを商品[21]という。この商品の売買取引がビジネス取引の最小単位である。ビジネス教育論は、この商品を中心に据えた経済行為をビジネス取引という視点で解明していく。

ビジネス取引の学習は、商品を中心に据えたすべての経済行為を対象とするわけであるから、現代社会で生きていくためのあらゆるものの売買取引が教材として含まれてくる。ビジネス取引は、あたかも数字のゼロのように他の数字（取引）と結びつくことにより無限に大きな数字（取引）を表現できるし、また、ある取引を中心に据えてそれを０とすれば、小数点をつけることにより無限大に小さな数字（取引）を表現できる。つまり、ビジネス取引により人間の経済活動のすべてについて、ビジネス取引に関する教育という切り口で統一的に説明することが可能となるのである。ビジネス教育は、ビジネス教育の定義で触れたように、すべての産業分野に関わり、我々の経済生活において切っても切れない関係にあるのである。

（2）経済のしくみとビジネス

① 経済のしくみとビジネス取引

この図１は、一国の経済を構成する経済主体としての家計、企業、政府の存在とそれぞれの役割の違いと、さらに経済主体相互間の依存関係を明らかにしたものである。この図１の矢印はビジネス取引の束であり、経済のしくみとビジネス取引の関連性を表している。

家計は、個人や家族の生活を維持するために、モノやサービスの消費活動を営む経済主体（主体としてのビジネス）であると同時に、家計は企業や政府に労働力を提供しその報酬として賃金を得ることや、あるいは企業に資金を提供して利子や配当金を得るというビジネス取引を行っている。

企業は、生産活動を営む経済主体（主体としてのビジネス）であり、企業は家計から労働力や資金を得て給料・利子・配当金を支払う。家計から得た資金は施設・設備や原材料の購入に充て、各種の商品やサービスの生産・流通（ビジネス取引の連鎖）を行っている。

第3章 ビジネス教育と利潤追求　71

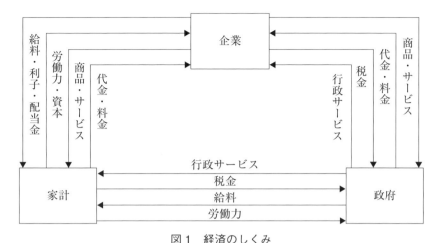

図1　経済のしくみ
小松　章『ビジネス基礎』東京法令出版、平成23年12月20日
文部科学省検定済、53ページを参考にして作成

　国や地方公共団体は、その主体を政府（主体としてのビジネス）と呼びその経済活動を財政というが、さまざまな行政サービスの提供を行うのである。政府の資金は主に企業や家計からの税金でまかなわれているが、行政サービスを行う為の公共事業の発注、事務用消耗品の購入、職員の給料の支払い等は、その取引相手からみればビジネス取引である。
　それぞれの経済主体が行動するには明確な目標があり、その目標達成のためにそれぞれの経済主体は、収入と支出を自己の責任で行うことによって、その独立性を保っている。これらの経済活動を一つ一つ個別に捉えれば、ビジネス取引の連鎖そのものである。
　家計は勤労者世帯が日常生活を営む消費単位としての主体としてのビジネスであり、企業は他者の必要性を満たすモノやサービスの生産活動を行う事業体としての主体としてのビジネスであり、国や地方公共団体を執行する政府は行政サービスを行う主体としてのビジネスである。家計、企業、政府は、経済のしくみを形作っている主体としてのビジネスである。
②　経済と主体としてのビジネス
　図2より、個々のビジネスの諸活動は、ミクロ（個別の主体としてのビ

ジネス)としての経済活動そのものでありビジネス取引の連鎖である。また、同時に国民経済全体というマクロ的な視野にたてば、家計、企業、政府は、それぞれ主体としてのビジネスの集合体として抽象的な全体像を示している。

　ビジネスの諸活動を行う主体が家計であるか、企業であるか、政府であるかの違いはあるが、これらの経済活動は収入と支出の合理的調和を図るというビジネスの論理[22]を基本としたビジネスの諸活動として把握することができる。

　図2の矢印は、マクロとして抽象的なビジネス取引の流れを表しているが、このマクロとしての矢印は概要を説明するためのビジネス取引を束ねた抽象的な概念である。現代の経済社会は、一つ一つの主体としてのビジネスによって構成されており、具体的なミクロとしての主体としてのビジネスは、自己の目的と責任においてビジネス取引を行っている。例えば、主体としてのビジネスとしての家計といった場合、最も大きなくくりは、抽象的な概念として図の中の矢印で表されているものから、一つの家族や独立した個人（自らの責任で収入と支出を管理）を家計と呼ぶ。企業や政府はさらに複

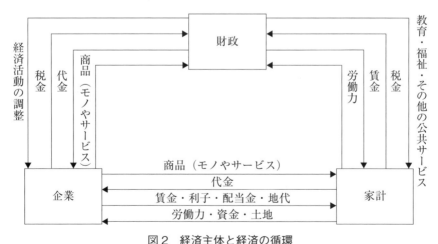

図2　経済主体と経済の循環
片岡　寛・清水啓典『ビジネス基礎』実教出版、平成23年12月20日
文部科学省検定済、26-27ページを参考にして作成

雑となる。いずれにしてもビジネス取引の当事者（主体としてのビジネス）の最小単位は、家計であれ、企業であれ、政府であれ、それに携わる個人である。

　目の前のビジネス取引を誠実に行うことによって、ビジネスの当事者（ミクロ）が努力して得た利益や社会の進歩は、同時に全体経済（マクロ）の利益や進歩に結果として結びついていく。ミクロとしてのビジネス取引の諸活動の集積がマクロとしてのビジネスの諸活動の全体像を形づくるという全体と個の関係で成り立っている。

　ビジネス教育は、ミクロの経済活動からマクロの経済活動に至るまでを統一的に主体としてのビジネスとビジネス取引との関連性を通して、さまざまな経済活動をビジネス教育として取り込むことができるのである。

(3) ビジネスの原点としての家計
① 家計と主体としてのビジネス

　家計とは、個人を含む家の暮らしとしての日常生活を営む消費単位である。経済主体としての家計は、ミクロとしての家計とその各家計を束ねたマクロしての家計の両面があるが、ビジネス教育論ではミクロとしての家計を対象とする。家計調査年報[23]では、家計は「勤労者世帯」とされ経済的にみると、一家（個人世帯を含む）の生活を維持するためにモノやサービスの消費活動を営む経済主体であると同時に労働力を提供する生産単位であり、また、労働力の再生産のための消費単位でもある。

　ビジネス教育では、家計の最小単位を営む勤労者世帯を収入と支出を自己の責任で行うことができる独立した個人か家族を想定している。家計では、収入を得るために民間企業に勤めたり、公務員であったり、個人経営であったり様々である。また、その勤務形態は正規の職員であったり、契約職員であったり、臨時職員であったり様々であるがここで共通していることは、自らの労働力を提供してその代価として賃金[24]を受け取っているということである。

　労働力の売り手側の論理としては、より良い労働条件を求めて就職活動

を行う。また、従業員を受け入れる側の論理は、より良い人材を求めて求人活動を行い、高い賃金を提供する雇い主は、より高度な仕事ができることを期待する。このことは広義のビジネス取引としてビジネス教育に取り込むことができる。コンビニでおむすびを買うことも、バスに乗るか電車に乗るか迷うことも、取引相手がありそしてその取引相手との売買活動を行っていることもビジネス取引である。家計はビジネスの主体として消費活動を営む単位であり、日々の生活はビジネス取引の集積である。

② 労働とビジネス取引

　労働は、生産を目的とし、報酬を期待して行われる人間の精神的、肉体的活動であるが、その報酬は現実的には賃金としての給料と労働力の質と量との需要供給関係で決まる点では、他の商品と同じように見える。しかし、決定的に異なることは、労働は生きた人間を通してでしか労働力として発揮できないということである[25]。人としての人権を無視した雇用関係は認められないのであり、労働基準法等が制定されているのは、商品としての労働力の特殊性のためである。

　このような労働の特殊性を前提としながら、家計は企業・政府へ自らの労働力を提供しその代価としての賃金を受け取るという労働力の売買取引関係が成立している。労働者の労働力という商品の生産者の立場からすると、事実上、労働力という商品とその代価の賃金というビジネス取引を行っているのである。ビジネス取引である以上、様々な競合関係があり、労働力の取引相手としての民間企業と政府は競合する。経済主体としての企業であれ、地方公共団体であれ、ビジネス取引を行う以上、購入する労働力はその事業体には費用（ビジネスの論理）として現れる。

　ビジネスの諸活動としての経済のしくみは、売買取引の相関図（図1、図2）として現れるが、その矢印は単なる無機質な矢印ではない。人々は労働力の提供者として少しでも自らに有利になるように主体としての企業や主体としての政府にはたらきかけている。ビジネス教育は、その矢印に生身の人間が生活しているという感覚を持ってビジネスの学習内容を構成しなければならない。

3. 資本の論理

（1） 規範論の限界

　本稿では、ビジネスの諸活動を行う個人や事業体を主体としてのビジネスとよび、その主体としてのビジネスを個別資本の運動と捉える。主体としてのビジネスは、商業資本、工業資本、農業資本、金融資本等の形でそれぞれの産業に合わせ特徴的な運動を行うのであるが、複雑化した現代の経済社会では純粋な形では現れにくい。製造業においては、製品の製造だけではなく、運送、保管、保険、金融等が一体化され集中管理されている場合も多い。また、それぞれが細分化、特殊化し、専業で行っている企業もあり、大企業から個人経営まで多種多様なビジネスが経済社会を形作っている。

　規範論でいくら声高に、ビジネスのあるべき姿を訴えたとしても、一定の教育効果があるものの、この世からビジネスに関する不祥事がなくなるとは考えにくい。農業にしても工業にしてもあらゆる産業において、ビジネスに関わった瞬間に様々なトラブルが身近なものとなる。食品偽装、不当表示、マネーロンダリング、談合、虚偽申請等々枚挙にいとまがない。この種のビジネス上の不祥事は、過去、現在途切れることなく、これからも形を変えながら続いてゆくだろう。商業にしろ、農業にしろ、工業にしろ、ビジネスと関わった瞬間、本来なすべき事が成されず、やってはならないことが行われてしまう現実がある。それでは、そのビジネスの当事者が善良な心を持ち合わせていないと個人の責任として片づけてよいのであろうか。様々なビジネスに関わる謝罪会見をみていると個人の行動・判断の問題として片づけられない、何か大きな力がはたらいているのではないか。このようなビジネスの多様性を統一的に理解するには、資本そのものの本質に迫ることが求められる。

（2） 資本の論理

　主体としてのビジネスは、資本の論理とビジネスの論理で動いている。例えば、ある事業主が新規事業（主体としてのビジネス）を立ち上げるために

1,000万円投入した場合の複式簿記の仕訳は、下記のとおりである。

　　（借方）現金　10,000,000　　（貸方）資本金　10,000,000

　この仕訳が行われた瞬間、単なる現金が資本金となり、現金が資本の自己増殖という意志を持つことになる。本稿では、このことを資本の論理ということにする。主体としてのビジネスの資本の自己増殖は、単なる増殖ではなく、利潤の極大化を目指した自己増殖である。そもそも人はなぜ自己資金を投入するのであろうか。自らの経営理念を実現するために事業を立ち上げることは十分考えられる。しかし、その事業主に賛同して資金提供する人たちは、その経営理念に賛同して協力するのではあるが、その協力は限定的であり、損をしてまで運命共同体として行動するとは限らない。ましてや、現代の主流である株式会社への投資は、まず出資額を限度とした有限責任が前提で、株価の上昇や株主配当金が主要な株式の購入目的と考えられる。従って、株式の購入というより、株式投資という用語が用いられる。このことは、主体としてのビジネスの経営方針に重大な影響を与えるのである。

　営利企業の大前提として、投下された資本に対するリターンとしての利潤追求が浮かび上がり、それは単なる利潤追求ではなく、主体としてのビジネスは利潤の極大化を目指すことが必須の条件となる。合名会社、合資会社、合同会社においても無限責任か有限責任かの相違でしかなく、目指すのは投下資本に対する利潤の極大化である。

（3）NPOとビジネス

　それでは、営利企業以外の主体としてのビジネスはどうであろうか。NPO法人（特定非営利活動法人企業）[26]は利益を上げることを事業目的としてはいない。しかし、事業体（主体としてのビジネス）である以上、ビジネスの論理は貫徹する。大学の後援会であれ、さまざまなボランティア団体であれ、事業体（主体としてのビジネス）を運営している以上、会計監査で指摘されるような放漫経営は許されない。事業目的としての利潤は追求していなくても、適切な価格での事務所の賃貸契約、備品・消耗品の購入、適切な水道光熱費等の経費の支払いが求められ、ビジネスの論理は貫徹する。

事業の目的を遂行するためには、営利目的であろうと、非営利目的であろうと、最終的に赤字が続くと事業の継続は困難となる。第三セクター方式の公共事業であれ、助成金で対応しきれない事業は存続できないのである。ましてや営利事業においては利益を上げることは至上命令である。

業界での平均利潤は、ビジネスの諸活動の結果、平均であったということであり、最初から平均を目指して平均に落ち着くということではない。ビジネスの当事者はいかにして売上を上げるか、消費者に受け入れてもらえる商品開発をするか、乾いた雑巾を絞る思いで経費節減に努めている。ビジネスの担当者はそれぞれの持ち場で努力を重ねた結果、決算報告書をみて平均利益率に落ちつき胸をなで下ろす姿を思い起こさなければならない。

4. 資本の論理と企業目的

（1）ビジネスの第一次目的（法則としての利潤追求）

企業の行動基準は、主体としてのビジネスの維持・発展とそれを実現する為のビジネスの諸活動によって成り立っている。ビジネス取引は、売買取引に関わるすべての個人や事業体に関わるものであり、ビジネスの論理は、第1次産業、第2次産業、第3次産業に関わらずすべての産業分野に横断的に成り立ち、営利企業、非営利企業に関わらず、個人事業主についても当てはまる。

投資対象として企業を見る者は資本の論理を無視することはできない。株価が低迷し株主配当金も支払えない企業は、いくら人類の崇高な未来を経営理念に掲げていても投資対象とはならない。また、その企業が開発した技術が将来の環境問題解決の切り札になると主張しても、長期的な利益の確保という見通しがなければ投資対象とはならない。たとえ長期的視野を持って支援し続けるとしても、その先にビジネスとしての見返りを期待しているのである。

事業体（主体としてのビジネス）への投資は、人の化身としてのお金を投資することであり、企業に資金運用を託すことである。株式であれ、社債であれ、他の金融商品であれ、市場で商品取引（ビジネス取引）を行う以上、いかに安定的により多くのリターンが上がるのかの判断を自己責任で行っている。

まさに、ハイリスク・ハイリターンの世界であり、マイナスになっては投資そのものの意味がない。

　これらの期待を企業（主体としてのビジネス）の当事者は強く意識せざるを得ない。従って、累積赤字が続くと、また、それが予測されると企業として市場から見放され、企業の存続そのものに関わるからである。ビジネスに関するトラブルが絶えない理由はここにある。

　資本の論理に基づいた主体としてのビジネスの維持・発展の前提となる利潤追求という目的と、企業設立の理念という目的が対立し持ちこたえられなくなった時、つまり企業が存続の危機に見舞われた時、経済法則としての資本の論理が全面に出て貫徹する。法則としての利潤追求がある以上、すべての営利を目的とする事業体（主体としてのビジネス）はこの現実を避けて通ることはできないのである。

（2）ビジネスの第 2 次的目的（企業の社会的な存在意義）

　CSR（企業の社会的責任、corporate social responsibility）、企業の経営理念、ビジネス倫理観等についての記述は、本屋の棚に溢れているし、インターネットを見れば研修会も盛況である。かつて、ヘンリー・フォード（H. Ford 1863 年〜 1947 年）は、高度な作業分割とコンベア・システムを駆使した大量生産体制を構築し、T 型フォード（ModelT）に生産を集中する単一車種大量生産を開始したのは 1909 年であった。当初 T 型フォードの販売価格は 950 ドルであったが 1920 年代には 275 ドルまで引き下げることによって新たな需要を喚起した。良質な自動車を大量生産し製造価格を引き下げることにより大量販売に結びつけ、労働者には当時の平均賃金の 2 倍にあたる高賃金を支払った[27]。それでは、なぜ、このような「低価格高賃金」という経営理念を達成することが可能であったのか[28]。それは、フォードシステムに支えられた製品と部品の標準化や生産組織の正確な工程管理等による劇的な生産性の向上と自動車は作ればいくらでも売れる当時の米国の経済社会環境に支えられていたのである。フォードシステムは生産性の向上による圧倒的な超過収益力に支えられていた。しかし、それも長くは続かなかった。消費者のニーズが変化し T

型フォードが売れなくなり、GM等の他社が同様な生産システムを導入するとフォードの超過収益力はなくなり、もはや「低価格高賃金」という経営理念は維持できなくなったのである。ビジネスの論理は、薄利は多売と結びつかなければ成り立たないし、少量販売でもターゲットを絞り消費者に受け入れられれば厚利と結びつく。ここでも、資本の論理、ビジネスの論理は貫徹しているのである。

（3）ビジネスの第1次目的と第2次目的

　企業（主体としてのビジネス）には、資本の論理が貫徹する。企業にとってビジネスの第1次目的は利潤追求・利潤の極大化である。それでは、企業の社会的責任論や経営理念の公表、ドラッカーの顧客の創造や損失回避のための利益の根拠等の企業の目的はどのように理解すればよいのであろうか。

　ビジネスの第2次目的である企業の社会的責任の達成努力は、現実のビジネスの諸活動として、ビジネスの意義や役割を誠実に実行し達成することにより、結果として、ビジネスの第1次目的の遂行に貢献するのである。商品が売れたということは、企業のビジネスの諸活動が市場に認められたことを意味する。表面上、ビジネスの第1次目的（利潤の追求・極大化）をテレビコマーシャル等で消費者に直接アピールすることはないが、企業の発展・存続に関わることは、企業内の会議では常に重要な議題となっているはずである。このような意味において、ビジネスの第1次目的は、企業内での経営目的として客観性をもっているが、消費者の前では企業イメージを低下させかねないので、客観性がなくなる。それに反し、ビジネスの第2次目的はビジネスの社会的意義と役割という意味で消費者の前では企業イメージを向上させるので、客観性を持っているのである。

　しかし、ビジネスの第2次目的は、ビジネスの第1次目的の達成がなければ、当該ビジネスにおいて客観性はなくなり変更せざるを得なくなる。つまり、ビジネスの第1次目的とビジネスの第2次目的は、一心同体の関係となって表れるが、第1次目的が経済法則として第2次目的に優先するのである。あたかも商品の使用価値と交換価値のように、両方そろった結果、販売目的の

モノやサービスは商品になることと同様である。つまり、使用価値は有用であるが交換価値が実現すること、つまり、売れなければ単なる資源の無駄使いとなってしまうのである。第2次目的の企業の社会的責任や存在意義・役割は、販売目的のモノやサービスが商品になるための命がけの飛躍[29]によって、第1次目的が達成されることが前提となっているのである。ビジネスにおいては、売ること、売れることがすべてである。このことが、ビジネスに活力を与えると同時にビジネスが行う不正行為の温床ともなっている。

（4）ビジネス教育の教育的配慮

　企業のホームページを開けば、企業の経営理念が高らかに掲げられているが、その目標の達成は当該企業の収益性にかかっていることは、すでに述べた。だからといって、これらの傾向をビジネス教育論として、企業の目的（企業の社会的責任や経営理念）はカモフラージュされた収益性の発揮と批判するだけでよいのであろうか。

　ビジネス教育において、企業の利潤追求をその教育テーマから外してしまうとビジネスの現実からかけ離れてしまう。だからといって、ビジネスの利潤追求に関わる技能や知識のみにこだわり過ぎると、ビジネス教育は銭儲けの手段であると揶揄されてしまう。現実のビジネスの世界では、健全で堅実な利潤追求を実践している企業が大多数である。ビジネスの第1次目的の達成がビジネスの第2次目的の達成を可能にしていることにかわりはないが、ビジネスの第2次目的を真摯に追求することによって、結果として、ビジネスの第1次目的の達成に結びついているのである。ビジネス教育は、ビジネスの第1次目的とビジネスの第2次目的を同時に果たす論理を教育することによって、個別のビジネスの発展とより活力のある経済発展とより良い社会の実現を目指さなければならないのである。

　学校教育でビジネス教育を行う場合、実際のビジネスに役立つ知識、技能を教えるだけでよいのであろうか。企業は資本の論理とビジネスの論理で動いている。特に第1次目的である利潤追求・利潤の極大化について教えるかどうか。また、教えるとすれば、どのように、どこまで教えるか、の判断が必要で

ある。教育で一番大切なことは、教育対象を見極めることである。ビジネス教育を教わる教育対象が、企業の利潤追求・利潤の極大化ということを正しく理解する知識と技能と人生経験を持っているかどうかの見極めがビジネス教育の実践において重要となってくる。

　企業の経営目的の本質は、利潤追求・利潤の極大化であるとの主張は、両刃の刀でもある。何でも面白いように切れる。しかも一刀両断である。企業が長年の研究開発によって環境問題に配慮した商品開発を行った場合、企業は環境に優しいことをアピールする。しかし、ビジネスの第1次目的が利潤追求・利潤の極大化を目指すことのみについて考える者は、要するに、自社の商品を売って利益を稼ぐための商品開発ではないのかとの主張を展開する。また、ボランティア活動に熱心で市民社会に多大な貢献をしている企業が自らの活動についてアピールしても、企業の行動に批判的な意見を持っている者は、これは企業のイメージ戦略の一環であり、より多くの商品を売るための宣伝活動であると主張するであろう。環境への配慮も、ボランティア活動も、企業の利潤追求という本音を隠すための手段にすぎないとの冷めた反応である。

　このような見解は、企業の利潤追求（ビジネスの第1次的目的）のみが先行して、利潤追求の中間項としての企業の社会的責任（ビジネスの第2次目的）との関係を全く評価しようとせず、企業悪玉論で押し切るのである。しかし、あえていえば、ビジネスはそんなに甘いものではない。確かな知識と技能とビジネス倫理観と経験をもってしても、新製品が市場のなかで受け入れられるか、競争に耐えきれるのか、眠れない日々を送っているビジネスパーソンはいくらでもいる。ビジネスの何たるかを理解していないというより、そのような批判の為の批判に終始する児童・生徒・学生を育ててはならない。このことは、ビジネス教育の責務である。

むすび

　古来、特に商業にまつわるビジネス上のトラブルは、世に不信感を与えてきた。その対応策は、商家の家訓に多くみられる。ビジネスの継続性に関わるものとして、日々の商売においても、家業の世代間の継承においても、正直に励むことを繰り返し述べている。体験・経験則として、正直にビジネスを行うことが最上の策と看破しているのである。

　ビジネス教育には、不易と流行がある。不易（時代の変化にも関わらず貫徹するもの）として、ビジネスには資本の論理とビジネスの論理が貫徹する。流行（時代とともに変化していくもの）としては、社会体制が大きな影響を与えている。封建制社会が確立した江戸時代では、商人が武士に身分を変えることは、封建制社会の身分制度そのものを崩すものとして容認できないはずである。商人が武士の身分をお金で買う（武士という身分を商品とする）ことを容認することは封建制社会が崩壊する前兆である。商品にしてよいものとそうでないものの判断や自由競争の在り方などは、社会制度が変わればビジネス倫理観が大きく変化する。

　ビジネス教育は、こうあるべきだという規範論に基づいて現実を改善するという実践的志向性を持っているにもかかわらず、現実のビジネスの諸活動をみると規範論には主観的意図と客観的事実とが一致しないという根本的欠陥がある。理想と現実は異なっている。だからといって、実際のビジネスに不合理や不正があることを指摘し正すことを放棄してよいわけではない。

　ビジネス上のトラブルを防止するには規範論に基づいた教育の力に求めると共に、法的規制等によって力づくでも正しい方向に現実のビジネスを向かわせなければならないこともある。時代が変化し次々と新しいビジネスが生まれては消える。ビジネスの本質を見据えた、ビジネス教育論を構築することの重要性が増してくる。

注

1) 河内　満「教科『商業』におけるビジネス教育論の位置付け」『商業教育論集』第 14 集、平成 16 年、3 月、p.1。
2) 河内　満「ビジネス教育におけるビジネスとその人間観」『修道商学』第 48 巻 第 1 号、2007 年 9 月、p.109。
3) 社会教育法第二条で定義された教育。
　　第二条この法律において「社会教育」とは、学校教育法（昭和二十二年法律第二十六号）又は就学前の子どもに関する教育、保育等の総合的な提供の推進に関する法律（平成十八年法律第七十七号）に基づき、学校の教育課程として行われる教育活動を除き、主として青少年及び成人に対して行われる組織的な教育活動（体育及びレクリエーションの活動を含む。）をいう。
4) 産業教育振興法第二条で定義された教育。
　　第二条　この法律で「産業教育」とは、中学校（中等教育学校の前期課程及び特別支援学校の中学部を含む。以下同じ。）、高等学校（中等教育学校の後期課程及び特別支援学校の高等部を含む。以下同じ。）、大学又は高等専門学校が、生徒又は学生等に対して、農業、工業、商業、水産業その他の産業に従事するために必要な知識、技能及び態度を習得させる目的をもつて行う教育（家庭科教育を含む。）をいう。
5) 「経済社会とは、経済行為が集まってでき上った社会をいう。」（千種義人『新版経済学入門』同文館、平成 14 年 4 月、p.8）。
6) 「商業の各分野に関する基礎的・基本的な知識と技術を習得させ、ビジネスの意義や役割について理解させるとともに、ビジネスの諸活動を主体的・合理的に、かつ倫理観をもって行い、経済社会の発展を図る創造的な能力と実践的な態度を育てる。」（文部科学省『高等学校学習指導要領』平成 21 年 3 月、第 3 章第 3 節商業第 1 款目標）。
7) 「規範とは現実に対処して人間の心的な評価作業が必ず従わなければならぬとされる基準のことである。」（本間幸作『商業哲学への接近試論』税務経理協会、昭和 56 年 1 月、p.453）。
8) 「経済上の意味において労働というのは、生産を目的とし、報酬を期待して行われる人間の精神的、肉体的な活動である。」（千種義人、前掲書、p.111）。
9) 「ある使用価値の価値の大いさを規定するのは、ひとえに、社会的に必要な労働の定量、またはこの使用価値の製造に社会的に必要な労働時間にほかならないのである。個々の商品は、このばあい要するに、その種の平均見本にされてしまう。同一の大いさの労働量を含む商品、または同一労働時間に製作されうる商品は、したがって、同一の価値の大いさをもっている。ある商品の価値の他の商品のそれぞれの価値にたいする比は、ちょうどその商品の生産に必要な労働時間の、他の商品の生産に必要な労働時間にたいするに等しい。」（カール・マルクス向坂逸郎訳『マルクス資本論第 1 巻』岩波書店、昭和 42 年 10 月、p.51）。
10) 「価値としては、すべての商品は、ただ凝結せる労働時間の一定量であるにすぎない。」

(同上書、p.51)。

11) ロンダリング、laundering、ここでこのような表現を行ったのは、後述する資本の論理に関わるビジネスの第1次目的としての利潤追求・利潤の極大化という根本的な問題から目をそらせる、という意味で使っている。

12) 「利益には三つの役割がある。第一に、利益は事業活動の有効性と健全性を測定する。まさに利益は事業にとって究極の判定基準である。第二に、利益は陳腐化、更新、リスク、不確実性をカバーする。この観点から見るならば、いわゆる利益なるものは存在しないことになる。事業存続のコストが存在するだけである。こうしたコストを生み出すことは企業の責任そのものである。第三に、利益は、直接的には社内留保による自己金融の道を開き、間接的には事業に適した形での外部資金の導入誘因となることによって、事業のイノベーションと拡大に必要な資金の調達を確実にする。これら三つの機能のいずれも、経済学者のいう利益の最大化とは何ら関係がない。これら三つのいずれの機能も、最大ではなく最小に関わる概念である。事業の存続と繁栄にとって必要な利益の最小限度に関わる概念である。したがって利益に関わる目標は、事業があげうる最大の利益ではなく、事業があげなければならない最小限の利益を明らかにするものであることが必要である。」(P. F ドラッカー『ドラッカーの名著集2 現代の経営〔上〕』ダイヤモンド社、2010年4月、pp.104-105)。

13) 本稿では、投下された資本の増加分を利潤とよび、個別の事業体がビジネスの諸活動を行った結果ある一定期間の収益の総額から費用の総額を差し引いた残額のプラス部分を利益とよぶ。

14) 「商人資本は、流通部面で機能する資本以外の何ものでもない。流通過程は総再生産過程の一段階である。しかし、流通過程では、何らの価値も、したがってまた剰余価値も、生産されない。ただ同じ価値量の形態変化が行われているにすぎない。そのものとしては、価値創造または価値変化には何の関係もない諸商品の変態以外には、実際何も行われない、生産された商品の販売で剰余価値が実現されるとすれば、それは、その商品のうちに、すでに剰余価値が存在するからである。…(中略)…ゆえに、商人資本は、価値も剰余価値も作り出さない。すなわち直接には作り出さない。それが流通期間の短縮に寄与するかぎりでは、間接には、産業資本家によって生産される剰余価値の増加を助ける。それが市場の拡張を助け、また資本家間の分業を媒介し、したがって、資本がより大規模に作業することを可能にするかぎりでは、その機能は、産業資本の生産性と、またその蓄積とを促進する。それが流通期間を短縮するかぎりでは、それは前貸資本にたいする剰余価値の比率、すなわち利潤率を高める。それが資本のより小さい部分を貨幣資本として流通部面に拘束するかぎりでは、それは、生産において、直接に充用される資本部分を増大させる。」(カール・マルクス向坂逸郎訳『マルクス資本論第3巻』岩波書店、昭和42年10月、pp.346-347)。

15) 河内 満、前掲書、「ビジネス教育論における主体としてのビジネスとビジネス取引」pp.242-247。

第 3 章　ビジネス教育と利潤追求　*85*

16）片岡　寛・清水啓典『ビジネス基礎』実教出版、平成 23 年 12 月 20 日検定済、p.32。
17）日経電子版「マグロ初競り大幅安　最高値は 1 匹 736 万円」2,014/ 1surasshu 56 更新。http:www.nikkei.com/article/DGXNASFK05001_V00c14A1000000/
18）見えない手 Invisible hand
　「外国の勤労の維持よりも国内の勤労のそれを好むことによって、かれはただ自分の安全だけを意図するにすぎぬし、また、その生産物が最大の価値をもちうるようなしかたでこの勤労を方向づけることによって、かれはただ自分の利得だけを意図するにすぎぬのであるが、しかもかれは、このばあいでも、他の多くのばあいと同じように、見えない手に導かれ、自分が全然意図してもみなかった目的を促進するようになるのである。かれがこの目的を全然意図してもみなかったということは、必ずしもつねにその社会にとってこれを意図するよりも悪いことではない。かれは、自分の利益を追求することによって、実際に社会の利益を促進しようと意図するばあいよりも、より有効にそれを促進するばあいがしばしばある。」（アダム・スミス大内兵衛・松川七郎訳、『諸国民の富 I』岩波書店、昭和 44 年 5 月、pp.679-680）。
19）河内　満、前掲書「ビジネス教育論における主体としてのビジネスとビジネス取引」pp.247-254。
20）千種義人、前掲書、p.8。
21）同上書、p.10。
22）ビジネスの論理とは、収益 − 費用 ＝ 利益を念頭に置き、利益を向上させるためには、収益を上げるか、費用を下げるかその両方の組み合わせしかない、ということである。
23）総務省統計局『家計調査報告（家計収支編）— 平成 25 年（2013 年）平均速報結果の概況 —』平成 26 年 2 月 18 日。http://www.stat.go.jp/data/kakei/sokuhou/nen
24）「労働の提供に対して支払われる対価を賃金という。」（千種義人、前掲書、p.111）。
25）古林喜樂『経営学の進展』千倉書房、昭和 56 年 9 月、p.147。
26）内閣府「内閣府 NPO ホームページ」https://www.npo-homepage.go.jp
27）大河内暁男『経営史講義〔第 2 版〕』東京大学出版会、2001 年 2 月、pp.149-153。
28）「フォードは、資本家ができる限り低賃金で労働者を雇用し、できるだけ高価格で公衆に商品を販売し、利潤をむさぼることを意味する利潤動機（profit motive）という言葉で産業過程を説明することは誤っているとのべ、従業員に高賃金を払い、公衆に低価格で販売しえない事業は発展できず、国としての繁栄もないと考える。企業の目的が社会への奉仕にあるとみるフォードは、新しい事業動機である賃金動機（wage motive）高賃金の支払いと低価格での販売に基礎をおく経営の管理を自らの工場において実践した。彼の場合・利潤はこの社会へのサービスが首尾よく遂行されたことに対して結果として生じるものであって、企業目的ではない。このような企業本質観は、フォーディズム（Fordism）として有名であるが、私見では、フォードの主張とは逆により多くの利潤を手中に収めることこそが社会的奉仕を

可能ならしめるのである。」(吉田和夫他『現代基本経営学総論』中央経済社、平成7年5月、p.50)。

29) 河内　満、前掲書「ビジネス教育論における主体としてのビジネスとビジネス取引」pp.254-257。

第4章
ビジネス教育の共通言語としての簿記会計

はじめに

　ビジネスは、ビジネスの論理と資本の論理で動いている。それぞれのビジネス取引は、その取引の採算性が前提となる。また、主体としてのビジネスの成果は、期間損益計算をしてみなければその客観性を担保できない。まさに、以下のとおりである。

Acounting is Business Language.
Business speaks an Acounting Language.

　それでは、ビジネスの論理の基になる利益はどのように算出されているのであろうか。そのためのツールとしての複式簿記（以降、簿記といった場合は複式簿記をさす。）、会計に関する知識と技能はビジネス教育として不可欠の教育内容である。

　大学教育という公的教育機関から経済社会に巣立っていく学生に簿記、会計に関する科目群を専門教育として何をどこまで、どのように教えればよいのか。また教養教育として、簿記、会計の何をどこまで教えればよいのか。これらのことについての明確な基準はない。大学教育として、簿記は簿記、会計は会計と区別する教育は実情にあったものではないであろう。とかく学生やその家族の簿記、会計に関する教育への期待は、職業資格の取得や検定試験合格等の形として目に見えるものに集中する傾向がある。もちろん、大学教育としてこれらの期待に応えるよう努力することを否定するものではないが、学生の卒

業後の多様な進路を考慮すると、大学教育として学生に身に付けさせる力は、現実の複雑な会計現象への対応や実務での応用力を身に付けるための基礎的・基本的な能力の育成が求められている。大学教育で行われている現状の簿記、会計に関する教育を簿記と会計を一体のものとして教育する簿記会計教育について検討してみる。

1. 簿記と会計

（1） 簿記、会計、教育

　簿記とは何か、会計とは何か、という統一した定義づけは困難である。特に会計の定義づけについては、会計の時代性、国家性という特質からして極めて困難であろう[1]。少なくとも簿記、会計に関する導入教育段階においてこの難しさを打開するヒントは、文部科学省検定済教科書（以下、検定教科書と略称する。）のうちにある。簿記、会計に関する一般的な教科書は数多く出版されているが、国家検定に合格した高等学校の教科商業が用いている『簿記』、『会計』の検定教科書は、高等学校学習指導要領（平成21年3月改訂）に基づいた一般的な教育内容に配慮しているという意味において、特に『簿記』については、標準的な教科書といっても差し支えないであろう。

　高等学校教科「商業」の主要な『簿記』教科書による簿記の定義づけは、「簿記（bookkeeping）とは、企業の経営活動を一定の記帳方法に従って、帳簿に記録し、計算・整理を行うことである。」[2]、「企業のさまざまな経営活動を帳簿に記録・計算・整理する方法を簿記（bookkeeping）という。」[3]であり、簿記とは、ビジネスの諸活動を一定のルールに従って帳簿に、記録・計算・整理する技能や方法であるといえる。また、会計については、「これらの経済主体の活動やこれに関することがらを一定の方法で、記録・計算・整理し、報告する手続を会計という。とくに、その経済主体が企業の場合、そこで用いられる会計を企業会計という。ふつう会計という場合、この企業会計をさす。」[4]、「株式会社は株主から提供された資金や、銀行などから借り入れた資金をもとに、商品の仕入れや販売などの経営活動を繰り返し行い、利益を得て企業の維持と発展

をはかっている。こうした企業の経営活動を記録・計算・整理し、報告する手続が企業会計である」[5]であり、会計とは企業の行うビジネスの諸活動について記録・計算・整理し、報告する手続をいうのであり、企業会計を教育内容としている。また、教育については、「教育についての定義には各種各様のものがあるが、これを一口にいえば、学ぶ立場の者に対しその人間形成を図って、教える立場の者が意識的に働きかけ、学ぶ者がこれに反応する精神の相互作用であるということができよう。」[6]とあり、教育とは、教えるものと学ぶものとの相互作用によって行われる人間育成であるといえる。これらのことを前提に簿記教育、会計教育を文字通り定義すれば、ビジネスの諸活動において、簿記を教育内容とした人材の育成が簿記教育であり会計を教育内容とした人材の育成が会計教育である、ということになる。

(2) 簿記と会計

ここでまず問題になるのは、簿記と会計との関係である。わが国では、簿記については日本簿記学会、会計については日本会計研究学会があり、それぞれ簿記教育、会計教育についての研究が進められている。大学教育における専門教育としての一般的なカリキュラム編成をみれば、最初に「簿記」「簿記論」を学び、総論としての「会計学」を学び、その後、会計学の各分野、各科目に繋がり、簿記は会計学を学ぶための基礎的・基本的な教育内容と捉えていることがうかがえる。この一連の流れを教育の視点からみれば、簿記と会計は1つの流れとして初学習者に教授することが適切であるとの合意が前提となり、カリキュラム編成がなされているといっても差し支えないであろう。

簿記と会計の繋がりは、簿記は主体としてのビジネスの諸活動そのものについて複式簿記を使って実態把握し、財務諸表に表し、会計はその財務諸表を会計監査し、その監査に基づいて外部へ会計報告を行い、その会計報告に対して会計責任が生ずるという一連の手続を行うことである[7]。つまり、簿記がなければ会計は成り立たないがゆえに、まず簿記の学習から入っていくのであり、簿記と会計はそれぞれ独立しているが、お互いに密接不可分であり、簿記と会計は有機的な結合関係にある。

簿記には、学問としての簿記学があり、人材育成としての簿記教育があり、企業等で行われている簿記実務がある。同様に、会計には学問としての会計学があり、人材育成としての会計教育があり、企業等で行われている会計実務がある。簿記にしろ、会計にしろ、それぞれが独立して、理論、教育、実務について研究が進められている。しかし、それぞれの分野は独立しているとはいえ、相互に深い関連性がある。実務を考慮しない教育は意味がないし、理論の裏付けのない実務は迷走し、実践科学としての立場を忘れた理論は実務から遊離する、という緊張関係を内包しつつ全体としての均衡を保っている。

（3）不易と流行

教育には不易と流行がある。不易とは時代・時の変化を超えて貫かれるものであり、流行とは地域性・国民性によって時代と共に変化していくものである[8]。不易と流行は、簿記にも会計にもそれぞれの側面があるが、簿記と会計を区別すると、簿記の不易性と会計の流行性がある。会計は時代の変化によって、また、それぞれの国によって変化するという時代性と国家性があり、会計基準は社会体制やその国独自の事情によって変化するが、複式簿記の基本原理は不易であるといえる。

簿記と会計の特徴、相違については、「取引の記帳、決算、財務諸表の作成という簿記会計の手続は、そのまま簿記会計の系統発生でもある。取引の記帳に簿記の本領があり、財務諸表に会計の本領がある。決算は簿記から会計への移行領といえる。ここで、簿記の本領が日常の取引記帳にあることは忘れてはならない。取引の証拠記録としてはじまった簿記は、その本源的意義がやがて社会認識されて、近世商法に日記帳として制度化され、今日の会計帳簿の制度につながっている。」[9]のである。

簿記と会計を一体のものとしてとらえる簿記会計といった場合、不易の簿記と流行の会計が統合されたものといえるが、より実務を詳細にみれば簿記にも複式簿記の基本原理という不易があると同時に、新たな会計現象の発生を仕訳に取り込むためには、時代の変化に対応するという流行の側面があり、会計にも利害関係者に情報提供するという不易の側面があると同時に国際会計基準の

検討という流行の側面がある。

　また、教育そのものについても、いかに時代が変化しようとも人と人とのつながりを教えるという不易の側面と、教育そのものが持つ時代性、国家性という流行の側面をあわせ持っている。簿記、会計、教育の不易と流行の組み合わせが、各国・各時代の簿記教育、会計教育の特長となって表れてきているのである。

2. 理論、教育、実務の乖離

　理論、教育、実務は同じ簿記、会計を扱っていても、それぞれが主体として独立した行動基準を持ち自己主張する。しかも、それぞれの自己主張は合理的で正当なものである。実務から教育に対する疑問として、筆者はかつて、日本簿記学会で発表の折、実務家より「なぜ、本支店会計を教えるのか」という質問を受けたことがある。その質問の主旨は、「そもそも決算は一日や二日で出来るものではない、本支店会計は決算日だからといって特別の仕訳の必要はない。問題が発生した時点で必要な仕訳、会計処理を行えばよい。実務は動いており、本支店会計の処理をしている間に未達商品等は着いてしまい未達ではなくなる。従って、本支店会計そのものに意味がない」というのである。筆者は、この指摘に対して、「実務においては正しい見解であるかもしれないが、簿記教育の立場は、決算時に支店から本店に商品を発送したという事実を知りえた時点で仕訳を行い、後に無事に商品が届いたという事実に基づいて仕訳を行う。何か不具合が起こった時にのみ仕訳をすればよいというものではない。簿記教育は、取引事実に従って誠実に仕訳という作業を行い、企業活動の動きそのものについて仕訳をとおして把握することを教えることであり、このような基本をふまえた上で、実務の多様な会計処理に対応できる人材育成を目指している。」と答えた。

　また、筆者自身は、大学教育においては帳簿の決算処理方法は大陸式締切法が適切であると考える。しかし、現在、大学で使われている簿記の教科書のほとんどは簡便法である英米式締切法を採用しており、筆者も英米式締切法で教

えている。なぜなら、簿記検定試験や実務の多くは英米式を採用しているからである。たとえ理論的に正しくとも、はじめて簿記を学習する学生に検定試験等で不要な混乱をきたすとしたら本末転倒である、と考えるからである。このような、教育と理論、教育と実務、さらには理論と実務との乖離はなぜおこるのであろうか。結論からいえば、それぞれがよって立つ目的論の相違からくるのである。教育の目的は人材の育成である。また、理論の目的は真理の探究であり、実務の目的は効率性の追求である。このそれぞれの目的の相違が、同じ内容を取り扱うなかでも、教育と理論、教育と実務、さらには理論と実務との乖離を生むのである。

　さらに、教育、理論、実務の目的はそれぞれ多重構造を持っている。教育には、教育とは何かを探求する教育理論があり、教育方法については日々、工夫・改善・改良がなされており、それに基づいた教育実践がある。理論は純粋理論としての立場があり、真理の探究のためのアプローチに関する方法論があり、大学教育として理論に関する教育が行われている。実務には実践理論があり、実践方法が開発され、実務教育が行われている。

　これらの多重構造は、基本的な教育目的の相違として各教育機関においても現れる。例えば、試算表という教育内容であっても、大学教育では会計学を学ぶための基礎・基本として、専修学校では検定合格や職業資格取得の一環として、高等学校の商業教育においては高等学校教育3年間での一応の完成をみることを前提とした簿記会計教育の一環として取り扱われている[10]。

　また、利潤追求の問題は、大学教育は資本主義社会の経済法則として経済社会の解明という真理の探究として、専修学校では現代の経済社会に与えられた与件として扱われる傾向がある。しかし、高等学校の商業教育としては配慮がいる。卒業後の生徒の進路を考えれば、労務費は企業にとっては費用であるが、従業員にとっては収入にあたるからである。利潤追求、効率性重視の企業行動をそのまま直接に生徒に教授することは、企業の第1次目的である資本の論理（利潤の極大化）を無批判に受け入れる生徒を育成することに繋がりはしないか。このことは企業行動に無批判な人材育成に繋がりかねない。資本の論理・ビジネスの論理とビジネスの実務について悩まない人材が、企業にとって

本当に有能な人材となり得るか、大きな疑問が残る[11]。簿記と会計について、一見混乱しているように見えるこれらの教育現場での相違は、高等教育機関として大学教育、即戦力を求められる専修学校教育、学校教育としての高等学校の専門教育、それぞれの教育機関がよってたつ人材育成目的[12]の相違によっているのである。

3. 簿記会計教育

（1） 簿記会計教育

　簿記であれ会計であれ、その誕生を考えれば学理から生まれたものではない[13]。簿記と会計は、一連の手続として売買の記録や売買に必要な知識や技能の伝承であり、各種の商取引を円滑かつ確実に実行する為に必要不可欠なものである。これらの積み重ねが、資金の提供者への事業報告の中から一般に公正妥当と認められた会計原則（Generally Accepted Accounting Principles）を形作ってきた。教育という視点で簿記と会計を重ね合わせてみると、簿記と会計を実務を中心に束ねることによって、簿記と会計はそれぞれが独立したものであると同時に、簿記と会計は一体のものとして学習するという方向性が検討課題として浮かび上がってくる。簿記教育と会計教育を重ねることによって、簿記会計教育としての新たな方向性が見えてくる。簿記会計教育は、簿記と会計との繋がりを一連の教育内容として教授することによって、よりスムーズな教育の流れが生まれてくる。

　教育という視点で、簿記、会計をみれば、英語教育、理科教育、環境教育等と簿記会計教育は本質的に同じものであろうか、という疑問が浮かぶ。その解答は、教育内容の異なる理科教育と簿記会計教育とでは、同質の部分もあるし、異質の部分もある、ということである。異質の部分がある以上、同じものではない。例えば、実際的・体験的学習としての学校デパートの販売実習と理科の実験では、簿記会計教育と理科教育では教育方法とその効果は異なる。

　簿記の不易性、会計の流行性、そして教育の本質として内在する不易と流行、これらのことは、簿記プラス会計プラス教育が簿記会計教育と単純に理解

できないことを示している。このことは、教育内容が教育にとって重要な意味を持っていることを示唆しており、教育内容が異なれば同じ教育理念、同じ教育方法で教育を行ったとしても、すべての教育において同様な教育効果を期待することはできない。確かに教育として共通する部分もあるが、形式的に教育内容と教育を単純に足し算することで形作られた教育では、それぞれの教育の特質を理解できないし、教育効果に大きな疑問が残る。教育は、教育内容によって、何を教えるかによって、その教育の特質は異なってくるのである。ビジネス教育の基礎・基本として必要不可欠な簿記会計教育の独自性が浮かび上がってくる。

（2）簿記会計教育の定義

簿記、会計、教育、が一体のものとなった簿記会計教育が、その存在意義を主張するにはどのようにすればよいのであろうか。簿記会計教育とは何かを検討するにあたって、簿記と会計を一連の教育内容とする簿記会計教育は、簿記会計についての仕事内容に関する実践的教育と認識する必要がある。この認識にたてば、簿記会計教育とは、第1次産業、第2次産業、第3次産業という各産業分野にとどまらず、全産業・全業種に横断的に貫く営利企業はもちろん、非営利企業、利潤追求を目的としない公共事業等においても必要とされる、簿記会計に関する仕事内容に適応できる知識、技能、倫理観を育成する教育であると定義できる。つまり、ビジネス教育にとって必要不可欠な簿記会計教育の定義は、ビジネス教育の定義づけと重なることになる。従って、簿記会計教育は、ビジネスのあらゆる分野において必要とされる簿記会計に関する知識、技能、簿記会計に関する仕事に携わる者としての倫理観を育成する教育ということになる。

（3）簿記会計教育の教育目標

① 経済社会と個人

経済社会は、経済法則の貫徹する社会である。現代の経済社会における一般の企業は、自由競争を前提とした利潤の極大化（資本の論理）を追求す

るという直線的な利潤追求から逃れることはできない。しかし、経済社会は民主主義と結合することによって制御され、また競争による多様な選択肢がビジネスの諸活動を活性化させている。その国の伝統、習慣、国民性等が商慣習を形成し、その国独自の経済社会システムが構成され、それに対応する簿記会計システムが生まれる。簿記会計教育がその国の特殊性をもち得る根拠がここにある。

　また、経済活動は、その国の歴史や文化を反映しているといいながらも基本的な経済法則は貫徹する。従って、簿記会計教育のなかにビジネスの諸活動との兼ね合いにおいて、簿記会計教育としての自己主張を織り込まなければならない。具体的にはキャッシュフローというものを意識したビジネスである。簿記会計教育は、経済社会の同質性と異質性という二律相反するものを同時に矛盾なく受け入れる人材育成というビジネス教育の目的を実現する役割が組み込まれていかなければならない。

　およそ経済社会において簿記会計と無縁なことはあり得ない。個人が経済社会のなかで独立した存在となり得るのは、自らの生計を維持するための収入と支出を自らの責任で管理・運営するという意思と能力を持っていることが前提である。簿記会計教育が育成する人材は、仕事としての収益と費用の認識と個人としての収入と支出の管理ができなければならない。営利企業であれ、公的な組織であれ、いかなる事業体においても、日常取引の記帳や予算・決算が行われる。また、独立した個人は収入と支出とを自己の責任において管理していく存在である。

　現代社会では、個人は個として独立した存在であるが、決して孤立した存在ではなく、個人は共同体に属していると同時にその共同体も個として独立しているが、個々の人を離れて成立し得ないという有機的な構成関係で捉える必要がある。ここに、個人と社会との付き合い方の問題が生じると同時に簿記会計教育の原点をみることができる。動的な経済社会に適応していく力は、言葉や文章で書かれた既成の知識群のみでは得られない。お金の流れを通して、経済社会で生活する為に必要な知識、技能、倫理観を理解し活用する実践力を養う必要がある。ものごとを理解し、処理していくための適応

力には、総合的・系統的な能力の育成が求められ、経済社会からのこの要請にこたえる教育のひとつが簿記会計教育である。

② 教育目標の設定

簿記会計教育を行うにあたり決定的に重要なことは、教育を受ける教育対象をどこに設定するかということである。教育対象を決めることにより、具体的に簿記会計教育の基本的な方向性とは何か、という教育理念や到達度の設定という教育目標の検討が可能となる。このことによって、簿記会計に関する教育内容、教育方法、カリキュラム編成等の検討へと向かうのである。

簿記会計教育目標は、簿記会計教育のあるべき姿・理想を提示し、現実の教育を唱導するという大きな役割がある。教育目標は、簿記会計に関する知識、技能、倫理観の習得、簿記会計の基本的な仕組みについての理解、それを利用・活用する能力と態度という三つの要素から成り立っている。簿記会計教育目標は、簿記会計教育の本質や性格を表し、教育内容として取り扱うべき領域、範囲、到達すべき内容の程度を示す。合理的な簿記会計教育目標の設定は、独自の教育分野としての簿記会計教育を形成し、独自の教育目標、教育内容、教育方法を持つことになる。簿記会計に関する教育目標の設定については、高等学校学習指導要領が参考となる[14]。

③ 教育目標の連鎖

ひとくちに簿記会計教育目標といっても、教育目標の連鎖を意識しなければならない。教育基本法は国家としての教育理念を示し、学校教育法は学校教育の目標を示している。また、大学を例にとれば、各大学の建学の精神のもとに、大学としての教育目標があり、その目標にそった学部教育の目標があり、その学部教育目標のもとに学科教育目標があり、その学科教育のもとに会計学関連科目群というまとまりとしての教育目標があり、その科目群としての目標のもとに各科目目標がある。また逆に、各科目目標は会計学関連科目群の目標を支え、その目標は学部・学科目標を支えることによって、個は全体を支え、全体は個を統合するという相互依存関係でカリキュラムが構成されている。これらの目標を束ねるのが教育の基本的方向性を示す教育理念である。この教育理念は大学、学部、学科の特徴に基づいている。学部・

学科教育に関する目標の達成は、会計学のみではなく、経済学、経営学、商学等の関連する学問の支えが不可欠である。また、それぞれの学問領域は、自己を中心として学際的という名のもとに自己増殖を重ねている。

4. 大学教育と簿記会計教育

(1) 大学教育

　学校教育[15]として行う簿記会計教育と学校以外で行う社会教育としての簿記会計教育の相違は、前者が人間教育の立場を主張するのに対し、後者は経済社会での現実的な要求に応じた実践的な知識、技能、倫理観の習得を目指すところにある。いずれにしろ教育は教授する教育内容を通じて、経済社会に対応できる人材の育成を図るのである。大学教育は学術の中心として、広く知識を授けるとともに、深く専門の学芸を教授研究する専門教育である[16]と共に学校教育（学校教育法第1条、いわゆる1条校）の締めくくりとして自ら主体的に学び、考え、柔軟かつ総合的に判断できる能力等の育成が重要であるという観点に立ち、幅広く深い教養、高い倫理観、実践的な語学能力・情報活用能力の育成とともに、専門教育の基礎・基本等を重視する人材の育成を託されているのである[17]。

(2) 企業会計

　大学教育で行う簿記会計に関する教育は、単式簿記で把握が可能な収支決算ではなく、利潤追求を前提としたビジネスの諸活動である企業会計を前提に行われる。企業行動は、各種の会計帳簿（仕訳帳、総勘定元帳、補助記入帳、補助元帳等）に記録、計算、整理し勘定科目と金額を基礎として貸借対照表や損益計算書などの財務諸表として開示することが法的に求められている。このような会計処理の流れをみるとき、簿記と会計はその段階性を十分に考慮し、簿記と会計を切り離すことは教育上適切ではない。

（3）基礎・基本と発展・応用

　簿記会計教育における基礎的・基本的な教育内容は絶対的なものではなく相対的なものである。それぞれの学部学科の設立目的によって、また、学習者の学力、興味、関心、進路希望等によって、教育内容、カリキュラム編成が異なり、それぞれの教育現場に適合した基礎的・基本的な教育内容や発展的・応用的な教育内容が設定される。

　また、すべての会計学関連科目にも基礎的・基本的な教育内容と発展的・応用的な教育内容がある。大学教育においては、会計学の基礎的科目として「簿記」があり、基本的科目として「会計学原理」等の会計学全般を概説する科目があるのが一般的である。「簿記」においても基礎的・基本的内容があり発展的・応用的な内容がある。さらに、会計学関連科目のなかでも、「会計学原理」や「財務諸表論」が基礎的・基本的科目とすれば、「会計監査論」、「税務会計論」「経営分析論」「管理会計論」「原価計算論」等が発展的・応用的科目といえる。さらに、それぞれの科目の内においても基礎的・基本的な内容があり発展的・応用的な内容があるという多重構造になっている。会計学関連科目のうち、教育内容がより高度であるか、実際的・実践的であるかに関わらず、すべての科目に基礎的・基本的教育内容と発展的・応用的な教育内容がある。

（4）課題探求能力

　大学教育は、初等中等段階の教育の基礎の上に構成されている。初等中等教育で育成する「生きる力」とは、「これからの子供たちに必要となるのは、いかに社会が変化しようと、自分で課題を見つけ、自ら学び、自ら考え、主体的に判断し、行動し、よりよく問題を解決する資質や能力であり、また、自らを律しつつ、他人とともに協調し、他人を思いやる心や感動する心など、豊かな人間性であると考えた。我々は、こうした資質や能力を、変化の激しいこれからの社会を『生きる力』と称する」[18]と定義づけられている。大学教育は、この「生きる力」の基礎の上に、高等教育として「主体的に変化に対応し、自ら将来の課題を探求し、その課題に対して幅広い視野から柔軟かつ総合的な判断を下すことのできる力」[19]という「課題探求能力」の育成を重視することが求

められている。

　このような大学教育理念のもとに簿記会計教育が育成しようとするものは、自主的に考え、自立的に判断し、決断したことには積極的にしかも誠実に実行し、その結果について責任を取ることのできる人材である。実社会の実務において大学で習ったことが、実務に対してそのまま修正せず使えるということは、業務内容が複雑・多様化するなかではむしろ稀であろう。しかし、そのような状況においても大学教育は、実践的な教育内容が求められる。簿記会計能力の育成として学生に身に付けさせる能力は、ものごとを客観的に分析し、情報を取捨選択し、その時点で最上と思われる意思決定を行うまでの道筋を自らの力で組み立てることである。そのためには、事業体のビジネスの諸活動を数字として捉え、事業体（主体としてのビジネス）の活動目標を正しく理解して、効果的・効率的に職務を遂行する力を育成することが求められる。

（5）　ステークホルダー

　企業経営には多くのステークホルダー（利害関係者：stakeholder）[20]が介在しており、ステークホルダーを無視したビジネス取引は場合によっては死活問題にまで発展する。株式会社では株主が株価上昇と株主配当金の動向に敏感なことはいうまでもない。ビジネスに関わるステークホルダーとしては、信頼できる製品やより良いサービスを適正な価格で求める消費者、正当な評価と賃金や適切な職場環境・プライバシーの保護を求める従業員、対価に見合う商品と健全なビジネス取引を求める取引相手、地域の住環境の維持や地域の雇用の確保を求める地域社会、応分な負担である租税の徴収を執行する政府機関等の様々なステークホルダーが存在する。しかもこれらのステークホルダーの利害は一致する方が稀である。例えば、消費者に信頼される商品を低価格で販売し、従業員には高い給料を支払い、多くの利益を計上し、高い株価と株主配当金を支払い、地域住民への雇用を確保し、環境問題には十分なコストを支払い、業績向上による多額の税金の支払いにより政府の租税収入に貢献する。このようなことは事実上不可能に近い。

　これらステークホルダーが自己主張する根拠のひとつが、企業会計が算出

する当期純利益である。ビジネスにとってそれぞれのステークホルダーは独立した主体として登場し、それぞれのステークホルダーは正当で合理的な主張を行うが、それぞれの主張をすべて受け入れていたのではビジネスが立ち行かない。それぞれのステークホルダーが納得する一致点を見出すことは極めて困難な作業となる。ビジネスは自らの会計資料、コスト計算、キャッシュフロー等によって、自律的な判断でステークホルダー間の利害調整を図らなければならないのである。

5. 簿記会計教育の位置づけ

(1) 簿記会計能力の育成
① 学習アプローチ

大学教育としての簿記会計教育は、簿記会計の理論や実務を理解するうえで必要となる知識、技能、倫理観の体得を求めているのであって、単に経理事務担当者に必要とされる知識・技能を養うことではない。

複式簿記の導入については、複式簿記の基本原理と財務諸表作成について電卓と鉛筆によって自ら体得する技能に重点を置く方法が効果的である。理論的な内容の理解には、まず自らの手で財務諸表を作成し、その後振り返って、再度、財務諸表の意味、内容、分析方法の説明を受ければより理解が深まる。導入時の簿記会計教育は、知識や技能を身に着けることを中心に簿記会計の理論的理解や知識を積み上げていくことが適切である。加えて、技術的な教育内容ではあるが、常に企業会計原則の一般原則を念頭におき、簿記と会計の関連性を意識的に取り入れることや、会計の内容においても、常に仕訳を通して理論的な説明を行うことに心がけなければならない。

② 会計処理能力

簿記会計教育で育成する力は、会計書類を作成する日常業務、会計帳簿を整理・集計する決算業務、そして出来上がった財務諸表を読んで理解する能力である。これらの能力の育成によって培われた知識、技能、倫理観を常に念頭に置き、自らの課題を簿記会計の側面から解決していく力である。

具体的なものから抽象的なものへという学習の流れは、金額から数字への広がりをみせる。企業活動は、大量・複雑な日常取引より成り立っており、量の変化は質の変化を求める。質の変化とは、大量の取引を分類・整理し、正確・明瞭に会計処理する仕組み作りと仕事を維持・継続する能力や会計処理に伴う責任感の涵養である。この一連の教育内容を繰り返すことによって、知識と技能が結びついた仕事への取り組み姿勢、簿記会計に関する倫理観の育成、さらに望ましいビジネスパースンの育成へと結びつくのである。

③　簿記会計教育のサイクル

日常取引の把握、決算手続による財務諸表の作成、財務諸表の正当性を保証する会計監査、利害関係者への会計情報の開示（ディスクロージャー）、会計報告に伴う会計責任の発生とその解除という簿記会計の一連の手続を簿記会計教育の1サイクルとし、このサイクルを螺旋状に繰り返すことにより、発展的・応用的な教育内容へと昇華させていく。どのサイクル、何回目のサイクルで終了するかは、簿記会計を学ぶ者の目的による。

ここで前提にしている教育内容は、学部教育における簿記、簿記学、会計もしくは会計学の全体像、学問構成であるから、学そのものを研究対象とする研究者の育成を図るものではない。しかし、大学院等に進学を希望する者にとっても、その動機付け、興味付けという意味での導入教育として簿記会計教育のサイクルは成り立つのである。

（2）簿記会計教育の意義

① 真理の探究としての簿記会計教育

大学教育は真理の探究の場である。物事の本質の解明により培われる深い思考力の育成には、簿記会計に関する理論、基本原理の基盤に基づいた基礎的・基本的な知識、技能、倫理観の育成が求められる。

② 実学教育としての簿記会計教育

簿記会計教育は、大学のカリキュラム全体をとおして、広く知識を授けるとともに、深く専門の学芸を教授研究し、知的、道徳的及び応用的能力を

展開させ好ましい勤労観・職業観の育成を目指すという大学教育の一般目的の基礎のうえに成り立っている。簿記会計教育の目的は、簿記会計に関する技能の養成、知識の習得、理論の理解を通して簿記会計について取り組む態度、倫理観を育成することによる実務への適応力を養うことである。簿記会計の学習には、簿記会計手続についての実際的・体験的な学習は欠かせない。実務で簿記会計に関する事業内容、仕事内容の説明を受けた時、その内容を正しく理解し自らが置かれている状況に適切に対応できる最低限の実践的応用力を身に付ける。

③ 職業教育としての簿記会計教育

　職業教育とは、一定の職業に従事するために必要な知識、技能、倫理観の育成を目的とする教育である。学生に好ましい勤労観・職業観の育成を図ることは、大学教育の社会的責任である[21]。

　ビジネス教育としての簿記会計教育の目標には二つのテーマがある。一つは、簿記会計に関する理論の理解や知識・技能の習得という簿記会計教育の教育内容としてのテーマであり、もう一つは、そのようにして身に付けた能力をいかにして実務に応用していくかというテーマである。簿記会計教育には実務に対して即戦力の要請もあるが、仕事内容についてのあまりの特殊化・専門化は大学教育としてなじまないと同時に事実上不可能である。実社会での仕事内容に正しく対処できる基礎的・基本的な能力を育成する必要がある。

④ 完成教育としての簿記会計教育

　大学教育は、大学院教育を別にすれば、学校教育（学校教育法第1条）の締めくくりとしての位置付けがなされてる。簿記会計教育は、大学在学中に社会に出て行く職業人として、一応の完成を目指すという前提のもとにその教育内容が構成されなければならない。

⑤ 生涯教育・継続教育としての簿記会計教育

　大学卒業後は、簿記会計に関する仕事に直接携わる者、間接的に簿記会計に関わる仕事に携わる者、仕事内容が簿記会計に関わりのない者、また、さらに進学する者等の多様な進路が考えられるが、経済活動に関わりを持つ

限り、簿記会計とは無関係ではあり得ない。実社会に出ていく学生は、実務との関わりのなかで勉強の継続は不可欠である。ビジネスの諸活動に対応するためにも基礎的・基本的な教育内容の充実に努めなければならない。

(3) 簿記会計教育とビジネスの実感

簿記会計教育として、学生に生きた現実の企業活動を実感させるものを例示すると、次のようなものが浮かび上がる。

① 取引のイメージ

初学習者にとって、複式簿記は高等学校の学習の延長線上にはない、新しい発想の勉強である。例えば、取引概念においても一般常識としての取引とは異なるものがある。売買取引契約そのものは、簿記上の取引に当らないし、火事による倉庫の消失は簿記上の取引となる。複式簿記の取引は、企業の資産、負債、資本、収益、費用に影響を与えるかどうかによって決まるからである。

② 仕訳の概念

仕訳とは、ビジネスの諸活動を行う上で発生するどのように複雑な取引でも、勘定科目と金額で解き明かし、仕訳のルールに従って明確な形で複式簿記に取り込むためのものである。また、仕訳に込められた意味を読み取るということは、例えば、売上代金の回収においても、現金か、銀行振込か、売掛金か、小切手か、受取手形か、という選択の中にビジネス取引の実態を感じ取ることである。

③ 会計処理の選択

会計処理に複数の選択の余地があることを、簿記の技術的な問題としてのみとらえるのではなく、会計について考える機会とする。棚卸資産の評価は、資金が姿を変えて倉庫に眠っていると実感できた時、新たな発見が生まれる。モノをモノとして管理する場合と在庫として資金が眠っていると感じる場合とでは、金利や保管費用の発生を含めて、在庫管理の資金的意味を理解することに繋がる。

④ コスト意識

　現実の企業経営の問題、課題を明らかにする内容を、すべての簿記会計教育（サイクル・メソッド）の段階に組み込む。また、コストダウンに対する認識は、企業の英知の結晶であり、販売・購買・経理・労務等のすべての担当者の努力が凝縮されたものである。

⑤ 資金の流れ

　企業にとって、損益面での一時的な損失の発生は、直ちに倒産に結びつかないが、資金繰りの失敗は事実上の倒産に追い込まれる。この差は、収益の発生と代金の回収、費用の発生と代金の支払いとの時間的なずれに原因がある。

⑥ 実務への対応

　実務の世界は、すべて現実から出発する。実務では、理論的な理解だけではなく、具体的・実践的な対応と成果が求められる。このような意味において、実務は常に応用問題である。具体的な事実関係を理解したうえで、原理・原則に基づいて会計処理する能力と姿勢が求められる。会社の経理部門で働く人材として、まず必要とされるものは、会計に携わる者としてのビジネス倫理観である。もともとビジネス取引は、人と人との信頼関係を基盤として成り立ち、そこではまず人としての誠実性、信頼性が基本となる。その上で、会計業務を遂行していくうえで必要とされる、簿記会計の専門知識や技能さらに職務上の公正さ、正確さ、迅速さが要求される。会社の会計に関する部門には、企業内外の情報が集まる。特に対外的に配慮の必要なものや経理関係書類の取扱い等には、細心の注意を払わなければならない。

⑦ コンピュータ

　会計実務には、簿記会計の専門知識と技能は不可欠である。しかし、コンピュータの導入は、そのハードウェアの発達と豊富なソフトウェアによって旧来の経理の仕事内容を一変させ、日常業務においては必ずしも簿記会計の知識と技能を必要としなくなってきた。コンピュータ導入の利点は、基礎データを入力すれば、財務会計はもとより管理会計にも利用できることである。また、POSシステムの導入等は、商品の単品管理を可能とし、教科書

では、実務上の問題点から三分法に至る前段階としての意味しか持たない分記法が、実務においてはバーコードを読み取ることにより単品管理を可能とさせ、分記法による会計処理の必要性を再認識させる。簿記会計教育における理論的な学習の必要性を再認識させる。

（4） 専門教育としての簿記会計教育
① 専門教育

　通常、簿記会計教育といった場合は、専門教育を意味している。大学教育における簿記会計教育目標は、これを専門教育[22]として捉えるのか、教養教育として捉えるのか。また、大学卒業後直ちに実務において役立つことを目指すのか、あるいは将来的に役立つことを念頭におくのかの組み合わせによって異なってくる。簿記会計を専門教育として学ぶものは、実務での事務執行能力や仕事上の理解力の育成が求められる。簿記会計教育は、自らが事業を行うか、または何らかの組織の一員として働くことを前提としている。具体的には、会社の経理事務、一般事務、事務以外の営業等の経営活動に従事することが考えられる。また、簿記会計教育には、専門教育としての即戦力の要請もあるが、仕事内容について過度の特殊化、専門化は大学教育になじまない。

② カリキュラム編成

　専門教育としての簿記会計教育は、学部・学科・コースによって特定され、当該の学部・学科・コースの教育目的達成のための重要なカリキュラムの一環として位置づけられる。専門教育としての簿記会計教育内容は、学部・学科のカリキュラムによって異なる。簿記会計教育は会計学の学問体系全体をカバーすることもあるし、当該学部・学科・コースの目的達成の為に重要な分野として組み込まれている場合もある。また、多くの場合、学生が自らの必要性に応じて選択履修する。

　カリキュラム編成としての特徴は、基礎的・基本的内容から発展的・応用的内容に学習を深めていくことを可能にする科目構成となっている。いずれにしろ簿記会計教育内容は導入部分においては、教養教育と同様な教育内

容で構成されているが、発展的・応用的な段階には専門的な科目が配置されている。基本的に、導入部分については、教養教育としての簿記会計教育内容と同様な構成となるが、同じ構成であっても職業教育としての専門性につながっていく基礎・基本と認識されていることがその特徴である。

③　教育内容サイクル

　専門教育の特徴はゼミ教育である。ゼミ教育以外で、簿記会計教育によって育成する知識、技能、倫理観の到達度をどこに求めるかということになると、それぞれの必要度によるケース・バイ・ケースと言わざるを得ない。このような教育要求に答えるためには、簿記会計関連科目間の教育内容の調整を図り、学生の希望する学習内容の幅に配慮した簿記会計教育としての各サイクルが積み重なり、どの段階で学習が終了しても簿記会計教育として一応の完成をみるように教育内容が構成されなければならない。

（5）教養教育としての簿記会計教育

①　教養教育の必要性

　経済社会における個人の独立は、自らの責任で、収入と支出を管理・運営する意思と能力を持つことによって成り立つ。しかも、経済社会における個人は経済社会で生活する私人として家庭生活を送り、経済社会を構成する社会人として社会生活を送り、経済社会で仕事をする職業人として職業生活を送る側面を有し、各個人の中にこれらの側面を共有もしくは共有せざるをえない。教養教育[23]としての簿記会計教育は、個人が経済社会で生きていくことに不可欠なこの三つの側面に何らかのかたちで役立つものでなければならない。個人や事業体が主体としてのビジネスとして独立性を維持するためには、ビジネスの論理（収入と支出の合理的な調和）は不可欠である。しかし、単なる収支決算であれば大学教育で取り扱う必要はない。教養教育としての簿記会計教育は、個人の収支決算を対象とするものではなく、企業会計を理解するための素養を身に着けることにある。製造業はもちろん、農業であれ水産業であれ、およそビジネスの諸活動に携わるものは、記帳・計算・整理という一連の作業によって財産を管理し、運用し、利益を確定し、

財務諸表を作成するとともに外部への会計報告を行うために、会計監査を受け、外部に会計報告を行い、その会計報告によって会計責任を果たす。この一連の手続きの中に大学における教養教育[24]としての教育内容を組み立てなければならない。

② 教養教育の広がり

　教養教育としての簿記会計教育の対象者は、様々な学部・学科にわたる。従って、簿記会計教育内容について必要となる教育内容が異なり所属学部・学科の判断による。ここにおいても簿記会計学習サイクルは存在する。最低限のものであっても、複式簿記の基本原理を帳簿記入という作業を基にして学び、財政状態を表す貸借対照表の作成、経営成績を表す損益計算書の作成は外せない。この一連の作業に関わり、簿記会計に関わるものとしての倫理観、会計責任について学ぶことを外してはならない。大学教育として簿記会計教育を受けたものは、いかなる学部・学科であれ簿記会計をとおして事業体（主体としてのビジネス）の維持・管理の基本を身に付け、その会計報告書を読み、その意味を理解できる基礎的・基本的な素養を身に付ける。このことは、現代の社会人としての常識として積極的に取り組んでいかなければならない。

む　す　び

　簿記、会計の理論、知識、技能は人類の長い歴史のなかで確立してきた。ビジネスの諸活動の把握、決算整理手続、貸借対照表、損益計算書を作成・公表し会計責任を果たす。この一連の手続は、まず、簿記の学習から入り、それから会計へという学習の流れは、基礎的・基本的な学習から発展的・応用的な学習へという流れに符合するものである。具体的（簿記）なものから抽象的（会計）なものに移り、抽象的な会計学の理解を基に現実の複雑な会計現象を理解し、現実的な課題解決策の提示へと進むのである。簿記と会計を一体のものとして学ぶ簿記会計教育が求められる。

　しかし、学生にとって簿記会計を一体のものとして、知識、技能、倫理観を

学習することは、なじみにくいことも確かである。特に簿記の学習成果は、机について勉強した時間数と正比例する傾向がある。このことが、大学教育における簿記会計教育の困難性の一因となっている。貸借対照表の理解・分析の問題は、常識で判断がつく可能性があるが、真っ白い紙に貸借対照表を作ることは簿記の知識と技能がなければ不可能である。パワーポイントを使った説明や簿記の学習ソフトを使うなどの試みがなされているが、残念ながら特効薬はなさそうである。

　簿記会計教育を大学教育のなかで最大限の効果をあげるには、教育目標の合理的な設定が欠かせない。専門教育としての簿記会計教育は確立されたものがあるが、教養教育としての簿記会計教育が大学教育の中で確立しているとは言い難い。このような現状を見る時、経済社会での一般常識として、大学教育としての課題解決教育の一環として、簿記会計教育の教養教育としての位置付けを明らかにする必要がある。

注

1) 「簿記の不易性と普遍性、会計の時代性と国家性という科目の重要な特質を教える」(安藤英義『簿記会計の研究』中央経済社、平成8年、p.41)。
2) 大塚宗春、川村義則ほか6名『高校簿記』実教出版、平成23年12月20日検定済、p.11。
3) 醍醐　聰（ほか11名）『簿記』東京法令出版、平成23年12月20日文部科学省検定済、p.2。
4) 安藤英義ほか7名『新財務会計Ⅰ』実教出版、平成24年12月20日検定済、p.8。
5) 醍醐　聰（ほか8名）『財務会計Ⅰ』東京法令出版、平成24年12月20日文部科学省検定済、p.3。
6) 雲英道夫・田中義雄『商業科教育論』多賀出版、昭和53年、p.3。
7) 「簿記と会計を区別する1つの要素は監査である。会計は監査を伴うが、簿記にはそれがない。さらに会計には、外部への報告（開示）そして責任がある。会計監査、会計報告、会計責任といった耳慣れた言葉からも、このことが分かるであろう。簿記にはそのような熟語がない。これからすれば、監査・報告・責任を伴わない小遣帳や家計簿を付ける行為は簿記であって、会計にならない。簿記のない会計はないが、会計のない簿記はあるのである。」(安藤英義、前掲書、p.39)。
8) 「教育においては、どんなに社会が変化しようとも、『時代を超えて変わらない価値のあるもの』（不易）がある。…（中略）…また教育は、同時に社会の変化に無関心であってはならない。『時代の変化とともに変えていく必要のあるもの』（流行）に柔軟に対応していくこ

ともまた、教育に課せられた課題である。」(中央教育審議会「21世紀を展望した我が国の教育の在り方について（第一次答申）」平成8年7月、第1部 (3))。
9) 安藤英義、前掲書、p.39。
10) 文部省『高等学校学習指導要領解説商業編』実教出版、平成12年3月、pp.16-19。
11) 河内 満「ビジネス教育論の展開」『商業教育論集』第13集、日本商業教育学会、pp.2-6。
12) 学校教育法 第52条（大学）、第41条（高等学校）、第82条の2（専修学校）、第83条（各種学校）。
13) リトルトン 片野一郎訳『リトルトン会計発達史 増補版』同文舘、平成元年、p.37。
14) 文部科学省、『高等学校学習指導要領 平成21年3月告示』東山書房、平成21年。
15) 学校教育法第1条に掲げてある学校と第82条の2専修学校、第83条各種学校。
16) 学校教育法第52条。
17) 大学審議会「21世紀の大学像と今後の改革方策について（答申）― 競争的環境の中の個性が輝く大学 ―」平成10年10月、第1章 3.(1) 1) (イ)。
18) 中央教育審議会、前掲書、第1節 (3)。
19) 大学審議会、前掲書、第1章3.(3) ⅰ)。
20) 河内 満「教科『商業』におけるビジネス倫理観の育成」『商業教育論集』第16集、日本商業教育学会、平成18年3月、p.34。
21) 「また、学生が将来への目的意識を明確に持てるよう、職業観を涵養（かんよう）し、職業に関する知識・技能を身に付けさせ、自己の個性を理解した上で主体的に進路を選択できる能力・態度を育成する教育（キャリア教育）を、大学の教育課程全体の中に位置付けて実施していく必要がある。」(大学審議会「グローバル化時代に求められる高等教育の在り方について（答申）」平成12年【3】1 (3))。
22) 「専門教育はある特定の職業に関する教育と解されている。(professional education, specialized education)」(文部省初等中等教育局職業教育課長 中村賢二郎 監修『体系高等学校商業教育辞典』多賀出版、1984年、pp.4-5)。
23) 「教養とは、個人が社会とかかわり、経験を積み、体系的な知識や知恵を獲得する過程で身に付ける、ものの見方、考え方、価値観の総体ということができる。教養は、人類の歴史の中で、それぞれの文化的な背景を色濃く反映させながら積み重ねられ、後世へと伝えられてきた。人には、その成長段階ごとに身に付けなければならない教養がある。それらを、社会での様々な経験、自己との対話等を通じて一つ一つ身に付け、それぞれの内面に自分の生きる座標軸、すなわち行動の基準とそれを支える価値観を構築していかなければならない。教養は、知的な側面のみならず、規範意識と倫理性、感性と美意識、主体的に行動する力、バランス感覚、体力や精神力などを含めた総体的な概念としてとらえるべきものである。」(中央教育審議会「新しい時代における教養教育のあり方について（答申）」平成14年2月、第2章)。
24) 「新たに構築される教養教育は、学生に、グローバル化や科学技術の進展など社会の激しい変化に対応し得る統合された知の基盤を与えるものでなければならない。各大学は、理系・

文系、人文科学、社会科学、自然科学といった従来の縦割りの学問分野による知識伝達型の教育や、専門教育への単なる入門教育ではなく、専門分野の枠を超えて共通に求められる知識や思考法などの知的な技法の獲得や、人間としての在り方や生き方に関する深い洞察、現実を正しく理解する力の涵養など、新しい時代に求められる教養教育の制度設計に全力で取り組む必要がある。」(同上書、第3章　第2節3（1))。

第2部

ビジネス倫理観とビジネスパースン

第5章
ビジネス教育における人間観

はじめに

　ビジネス教育という一つのまとまりのある教育は、どのような人間観に基づいているのか示しておく必要がある。ビジネス教育が描く人間観を基に、ビジネス教育の教育理念、教育目的、教育内容、教育方法が構成されていくからである。

　ビジネス教育において、主体としてのビジネスというまとまりは、人が集まり組織として行動し、自らが所属する組織の掲げる目標に向かって、あたかも一つの生命体のように統一的に行動していく共同体として捉える。ここでは、その主体としてのビジネスを事業体ということにする。事業体は、内向きの内部取引と外向きの外部取引とが一体となり、その事業体独自の行動様式を確立していき、一つとして同じ事業体はない。

　企業は人なりという。事業体（主体としてのビジネス）を構成する人は、自らの所属する事業体の理念を共有し、仕事内容のベクトルを一致させ、協働して目標を達成しようとする意思と能力がなければならない。ビジネス教育は、ビジネスに関する仕事を通して、自らが主体的に仕事に取り組み、その中で成長し、自己実現を図りながら、独立した個人としてビジネスの組織文化を理解し、ビジネスを正しい方向へと導く人材育成を図らなくてはならない。個人は、事業体を構成していると同時に個として独立した存在でもある。個人は、全体の中に埋没することなく、個として独立した存在であると同時に、全体へ

の適応力を持っている。ビジネス教育が育成する人材（ビジネスパースン）は、いかなる事業体であっても、その事業体の目的やカルチャー（企業文化）を理解し、共同体の一員として仕事ができなければならない。つまり、事業体を維持・発展させると共に、自らも成長していく存在でなければならない。

1. 個性の尊重

（1） 生きること

　教育とは人を育てることである。どのような人を育てるのか。その人は、人間社会のどの分野で主要に貢献することを想定しているのか。真に自らを大切にするということは、自己の才能や素質を理解し、発見し、発揮することであり、何より自己の生命を大切することである。自らの生命を大切にするということは、自らがこの世に生を受けたことの意義と役割について深く考え行動することである。自らの生の意義と役割を考えることは、自己とビジネスとの関わりの中で、ビジネスの存在意義とは何か、ビジネスの役割とは何かについて考えることに通じる。自らビジネスの中に身をおき、どのような人生を歩むのか。ビジネスをとおしてどのように社会に貢献するのか。これらのことを達成するには、所属するビジネスが社会から認知され、継続すること、何より生き残ることが前提となる。ビジネスは、自らの人生で生きる場、生活の場のかなりの部分を占めている。

（2） 個　性

　人は、生まれながらにして、あるいは後天的に、必ず自分にしかない、自分にしかできない何かを持っている。この、他の人をして取って代わることのできない、たった一つの自己を個性という。教育とは、その個性を発見し、才能や技能をみがき、自己の生活を充実したものにし、社会に貢献する人を育てることである。

　人は、基本的人権（憲法　第11条）を持っているという意味では、すべての人は同じであるが、個性という意味ではお互いに異なるのである。人は誰も

自分が完全であると思ってはいないし、思っているようでは、人としての成長は期待できない。人は、それぞれ何らかの長所を持っているし短所もある。このそれぞれの個性の差異性を認識し、認め合うことによって、共同体の基盤が形成される。人は、それぞれ異なることを、個性として尊重しなければならない。

人としての成長は、個人だけで出来るものではない。ビジネス教育は、ビジネスについて学ぶことを通して、他の個性と出会い、お互いに尊重し合うことによって、より広い結びつきと活力と刺激を受け、自らの個性の発達と自分以外の個性の発達と相伴って、自己実現が達成される場を提供する。人は、社会との繋がりの中で、自らの存在と位置づけを考える。この社会との繋がりの場が、ビジネスである。

ビジネスにおける人材の育成とは、ビジネスを取り巻く経済社会という外部環境とビジネスの内部環境における個々人の能力との調和を図る人材育成である。ビジネスにおける個性の発達とは、自らが所属するビジネスを取り巻く外部環境と内部環境との調和を図り、ビジネスを維持・発展させる意思決定の連鎖をとおして、自己実現を図ることである。

（3）人間形成

ビジネスにおける人間形成は、複雑・多岐にわたる自己を取り巻くビジネス環境への問題解決の積み重ねを通して、自己実現を果たす過程であるといえる。人間形成の多面性と統一性について、中央教育審議会（昭和46年）の答申は、複雑・微妙な問題を多面的に解決するためには、（A）自然界に生きる人間としての側面（B）社会生活を営む人間形成としての側面（C）文化的な価値を追求する主体的な人間としての側面の3つの側面をバランスよく統一することが、自然と生命に対する愛と畏敬の念に支えられた真の人間形成の姿があるとしている[1]。

人は、自然環境であれ、経済環境であれ、自らを取り巻く外部環境に絶えず働きかけ、それぞれの環境に適応すべく努力することにより、成長・発達するものである。ビジネスとの関わりの中で成長・発達するには、ビジネスに関す

る知識、技能、ビジネス倫理観の育成がその中心的な課題となる。ビジネス教育は、ビジネスに関する専門教育として、ビジネスの諸活動に関わるなかで、人間形成という教育上の課題に答えられるものでなくてはならない。

（4） 共同体の認識

　ビジネスの諸活動との関わりにおいて、個人が個人として自覚する為には、他人が自らと同じ主体として存在することを認識することが、前提となる。なぜなら、相手を意識しなければ自らのことのみ考えればよく、共同体を認識する必要がないからである。複数の人が、主体としてのビジネス（事業体）という共同体を構成し、共に仕事をし、生きていくためには、生活の場である共同体のなかでフォーマルな縦の関係、インフォーマルな横の関係を感じ取ることができなければならない。年齢、体力、知力、リーダーシップ等の異なる様々な人々の集まりのなかで、自らの力を出し切るには、縦と横の人間関係を認識したうえで、一人の独立した人としての自覚を持ち、他人との調和を図らなければならないのである。

　共同体の中で生き抜いていくためには、自らの感性のみに頼ることはできない。また、寛容と忍耐だけでは、ビジネスという共同体のなかでは埋没してしまう。他の自己主張に圧倒されることなく、その圧力を食い止めるには、ただ耐えるだけでは共同体を生き抜く実践力とはならない。ビジネスという共同体のなかで仕事をするということは、他人と協力し、強いられた共働ではなく、安定した協働による社会生活を営むことのできる力を、身に付けなければならない。ビジネス教育は、ビジネスという共同体のなかで、自らの課題を見つけ、他人と共に問題解決を図るなかで、真の自己実現を目指す人材育成を行う教育でなければならないのである。

2. 自我の確立

(1) 自　由

　人は自由の主体であり、自由であることが保証されなければならない。憲法は、基本的人権（憲法　第11条）や様々な自由と権利（憲法　第12条）を保障している。現実的に、自由とは好き勝手に行動するという意味ではない。まず、自由であるか、自由に振舞えるのかについては、思考の場で行う必要がある。自由に思考し検討することは、実際の行動に移す場合には、様々な制約条件があることを浮かび上がらせる。少なくても、ビジネスの世界において自由ということは、本質的に思考の自由ということである。

　ビジネスでは、よく自由な発想ということが言われる。発想自体が自由であるということと、その発想がビジネスの俎上に上るということは、別である。ビジネスでは、市場の動向や費用対効果等の前提条件を克服しなければならない。人は、決断して行動する自由を形式的に持っているし、現実に自由に行動に移す人もいる。しかし、ビジネスにおいて自由を論じる場合に大切なことは、ビジネスの諸活動を認識し、ビジネス取引の何に対して自由であるかを見極め、その自由の制約条件を明らかにし、選択肢を設定し、その中での意思決定の自由ということである。ビジネスの諸活動には取引相手がいる。つまり、取引相手とお互いの自由の擦り合わせを行わなければならないのである。

(2) 自由と責任

　自由と責任との関係は自然界ではより直接的に現われる。まず、自然界では能動的に行動を起こすことが前提となる。そして、その行動の責任は自分自身の生存に関わるのである。人には、無条件の自由ということはありえない。自然環境、社会環境、経済環境がそれを許さないからである。厳しい自然環境の中で個人の勝手気ままな行動は、自然界からの抹殺を意味し、大きな自然の営みに何ら影響を与えるものではない。ましてや、人と人が直接接する人間社会（ビジネス社会）において、個人の自由によって利益協同体の秩序を乱すこと

は許されない。

　自由があって責任があるのではなく、責任があってその責任の範囲内において、自由が保証されているのである。ビジネスにおいては、人としての行動には責任が付いて回る。責任を果たす者のみが自由を獲得できるのであり、その逆ではない。つまり、ビジネスの諸活動を行うということは、自らの自由より前にビジネスの当事者としての責任が自覚されなければならず、自由には責任が伴うのではなく、人としての行動することそのものに責任があるのである。

　ビジネスの世界では、まず責任を果たすことが求められる。社会は、ビジネスの反社会的な行動に対して、ビジネスの諸活動の秩序を守る為に敏感に反応する。ビジネスにおいて取引の自由があるということは、その取引が適正に履行されることが前提となっている。信用取引はビジネスの世界では常識である。

（3）権利と義務

　同様な思考の流れは、権利と義務の関係についてもいえる。社会生活を営むということは、行動することが先で、行動に誤りがない限り、結果として権利という果実が与えられるのである。そもそも狩猟であれ、耕作であれ、給料の受け取りであれ、通常働いた後に報われるものであり、場合によっては果実が得られないこともある。成果という言葉がそれを表している。行動することなく、何らかの果実が得られるのは特殊な場合である。その特殊な場合とは、果実を得られる主体（個人）が義務を果たすに至らない、庇護すべき対象である幼児等であろう。ビジネスを基本軸とした教育からすれば、権利が主張されたその後に、義務について述べることは、ビジネスの実情に即していない。

（4）自立心と自律心

　人が人として、かけがいのないものとして不可侵の尊厳を持ちうるのは、個性があるからである。個性の根源をなすものは、自らの内からほとばしり出るエネルギーである。このエネルギーとは、生まれたばかりの赤ちゃんが内から力が満ち、つかまり立ちから、やがて自力で歩行出来るようになるようなも

のである。自立心を導き出す中核となるものは、立ち上がろうとする意欲であり、自律心とは人間関係の中で前に進もうとする向上心である。

　何らかの目的を共有する共同体で、人と人との利害が交錯する関係のなかでの自由は、自らを律することによって成り立つ。利害関係が相反するビジネスの世界では、自ら考え、自らが行動するには、他者との競争を意識せざるを得ない。市場という場で自らを律するすべを身に付けていないということは、市場での自らの生存そのものに関わることである。人は、自らを律するという行為を純化し向上させることで、より多くの信頼を得ることに結びつく。人が限られた条件のなかで自律していく過程は、市場においてビジネスが認知され、発展していく過程に通じるものがある。

（5）誠実性と強い意志

　ビジネス教育で育成しようとする人材は、自らが設定した目標に向けて強い意志をもって立ち向かう人である。強い意志を持つということは、単に我を通すということではない。ビジネスに携る人は、誠実な人でなければならない。己に誠実であり、他へも誠実である。他への誠実性なくしては、ビジネス取引は成り立たないからである。ビジネスの基本は人への信頼感である。

　誠実な人が、目的意識をしっかり持つことは、思考の強さと意思の強さを持つ人に結びつく。意志の強さとは、自らの中に閉じこもることとは異なる。他の人の喜びを自己の喜びとし、他人の悲しみを自己の悲しみとして感じ取る感性を持ち、ビジネスの合理性において、是は是、非は非とし、しかも和して動じない人である。品格のある人とは、信頼できる人のことである。

（6）自我の確立

　ビジネスの諸活動の中で自我を確立するということは、まず責任を認識することであり、意思決定は種々の制約の中から生まれる自由度の中にあり、権利の主張は果たすべき義務を全うすることによって受け入れられるものである。ビジネスのなかで自我を確立するということは、責任と自由、権利と義務の因果関係が直接結びつくことを体得することによって身に付くものである。経験

を通して体得することは、ビジネス教育には不可欠のものである。抽象的な教訓やさまざまなシミュレーションやケーススタディの学習は、自らの実体験によって、その成果が証明される。実践に役立たなければ、実践的な教育の意味はないのである。

　ビジネスは個性を大切にし、人としての差異性を認め合わなければならない。ビジネスと共に成長していくには、経済社会というビジネスを取り巻く外部環境の中で、主体としてのビジネス（事業体）という内部環境のなかにおいて、自らとヒト・モノ・カネ・情報との調和を図ることを身に付けることである。ビジネスの成り行きについて考えることは、自らを考えることに繋がる。なぜなら、経済社会の中でビジネスとして生き残る為には、人として必要なことがすべて凝縮されているといっても過言ではない。人と人との関係の中でも、ビジネス取引は特に厳しいものの一つである。極めて具体的な利害関係がその主要なテーマとなるからである。

　確かに、人の意見は誠実に耳を傾けなければならない。しかし、ビジネスの世界において利害関係者（stakeholder）のいうことをすべて受け入れていたのでは、ビジネスは立ち行かないのである[2]。ビジネス教育は、ビジネスに関する知識、技能、倫理観をそなえた自我の確立を目指す教育でなければならない。

3. 生きるためのツール

（1） いかに生きるべきか

　ビジネスの世界で生き抜く為には、気力だけでは不十分である。生き抜くための知識、技能、倫理観が求められる。ビジネス教育の教育内容は、経済社会で生きていく術を身につけることに結びつく。簿記会計であれ、情報処理であれ、マーケティングであれ、経済社会と直結した実学を学ぶことによって、経済社会で生き抜く力を身に付けるのである。しかし、ビジネス教育は、単に知識、技能の伝授のみで終始するものであってはならない。その教育内容を通して、現在の自らの生活の改善・改良を目指し、自己を生かす道を模索し、自己

実現を図ることに結びつく指針を組み立てる術を育成しなければ、ビジネス教育とは言えない。ビジネス教育においては、「ビジネスを通していかに生きるべきか」という自問自答の積み重ねが重要な教育テーマとなるのである。

（2）リスク管理

　ビジネスに携わるものは、経済社会の中で、ビジネスと自らの存在意義と役割が問われると共に、そして、何より生き残らなければならない。また、ビジネスとして生き残ること自体が、市場に存在意義を認められたことでもある。

　ビジネスの諸活動は、まさに自らのビジネスの存在意義と役割を体現したものである。ビジネスに携わる者が、ビジネスの目標を達成する為の手段と行動を直接的に結び付け、直線的に行動することは、自らの真意を理解してもらうことに、必ずしも結びつかない場合がある。周囲の状況を深く考え、周囲に配慮し、周囲の人々の理解を得て行動することが求められる。ビジネスについて深く考えた場合と、思いつきで行動した場合とでは、例え結果が同じであっても、ビジネス教育の立場は大きくことなる。ビジネスは成功することもあるし、失敗することがあるからである。ビジネスについて深く考えることは、可能性としての予想外・想定外のことを出来るだけ少なくすることであり、事前に検討することによって、リスクの前兆や変化を察知することが可能となる。リスク管理はビジネス教育の重要な教育内容であり、繰り返すことによって体得できるものである。

（3）深く考える

　恩師古林喜樂先生は、学問の基本として、「まず疑え、次に深く考えよ、そして現実的な方策をとれ。」とよく話された。ビジネスの諸活動は、まさに自らのビジネスの存在意義と役割を掛けた行動そのものである。ビジネスは周囲の状況を深く考え、周囲に配慮し、理解し行動することが求められる。同じ大胆な行動であっても、状況を理解したうえでの行動と、成り行きにまかせた行動では緊急事態への対応が大きく異なる。何にも疑わず、深く考えもせず、現実的な対応のみに終始していたのでは、ビジネスに未来はない。ビジネス教育

は常に取引相手を意識する教育でなければならない。

　ビジネスが社会貢献という目標を達成（第2次目標）する為の行動と、ビジネス本来の利益の極大化（第1次目標）とを直接的に結び付け、直線的に行動することは、市場を通して消費者の理解を得ることには結びつかない。ビジネスは、経済社会の中で、その存在意義と役割を認められることによってのみ、生き残ることができる。ビジネス教育と消費者教育は相対峙するものではない。本来、市場という接点を通して消費者とビジネスを結びつけるものでなければならない。

(4) 収支の合理的な調和

　人は往々にして、入りを考えず、出ずるに走ってしまう。個人の生活において、債務超過のような生活が長続きするわけがない。はじめから赤字となるようなことは、ビジネスではまず考えられない。消費生活だけではなく、モノやサービスを創造することによって成り立つビジネス感覚が、学校教育の中で必要とされる理由である。

　個人としての収入より支出が多い生活が可能な理由は1つしか考えられない。自分以外の第三者からの支援である。第三者からの支援が合理的であるのは、将来への投資、教育的意義のある場合に限られる。ビジネスも同様で、一時的な赤字で企業は倒産することはないが、赤字の積み重ねは企業の健全な体力を奪い破局へと向かう。個人の生活においても収支の均衡を考えない刹那的な行動は、外見的な収支の不均衡以上に不健全なもので、気力、体力を消耗させてしまう。

(5) 職業観の育成

　すべての職業は、その仕事を通じて自らの生計を立てること、社会の維持・発展に貢献すること、この二つが両立することを前提に成り立っている。重要なことは、職業・職種の区別ではなく、その仕事にいかに打ち込むかということである。経済社会は、個々の企業や個人が経済を通して企業、政府、家計と結びついている社会であり、それぞれの仕事との関連において、常に生産性、

効率性を高めることが求められている。このような経済社会関係の中では、自己の幸福と他人の幸福を両立させることがその基盤となる。

　ビジネス教育は、自己を生かし、他人を生かす教育であり、ビジネスに関する仕事を通して相互の理解と信頼関係を醸成することで、経済社会の維持・発展がもたらされ、自己の能力開発と経済社会の発展が矛盾することなく結びつき、仕事や自身の生活のなかから人生の意義を見出す教育でなければならない。

4. ビジネス教育の人間観

（1） 人に対する信頼

　ビジネス教育の基本となるものは、人に対する信頼である。人は、確かに人を取り巻く環境の中において種々の制約を受ける。しかし、人は、自己の中に本来、向上心を持っており、絶えず成長・発展していくものであり、困難を克服していく存在であるという確信である。この人に対する信頼感のうえに、経済社会で必要とされる知識、技能を習得させ、さらに経済社会の一員としての倫理観を育成する。

　ビジネス教育が育成を目指す人とは、経済社会で生活する私人であり、経済社会を構成する公人であり、経済社会で仕事をする職業人である。経済社会の個人は、この三つの側面を一体のものとして、一人の人格の中に共有している、もしくは共有せざるをえないのである。人は、私人としての家庭生活、公人としての社会生活、職業人としての職業生活を送る。ビジネス教育は、一方で学生・生徒の興味・関心・適性・進路等の必要性に基づき、他方では経済社会の要請等に基づいて教育内容が構成されている。個人の自己実現と経済社会の発展をいかに両立させるかということが、ビジネス教育の重要な教育課題である。

(2) 個性の理解

　人は、それぞれが独自の思考、意志、感情を持っており、教師が一方的に教育を授けるという単なる受動的な存在ではない。個性豊かで人間性あふれる個人の育成と豊かな経済社会を実現するためには、経済社会において個人が尊重されなければならない。経済社会において個人は、自主的で独立した人として行動し、その原動力は自発性や創造性にある。従って、ビジネス教育の基本には個人の自発性や創造性への信頼がなければならない。

　自発性や創造性に基づく人間形成には、経済社会の中で暮らしていくための対応力と、人としての個性の発揮という全体への対応と、個人の個性の発揮という相反するものを統一するという問題が生じる。自由とは、拘束なき状態であり、ビジネス教育においても、人は各自の自由な自発的で創造的な活動を求める。しかし、反面、教育はもともと一つの統制であり拘束である。ビジネス教育が、自由を唱道するということと学生・生徒を放任することとは、異なる。単なる自由放任と教育とは相容れないからである。

(3) 公益と私益の統合

　より良い人生というものは、本質的に個人的なものであるが、社会の目的と結合することによって、より良い生活と社会の維持・発展が同時に可能となる。経済社会において、個人としての自我の確立とは、広く人間社会を理解し、主観的な自我の感情を客観的にみることができることである。自らが自己を離れて客観的な立場に立つことは、自らと他人とを置き換えてみることができるようになることであり、真に他を見、自らを知ることに結びつく。その延長線上に社会があると認識できれば、自己を知るということと社会と自己との関係を整理することができる。

　個人と経済社会との関係は、個人が経済社会に対する自由を求め平等な権利を主張することができると同時に、経済社会は個人の責任と公正なる義務とを要求する。ビジネス教育は、経済社会という枠組みの中で生き社会貢献をすることを通して、人として成長するという公益と私益の統合を、その教育内容として持っていなければならない。ビジネス教育は、公益と私益とは統合すべき

ものであり、一致させるものであるという知恵を身に付けさせる教育でなければならない。

（4） 経済社会における職業人としての資質

人は、職業につくことによって、労働の対価としての収入と、自らの生計を立てる為の支出とを、個人の責任によって行う。経済社会における職業人の資質としては以下のことが重視される。

① 勤労の尊重

　経済社会で働くということの意義や役割について理解する。各人は、自らの興味、関心、能力や社会の要請等により、労働しなければならない。人は、労働することによって自らの生計を立てると同時に、経済社会への貢献も行う。働くということは、私益と公益の接点を担うものである。

② 職業人としての自覚

　ビジネス教育は、経済社会において職業で繋がっている。どのような職種であろうとも、自らの職業に関する知識、技能、健全な取り組み姿勢と倫理観なくして、職業人であることはできない。

③ ビジネス倫理観

　ビジネスは、仕入値より販売価格が高くなければ成り立たない。だからといって、現実のビジネスの諸活動を無批判に肯定するということには結びつかない。つまり、利益の為であっても、手段を選ばなければならないのである。ビジネスは、繰り返しであり信用が命である。短期的なその場限りのビジネス取引は、長期的には成り立たない。ビジネスは、常に継続性を意識しなければならない。

④ 職業の選択

　各個人は、自らの適性と興味・関心によって、職業を選択しなければならない。自らの適性・興味・関心によって職業を得ることは、経済社会での個人の確立であり、責任ある経済社会生活の始まりである。

⑤ 向上心

　経済社会における個人は、私益と公益の両立・統合を目指すものであり、

それがどのような仕事内容であろうと向上心と自己実現が結びつくことによって、豊かな人生と経済社会発展の原動力となる。
⑥　経済社会生活の合理性
　人は、経済社会生活のなかで、一定の制約条件のもとで、有効・適切に行動し、自立しなければならない。ビジネス教育によって、限られた資源のなかで、いかにすれば最小のコストで最大の成果が得られるかについての知識や技能を身につけ、消費生活の向上に結び付けなければならない。

5．ビジネス教育のあり方

(1) ロマンと将来展望
　ビジネス教育には、「人としてどのような生き方をするのか」という問いかけがなくてはならない。自らの人生観のなかで、何らかのロマンを持つ、もしくは持たせる教育でなければならない。言い換えれば、理想主義的、未来思考的な教育理念が求められる。学生・生徒の抱く目標が大きいことは良いことである。ただし、大きいということだけではロマンや理想とは結びつかない。目標は大きいと同時に、高くなければならない。人は、自らの欲望との間で悩む存在であるが、その欲望を越えた内なる声に耳を傾けなければ、経済社会の理想的な将来像とロマンとは結びつかない。このことはビジネス教育そのものについても同様である。現状の分析や資料の収集は、反省的思考に必要なものであるが、それだけでは理想を実現するものとはなり得ない。理想を提示し、理想実現のためにはどのような前提が必要で、どのように実現していくのかという筋道を提示できなければならない。その道筋に従っていけば、理想は、具体的、実際的なものへ転換出来る可能性を含んでいる。理想実現のための筋道を提示できない理想は、単なる掛け声にすぎない。

(2) ビジネス教育における創造力の育成
　漢字の習得、ピアノのレッスンにかぎらず、教育の基本は模倣である。あるものを正確に模倣する力は、すばらしい能力であるとの認識が必要である。な

ぜなら、オリジナルと同程度の知識、技能、取り組む態度が要求されるからである。ビジネス教育で学習内容として取り組むことを前提に考えれば、創造力といっても無から有は生じない。創造力の核となるものは、基礎・基本であり、オリジナルに改良・改善を加え飛躍することによって新たなものが生まれる。創造力の育成は、結果として何か新しいものを自分の力で作るための筋道・手順を教材化することで対応できる。オリジナルからその手順に従って、新しいものを作った場合、第3者にとってはその道筋はブラック・ボックスであり、出来上がったものがオリジナルから遠ければ遠いほど、創造性豊かなものとして社会から評価されるのである。

（3） ビジネス教育の自律性

経済社会は、ビジネス教育に将来の経済社会の担い手となる人材の育成を求める。しかし、経済社会からの要求のみに応え、それに奉仕し、従属するとしたらビジネス教育は教育を放棄したことになる。ここにビジネス教育としての自律性が求められる。ビジネス教育は、ある意味では経済社会の変化から独立し、本来のビジネス教育のあるべき姿を熟考し、そのあるべき姿に現実の教育を導く教育ビジョンを示さなくてはならない。経済社会の変化を本質的なもの（不易）と、時代の変化への対応するもの（流行）とを見据えて教育計画を立てなければならない。その視点は、学生・生徒の立場に立つということである。日本の将来と個々の人生・将来をどのように統合させるか。そして、その統合の行き着く先が学生・生徒のあり方として正しい方向性なのか。このような観点は、教育の視点に立たなければ生まれてこないし、ビジネス教育が教育たるゆえんである。

（4） 適時性への配慮

ビジネス教育の専門性とは何か。まず量をこなせなければならない。10枚の伝票の整理・集計は素人でも出来る。しかし、伝票が1,000枚になったとしたらどうであろうか。取引の量的変化への対応は、その集計・分析についての質的変化を伴うものでなければならない。伝票を限られた時間内で整理するた

めには、確かな知識と技術それに仕事に取り組む真摯な態度がなければならないし、簡単に身に付くものでもない。なかでも反復練習によって身につく技術的な教育内容は、特に適時性に考慮しなければならない。技術的なものは、個人差があるにしても、ある水準までは努力すれば必ず成果のあがるものである。ここに、学生・生徒の適時性についての専門教育としての配慮がいる。

　専門教育は、まず学習意欲の醸成に努めなければならないが、特にビジネス倫理観の育成には、日常的な繰り返しによって反射神経的な判断が身に付かなければならない。直観として、これはビジネスとして行ってはならない、という感性である。

（5）簿記会計に関する教育内容

　ビジネス教育が他の専門教育に対し、主張しうる独自性とは何であろうか。ビジネスの実務における説得力・企画力には数字の裏付けが不可欠である。専門教育としてのビジネス教育の主要な学習テーマは、数字を仲立ちとした経営・管理・会計に関する仕事内容を取り扱う教育と位置づけなければならない。ビジネス教育の基礎的・基本的な教育内容として、Accounting is Business Language という言葉をもう一度よく噛みしめる必要がある。

（6）ビジネス教育の魅力

　理想的なビジネス教育とは何か。ビジネス教育の魅力とは何か。学生・生徒やその家族に喜ばれるとはどういうことか。ビジネス教育が社会からもっと重視されるには、どのような教育であるべきか。ビジネス教育の将来ビジョンを提示し夢を語ることである。その為には、現状の延長線上で出来る範囲という思考法は取らず、理想を掲げ、現状を理想に向けて少しでも近づけようと努力することである。ビジネス教育は、ビジネス教育を取り巻く環境に適合していくだけではなく、その環境そのものをビジネス教育のあるべき姿に変えていく姿勢が求められるのである。

むすび

　人が死ぬということは大変なことである。しかし、ビジネスが倒産・消滅することは、当事者にとって大変なことではあるが、ニュースから流れてくるのは、今月の倒産件数と前月の倒産件数の比較であり、他人事のようである。ビジネスが厳しいといわれる所以である。ビジネスは、まず、生き残ることそのものに価値がある世界である。人の日常生活より、ビジネスの世界は生死が身近で厳しい環境にある。このことを理解し、緊張感を伝えることが出来るかが、まず、ビジネス教育の導入段階に求められることである。ビジネス教育は、教育である以上、教育の一般目標に収束する。しかし、ビジネス教育は児童・生徒・学生にとって最も身近な教育でなければならない。それは生きることについての教育であるからである。ビジネス教育は、児童・生徒・学生の将来を見据え、創造力、自主性、そして何より自我の確立をとおして自己実現を図ることによって、経済社会の発展に寄与する教育でなければならない。

注
1)　1. 今後の社会における人間形成の根本問題
　　「教育は人格の完成をめざすものであり、人格こそ、人間のさまざまな資質・能力を統一する本質的な価値であることは、変わることのない原則である。ところが、現代社会に生きる人間を取り巻く環境の急激な変化に伴って、主体としての人間のあり方があらためて問われ、教育の役割がますます重要なものと考えられるようになった。今後における学校教育のあり方を再検討するためには、まず、人間形成そのものの意味と、これからの環境の中で、人間形成にとってどんなことがいっそう重要な問題になるかを考えてみる必要がある。
　(1) 人間形成の多面性と統一性
　　　人間は、過去・現在・未来にわたる人類の歴史の中で、その生きる環境に適応したり、それに働きかけて自分自身を実現しようと努力したりすることによって、たえず成長・発達を続けていくものである。そのような人間形成の過程は複雑微妙であるが、そこにおける問題を多面的に理解するためには、それを次のように異なった側面から考えてみる必要がある。
　　〔A〕自然界に生きる人間として、みずから自然の法則に適応して個体および種族の生命を健全に維持発展させるとともに、自然と人間の関係を正しく理解し、自然と調和した豊か

な生活を作り出せるようになること。
〔B〕社会生活を営む人間として、さまざまな人間関係を結び、社会的活動に進んで参加し、その中で、自分と他人をともに生かすことができるような社会的な連帯意識と責任ある態度・行動能力とを体得すること。
〔C〕文化的な価値を追求する主体的な人間として、歴史的に継承され、発展してきたさまざまな価値に対する理解力・批判力・感受性を備え、次の時代への使命感をもって自主的・創造的に活動できるようになること。(中央教育審議会「今後における学校教育の総合的な拡充整備のための基本的施策について(答申)」昭和46年6月11日、第1編、第1章)。

2) 河内　満「教科『商業』におけるビジネス倫理観の育成」商業教育論集第16集、平成18年3月、p34。

第 6 章
ビジネスパースンの育成

はじめに

「スペシャリストへの道」[1]というが実際にはどのような道なのであろうか。ビジネス教育としてのロードマップを描かなくてはならない。ここでいう、ビジネスパースン（ビジネスの諸活動を主体的に行う人）とはエリートと呼ばれる人を指すのか、あるいは、ビジネスに関する仕事をしている従業員を指すのか。会社のトップか、ミドルか、ラインか、スタッフか、または、ビジネスに関わっている人のすべてか。ビジネスに関わる個人の意識も、生涯をかけるのか、あるいは自らの適性を見極めようとしている位置付けなのか、働く形態もフルタイムなのか、同じフルタイムでも、正社員か派遣社員か、それとも臨時職員なのか、パートタイムなのか。ここで確かなことは、ビジネスパースンを育成する教育を社会教育として捉えるにしても、学校教育として捉えるにしても、実務を想定した実践教育であるということである。

1. 経済社会とビジネス

社会に貢献しているということは、正しいビジネスの諸活動を行っているということと同義である。ビジネスにおいて正しさとは公益を担っているということであるが、コストを度返したビジネスは成り立たない。このことが、他の教育とは決定的に異なる。ビジネスで良い仕事をしているということは、ビジ

ネスパースンがビジネスで働くことの誇りと生活の糧を得ることが両立し、ビジネスパースンに社会貢献をしているということを実感させることである。

（1）市場とビジネス

　ビジネスパースンとして、経済社会をビジネスとの関わりを通して、多面的に様々な角度から眺め感知することは容易なことではない。経済社会とは、自律した個人や企業が自らの意思と責任でビジネスの諸活動を行っている場でもある。ビジネス教育におけるビジネスパースンの育成は、ものごとを一面的に捉えるのではなく、物事の複雑さをできるだけシンプルに、しかも多面的に把握する術を身に付けることであり、そのための理論的な勉強は欠かせない。

　その一つの手掛かりは市場を分析することにある。経済社会は市場の束である。自らのビジネスに一番関連している市場をまず選び、ビジネスと市場との関連性を抽出し、その特徴を中心に、自らのビジネスと他のビジネスとの関連性を再構築する。ビジネスパースンが、自らの分野においてビジネスの諸活動について考えることは、生きて常に動いている市場との関わりのなかで、ビジネスの継続性を念頭に置いて、自らの思考法を構築することである。このことを教育の用語で言えば、課題解決能力の育成に結びつく。

（2）雇用関係とビジネス

　競争には、与えられた競争と自ら作り出す競争がある。ビジネスパースンを取り巻く雇用関係もその例外ではありえない。雇用における人間の尊重とはどのようなことか。日本経営者団体連盟の「人間尊重」の定義は次のようなものである。「企業における人間尊重とは、業務の上から考えるかぎり、従業員の職務遂行能力を発見し、十二分に開発し、かつ発揮する機会と場所を与え、またそれに応じて処遇することであり、能力主義管理の実践に他ならない」[2] この定義から見て取れることは、日本経営者団体連盟のいう人間の尊重とは、利潤極大化のための適材適所の徹底、それに応じて賃金などの処遇を行う効率性の徹底、つまり企業の論理そのものである。

　終身雇用制度、年功序列型賃金体系のなかの競争原理は、従業員を丸ごと

企業内に抱え込み、相互に競争させることにある。この企業内競争原理は、従業員にとっては、勤続年数によって賃金は明記され、それに役職手当が加算され、退職金も保証されている、誰もが納得しやすく、人生設計に安定感をもたらし、極めて合理的で説得力・公平観があり、労働者の忠誠心を支えてきた。

しかし、バブル崩壊以後、日本的経営の実施基盤であった終身雇用制度、年功序列型賃金制度の急速な崩壊により、労働環境は変化した。この変化に対し、ビジネスパースンを育成する立場に立つものは、労働環境の変化は所与のものとして与えられていることを認識せざるを得ない。実践教育としてのビジネス教育は、何よりもまず、ビジネスパースンが仕事を行うビジネス環境の中で生き抜いていける人材育成を目指さなければならないのである。

現状認識として、人事と処遇を「成果・業績」で個別化し、雇用を多様化させ、流動化させること、言い換えれば、企業内での競争関係を人材派遣会社の利用等により企業外部へも広げ、雇用関係を市場メカニズムに委ねることによって企業の競争力を維持・向上させることが、雇用の多様化・流動化、成果主義賃金形態である。その渦中にビジネス教育があることを教育者として認識しなければならない。

2. ビジネスと学校教育

ビジネスパースン育成の教育は、人間としての成長とビジネスに関する業務担当者としての能力の向上を目指す教育である。専門教育、職業教育としてのビジネスパースン育成の教育は、学校教育と社会教育に大別できる。就業前教育は公教育として主に学校教育で行われ、社会教育は学校教育以外の教育であり、主に就業後に再教育として行われている。

（1） 学校教育と社会教育

学校教育としてのビジネスパースンの育成は、国の将来の礎をになう人間教育であり、国家の教育理念（教育基本法）に沿って行われ、将来、ビジネスに関する仕事に就くことを前提とした職業教育である側面（高等学校の職業教育

に関する学科）と普通教育としての側面（初等中等教育で行われるキャリア教育）、いずれにしても学校教育として、人間教育、職業観・勤労観の育成に重点がおかれている。

　社内研修等の社会教育では、知識、技能、コンプライアンスに関する実践的で明確な到達目標が示されている場合が多く、社内研修に限らず明確な研修意図・目標があり、実践的で短期的な結果を求められる傾向が強い。

　学校教育の目指す目標は、「生きる力」、「課題解決能力」[3]というような抽象的、一般的な上位目標がまず示されたうえで、専門教育としての「将来のスペシャリスト」[4]の育成の一環として、ビジネスパースンの育成という下位目標が設定され、その目標を達成するための実践的な教育内容を加えていく。

　社会教育は、実践的・具体的な到達目標があり、それを求めていく過程で、人間教育は当事者の自覚として生まれてくる副次的、二次的なものである。このような社会教育に対して、学校教育は専門教育であっても、実務の特殊性からみれば、基礎的・基本的な教育内容であり、主要には人間形成と自らの進路に関わるものである。

（2） ビジネス教育と責任

　働くことは、国民の権利であり義務（日本国憲法第27条）である。学校教育として働くということは、基本的人権に関わる教育内容であり、ビジネス教育が教育論として成立しうる根拠がここにある。教育基本法第1条（教育の目的）は「勤労と責任を重んじる」教育を謳っている。ビジネス教育においては、働くということと、その仕事について責任を持つということが同様の意義を持たなくてはならない。現代の教育理念である「生きる力」に仕事と責任についての内容が欠けていることが気がかりである。

　成功体験の積み重ねによって学ぶ意欲が増してくることを否定するものではない。しかし、ビジネスは成功する場合もあれば失敗する場合もある。その成功も失敗も自らの責任を自覚・認識しなければ、ビジネス教育としての学習効果は半減する。伝票と現金が一致しないということは、必ず原因を作った当事者がいるはずである。学校教育として行う学校デパートや商品開発につ

いて、教師は児童・生徒・学生が責任を取るが、責任を感じることがないように配慮する傾向がある。誰がミスをしたかの犯人捜しとなるからである。しかし、実務においては、ミスをしたものを特定しなければ、有効な再発防止策は作成できない。ビジネスの厳しさである。

　ビジネスの実践教育では、あれだけ児童・生徒・学生が頑張ったのだから責任を問うのは酷であるという教育的配慮と実務での責任の取り方についての溝を埋めなければならない。ビジネス教育では、どのような些細なケアレスミスであっても、信用第一であるビジネスへの影響や同僚に迷惑をかけてしまうことについて強調しなければならない。ビジネス教育は学校教育として、部活動における各種の試合や大会における敗戦や予選落ちの反省会を思い起こし、教育内容を組み立てることが受け入れやすい。

　ビジネス教育において、業務の権限と責任についての体験的な理解・学習は欠かせない。原因を究明することと叱責することとは別である。ビジネス教育として、ビジネス実践の学習において、ビジネスのリスクは教員が負い、学生・生徒は実践活動のみを行うとしたら、専門教育としては不十分である。

（3）ビジネスと「生きる力」

　中央教育審議会の第1次答申（平成8年7月）は、教育は「自分さがしの旅を扶ける営みである」としている。ビジネス教育は、子どもたちに社会の中で生きていくための基礎・基本を身に着けさせるとともに、個性を見いだし、その個性に相応しい生き方を選択していく過程で起こる試行錯誤を経ながら、様々な体験を積み重ね自己実現を目指して歩むことを支援する営みである、という教育理念に沿ったものでなくてはならない。答申は、子どもたちに付けさせる力を「生きる力」と呼び、その定義を「我々はこれからの子供たちに必要となるのは、いかに社会が変化しようと、自分で課題を見つけ、自ら学び、自ら考え、主体的に判断し、行動し、よりよく問題を解決する資質や能力であり、また、自らを律しつつ、他人とともに協調し、他人を思いやる心や感動する心など、豊かな人間性であると考えた。我々は、こうした資質や能力を、変化の激しいこれからの社会を『生きる力』と称する」[5]としている。ビジネス

教育は、学校教育として、これらの教育理念の方向性を念頭においた教育を展開していかなければならない。

　ビジネス教育は、この「生きる力」の育成という教育目標を普通教育の土台（基礎・基本）の上に専門教育としての柱を立て、生涯（継続教育）をかけて、ビジネスの「スペシャリストへの道」[6]という家を築くことである。ここで重要となるのは、専門教育としての取り組みの基軸をどこにおくか、ということである。学校教育におけるビジネスパースン（business person）の育成とは、現在の公教育の教育目標で、唯一ビジネスの諸活動という用語がある教科商業の教育目標の「経済社会の発展に寄与する能力と態度を育てる。」[7]ことを、具体的に達成する教育と連動させなければならない。

　学校教育としてのビジネスパースンの育成に関する教育は、現在の初等中等教育の教育理念である「生きる力」（初等中等教育）や「課題探求能力の育成」（高等教育）との関連に触れないわけにはいかない。ビジネス教育のなかで、「生きる力」や「課題探求能力の育成」という教育理念をどのように取り込んでいくのかについては、「生きる力」や「課題探求能力の育成」の背後には、"働く"ということ、"責任を持つ"ということが基盤としてあることに注目しなければならない。職業教育としてのビジネスパースンの育成は、ビジネスに関する教材開発が重要となる。ビジネスの問題点を把握し、分析し、その改善のための意思決定を行い、その結果に責任を持つというプロセスの中から、人間としての成長や業務担当者としての能力の向上を図る。この一連の学習を通して、自らの人生の意義を見出し、自己の能力に応じて働き、社会に貢献する筋道を形作くることである。

　ビジネス教育で育成するビジネスパースンは、「生きる力」という普通教育の土台の上に専門教育として、ビジネスに必要とされる知識、技能、倫理観とを統合することによってスペシャリストとしてのビジネスパースンの育成となる。経済社会の流れを読み取り、自律して行動できる「生きる力」を体現した人材の育成を模索していくには、次章で検討するビジネス倫理観の育成が重要な教育課題となる。

（4）正解のある教育と正解を探す教育

　ビジネスにとって正解とは、結果としてビジネスが社会貢献しながら、ビジネスを維持・発展させることである。日々刻々状況が変化するビジネスの実際は、応用問題の積み重ねである。応用問題を解くには、ビジネスに関する基礎的・基本的な知識、技能、取組み姿勢、ビジネス倫理観、コミュニケーション能力等を基に、最善の意思決定をするにはどの選択肢を選べば良いのかを、自らの権限と責任のもとで組み立てなければならない。

　正解のある教育と正解を探す教育の根本的な相違は、正解がありそれを求める教育と結果としてビジネスの行動・判断が正解であったという教育の相違である。例えば、簿記の検定問題は明確な因果関係から成り立っている。検定問題は、試験の難易度によって勘定科目が決められ、取引の範囲も限定されている。複式簿記の決められたルールと勘定科目を組み合わせることで、複雑な問題であっても絡まった糸を解きほぐし、予め用意された正解にたどりつける。教師の検定問題に対する指導内容は、まず、出題者はきっとこのように考えて簿記の能力を判定しようとしているのであろう、という出題者の意図を考える。検定試験では、用意された正解にたどりつくスピードと正確性が合否を分けるのである。

　それに比べ、ビジネスに関する実務での問題解決は意思決定の連鎖である。ビジネスを取り巻くビジネス環境は、あまりにもビジネスを取り巻いている判断すべき要素が多く、しかもそれらは経済環境という与件として受け入れざるをえないものである。1年後の円・米ドル相場を正確に当てることは、ビッグデータをスーパーコンピュータで解析しても、365日後の午後1時の為替相場が1ドル何円何銭であるのか予測結果は出せても、それには必ず前提条件が付いている。自然災害やテロの予測は不可能であるからである。結果として1年後の円・米ドル相場の予測は、事実上不可能である。

　しかし、だからといって、不特定多数の競争相手と様々なコンピュータシステムがビジネスの論理で動く市場で、ビジネスは手をこまねいて見ているわけではない。先物取引、先渡取引、スワップ取引、オプション取引等のデリバティブ取引は、様々な選択肢を用意し、不確定要素そのものをビジネスにし

てしまう。ニーズのあるところ、利益の上がるところには、資本の論理、ビジネスの論理が貫徹する。それぞれの当事者間の利益と損失はゼロサムゲームであっても、ゲームの当事者は常に利益を出し続けなければならない。リスク管理のニュービジネスは、コンピュータを駆使することによって、リスクの分散を行い利益を確実なものとしようとする。しかし、ビジネスはやってみなければわからないのである。結果としての実績が信用と結びつく世界である。いずれにしても、ビジネスにおける正解とは、ビジネスとして成り立つことである。ビジネス教育における正解を探す教育とは、これらのビジネスの諸活動に対応できる人材を育成することである。

(5) 起業家的精神の養成

学校教育のなかで行われるビジネスの諸活動の実習（販売実習）は、実際に業者から商品を仕入れ、一般の消費者に販売する外部取引を体験するのであるが、ビジネスの実務からすると、仮想現実（virtual reality）の世界といっても良いのではないか。児童・生徒・学生は確かに、現実にビジネス取引を体験している。しかし、学校教育という信用に裏付けられたものであり、企業や行政の支援、地域の商店街や保護者の協力、新聞やテレビ等のマスコミが取り上げる等の好条件が約束されている。さらに、指導教師は、幾重にもリスク管理を行い、児童・生徒・学生に直接責任が及ばないような配慮を施したうえで、成功体験あるいは失敗体験を体得させている。

起業を行うということは生業を立てるということであり、イベントとして売買取引を大過なく終えるということとは、比べものにならない自己責任を負うことを、自覚させなければならない。起業するにあたり、一番大切で、難しいことは、取引関係からビジネス（事業者）としての信用得ることであり、市場のなかで信頼関係を築くことである。起業家精神を養成することと、起業家そのものを養成することは異なるのである。

ビジネス教育としては、学習者全員が起業家になれないし、また、なる必要もない。企業家精神の養成教育は、ビジネス教育の内容を総合的に理解する指針、分かり易いテーマ・標語のようなものと理解することが適切である。ビジ

ネスの諸活動を実体験することによって、児童・生徒・学生に教科書やビデオ映像では伝わらない、生身の人と人との触れ合いがビジネスには大切であるということ、ビジネスの諸活動を体験することによって学んだことは、実際の社会生活・日常生活において新たな発見をもたらし、その学習の意義や役割は大きなものがある。

　ビジネス教育が行う起業家精神の養成の意義は、自らが企業家の立場に立つことである。通常、児童・生徒・学生はモノやサービスを受け取る立場で暮らしているが、立場を逆転させ、カウンターの内側から外に向かって見える風景（企業の側）は、日常生活において、外側からカウンター中の商品を見る風景（消費者の側）とは、全く別のものである。立場が変われば見える風景も発想も変わってくるのである。

　実際に起業家そのものを育成する教育は、実務経験が前提である。企業家精神そのものは仮想現実の中で学ぶことができる。しかし、抽象的な資本の論理やビジネスの論理は、頭で理解できても、肌で感じる自己責任の実際のプレッシャーは、実務を通した体験の世界でなければ身に付かないものである。現実のビジネスの中に飛び込み、実績を積み上げていくなかで体得するしかないのである。プロの中で素人が起業し、その業界で生き抜き、会社を軌道に乗せることは、並大抵のことではない。会社に入って専門部署で仕事をすることと、自らが会社を立ち上げることは別問題である。ビジネスの世界では、経営戦略や販売戦術等の軍事用語が日常的に使われている。ビジネスの実際はそれ程厳しいものとの認識が前提である。特に起業ということは、確かな意思に加え、資金繰り、実務に必要な知識や技能、ビジネス倫理観を備えていても成功する保証はない。企業家精神を養成することと起業家そのものを育成することは異なるのである。

　学校教育で学ぶ「起業家精神の養成」という用語に、この項では「起業家的精神の養成」とあえて『的』を付け加えた。学校教育で学ぶ起業家精神は、ビジネスの実務に携わる者としての心構えを身を持って学習し、体験実習の場での担当者の指示や会話が理解でき、説明を受ければ業務が達成出来ることである。ビジネスの実習は、仕事を行うことは常に責任が伴うという貴重な体験で

ある。起業家的精神の養成教育は、二つのパターンが考えられる。それは、ビジネス教育の導入として興味・関心を引く場合、または、ビジネスに関する基礎的・基本的教育内容を学習した後、その学習内容を総合的・統合的にまとめとして学習する場合である。

(6) ビジネスパースンの評価

　評価とは比較することであり自己評価と他者評価、絶対評価と相対評価に分かれる。いずれにしろ、評価は主観的な要素をできるだけ排除して客観性をいかに保つかということに絞られる。ビジネスの実務における評価の基本は、利益額や利益率等の数字による相対評価である。数字による相対評価とは、ビジネスの論理が貫徹していることを意味している。利益額の改善は、収益を増加させるか、費用を減少させるか、それらの組み合わせしかないからである。

　学校教育と社会教育の評価の相違は、絶対評価と相対評価、自己評価と他者評価の組み合わせであること自体に変わりはないが、その教育目的によって異なってくる。学校教育の目的は人としての成長をどう評価するかにあり、社会教育の目的は業務遂行能力の向上をどう評価するかにある。重点のおきかたが異なるのである。

　ビジネスの実務は、ビジネスの論理、資本の論理が貫徹する。もちろん、結果として利益額は多ければ多いほど良いに違いはない。従って、社会教育としてのビジネスパースンの基本的な評価基準は、利益への貢献度や利益貢献への期待度であり、人事評価や給与に反映される。社会教育においては、基礎的・基本的または専門的な知識と技能に加えて、効率性の重視、能率・生産性の向上、コスト削減、売上の向上、企業イメージ向上、企業の社会的責任、ビジネス倫理観の醸成等様々な教育が行われている。その評価は、設定された目標の達成や利益への貢献度がまず示され、その効果をより高めるためにインセンティブ等の人事管理手段として相対評価（目標売上高との差異等）が行われ、社員研修によって向上した成果も給与等に反映される場合が多い。これらの評価の先には、ビジネの論理、資本の論理が貫徹しているのである。

（7） 教育目的の相違

　同じビジネス教育であっても、学校教育には明確な利益への貢献度という基準はない。教育目的が異なるからである。目的が異なれば、その評価も異なる。学校教育では、将来、何らかのビジネスに関する仕事に付くことを前提に教育している。従って、目の前に具体的な事業体があるのではなく、一般的・抽象的な事業体を想定しており、実在する企業と直接的な結びつきがあるわけではない。従って、その教育内容が社会教育としてのビジネス教育と重なるとしても、評価基準はビジネスパースンとしての成長との関わりで絶対評価が行われる場合が多い。ビジネス教育は、学校教育の枠のなかでの人材育成を図るものであるから、専門教育であっても、知識、技能、倫理観そのものについての学習である。従って、直接的な利潤追求には結びつけず、一般的・抽象的な利潤追求を想定しており、ビジネスの論理、資本の論理を強調することは学校教育になじまないのである。社会教育はビジネスへの貢献度で、学校教育は人としての成長と、同じビジネス教育であっても、教育目的が異なることから、教育理念、教育内容、教育方法が異なるのである。

3. ビジネスパースンの資質

　学校教育として行うビジネス教育は、まず、ビジネスパースンの仕事内容を一般化させる必要がある。その一般化した仕事内容に共通に求められる知識、技能、倫理観を育成することが学校教育としてのビジネスに関する専門教育である。言い換えれば、過度の特殊化・専門化は汎用性を求める学校教育とは相容れないのである。

（1） スペシャリスト

　スペシャリストとは、第三者がその道のスペシャリストと認めることにより、はじめて意味がある。他人が認めるということは専門職としての知識、技能、倫理観を持ち合わせているということである。ビジネスの世界でスペシャリストとして認められるには二つの基準が考えられる。一つは社会が認める公

的な資格に裏打ちされたものであり、もう一つは集団や組織または個人がその人の能力をたぐい希なものと認める場合である。いずれにしてもスペシャリストとは他人が評価・判断するものである。

　スペシャリストとは、自らの専門的な能力を他の人々の為に使うものをいう。スペシャリストになりたいという願望は、匠の世界を夢見る傾向がありはしないか。誰からも干渉されない独立、自立した孤高のスペシャリスト、他の専門教育では可能かもしれないが、ビジネスの世界では幻想であろう。つまり、ビジネスにおけるスペシャリストは、ビジネスとして成り立つことを前提として、ビジネスという目的を持った共同体を維持・発展させる為の具体的な実力を発揮できなければならないのであり、コミュニケーション能力は不可欠である。

　ここでも、学校教育と社会教育では異なった教育内容となる。教育目標が異なるからである。学校教育が目指す教育と実務から見た学校教育への期待や要望との間に乖離が生まれる原因がここにある。実務の要請は、同じ合理性の追求であっても、そのことが企業業績の向上に結びつくという結果が求められる。ビジネスには、ビジネスの論理、資本の論理が貫徹しているからである。

　それでは、ビジネス教育は、教育の立場のみを強調すればよいのであろうか。ビジネスの現場でのスペシャリストは、内部の者であれ、外部の者であれ、常にスペシャリストとしての意見を求められる。ビジネスが順調に推移している場合は、微調整を重ねていけばよい。しかし、ビジネスの外部環境が変化し、意見が異なった時はスペシャリストとしての見識とコミュニケーション能力が問われる。スペシャリストは、スペシャリストとしての責任を取る存在であり、その為の権限を付与されている。スペシャリストとは、自らが責任・権限を持つ範囲において、ビジネスの結果責任を取る人をいう。会社の社長であれ、職場の職長であれ、どのような状況においても、専門職としての知識、技能、倫理観に基づいて意思決定を行い、その結果責任を取ることがビジネスの構成員に伝わること、伝えることがスペシャリストの資質・条件としての重要な能力である。ビジネス教育の教育内容としてビジネスパースンのコミュニケーション能力の育成についての重要性が浮かび上がってくる。

（2）主体性の確立

　ビジネスに関する業務を主体的に行うには、主体的に行動するための能力が伴わなければならない。ビジネスの世界に限らず、自らの考えるとおりに行動すると相手と対立するし、だからといって、相手の言うとおりに行動すると自らの主体性がなくなり迷走してしまう。

　ビジネスパースンの主体性の確立には二つの側面がある。ビジネス実務の中で仕事をするために必要とされる主体性の確立とビジネスを離れた個人としての社会生活を行うための主体性の確立であり、学校教育としてのビジネス教育はその両方を求める。

　主体的であるためには、自律していなければならない。自律するということは、自分の考えを押し通すという利己主義ではなく、相手にすべて合わせるという利他主義でもない。自律するということは、自分の思考を他人に預けるのではなく、独善的にもならず、他人を思いやりつつ考えることであり、究極の目的は、自分も相手も双方に利益のある方策を模索することである。厳しく利害が対立するビジネスの世界で相手方が納得する着地点を見出すことは容易なことではない。その解決策の基本は、ビジネスの知識や技能に裏付けされた誠実性である。このような背景のもと、主体性の確立とコミュニケーション能力を結びつけるという教育テーマが浮かび上がってくる。

（3）建前と本音

　よく日本人は、建前と本音を使い分けると言われるが、ビジネス教育では建前と本音は一致させるべきものである。ビジネス教育とりわけ学校教育では、建前と本音が異なっていた場合は本音が間違っている。ビジネス教育においては、言う事と胸の内にあることが異なるという論理的な自己矛盾を容認してはならない。建前は本来あるべき姿（ビジネス倫理観）であり、本音はその実現可能性（ビジネスの論理）である。消費者に安全・安心な商品を提供するということは、ビジネスとして一貫し、最後までその実践を貫かなければならない。しかし、そこには、ビジネス特有の問題がある。ビジネスの論理と資本の論理である。確かに、第2次目的である建前は、第1次的目的である利潤追求

という本音の前に揺らぎそうなこともあるし、ビジネスの現実的対応において多少おろそかにすることもある。しかし、本当に収益性だけで論理を組み立ててよいのかという疑問が起こる。ビジネス倫理観という建前（規範論）と収益性（実践論）という本音をビジネス取引のなかで折り合いをつけなければならない。

ビジネスの実務においてビジネスパースンは、建前と本音を一致させる誠実性によって信頼を得ることができる。嘘も方便という言葉があるが、嘘に関する例外を容認してはならない。嘘が許されるのは厳しい倫理観に支えられたスペシャリストのみである[8]。"嘘をつかない"という人としての大原則から自分だけは例外とすることは、収益性の前にビジネス倫理観が失われたことを意味し致命傷となる。建前と本音はビジネス取引では乖離する。実は、ビジネス取引の相手も同様な状況に置かれているのである。従って、相手の建前と本音の乖離はすぐに察知できる。例え、小さな乖離であってもそのことに気づき、あるべき姿に戻すのは教育の力である。学校教育にしても社会教育にしても、このことは強調しても強調し過ぎることはない。企業のお詫び記者会見は、日常茶飯事であり、その支払う代価は、ビジネスの継続性に関わり、信頼の回復には気の遠くなるような時間と労力が求められる。

（4） 自由と見えざる境界線

ビジネスパースンを育成する教育は、様々な経緯のなかで、自己形成していく存在としての人を、前提としていなければならない。人は成長していくという確信である。ビジネスの諸活動を行うということは、その行動によって何らかの結果が生じ、その結果が自分にとっても、社会にとっても、より良い影響を与えるものでなければならない。経済社会は、ビジネスの秩序を乱すものについてその行動を阻止する強制力を持っている。ビジネスは、社会貢献することによって存立基盤を得ているのであり、ビジネスの諸活動は社会との関係を常に意識しなければならない。ビジネスの諸活動は、ビジネスの論理、資本の論理に従って、何を行っても、何を商品としても良い、というわけではないのである。

社会のルールから外れない範囲でのビジネスの自由、そこには"見えざる境界線"（invisible border line）がある。その"見えざる境界線"を感知しようとする意識を持つことは、ビジネス倫理観の育成へと繋がる。ビジネス倫理観に反するということは、ビジネスを円滑に行う為の、目に見えない暗黙の了解から、刑事罰を文章化した法令に至るまで、非常に幅広く、ケース・バイ・ケースの個々の判断力によるしかない。場合によっては、当事者間では解決できず、裁判で決着せざるを得ない場合もある。ビジネスにおける自由とは、与件として与えられたものではなく、自らビジネスを構築するなかで積極的に作り出していくものである。つまり、ビジネスでの自由とは、ビジネスパースンが自己形成していく過程において、何を行っても良いのか、何を行ってはいけないのか、自己の利益と他者の利益を共に考慮し、ビジネス取引と社会との関係において体得していくものである。人は、成功体験が重なると、ビジネスの諸活動の境界線が見えなくなる。ビジネス倫理観に関する感覚が麻痺してくるからである。"見えざる境界線"は、もともと見えない上に社会の流れによって、日々その境界線は微妙に変化するものである。"見えざる境界線"の判断を誤り、辞任せざるを得ない状況に追い込まれる社長や担当者が後を絶たないのはこのためである。

（5）ビジネス取引合意の手続き

　仕入は安く買い叩きたき、販売は高く売り抜ける。このようなことが成り立つのは取引相手が情報を十分に持っていないか、情報が遮断されている場合であり、もともと同じ条件に立っていないのである。ビジネス取引においては、同じ行為であっても、自らが行うと正しい（自分の利益となる）ことであり、他人が行うと正しくない（自分の利益を損なう）という思いがつきまとう。取引相手との信頼関係やビジネス取引の継続を念頭に置かないのであれば、それでもよい。しかし、それでは市場から排除されてしまう。

　ビジネスパースンは、合理的、客観的な判断を行う場合、その客観性を維持するために、自らを他人の立場に置き換えることによって、自他の何が相反するのか、何が同一なのかを分析するなかで、利害の対立を乗り越え一致する糸

口を模索することができる。

　取引相手は常に正しい行動をとるとは限らないし、利益の為に人を裏切ることもある。ビジネス取引は、一つひとつのビジネスの手順を踏むことによって、不安・不確定要素を取り除いていくことができる。売買取引条件や代金を支払う手続きや手順は、ビジネス教育によって身に付けることができる。例え、信頼関係ができている取引相手であっても、ビジネス取引では検品や納品書・領収書等の定石・手続というものを踏む。相手を信頼しているか・信頼していないかとは関わりなく、トラブル防止のためであり、ビジネスの合理性を追求してきた、実務上の知恵であり、常識である。ビジネスの手続きを知らないということは、ビジネスの常識を知らないことであるから、ビジネス教育の重要な教育内容である。

（6）消費者の論理に立つ

　消費者は、安く安全で良い商品を何時でも何処でも手に入れたいという行動基準を持っている。この行動基準を消費者の論理とする。ビジネスパースンは、自らがビジネスを行っている立場（ビジネスの論理）と消費者の立場（消費者の論理）とで、自らの中に自己矛盾を引き起こす、また、引き起こさなければならない。ビジネスパースンを個人としてみた場合、ビジネスの論理（売り手）と消費者の論理（買い手）を合わせ持っていなければならない。ビジネスパースンとして、販売者としての自分と消費者としての自分が自己の中で統一しているときは良い。相手のこと（消費者）を思いやっているからである。しかし、企業の第1次目的（利潤追求）と第2次的目的（経済社会への貢献）とは、自らのなかで常に一致しているとは限らない。市場には、同じ商品なら少しでも安く買いたい消費者（消費者の論理）と少しでも高く売りたい販売者（ビジネスの論理）とが同居しており、しかもどちらも論理的に正しい行動をとっているからである。市場では、競争原理が働き、双方の許容範囲内で価格が決まり、もし折り合わなければ売買取引は成立しない。これが正しいビジネス取引の姿である。

　しかし、ことは簡単ではない。人は立場や誰に対して責任を持つかによって

ビジネス取引の判断は大きく異なるからである。その主要な原因は、ビジネスの論理（収益と費用）と消費者の論理（費用と効果）との不一致である。ここで、注意しなければならないことは、消費者の論理をないがしろにしたビジネスの論理はあり得ないということである。現実にビジネスに関わる不正・腐敗は後を絶たない。企業内部で企業の論理にどっぷり浸かると市場での客観的なビジネスが見えなくなり、安易な利潤の極大化が頭をもたげる。このことを救うのは、消費者の論理に立った批判的精神である。批判的精神の中心部分は、ビジネス倫理観に関わるものである。ビジネスの当事者の批判的精神とは、消費者の立場に立ってビジネス取引の諸活動を行うことであり、具体的にいえば、ビジネスの第2次目的（企業の社会的責任）の実施を愚直に実施することであり、ビジネス倫理観が本当の意味でビジネスを救うことを理解することである。

4. ビジネスパースン育成の教材化

「虎穴に入らずんば虎子を得ず」と「君子危うきに近寄らず」、いったいどちらの格言が正しいのであろうか。結論から言えばビジネスにおいてはどちらも正しい。ビジネスの実務・実践はケース・バイ・ケースであるからである。生きて、常に動いているビジネスでは、利害関係のあるもの同士が互いに自分に有利な条件を求めてしのぎを削る。ビジネスパーソンのバランス感覚とは、対極の論理をケースごとに使い分け、自他の両立を模索し合意点を見いだすことである。

（1） 動機付け

ビジネス教育でまず克服しなければならないものは、「ビジネス教育は銭儲けを教える教育ではないのか」という批判である。ビジネスパーソンは、なぜ、ビジネスは必要なのかについて、胸を張り、誇りを持って、ビジネスに対する批判に正面から反論できる、児童・生徒・学生を育てなければならない。「金持ちになりたい」人は、目的意識を持ったとき、極めて積極的になる

ことができる。"金持ちになりたい"とは、ビジネスに限らず強烈な動機付け（motivation）となる。しかし、具体的にビジネスを通して金持ちになるには、不正行為を行わないという前提のもと、数え切れない課題を体験・克服していかなければならない。そのことを十分理解しているのであれば、"金持ちになりたい"という願望は問題があるとは思わない。起業家的精神の養成の目的は、既存のビジネスの活性化であり、新しいビジネスの創造である。ビジネスで成功することは、結果として言えることであり、その動機付けで大切なことは、ビジネス倫理観についての学習である。

ビジネスの第1次目的が、利潤追求・利潤の極大化（ビジネスの論理・資本の論理）であることを否定しえないだけに、ビジネス倫理観については、折に触れ、機会あるごとに繰り返さなければならない。ビジネス教育は、ビジネスを通しての社会貢献することによって、結果として、金持ちになるということを理解させなくてはならない。金持ちになるためのビジネスの諸活動は、手段を選ばなければならない。"楽をして金持ちになること"と「ビジネス倫理観」は同居できないことを周知・徹底させ、間違った方向のモチベーションにならないように、十分注意しても注意し過ぎることはない。

（2） 知識、技能、倫理観の重視

ビジネスパースンは、まず、顧客との直接対話ができなければならない。顧客との直接対話をするためには、ビジネスに関する知識、技能、倫理観は不可欠である。ビジネスに取り組む意欲や行動は、入社後の実務を通してかなり対応できる。しかし、ビジネスの基礎・基本に関するの知識や技能の習得や理論的な学びは、地道な努力が求められ、実務に携わる前に身に付けておくことが望ましい。ビジネスに必要不可欠な簿記会計を学ぶこと一つとっても、実務の世界に入ってからでは、学ぶ時間を確保するだけでも大変である。

学校教育でのビジネスパースンの育成は、専門教育として行われることが望ましい。専門教育が難しい場合であっても、普通教育としてのビジネス教育、とりわけ基礎的・基本的な知識と技能を精選しビジネス倫理観を学習できる仕組み作りが求められる。就職するということは、ビジネスの世界に入ることで

ある。職場では、一々指示されなくても自らの役割を認識し、全体の中で自律的に行動できる人材の育成が、ビジネス教育の目指す教育成果である。自律して行動する為には、ビジネスの諸活動に関する知識と技能と倫理観が身に付いていなければならないのである。集団から切り離された時、情報が遮断された時でも、一人で判断して行動できる人材の育成は、ビジネス以外の局面においても、「生きる力」として求められるものである。

　ビジネスパースンはビジネスの諸活動に対応する。しかし、様々な状況の中で自律して行動するには、情報を集め、分析して、自らの対応能力を見極め、最良と思われる意思決定を行う。ツールとしてのビジネスの知識、技能、倫理観が身についていれば、様々なビジネス以外の状況においても乗り切ることができる。現状のビジネスにおける問題点は何で、どのような優先順位で、どのように行動すればよいのかを学ぶことは、課題解決学習の手続きを学ぶことでもある。

（3）誠実さを支えるシステム

　個人や組織の誠実さとは、依頼者に対して、自らの能力で、出来る事と出来ない事を峻別する判断力によるところが大きい。ビジネスの世界で、言行一致するためには、社会一般でいう誠実さだけでは不十分である。個人や組織の意向とは関わりなく、ビジネス環境は日々刻々変化し続けており、客観的な市場動向等を把握し判断する能力がなければ、言行一致に至らないからである。

　ビジネスパースンは、結果責任を求められる。従って、ビジネスの基礎的・基本的な知識や技能、倫理観を身に付けておくことは必須条件である。もちろん、結果が出なくても、誠実さを評価してもらえることがある。しかし、それは依頼者が当初から問題解決が難しいと理解しており、結果が出ないと予測していた場合に限られる。

　ビジネスパースンは、ビジネスにおいて様々なプレッシャーを受ける。ビジネスの論理、消費者の論理の乖離をいかに解決していくか。事業体（主体としてのビジネス）を構成するビジネスパースン個人に、ビジネスの様々なプレッシャーをすべて押し付けるのは酷である。ビジネスの諸活動を行う事業体のな

かに、誠実さを支えるシステムがないと、資本の論理やビジネスの論理の前に、個人では耐え切れず、自らの誠実さを失うことになる。ビジネスにおける誠実さの維持は、組織で対応していかなければならない問題である。

　高いレベルの誠実さを求める教育は、そこで学ぶ個人の高いレベルの誠実さを求める。ビジネスパースンは、常に、責任ある行動を取ることが求められるからである。ビジネス教育は、ビジネスの諸活動について自らの誠実さを失わない教育であり、自律した個人を育成する教育である。教育の用語で言えば、ビジネス教育は自我の確立を目指す教育である。重ねて言うが、個人の誠実さを支えるには組織的なサポートがなくてはならない。

（4）信頼関係の醸成

　ビジネスにおける信頼関係の構築は、借りたお金は返す、約束は守る等、ビジネスの諸活動として当たり前のことが当たり前にできることからはじまり、ビジネスの基礎的・基本的な知識、技能、倫理観の習得が前提となる。誰も実力と言動が一致していない者を信用しないからである。

　信頼関係の構築は、自ら動いて働きかけ構築するものであり、ビジネスパースンの資質として重要な育成すべき能力である。ビジネスの世界では、良いということは誰にとって良いのかということが問題となる。自らの立場（売り手）と他の立場（買い手）の主張や利害関係が両立しないことは、ビジネスでは日常的に起きる。ビジネスにとって利益を上げることは必須であり正しいことであるが、取引相手も同じ立場に立っている。ビジネス取引が成立するには、誠実さに基づいた信頼関係の醸成が不可欠であり、具体的には数字による説明・説得する力であり、知識と技能と倫理観を必要とする。また、ビジネス上の説明責任は、ただ告げるだけでは果たされたことにはならない。交渉相手が理解・了承することによって果たされるのであり、やはりここでも、ビジネスの知識と技能と倫理観が試される。信頼関係の醸成には、その前提となる、ビジネスに関する知識、技能、倫理観の育成が不可欠である。

(5) 客観性

　ビジネスにおいては、自らの主観的な認識と経済社会の客観的な動向が対立する場合がある。自らの目の前にある現実は、主観で見ている自分とは関わりなく、客観的な市場が存在するのである。自らの直感は大切にすべきであるが、それだけでは客観的な市場に受け入れられるとは限らない。ビジネスには利潤の追求が不可欠であるとはいえ、ビジネスの論理に直線的であってはならない。主観的な自らを、客観的な現状分析によって律することができなければ、ビジネスの当事者として迷走してしまう。

　ビジネスパースンの自我の確立とは、客観性を認識することからはじまる。客観性を認識しない判断は危ういものがあり、具体的な客観性の認識は市場の動向を手掛かりに様々な情報を検討することによって形作っていくものである。ここで注意しなければならないことは、客観性にも幅があるということである。ビジネスパースンにおいては、様々なリスクをどうみるか。ビジネスの諸活動にはあらゆるところにリスクが隠れている。例えば、商品の仕入れにおいても、予定の期日までに納入されるか、数量・品質は問題ないか、支払い条件は適切か、そもそも予定通りの価格ですべて売却できるのか。ビジネスにおいて、リスクこそが意思決定の分かれ目となる。リスクとは、要するに確率の問題である。信号を無視しても事故に遭うとは限らないし、信号を守っていれば事故に遭わないというわけでもない。しかし、ただ一つ確実にいえることは、事故に遭う確率は、信号を守る場合と信号を無視する場合とでは天と地の差がある。つまり、リスクの伴わないビジネスはないが、どの程度の危険性までを許容範囲とするかは、属人的要素が強いのである。

(6) コミュニケーション能力

　ビジネスパースンのコミュニケーション能力は、単なる挨拶や付き合い方の問題ではない。日常的な生活習慣に関わるコミュニケーションは、ビジネス以前のことであるからコミュニケーション能力とはいわない。もともとビジネスは利害関係が鋭く対立する場合が少なくない。意見が合わないからこそ、コミュニケーション能力が求められるのであって、相手の条件を丸のみしてその

第6章　ビジネスパースンの育成　151

場を取り繕うことはかえって状況を悪く、複雑にしてしまう。
　消費者との対面販売業務で、顧客の理解が得られない場面、ビジネスパースンとしてのコミュニケーション能力が試される。販売がうまく流れている時は、接客マニュアルや商品知識の積み重ねで対応ができるが、反復性が崩れ、突発的な事態に遭遇した場合、ただ単に消費者に従っていたのでは収拾がつかなくなる。波風が立たなければよいと思っても、波風が立ってしまうのがビジネスの現場である。スペシャリストとしての販売員は、例え他の従業員の不始末であったとしても、上司は目の前の顧客に対して、ビジネス取引の責任者として、現状を把握し、相手が納得するような内容・表現を選びながら、この事態を収拾しなければならない。顧客とのコミュニケーション能力の育成の幅は広く、様々な状況が想定される。ビジネスの諸活動は、すべての場面でコミュニケーション能力が試される。消費者とのコミュニケーション、同業者とのコミュニケーション、同僚とのコミュニケーション、外部取引・内部取引に関わらずコミュニケーション能力が試されるのである。ビジネスパースンのコミュニケーション能力の基盤となるのが、ビジネスに関する知識、技能、倫理観である。

（7）平均的であるということ
　ビジネスパースンとして平均的であるということは、ビジネスに携わる者として凡庸であるということではない。ビジネスの知識、技能、倫理観が平均的であるということは基礎的・基本的な素養が整っていることを意味している。多くの教育がそうであるようにビジネス教育も形式の模倣から入る。歌まねの上手なタレントは、例外なく歌が上手である。オリジナルと同程度の技量を持っていなければ歌まねできないからである。まず正確に真似ることの大切さを見直すべきである。
　簿記の商品有高帳の移動平均法を思い起こせばよい。1週間前に仕入れた商品の単価・数量と新しく受入れた単価・数量とによって、平均単価が移動していく発想は、ビジネス組織を理解するうえで不可欠のものである。常に注意深く外部環境と内部環境の変化を観察しておかなければならない。平均的という

ことを安定と捉えず、常に動的に積極的に捉える必要がある。

　また、ビジネスパースンにおいて、平均的であるということと、個性を尊重するということは、別のことである。まず、ビジネスの諸活動に求められる知識、技能、倫理観が身についていることが平均的であるということがベースにあり、加えて個性的であり、なおかつ協調的・調和的であるということが大切である。平均的であれ、個性的であれ、協調的であれ、それぞれ深い内容と幅をもっている。平均的であるということと、個性的であるということは、両立するのである。まず、平均的である事務処理能力は必須の能力であり、その土台の上に立って、さらに仕事ができることや個性的な発想法等が上積みされる。平均的な土台の上に、個性が発揮されることによって、ビジネスパースンとしての個性が認められる。

　平均的ということが目立たないという意味であるとしたら、目立てばよいというものではない。職場によっては目立つことが求められるものや目立つ必要のないものがある。目立たないということが、人それぞれの個性の一つであり、その個性をビジネスという枠の中で、いかに尊重し、ビジネス全体の向上に結び付けていくのか、ということである。仕事には求められる水準がある。その水準に達することが平均的ということである。

（8）市場という場

　ビジネスパースンは、常に市場を意識しなければならない。市場を取り込みつつ、市場に主体的に働きかける。市場を理解するには、体験のみではなく、理論的で合理的な思考力・理解力が求められる。市場の現状、動向、性質、傾向等の知識がなければ、市場の分析はできないからである。ビジネスパースンは、市場をビジネスの目的に照らして分析する能力が不可欠である。

　ビジネスにおける利潤追求といっても、無原則に可能なわけではない。幾重にも張り巡らされたビジネスの諸活動の連鎖があり、途切れなく地道にビジネスの諸活動が継続されることによって、利潤の追求が達成される。適正利潤は、市場を通して、結果として、社会通念で容認される利益水準のことであって、単なる目標ではない。あくまでも、個々のビジネスが利潤の極大化を目指した

結果が平均利潤と同じであった、ということである。ビジネスの分析に必要なことは、ビジネス取引の背後にある因果関係を客観的に明らかにすることである。ビジネスパースンは、この時期に何故これだけの数量と金額を誰から誰に売買できたのかという結果に対する原因を探し出し、原因と結果との因果関係について市場を通して理解・説明することが求められる。様々な因果関係のなかで、複雑に絡み合う市場で、結果を出すのがビジネスである。

（9）取 引

　ビジネス取引は、双方にメリットをもたらすものでなくては成立しない。そのメリットは、売り手側、買い手側それぞれは背後に事情を抱えており、平均価格より高い取引であっても、買い手側が納得するということは、メリットがあったということである。ビジネス取引そのものは、古来よりあった。しかし、取引の内容・習慣等は時代、国、社会体制によって異なっている。また、同じ取引数量・価格であっても、同じ国、社会体制であっても、国としての政策・方針や国際環境、さらに時間の経過を加味すれば、同じ取引条件は二度とない。

　ビジネスパースンは、取引が成立する前提条件として、まず取引そのものが合法であるかを考えなければならない。そして、双方にメリットがあるかを考える。ビジネスの諸活動には、外部取引（顧客との取引）と内部取引（事業内の調整）があり、ビジネスパースンはこの2つをこなさなければビジネス取引の成立に結びつかない。他を生かし、我も生きるのがビジネス取引である。ビジネス取引は、外部取引と内部取引の積み重ね、連鎖によって成り立っている。ビジネスにおいて取引こそが利益を生む根拠であり、取引が成立すること自体がビジネスパースンの成果であり、評価を決める。

（10）リーダーシップ

　ビジネスパースンとリーダーシップとを切り離すことはできない。仕事は協働して行うものであるからである。仕事には目的があり、その目的の達成目標がある。リーダーシップを発揮する者は、目標を達成させるための道筋を示

し、その結果を託されている。リーダーシップは、行動の総体であり、リードするものとリードされるものが存在する。

　組織は、仲良しクラブでは他との競争に勝つことはできない。リーダーは組織内に相互の競争関係を醸成しなければならない。それぞれが競争することによって組織を活性化させる中でチームとしての協調を作り出す。この緊張関係を創出し、維持し、結果を出すのがリーダーシップである。リーダーは、組織に責任を持ち決断する、集団の方向を決め指示を与える、意見を聞き集団をまとめる、個人あるいは集団の達成目標をクリアさせる。また、リーダーは、目標達成の過程において、評価する、褒める、叱る、激励する、変化のきっかけを作る等々を、自らの責任で業務として遂行する。

　ビジネスパースンは、リーダーの職になくても、常に自らをリーダーと認識し、常に状況判断の的確性について、自問自答し続けなければならない。ビジネス教育そのものが、リーダーシップの育成を目的にしているからである。ビジネス教育は、リーダーシップを身近に感じる、感じさせる教育でなければならない。

む　す　び

　ビジネスパースンといっても、その仕事内容によって求められる資質、能力は千差万別である。社内研修ひとつとっても、教育内容が一般職と専門職では、研修方法、研修内容等が異なる。現実のビジネスには、積極的な思考もいるし、保守的な思考もいる。業務としては、日常の定型的な業務もあるし、偶発的・非定型的な業務にも対応できなければならない。ビジネスパースンの育成には、二つの学習内容がある。一つは、目の前の結果が求められる実際に現場で起こっている業務に対応する教育と、もう一つは人そのものを育てる教育であり、車の両輪として共に結果が求められる。社会教育は前者に重点を置き、学校教育は後者に重点を置くが、両立させるべきものである。

注

1) 文部省「スペシャリストへの道 ― 職業教育の活性化方策に関する調査研究会議（最終報告）」平成7年3月。
2) 日経連『能力主義管理 ― その理論と実践』日経連能力主義管理研究会報告、1969年、p18。
3) 大学審議会「21世紀の大学像と今後の改革方策について」平成10年、第1章3.（3）. i）。
4) 文部省、前掲書「スペシャリストへの道 ― 職業教育の活性化方策に関する調査研究会議」。
5) 中央教育審議会「21世紀を展望した我が国の教育の在り方について（第一次答申）」平成8年7月、第1節（3）。
6) 文部省、前掲書「スペシャリストへの道―職業教育の活性化方策に関する調査研究会議」。
7) 文部省『高等学校学習指導要領』平成11年3月、第3章第3節商業、第1款目標。
8) 例えば、医者は患者からの癌の告知についての問合せについて事実を告げないことがある。

第7章
ビジネス倫理観の育成

はじめに

　専門教育において、倫理観の育成は焦眉の課題である。医者は医者としての倫理観、警察官は警察官としての倫理観の育成が求められる。ここで問われているのは、社会生活を営む上での共通の倫理観ではなく、それぞれの専門職務そのものに深く関わる倫理観である。医師であれば人の生命に関わるものとしてのあるべき姿とは何か、警察官であれば社会の秩序維持に関わるものとしてのあるべき姿とは何かが核として成り立っている倫理観である。ビジネス教育に携わる者は、一度は、ビジネス倫理観の育成について考えたことがあると思う。そこには、自明なこと、当たり前のことを教えることの難しさがある。

1. ビジネスと倫理観

　ビジネス教育として、ビジネス倫理観育成の内容を組み立てるには、まず、ビジネスとは何かを明らかにし、さらに、倫理観とは何かを考えなければならない。しかし、倫理とは何かについて、一つの学問領域が成り立つ程の分野である。ここでは、ビジネスとの関連のみに限定し、ビジネスを遂行する人材には何が求められているかを理解したうえで、ビジネス倫理観の育成について検討してみる。

（1） 倫理とは何か

　倫理とは、人と人との関係、人と社会との関係について、いかによく生きるかということを、自律して考え、自ら行動することである。社会から隔離され、一人でいる場合、例えば、『ロビンソン・クルーソー』（1719 年、Daniel Defoe 1660-1731）のように、嵐に遭遇し無人島に流れ着き、孤島での一人暮らしを強いられている場合には、いかによく生きるかという対象は、自分を取り巻く自然環境との関係をより良くするためにはどうすればよいのかという自問であり、厳しい自然環境の中で生き残りをかけた自答であろう。自然の中で同じような生活をしていても、共同体との繋がりを持っている場合は、人と人との関係のなかで、「いかに生きるべきか」、「いかに行うべきか」、「なぜ、そうしてもよいのか」、「なぜ、そうしてはいけないのか」が、問われなくてはならない。古来、モーゼの十戒（『旧約聖書』、出エジプト記）の例を出すまでもなく、人は自らの属する共同体のルールといえるものを基準として、自らの行動を振り返り、共同体のなかで自らの立場を相対的に考え、自律的な行動を心がけてきた。

　倫理観の問題は、他人を思いやりつつ生きることであり、究極的には、共同体の秩序維持に収斂する。共同体の秩序を維持するということは、共同体を取り巻く自然環境、民族、歴史、宗教、地域、経済状態が作り出すその共同体独自の社会習慣との関わりの中で、日常生活を送っていくことである。日本においても、映画『楢山節考』（今村昌平監督、東映、1983 年）のような因習が地域によっては存在していたのであろう。年老いた親を山に捨てるという行為は、現在の日本の倫理観からすれば許されないが、その風習のあった地域・時代では、受け入れざるを得ない行為であったに違いない。そのような状況下においても共同体の倫理観として許されていたのは、厳しい生活環境の中で、まず家族の生活を維持することがあり、親子共に思いやって生きるという心があったからではないか。

　個人の自律的な意思決定に大きな影響をあたえる倫理観は、国、地域、民族、宗教、歴史、社会体制、経済体制、自然環境等の複雑な要因によって形作られる。ビジネス教育としてのビジネス倫理観の育成についての検討も、その

倫理観のよって立つ経済社会とビジネスとの関係のなかで考えなければならない。

（2） 専門職としての倫理観

　一般論としての倫理観から導かれるものは、「嘘をついてはいけない」、「人を傷つけてはいけない」、「善を愛し悪を憎む」、「人を殺してはいけない」等である。このような一般論としての倫理観から導かれるものは、人格の形成に努め、実践的意欲を高め、良識ある公民として必要な能力と態度を身に付けることである。特に青年期における自己形成の課題として、人間としての在り方生き方について理解と思索を深めさせることを目指している[1]。

　しかし、一般論としての倫理観は、専門職に携わる者としては、場合によっては受け入れ難いものである。例えば、医師は基本的には自らの行う医療行為について、インフォームド・コンセント（informed consent）を基本として患者に正確な情報を提供しなければならないが、場合によっては、末期癌患者本人の状況等を見極め、医師の判断で病状を患者に正確に伝えないこともあり得る。また、患者の身内の健康な体を傷つけ、臓器移植を行う場合もある。これらの場合は、専門医としての判断が優先され、不誠実だとして責任を問われることはない。また、一般市民は拳銃を所持することができないが、警察官は職務上拳銃を持ち歩き、場合によっては殺傷目的で拳銃を使用することが認められている。さらに、弁護士は極悪非道な犯罪の事実関係が明らかな場合でも、社会全体を敵に回してでも依頼人の弁護を行う。死刑制度のある国においては、国家は一定の手続きの後に死刑の名のもとに殺人を行う場合もある。

　これらのことが可能であるのは、専門職としての医師の倫理観、警察官の倫理観、弁護士の倫理観についての社会的な信頼感に基づいている。その根拠は、専門職としての特殊性と専門職に求められる知識、技能、倫理観を身に付けているという前提にあり、その信頼観は職権を乱用しないという専門職としての自己規制とそれを逸脱した場合の法的制裁によって担保されている。ここに、専門職としての倫理観の特殊性をみることができる。

　次に考えなければならないことは、教育対象をどこに設定するかというこ

とである。同じビジネス倫理観の育成という教育目的であっても、会社の新入社員研修で行う内容と中学校の「総合的な学習の時間」では内容が異なる。ビジネス教育として、会社の新入社員研修も中学校の「総合的な学習の時間」であっても、ビジネスに携わるものとして、自己責任のもと、自律して正しい判断を行う基準を身に付けるというビジネス倫理観の育成という目的は変わらないが、実務に直接関わる新人研修と学校教育とでは、教育内容、教育方法は自づから異なるのである。

(3) ビジネスの諸活動とビジネス倫理観

　経済の諸活動とビジネスの諸活動は同一のものではない。経済の諸活動がビジネスとなるにはもう一歩踏み込まなければならない。企業は、ただ単に、モノやサービスを提供しているのではなく、商品の売買取引を行っているのである。商品を売買することは、その当事者はお互いに責任を果たし義務を負うことになる。お互いに守らなければならないものがある。商品を引渡すということは、売買取引が成立した品質、価格、納期を満たすものでなければならないし、商品代金の支払いも当初の約束を守らなければならない。ある時払いの催促なしでは、ビジネス取引として成立しない。企業は、経済循環の中で取引の信頼性を維持できなければ、企業対企業、企業対政府、企業対家計で成り立っている経済の諸活動は破綻する。ビジネス取引は、その背後に当事者の持つ、ビジネスに関わる者としての倫理観によって醸成されたお互いの信頼関係が不可欠なのである。

　教育は全国民を対象にして行われる。世の中には悪徳ビジネスと関わり、苦い体験を持っている人もいるし、悪徳とまでは言えないが、ビジネスに対して良い感情を持っていない人も多い。また、利潤追求という用語が学校教育になじまないと思っている保護者がいることも考えられる。ビジネス教育で行うビジネスの諸活動に関する教育は、悪徳ビジネスや社会通念上問題のあるビジネスから、ビジネス倫理観というフィルターを通し、社会の公序良俗にふさわしいビジネス取引として、疑わしい売買取引から切り離す努力をしなければならない。

ビジネス教育は、ビジネスを維持・発展させることを通して経済社会の発展に寄与する教育である。ビジネス教育の経営、管理、会計に関する仕事内容についての教育は、第3次産業のみならず、第1次産業、第2次産業においても必要不可欠な仕事内容として取り込めるだけではなく、営利企業のみならず、非営利企業、さらに公務員等の資質としても必要とされる教育内容であるとの主張を展開しなければならない。ビジネス教育の新たな展開を示すためにも、教育の基本である知育、徳育、体育のうちの徳育について、より一層取り組むことが求められる。ビジネス教育の一環としてのビジネス倫理観の育成は、日々の生活の中で、ビジネスとの繋がりにおいて、いかに日常生活を生きるべきかを身近なものにする。現代社会において、通常、ビジネス取引（売買取引）と関わりなく生活することは事実上、不可能なのである。

2. ビジネス倫理観育成の思考過程

具体的なビジネス倫理観の育成の課題に対応するためには、一般論としてのビジネスと、専門分野としてのビジネスの特殊性とを検討しなければならないが、ここでは、一般的・共通的なビジネスの取引内容とビジネス倫理観の育成について検討していくことにする。

（1）ビジネス取引内容の吟味（business transaction）

ビジネス倫理観の育成とは、ビジネス（以後、単にビジネスとした場合は、事業体としてのビジネスとその事業体としてのビジネスが行うビジネスの諸活動の両方をさすものとする。）に携わるものが持つべき倫理観の育成であり、日々のビジネス取引を対象として行われる。ビジネスには様々な分野、形態、規模の相違がある。それぞれの事業体（主体としてのビジネス）は、巨大ビジネスから個人経営のビジネスまであり、ビジネス行為としての個々の取引金額においても大きな差がある。また、ビジネスに携わる人もトップマネージメントもいればミドルマネージメントもいるしビジネスの最前線で顧客と接する人もいる。仕事内容も社長のようなビジネスの全般管理者もいれば、販売、仕

入、経理、財務、企画等の各部門に携わる人もいる。それぞれの職務権限と密接に結びついたその仕事内容にふさわしいビジネス倫理観が求められる。

　ビジネスの取引内容を検討するにあたり、まず、考えなければならないのは、経済社会で行われているビジネスの現実である。ビジネスは、事業体としてのビジネスと行為としてのビジネス取引がその根幹をなしているので、ビジネス取引を行うということは、当然、その取引相手がいる。一般的な外部とのビジネス取引において、当事者は購買業務か販売業務のどちらかの立場となる。自らが買い手側であるにせよ、売り手側であるにせよ、その取引が成立する為には数多くのことを検討しなければならない。その場限りや場当たり的な取引は、専門教育としてのビジネス教育内容ではない。ビジネス取引は、取引商品、取引相手、取引金額、取引頻度等によって取引条件はケース・バイ・ケースであり、場合によっては世界の経済情勢、金融動向、環境問題から取引相手の社長の個人的行動パターンまで検討する場合もある。ビジネスにおける自らの役割やビジネスから委譲されている自らの責任と権限の範囲を見極め、自らが関わるべき取引内容を吟味することは、ビジネス倫理観育成に不可欠な自らの立場を理解する第一歩となる。

（2）信頼関係の醸成（aging of reliable relations）

　ビジネスは信頼関係によって成り立っている。その信頼関係は、取引相手である人と人との関係であるし、事業体であるビジネス対ビジネスの関係においてもいえる。信頼できない相手とはビジネス取引は成立しないのである。信頼できない相手との取引があるとしたら、現金によるその場限りの相対取引であろう。

　信頼関係は、自然に出来上がるものではなく、自らが働きかけ構築するものである。まさに立派な建物を築くのと同じように、基礎から一つひとつ積み重ねる日々の緊張感の維持が求められる。ビジネスにおいて、一人の信頼関係の欠如は、その個人に止まらずビジネス全般に波及する。誠実に対応するということは、ビジネスにおいては決められた手順に従って、一つひとつについて緊張感を持って着実にこなしていくことである。極めて当たり前のことを当た

前にできるということでもある。挨拶する、時間を守る、清潔な身だしなみに気を配る、適切な言葉遣いをすることから始まり、問い合わせがあればすぐその問い合わせについて客観的な資料を用いて回答する等のことである。教育の用語でいえば、基本的生活習慣に関わる教育内容ということになる。このことは、ビジネス教育が取り組んできた、古くて新しい問題であるが、重要な教育内容であり、ビジネス倫理観育成の導入課題であり、基本的な課題でもある。

ビジネス教育としての信頼関係の醸成は、まず、ビジネスの当事者としての企業内研修等を含む土台があり、その教育内容としての基礎・基本を前提として、自から判断し行動するという自律的な能力と、それを表現するコミュニケーション能力が求められる。ビジネス上の信頼関係に関するトラブルは、過去、現在、そして未来においてなくなることはないであろう。ビジネスには、ビジネスの論理、資本の論理が優先するからである。連鎖倒産の例を出すまでもなく、一度失った取引相手の信頼を取り戻すことが、いかに困難であるかについては、枚挙のいとまがない。信頼関係の醸成は、ビジネス教育として強調しても強調しすぎることのない教育内容である。

(3) 法令遵守 (compliance)

ビジネスにおける正しい行いの前提条件は、法令を遵守することである。ビジネスにとってコンプライアンスは、最低限の要求でもある[2]。ビジネスに携わる者は、自らの考えや思い込みで行動してはならない。それは自らの責任の範囲を超えた結果をもたらすからである。たとえ、ある種の薬が特定の病気に有効であると海外で認められているとしても、その薬をビジネスとして輸入し国内販売した場合は薬事法違反となる[3]。自らの魂において正しいということであっても、ビジネス目的では許されないのである。医薬品の輸入の適否に関してビジネスは、輸入許可が降りた時点でビジネスの当事者として、具体的な商品販売の検討課題となる。

さらに、ビジネス教育としてコンプライアンスを取り上げる場合は、特別の配慮を付け加えなくてはならない。コンプライアンスによる禁止項目の列挙は、「あれをしてはダメ」、「これは不可能」という否定項目の列挙となり、ビ

ジネス教育として、萎縮し、自律的な行動が取れなくなると危惧される。このような教育に陥らないために、コンプライアンスをとおして、なぜ法令で禁止されているのかという法の主旨を理解させ、ビジネスにとって、何が正しくて、何が正しくないのか、という判断力の育成に結びつけることが求められる。法令遵守すること、それに適合できるような自律性の育成によって、ビジネスにおける自己管理能力が育てられていくのである。

　コンプライアンスは、ビジネス倫理観の全体像からすれば、ビジネスにおいて許容される最低限の行動基準であるから、特に注意を要する。ビジネスに限らず、倫理に関する問題は、適否の境界線の周辺で問題が起きるのが常である。ビジネス倫理観の育成としての成果を得る為には、もう1ランク上の自主規制のレベルで行動しなければならない。現実のビジネスでは、コンプライアンスという禁止項目に抵触しないように、各企業は独自のもう1ランク上の自主規制を設けている。ビジネスを行う上で法整備が整っていない場合、現在の法に違反していなければ何をしてもよいという訳ではない。さらに、人はミスを犯すものである。不法行為に対する刑事上の罰則を受けることは、ビジネスにとって致命傷となるのである。

　ビジネス倫理観は、行動を制限するものではなく、自律した行動の指針となるべきものである。コンプライアンスは、ビジネス倫理観の育成にとって重要な原則の一つであるが、法令遵守がすべてではない。ビジネスの実務では、コンプライアンスの近くに見えざる境界線があると当時に、ビジネスチャンスがある。見えるか見えないかのリスク管理は、俗人的な意欲・意識の差による場合が多い。ビジネスとして、コンプライアンスそのものを境界線とした場合、セーフティー・ネット無しの空中ブランコのようなものである。また、ビジネス教育としては、問題行動を禁止するより、責任ある行動を促すことに重点を置くことが望ましい。

（4）利害関係者（stakeholders）

　ビジネスの取引には総合的な判断が求められる。視野を広げ、事業体としてのビジネスを考えた場合、ビジネスには利害関係者がそれぞれの主張を展開

し、ステークホルダーを無視したビジネス取引は場合によっては死活問題にまで発展する。特に、株式会社では株価上昇と株主配当金の動向に敏感な株主の意向は無視できない。

　ビジネスに関わるステークホルダーとしては、株主の他に、政府機関等の様々なステークホルダーが存在する。しかもこれらのステークホルダーの利害は、一致する方が稀である。例えば、消費者に信頼される商品を低価格販売し、従業員には高い給料を支払い、多くの利益を上げ高い株価と株主配当金を支払い、地域住民への雇用を確保し、環境問題には十分なコストを支払い、業績向上により多額の税金を支払うことにより政府の租税収入に貢献する。このようなことを継続することは事実上不可能に近い。

　フォード自動車会社の創始者であるヘンリー・フォードⅠ世（1863年～1947年）は、T型フォードに生産を集中し、大量生産により消費者には低価格のT型フォードを提供し、労働者には平均賃金の2倍という高賃金を実現したが、長続きしなかった[4]。ましてやすべてのステークホルダーを満足させる経営は、一時的には可能であっても、長年にわたり実現することは同業他社に対して圧倒的な競争力を維持し続けない限り、困難である。

　一般的なビジネスにおける経営者の判断は、商品に競争力のあるうちは消費者が望んでも値下げすることは少なく、従業員の給料の大幅なベースアップを認めることは利益を圧迫し、給料というコストの上昇は株主配当金や政府の租税収入を減らすことに繋がる。また、税金の支払いは現金であるから企業のキャッシュフローにも大きな影響を与える。ビジネスは、すべてのステークホルダーの意見を等しく受け入れていたのでは立ち行かないのである。ビジネスとしてそれぞれのステークホルダーの意見を聞くことの難しさは、ステークホルダーそれぞれが主体としての行動目的を持っており、それぞれの立場として合理的で正当な主張をしていることである。ビジネスにとって、ステークホルダーは独立した主体として登場し、それぞれの正当な主張の一致点を見出すことは極めて困難な作業となる。ビジネスは自らの自律的な判断を持って、ステークホルダー間の調整を図り、この難関を乗り切らなければ、健全な企業経営を行っているとは認められないのである。

（5） 合意点の模索（trade-off）

　ここでいうトレードオフは、ビジネスにおいて法令を遵守しながらさまざまなステークホルダーとの調整を図る、という意味である。ビジネスを実際に行うということは、市場での競争にさらされながら、関係法令を遵守し、ステークホルダー間の利害調整を図り、ビジネスを維持・発展させることである。前述のように、すべてのステークホルダーの声を聞くことは大切であるが、すべてのステークホルダーの意見をそのままビジネスに反映させることは不可能である。それぞれのステークホルダーは利害関係が異なり排他的であるからである。従って、実際に発生した問題についてそれぞれのビジネスは、自らの経営方針によって、重要性に優先順位をつけ取り扱いの比重を変えなければならない。つまり、ビジネスを維持・発展させるために、自律的な判断としての妥協や譲歩が求められるのである。このような判断の指針となるのは、健全なビジネスを行うこと自体が社会的貢献であり、ビジネスの本来の目的や役割は商品としてのモノやサービスを提供し社会貢献していくことであると同時に、その結果として、適正な利潤を確保することである。この過程のなかで、株主には株主配当金、消費者には適正価格でより良い商品の提供、従業員には雇用の安定と賃金、顧客（取引相手）には安定した取引、政府には決められた税負担、地域社会には良き住民としての認知を受けることを実現する。ビジネスは主体性を守るために、それぞれのステークホルダーに合理的な説明による理解を求め、説明責任を果たさなければければならない。こちらを立てればあちらが立たない、という利害調整・説明による理解を得る過程がトレードオフである。

　トレードオフをビジネス教育の視点でみれば、さまざまな意見を正確に集約し、現状で選択し得る方策を自らが見出していく過程である。そもそもビジネスに関する問題は、過去の判断が単純に適用できないうえに、それぞれの側の主張にも合理性があり、どちらに転ぶか解らない微妙な問題を抱えている。ビジネスには、正しい唯一最善の解決策というものはない。ビジネスの成果は結果によって判断され、意思決定は属人的な要素の強いものである。属人的なリスク回避は、どのようにすればよいのか。これらのことを検討することがビジネス教育の教育内容である。ビジネス教育において、合理的な説明の根拠とな

るものは数字である。数字は利害関係が相反する者同士の合意点を見出す手掛かりとなる。ビジネス教育の重要な教育内容として、簿記会計教育によって導き出した数字による分析や説明責任を果たすこと、コミュニケーション能力の育成によって培われた説得力の育成が、重要な教育課題として浮かび上がってくる。

（6）自律的な意思決定（decision making）

　経済社会を概観すれば、ほとんどのものが白と黒との間のグレーゾーンにあり、はっきり白か黒かと決めかねるものが多い。抽象論としては、環境に配慮した地域開発の必要性を主張できるが、いざビジネスとして観光道路を実際に作るとなると現地の当事者の意見は分裂してしまう。環境調査の信頼性をどうみるか、道路を作るのか作らないのか、作るとしたらどこに作るか、道路の規模や乗り入れ規制をどうするか等、当事者が納得する落としどころを求めて気の遠くなるような意見調整が待ち受けている。

　ビジネスにおける意思決定の難しさは、ビジネスの判断は実行するか実行しないかという二者択一しかないことにある。今は動かず様子を見ること自体が、意思決定とみなされる動的な世界にいることを自覚しなければならない。法的規制の枠から外れた商品は、ビジネスチャンスとして魅力的である。しかし、法令の遵守はビジネスにとって最低限度の自制ラインであり、顧客の信頼や法改正のリスクもある。いくら資料を集め情報の分析を行っても、意思決定するための前段階でしかない。

　意思決定は、時間的な制約を受ける場合が多い。上司に相談して判断を仰ぐことは重要であるが、すべてを上司に相談するわけではなく、自らの権限の範囲内において、問題点のどこまでをどのように相談するかの判断が求められる。責任を持ち迅速で自律的な判断を行うことが、目の前の取引相手に対して信頼関係の醸成に役立つ。ビジネス倫理観としての誠実さは、正しいか正しくないかを問うというより、まず判断を迫られている曖昧な内容を自らの責任のもとで明らかにすることである。自らの自律的な意思決定とは、ビジネス取引は公正であるか、法に違反していないか、他の顧客との一貫性があるか、ビジ

ネスとして意義があるか、採算が取れるか等を含めた総合的な観点からビジネスの目的として正しいか、これらのことについて検討し決定することである。

意思決定者の職位が上がるほど検討課題の範囲も広くなる。一つの意思決定には、価格設定、同業者の動向、納期の決定、販売経路の確保、個人情報の保護、情報開示、製造物責任法、雇用環境、人権、技術革新、環境問題への配慮、資源の問題、国際情勢等、どこまで踏み込み、どこまで責任を持つか等について、自らの職務権限との兼ね合いの中で意思決定しなければならない。

(7) ビジネス倫理観育成の思考過程

ビジネス倫理観の育成として重要なことは、ビジネスとして責任ある行動とは何か、という原点に帰ることである。このことは、ビジネス倫理観育成の思考過程を思い起こすことでもある。その思考過程とは、現在、ビジネスで起こっている問題は何であるか、その問題点となっているビジネスの諸活動とは何かについて吟味することである(ビジネスの取引内容の吟味)。その問題解決にあたっては、自らに委譲された責任や権限の範囲を見極めながら、その問題に関わるステークホルダーを確定し、その主張を確認することによって、ステークホルダーの中でも直接の当事者を中心に信頼関係を醸成することに努めなければならない(信頼関係の醸成)。さらに、この問題を解決するために考慮しなければならない法律を精査し、法令に違反することがないことを確かめたうえで(法令遵守)、この問題に関わるすべてのステークホルダー(利害関係者)と誠実に向かい合い、ビジネス取引に関わるすべての選択肢を列挙しステークホルダーとの合意点を模索する(合意点の模索)、そして、ビジネスとして責任ある行動とは何かを熟考し決断を下すことである(自律的な意思決定)。

この一連の思考過程を誠実に積み重ねることによって、結果として、ビジネスの諸活動をビジネス倫理観を持って取り組んだことになる。ビジネス倫理観を育成する思考過程は、一つひとつが独立していると共に、それぞれが相互に関連し合い、総合的に状況判断を下しながら、臨機応変に対応できなければならない。ビジネスのすべてがケース・バイ・ケースであるからである。

ビジネス倫理観の育成は、ビジネスの諸活動の本質である、資本の論理や

ビジネスの論理が求める利益の極大化について、深く考えることである。ビジネスの諸活動をビジネス倫理観を持って行うということは、ビジネスの永続性を念頭に置き行動することでもある。ビジネスの永続性を考えないということは、同じ相手と繰り返しビジネスを行うことを想定していないのであるから、利益を得るための手段を選ぶ必要がなく、ただ儲ければ良いことになる。ビジネス倫理観を育成する教育とは、ビジネスの永続性を目指す総合力を育成する教育である。また、ビジネス倫理観の育成についての教育は、ビジネスの諸活動に関する専門的な知識、技能が求められるビジネス環境のなかにおいて、人としての在り方を考えることでもある。ビジネス倫理観を育成する教育は、ビジネス諸活動のなかで、他者を思い、誠実に、より良く生きていく術を、身に付けていくことである。

3. ビジネス倫理観の多様性

　ビジネス教育として、ビジネス倫理観の育成を、どのように捉え、具体化していけばよいのであろうか。何をもって、ビジネス倫理観というのか。ビジネス倫理観の育成方針は、規範論なのか、実践論であるべきなのか。ビジネスにおける倫理観の特徴は、長年その分野で生きてきたビジネスのプロでも過ちを犯すということである。そのことは、ビジネス上の不祥事に揺れる企業の釈明記者会見が如実に物語っている。なぜそのようなことが起こるのであろうか。ビジネスにおける倫理観の欠如は、社会的な制裁を受け、ビジネスに対する信頼を根こそぎ失い、ビジネスそのものが立ち行かなくなる危険性を秘めていることは、ビジネスに身を置くものは、百も承知のはずである。
　ビジネス倫理観とは、どのような思考を基に、どのような構造で成り立っているのか。ビジネス倫理観を理解する為の指針となるものや総合的に理解する基軸となるものは何か。これらのビジネス倫理観に関する混沌とした現状を統一的に理解するにはどのようにすればよいのか。ビジネス倫理観の多様性とビジネス倫理観の育成について検討してみる。

（1） ビジネス倫理観と利潤追求

　それにしても、なぜ、ビジネスに関するトラブルが後を絶たないのであろうか。ビジネス上の不祥事は、古今東西枚挙にいとまがない。また、過去・現在・未来、根絶するという見込みもない。ビジネス教育に関する根本的な原因を、ビジネスを行うにあたって避けることの出来ない法則としての、資本の論理（ビジネスに投入された現金は、資本金と認識された瞬間、資本の自己増殖という強烈な意志を持った現金に変わる。）[5]、ビジネスの論理（ビジネスは、基本的に私益を求めるものであり、その行動は　収益－費用＝利益　に典型的に現れている。）にもとめてきた[6]。

　主体としてのビジネス[7]は、本質的に利潤を追求するものであり、しかもそれは単なる利潤追求ではなく、人間の欲望が乗り移ったかの如く、限りない利潤の極大化を求めるのである。しかし、現代の経済社会においては、ビジネスがいくら利潤追求、利潤の極大化を目指すといっても、無制限・無秩序に行えるものではないことも、事実である。ビジネスを取り巻く経済社会がそれを許さないのである。主体としてのビジネスは、眼前のビジネスを取り巻く市場[8]をまず認識しなければならないし、その市場には競争という自浄作用が働いている。その競争という自浄作用は、市場そのものを取り巻く、より大きな経済社会という経済全体の枠組みによって、制御・規制・維持されている。

　それでは、経済社会の自浄作用とはどのようなものであり、何にその根拠を求めればよいのであろうか。それは、その国の成り立ちとしての、社会体制、時代性、国民性により培われてきた歴史によって構成された経済社会全体が作り出す経済秩序である。その経済秩序は、その時代の社会体制や国民性が複合的に重なり合って、結果として形作られた秩序であり、ビジネスの外部環境である市場においてビジネスの行動を自己制御させている。その経済秩序の維持とビジネス倫理観には、深い関連性がある。経済秩序とビジネス倫理観は表裏一体の関係にあり、経済社会の維持はビジネスにとって市場への対応という形で表れてくる。結果として、ビジネス倫理観によって自己制御する感性を持たないビジネスは、信頼を失い、市場から排除されるのである。

（2）見えざる境界線

　主体としてのビジネスは、個別市場において、個々のビジネスが暴走しないための自己制御作用としての、見えざる境界線（invisible border line）を認識しなければならない。見えざるボーダーラインとは、その一線を越えた場合、社会的・経済的な制裁を受ける境界線のことであり、それはビジネス倫理観の醸成による感性として、肌で感じるしかないものである。例えば、工事の受発注取引を行う場合、自らに有利になるように交渉すること自体は、ビジネスとして何の問題もない。しかし、取引交渉が昼食時間にわたり、昼食代を受注関連企業が支払った場合、受注関連企業はその昼食代を交際費として処理する企業もあるだろう。その昼食代が1,000円程度であれば、特に目くじらを立てる程のことはないかもしれないが、その金額が一人10万円となれば事情は変わってくる。また、1,000円程度であっても、支払いをビジネス取引に絡めて強要することは問題となる。また、取引相手が民間企業か地方公共団体かによっても事情は異なるであろう。業界の慣習や金額の過多、自主的か、強要かによって、その境界線はケース・バイ・ケースで揺れ動く。見えざる境界線の見えない所以である。

　見えざる境界線は、主体としてのビジネスが直接売買取引を行う市場やその市場を取り巻いている経済社会等で行われるビジネスの諸活動のあらゆる場面に実在する。見えざる境界線は、一般の倫理観とビジネスの諸活動で意識される倫理観との差がある場合が多い。ビジネス取引の倫理上の問題が表面化したときには、一般的な倫理観が一気に表舞台に登場するが、それまではビジネス倫理観は息を潜めている。資本の論理、ビジネスの論理が貫徹するビジネスの世界では、常に自己制御を怠ってはならない。慢心によって、見えざる境界線を越えたビジネスは、経済社会から突然一発レッドカードを突き付けられ、批判にさらされ、もはや存続できない場合もあり得る。ビジネスの諸活動としては、そのような事態は絶対に避けなければならないのである。ビジネスの世界では、ビジネス倫理観に基づいたビジネス取引交渉での判断力が求められる。

（3） ほぼ見える境界線

　ビジネスは、維持・発展を掛けて、また、生き残りあるいは死に遅れを掛けて日々戦っている。しかし、法令やハイリスクという、ほぼ見える境界線（visible border line）の周辺に、強烈な魅力を感じる果実が存在するものである。危険であればある程、同業者が近づくことを躊躇する場所であればあるほど、そこには手付かずのビジネスチャンスが残されているからである。しかし、皆が手を出さないのは、それなりの理由があることは、ビジネスに携わるものは、まず全員が認識しているはずである。

　ほぼ見える境界線とは、ビジネスとしてのリスクが大きいことである。そこには、二つ大きなリスクに対する認識がある。一つは、大きな需要が見込めるが関連法規に抵触する可能性がある場合と、もう一つは、将来に大きな需要が見込めるがビジネスとしての未開拓分野でリスクが極めて高い場合である。その果実は禁断の果実であるのか、そうでないのかをリスクを通して考え、関連法規に抵触するという、ほぼ見える境界線を越える誘惑に負けないことである。従って、自らのビジネスの浮沈を掛けてリスクに立ち向かう判断（on the edge）を行うことと、ビジネス倫理観が欠如することは、別のリスクである。いずれにせよ、手段を選ばなければ重大な結果を招くのである。

　ビジネスにとって、法令遵守は最後の砦であり、決して超えてはならないものである。また、お互いの信頼関係という基盤を失ったビジネスは、取引相手が霧散してしまい、自らのビジネスの基盤そのものを失うことに結びつく。ビジネスの意義と役割に基づいた、ビジネスの在り方について正しく理解することが求められる。ビジネス倫理観についての中途半端な理解は、資本の論理（利潤の極大化）の前に無力であり、ビジネスの論理（収益性の追求）の前に押し流されてしまう。自らのビジネスを客観的に正しく認識し、自らのビジネスはいかにあるべきかについて、熟考しなければならない。ビジネスは、ビジネス倫理観の醸成なくしては、一人歩きできないのである。

（4）グローバル化とビジネス倫理観

　現代の経済社会におけるビジネス倫理観を理解するうえで重要なことは、ビジネス取引として世界共通の部分もあれば、その国独自の異なる部分もあるという認識である。一国に焦点を絞った場合、ビジネスの発達段階や取り扱う商品についての認識が異なる。例えば、チップという習慣ひとつとっても、日本ではチップにあたるものは商品価格に入っているという感覚が一般的である。そもそも商習慣としてサービスに人件費等が掛かることは理解できても、一般的なものとして特別な場合を除いて、お金を払うという意識があまりない。チップに限らずビジネスの習慣はその国独自のものがあり、日本と全く同じようなビジネス感覚・慣習を持っている国を探すことは困難であり、それは日本に限ったことではない。

　従って、日本で通用するビジネス倫理観を基にしたビジネスの諸活動が、日本以外の国では通用しないことは稀ではない。それぞれの国は、その国独自の歴史や宗教等に根ざした国民感情や社会体制によって独自のビジネス倫理観を形作っている。国外でビジネス取引を行う場合は、郷に入れば郷に従うことが求められる。その国の市場は、その国独自の倫理観に基づいたビジネス倫理観の基に成り立ち、その国のビジネス倫理観を理解し守っている範囲内において、ビジネスが成り立つからである。どこの国においてもビジネスの特殊性は存在する。

（5）ビジネス倫理観の世界基準は可能か

　ビジネス倫理観の世界基準を作ることは難しいことではあるが、全く手がかりがないわけではない。その手がかりは、経済法則としての、資本の論理、ビジネスの論理の本質的な理解を行ったうえで、相互主義と合理性に基づいた信頼関係の醸成によるビジネス取引ルールの世界標準作り（例えば、Incoterms、国際商業会議所 International Chamber of Commerce: ICC が策定した貿易条件の定義）である。ビジネス取引ルールの世界標準を作ることは、総論賛成、各論反対になりがちである。国際会計基準一つとっても、なかなか全面的な合意に達しない。その根本的な理由は、国家間の国益争いとその

国独自の国内事情との駆け引きである。
　国際市場には国際市場ルールに基づいた国際標準のようなものがある。売買取引そのものに関する不易としての国際ルールと各国の事情を勘案した流行としての国際ルールである。サッカーにしても野球にしてもスポーツの国際試合をイメージすれば、初学習者にも理解し易い。しかし、仕組みを理解することと、実際にビジネス取引を行う時の困難性とは別の話である。この点もビジネスとスポーツでは共通点がある。
　国内市場から国際市場へ進出するには、国際的に通用するビジネス倫理観を身に付けなければならない。その国際的・標準的なビジネス倫理観にも、その作成の経緯に関わる歴史的、地域的な独自の傾向があり、国際取引ルールには、世界を横断的に横切る統一的なビジネス倫理観とその国の国民性、歴史性、社会体制に配慮した例外処置を含んだビジネス倫理観とが、多重的に混在していることを理解しなければならない。
　教育としてのビジネス倫理観の基礎・基本は、ビジネスの意義や役割を理解し、ビジネスがこうあるべきであるという規範論としてのビジネス倫理観である。しかし、実践論としてのビジネス倫理観は、柔軟な思考、判断力が求められる。そもそもビジネス倫理観は、売り手側と買い手側との思惑が真っ向から対立するなかで、信頼関係を醸成しながら合意点を模索するものである。ビジネス倫理観、とりわけ、その判断力は、論理性、合理性、総合性が求められる。この売買取引を行うか否か、ビジネスの諸活動を行う上で倫理として正しいか、正しくないのか。ビジネス上の判断は、YesかNoしかないからである。

（6）教育内容としてのビジネス倫理観

　ビジネス倫理観とは、ビジネス＋倫理＋観であるとすれば、そのまま文字どおりに解釈すれば、ビジネスに関する倫理についての価値観ということになる。ビジネスとビジネス倫理観は車の両輪のようなものである。知識と技能だけを頼りにビジネスを行うことは、自転車に乗れるようになったからといって、そのまま交通量の多い公道に出るようなものである。ビジネスの実践は、ビジネスに関する当該取引商品についての知識、技能、ビジネス倫理観の醸成

は不可欠である。

　信用取引が主流である現代の経済社会において、具体的な知識、技能の実践は、ビジネス倫理観という土台の上に立った柱である。誠実性によって構築された信頼関係こそがビジネスの基盤であるとの自覚を育成することが、ビジネス教育に求められている。知識、技能の未熟さは努力し経験を積むことによってカバーできるものであるが、失った信頼を回復するには、気の遠くなるような努力と時間を必要とする。

　教育としては、ビジネス倫理観の育成は、規範論で構成される。専門職としてのビジネスの意義や役割を前提としたビジネスの正誤、善悪、あるべき姿についての価値観の育成である。ビジネスとして、何が正しくて、何が正しくないのか、また何をしてはいけないのか、何をしなければならないのか、ビジネス倫理観を語るとき、ビジネスとは何かという本質論を避けて通ることはできないのである。

　ビジネスはいかなる場合でも、資本の論理とビジネスの論理の拘束から逃れることはできない。利潤追求のための手段を選ばないビジネスは、ビジネスの範疇から逸脱し、当事者がどのような説明を行ったとしても、もはやビジネスとはいえない。信頼関係で成り立つ経済社会のなかで、行ってはならないことを行ってしまったからである。資本の論理とビジネスの論理が貫徹するとはいっても、ビジネスとして行う売買取引に関する諸活動において、商品[9]を、どのような手段で、どのように売買するかは重要な問題であり、ビジネス取引のすべての場面にビジネス倫理観は関わってくる。

　む　す　び

　ビジネス倫理観の要諦は、ビジネスの継続性である。ビジネスを継続するには、市場での信用、取引相手との信頼関係を確固たるものにしなければならない。そのために求められるのは、ビジネスとしての社会的責任の自覚である。この社会的な責任についての論述は、百花繚乱と言ってよい。しかし、ビジネスの不祥事が無くならないのは、ビジネスの実務は規範論だけでは十分に成果

を上げられないことを物語っている。ビジネス倫理観の実践教育の難しさは、規範論の建前と、実践論の本音との、兼ね合いでもある。資本の論理、ビジネスの論理を正しく理解したビジネス教育が求められるが、資本の論理、ビジネスの論理を正しく理解したうえでのビジネス倫理観育成の教育は、ビジネス教育の中心的課程である。

　主体としてのビジネスは、経済社会から何を求められているのか。それぞれの倫理観は、主体としてのビジネスが商業に携わるものであれば、それは商業倫理と呼ばれ、それが農業に携わるものであれば、農業倫理と呼ばれる。自らの存在意義を自覚し、正直にして善を積むという心がけを持って、商業を行うか、農業に携わるか、ということである。

　教育としてのビジネス倫理観の育成は、規範論からはじまり、自らの中で判断基準、行動基準を構築していく教育である。また、実践論としてのビジネス倫理観は、実績を上げるという、実務のプレッシャーのなかで、正しいビジネス、正直なビジネスに徹しなければ、ビジネスとして成り立たないことは、歴史が証明している。

注
1) 文部科学省『高等学校学習指導要領解説公民編』東山書房、平成21年7月、pp.23-24。
2) 国立国語研究所「外来語」委員会第2回、第3回「外来語」言い換え提案。
3) 薬事法第12条（医薬品の製造販売許可）、第43条（検定合格）。
4) 古林喜樂『経営学の進展』千倉書房、pp.144-145。
5) 河内　満「商業教育とビジネスの諸活動」『商業教育論集』、第21集、平成23年、p.5。
6) 河内　満「ビジネス教育におけるビジネスとその人間観」『修道商学』、第48巻1号、2007年、pp.123-126。
7) 河内　満「ビジネス教育論における主体としてのビジネスとビジネス取引」『修道商学』、第50巻2号、2010年、pp.247-254。
8) 千種義人『新版　経済学入門』同文舘出版、平成14年、p.38。
9) 同上書、pp.10-11。

第8章
高等学校の商業教育とビジネス倫理観

はじめに

　ここで取り上げるビジネス倫理観の育成は、公教育として唯一のビジネス教育としてのまとまりがある高等学校の商業教育を念頭に検討する。高等学校の商業教育におけるビジネス倫理観の育成は、国家の根幹に関わる学校教育という新たな要素が加わる。日本国憲法は教育を受ける権利と義務が国民にあることを示しており、日本の教育理念は教育基本法に示され、その教育を実施する学校制度については学校教育法があり、学校の各教育段階における教育内容については学習指導要領に公示（学校教育法施行規則第五十五条の二）されている。従って、学校教育でのビジネス倫理観の育成については、学習指導要領を常に意識しておかなければならない。

1. 高等学校学習指導要領にみるビジネス倫理観の育成

（1）高等学校における道徳教育

　高等学校の専門教育としてのビジネス倫理観の育成は、小学校、中学校の道徳教育の基礎・基本という土台の上に立ち、教育の継続性をふまえた高等学校の道徳教育という柱を基軸としたうえでの、ビジネス倫理観の育成でなければならない。

　高等学校における「道徳教育は、生徒が自己探求と自己実現に努め国家・社

会の一員としての自覚に基づき行為しうる発達の段階にあることを考慮し人間としての在り方生き方に関する教育を学校の教育活動全体を通じて行うことにより、その充実を図るものとし、各教科に属する科目、総合的な学習の時間及び特別活動のそれぞれの特質に応じて、適切な指導を行わなければならない。」[1] である。高等学校における道徳教育の特徴は、小学校、中学校とは異なり、道徳の時間が設けられていないことである。確かに、高等学校には中学校のように独立した「道徳」の時間はないが、高等学校の普通教育・専門教育においては、中学校における教育の基礎の上に心身の発達に応じてそれぞれの教育の特徴を生かした教育内容を継続していくことが期待されている[2]。

現代の教育理念である「生きる力」と道徳教育との関連性は、「『生きる力』の育成を基本的なねらいとしており、この『生きる力』とは、変化の激しい社会において、いかなる場面でも他人と協調しつつ自律的に社会生活を送ることができるために必要な人間としての実践的な力であり、豊かな人間性を重要な要素とする。このような力を育てるのが、心の教育であり、道徳教育である。」と示されており、高等学校教育活動全体を通して、小学校・中学校の道徳教育の4つの内容である「自分自身」、「他の人とのかかわり」、「自然や崇高なものとのかかわり」、「集団や社会とのかかわり」を高等学校の生徒の発達にふさわしい教育内容で行うことを求めている[3]。

高等学校教育全体をとおして道徳教育は、教育の重要な課題として学校教育全体で取り組んできた。しかし、高等学校の商業教育においては、専門教育として実際的・体験的な学習、問題解決学習、主体的で自発的な学習の重視に配慮するものの、それらをビジネス倫理観の育成によって統合する試みが行われているとはいえない。高等学校の職業教育が目指す、主体性を持ち創造性豊かで積極的に行動する将来のスペシャリストの育成[4] には、知識と技能というツールとスペシャリストとしての誇りを支える魂、心、精神の育成に加えてビジネス倫理観の育成が不可欠である。

高等学校教育としての一般的なビジネス倫理観の育成は、人との関わりにおいてお互いに協調し、他人を思いやる心と社会との関わりにおいて、社会性や正義について思う心の育成による総合的なバランスの上に、職業教育（専門

分野）で必要とされる基礎的・基本的な知識、技能、態度によって裏づけられた、他を思いやりつつ自立的な判断力を持った人材を育成することである。

（2） 普通教育としての倫理観の育成

　高等学校学習指導要領における倫理観の育成に関する記述は、普通教育と専門教育では大きく異なっている。高等学校教育において普通教育として倫理観の育成を直接扱っているのは、公民科のなかの科目「倫理」である。その位置づけは公民科の「現代社会」、「倫理」、「政治・経済」の中の1科目であるが、公民科の目標には、倫理観という用語は入っていない。同様に、科目としての「現代社会」、「倫理」、「政治・経済」の目標の中にも、倫理観という用語そのものは使われてはいないが、倫理に関する教育内容は、「現代社会について、倫理、社会、文化、政治、法、経済、国際社会など多様な角度から理解させるとともに、自己とのかかわりに着目して、現代社会に生きる人間としての在り方生き方について考察させる」[5]と述べられている。この場合の倫理とはあくまでも普通教育の範疇であり、現代社会に生きる人として社会とのかかわりを通して自己の在り方生き方について考察させることを主な狙いとした倫理観の育成についての教育である。

（3） 専門教育としての倫理観の育成

　専門教育に関する教科で求められる倫理観は、単なる一般的な倫理観ではなく、それぞれの教科の持つ専門性を前提とした倫理観であり、その職業の本質そのものと倫理観は深く関わっている。産業教育であるという同一性とそれぞれの産業が持つ異質性を併せ持っているのである。例えば、農業倫理観と工業倫理観を同一に語ることができないのは、倫理観の対象が農業であるか工業であるか、その産業分野の専門性の相違によるからであり、学ぶべき教育内容が異なれば、それぞれの専門教育独自の倫理観が形作くられる。農業プラス倫理が農業倫理観ではないし、同様に、工業プラス倫理が工業倫理観というものでもない。農業倫理観や工業倫理観は、それぞれ農業倫理観や工業倫理観という一つの用語として成り立っているのであり、農業倫理観は農業に携わるものと

しての独自の倫理観であり、自然の恵みを大切にする農業倫理観をそのまま製造業に携わる者にあてはめればよいというものではない。専門教育としての倫理観は、普通教育で扱う一般的な倫理観という同じベースを持ちながらも、それぞれの産業分野という特殊性も合わせ持っており、それぞれの専門教育は独自の倫理観の育成を模索しなければならない。農業倫理観と工業倫理観は、人はいかに生きるべきかという多くの同一の部分もあるが、農業倫理観は農業従事者としていかに生きるべきかという独自の倫理観を合わせ持ち、工業倫理観と全く同じものではないのである。

平成21年の高等学校学習指導要領の改訂において、新たに"倫理観"という用語が、「かつ倫理観をもって解決し、」、「かつ倫理観をもって行い、」という表現で、職業教育を主とする専門教科の農業科、工業科、商業科、水産科、家庭科、情報科の教科目標に取り込まれてきた。それぞれの目標には、職業教育としての倫理観を育成するという目的が明らかにされている。しかし、同じ職業教育を主とする専門教科であっても、普通教育としての家庭科、情報科の目標には"倫理観"という用語は使われていない。このことは、倫理観の育成に関する教育は、高等学校の専門教育の中でも、職業教育に関する教科について求められたものであるといえる。

新たに倫理観という用語が加わった経緯については、改正教育基本法（教育の目標）第二条 二「個人の価値を尊重して、その能力を伸ばし、創造性を培い、自主及び自律の精神を養うとともに、<u>職業及び生活との関連を重視し、勤労を重んずる態度を養うこと。</u>」[6]（下線筆者）を踏まえ学校教育法（義務教育の目標）第二一条 十「<u>職業についての基礎的な知識と技能、勤労を重んずる態度</u>及び個性に応じて将来の進路を選択する能力を養うこと。」（下線筆者）、（高等学校の目標）第五十一条 一「・・豊かな人間性・・」二「・・専門的な知識、技術及び技能を習得させること。」三「・・社会の発展に寄与する態度を養うこと。」等を踏まえ、平成20年1月の中央教育審議会答申には「将来のスペシャリストの育成という観点から専門分野の基礎的・基本的な知識、技術及び技能を身に付けるための教育とともに、<u>社会に生き、社会的責任を担う職業人としての規範意識や倫理観等を醸成し、</u>豊かな人間性の涵養等にも配慮

した教育を行うことが重要である。」[7]（下線筆者）とあり、職業人としての規範意識や倫理観等は一体のものとして醸成するものであるとの認識を示している。これらのことを受けて、各職業教育に関する教科は、その教科に基づく規範意識や倫理観をその目標に取り入れていったのであるが、育成すべき人材像によって、その取扱いは、各産業分野の教育目標に微妙な変化を与えている。

（4） 産業教育に関する教科と倫理観の育成

　教科商業と他の産業教育に関する教科には、倫理観の育成という観点からみると相違がある。具体的にみると「倫理観を持った育成すべき人材像に関するもの」については、それぞれの産業分野に必要とされる技術者育成と捉えている教科と、それぞれの産業分野において行う諸活動に携わる人材育成関する教科とに整理できる。しかし、商業科は、それぞれの産業技術者の育成・養成と捉えている教科と産業に従事する職業人の育成と捉えている教科のどちらでもない。

① 技術者の育成・養成と捉えている教科（工業科、情報科）

　育成すべき人材像について、工業科と情報科は、人材育成の方向性として、技術者の育成・養成にあることを、次のように示している。工業科の目標は、「…工業技術の諸問題を主体的、合理的に、かつ倫理観をもって解決し、…」（下線筆者）となり、工業技術の諸問題の解決にあたるには倫理観を持って行うのであるが、さらに同解説書は「…将来の工業技術者としての倫理観を養うことが強くもとめられていることから…安全で信頼性のあるものづくりが求められており、法令を遵守し、技術者としての望ましい倫理観を身に付けることが重要となっている。…」（下線筆者）と述べ、育成すべき人材像をものづくりのための技術者を念頭に置いている。また、情報科の目標は同様に「…情報社会の諸課題を主体的、合理的に、かつ倫理観をもって解決し、…」（下線筆者）とあり、同解説書は「…社会的責任を負う情報技術者としての職業倫理に則り、関係する法令を遵守すること…」（下線筆者）と述べ、育成すべき人材像について情報技術者を念頭に置いている。

② 産業に従事する職業人の育成と捉えている教科（農業科、水産科、家庭科）

　育成すべき人材像について、農業科、水産科、家庭科は、工業科や情報科のように技術者という用語そのものを使っていない。農業科の目標は「…<u>農業に関する諸課題</u>を主体的、合理的に、かつ<u>倫理観をもって解決し</u>、…」（下線筆者）とあり、このことについて同解説書は「…農業に関する課題を…倫理観を持って解決を図る…食や環境にかかわる<u>職業に従事する者として求められる職業人としての規範意識に基づく倫理観</u>が必要になる。…」（下線筆者）と農業教育が求める倫理観は職業人との関連で述べられており、農業に関する産業分野に職業人として従事する者の育成を図ることと倫理観との関わりを述べている。家庭科の目標は「…<u>生活産業を取り巻く諸課題</u>を主体的、合理的に、かつ<u>倫理観をもって解決し</u>、…」（下線筆者）とあり、同解説書は「…<u>生活産業に従事する者として求められる職業人としての規範意識にもとづいた倫理観をもって解決</u>できるようにする…」（下線筆者）ことを求めている。また、水産科の目標は「…<u>水産や海洋に関する諸課題</u>を主体的、合理的に、かつ<u>倫理観をもって解決し</u>…」（下線筆者）となっており、同解説書は「…社会に生き社会的責任を担う<u>職業人としての規範意識や倫理観を育成する</u>ことが重要になっている。…」（下線筆者）と、それぞれの産業分野に属する職業人の育成と倫理観の育成をその目標の中で述べている。

2. ビジネス倫理観の育成と主体性の確立

　高等学校教育における道徳教育は普通教育の教育内容となっており、倫理教育については公民科において人間としての在り方生き方についての理解を深めさせることを目指している。学校教育における専門教育の倫理観の育成は、普通教育の道徳教育、倫理教育の土台の上に成り立っていなければならない。それでは、高等学校の普通教育と専門教育の倫理観育成教育の違いはどこにあるのであろうか。専門教育は、普通教育の一般的なものとは異なり、それぞれの産業分野に就くものとしての主体性の確立が問われているのである。

このことから専門教育の導かれる方向性は、それぞれの専門分野における人間としての在り方・生き方についての自覚を深め主体性の確立を図る教育と認識することによって、普通教育と専門教育との倫理観の育成の整合性を保っているのである。それでは、主体性の確立とはどのようなことであろうか。専門教育が取り扱うそれぞれの専門分野の諸活動において、どのような状況下に置かれたとしても、いくつかの生き方、選択肢があり得るが、そのいくつかの生き方、選択肢の中から「一定の行為を自分自身の判断基準に基づいて選択するということが、主体的に判断し行動するということである。」(下線筆者)。つまり、個人としての合理的、総合的、客観的な判断基準に則って行動することを主体性というのである。その主体性を持った行動とは、「社会の変化に対応して主体的に判断し行動しうるためには、選択可能ないくつかの生き方の中から自分にふさわしいか、よりよい生き方を選ぶ上で必要な自分自身に固有な選択基準ないし判断基準をもたなければならない。このような自分自身に固有な選択基準ないし判断基準は、生徒一人一人が人間存在の根本性格を問うこと、すなわち人間としての在り方を問うことを通して形成されてくる。また、このようにして形成された生徒一人一人の人間としての在り方についての基本的な考え方が自分自身の判断と行動の選択基準となるのである。」[8] (下線筆者)。生徒が考える合理的、総合的な判断であっても、経済社会で受け入れられる客観性がなければ、それぞれの専門教育としての主体性の確立がなされているとは言えないのである。

このようにみてくると、高等学校の商業教育におけるビジネス倫理観の育成は、微妙な立場に立っている。商業科以外の産業教育は、それぞれの産業分野の倫理観について述べている。このことは、各教科の専門性に関わるそれぞれの倫理観の育成があることを示唆している。しかし、商業科の育成する倫理観は、商業倫理観ではなく、ビジネス倫理観である。従って、商業科の目標から読み取れることは、商業科における倫理観育成のための具体的な教育内容は、ビジネスやビジネスの諸活動についてであるといえる。このことは、高等学校の商業教育は、事実上、ビジネス教育であることを表している。

全ての産業教育は、ビジネスと無関係では成り立たない。つまり、消費者を

意識しなければならないのである。水産業は捕った魚を消費者に販売する、工業は消費者が必要とする製品を予測し作成する。つまり、消費者は商業科以外の産業教育にとっても、自らの産業において創った商品を販売する対象である。消費者を抜きにしては、自らが創った商品のコストを回収し利益を得ることはできないのである。売らなければ、売れなければ、すべての努力は水泡に帰してしまうのが実務である。つまり、商業科のみがビジネスを意識しているわけではないのである。

　産業教育は実践的な主体性の確立を問われる。それぞれの産業分野でのモノやサービスという使用価値の創造は、その使用価値が最終消費者の手に渡り交換価値を実現することによって消費され完結する。従って、産業教育はビジネスを意識しなければ成り立たないのである。そのビジネス・ビジネスの諸活動そのものが教育内容となっているのが商業教育であり、商業教育としてのビジネスに求められる倫理観がビジネス倫理観である。

3. 商業教育とビジネス倫理観の育成

　職業教育に関する教科の目標のなかでも、ある意味、商業科の目標は趣を異にしている。その理由は、商業とビジネス・ビジネスの諸活動の関係の中に見いだされる。他の教科の目標は、農業科なら農業、工業科なら工業というように、それぞれの産業分野が求める技術者の育成であったり、職業人の育成を目指すことで終始一貫しているが、商業科の目標のみ、主体的、合理的に、かつ倫理観をもって行う内容は産業分野としての商業の諸活動ではなく、ビジネスの諸活動となっている。また、他の産業教育では、モノ作りやサービスの創造にあたって起こってくる様々な問題解決にあたっては、倫理観を持ってのぞまなければならないと述べているが、このことについて、教科商業は、「商業に関する諸問題」の問題解決に倫理観をもってあたるのではなく、「ビジネスの諸活動」を倫理観をもって行うことを求めている。このことにより、商業教育で学ぶ商業の知識、技能、倫理観は、「ビジネスの諸活動」を行うにあたって欠くことのできないツールということになる。

この倫理観の捉え方の根本的な相違は、他の産業教育に関する教科が、使用価値の創造[9]について倫理観を持って行うのに対し、商業教育はビジネスを通して交換価値の創造[10]を行うことにある。また、商業科以外の産業教育は、モノやサービスの創造に対してその製作者としての倫理観と消費者に対する倫理観を求めているが、商業教育は、他の産業教育とは異なり、人間の経済的な営みである売買取引そのもののなかに倫理観を求めているところに大きな違いがある。

これらのことは、商業教育は、ビジネスに踏み込むことによって、社会科学的な要素を強く意識しなければならないことを意味している。社会科学は、社会そのものが変化することによって、それぞれの意味、内容が異なってくるからである。

実践的な倫理観の育成を目指す場合、それぞれの産業教育が依って立つ本質にまで遡らなくてはならない。同じ産業教育であっても、商業は外向き（交換価値の創造）、その他の産業教育に関する教科は内向き（使用価値の創造）といえるのであり、この内向きか、外向きか、という違いがあるにしても産業教育である以上、倫理観の育成は不可欠である。産業教育は、現実の経済社会との接点の重要性を強調しつつ、それぞれの産業分野での独自の倫理観の育成が重要な教育課題となるのである。

4. 商業の機能説と倫理観の育成

商業科におけるビジネス倫理観の育成にあたり、商業における利益を得る根拠について触れておかなければならない。商業に関する様々な学説の中から、高等学校の商業教育としては、「商業を社会的に生産者と消費者との間に存在するにいたった何らかの分離ないし懸隔を克服し、これに架橋することを機能とする、特定の仕組みないし活動と捉えようとする共通の志向を持っている。」[11]という機能説が適切である。

商業には、古来より商人が行う商売の不透明性から様々な誹謗中傷が行われてきたが、商業の生産者から消費者に至る商品流通機能については異論がな

い。作物を作る農業や製品を作る工業等のようにモノを作らない商業が利益を得る根拠は、商業の機能である生産者と消費者との間の場所的、時間的、人的な隔たりを埋めることによる。

　生産者や消費者が、自らの手で商品売買を行うより商業に依頼する方が依頼者（生産者、消費者）と商業の双方にメリットがある場合に限って、商業は成り立ち利益を得ることができ、経済社会での存在意義を主張できるのである。この関係を維持するために、商業は自らの存在意義を賭けて商品流通に関して絶えざる改革、改善、改良に勤めなければならないのである。

　機能説による商業に関する問題点回避の説明は、商業は生産者から消費者への商品流通という大切な機能を果たしており、合理性や効率性の問題が起こるのは、商業として本来の機能を十分に果たし切れていないことからくる非能率・不合理が原因であるということになる。これらの問題解決の為に、商業は時代にあった改善・改良を図り、より良い機能を果たすことによって、その責任を果たすことができる。商業教育のビジネス倫理観の育成は、商品流通の合理化・円滑化についての改善・改良、とりわけ売買取引における倫理観の育成が主要な教育内容となるとするのが、高等学校の商業教育における大過ない説明であろう。

　産業分類としての他の専門教科は、社会におけるそれぞれの教科の存在意義と役割を強調し、より良い社会への貢献がそれぞれの専門教科の役割であり、そのための倫理観育成が中心的課題となる。それでも現実の経済社会では、農業では産地偽装や不当表示等、工業においても粗悪品や手抜き工事等の問題が起こり、それぞれの専門職としての倫理観の欠如が問題となる。決して他人事ではない。これらのトラブルやそれに関わる倫理観の欠如の問題が起こった原因の多くが、ビジネスに関わった瞬間に起きているからである。ビジネスの論理や資本の論理に立ち向かう、ビジネス倫理観の育成は並大抵のことではない。

5. 商業教育とビジネス倫理観

　商業教育に限らず、専門教育においてそれぞれの専門分野における倫理観の育成は、重要な教育課題である。贈収賄事件の例を引き合いに出すまでもなく、商業教育にとって、ビジネス倫理観の欠如は致命傷となる。そのビジネス倫理観についての見解は、人の数ほどあるといっても過言ではない。高等学校の商業教育として、実際に適用可能であることを念頭におき、企業会計原則の一般原則を模して柱建てをしてみた。
（1）誠実性の原則
　　商業は、人と人との信頼関係によって成り立っていることを常に意識する。
（2）正確性の原則
　　業務遂行上の信頼感は、仕事を正確にこなすことにより生まれる。
（3）効率性の原則
　　仕事を行うときは、常にコスト意識を持って行う。
（4）守秘義務の原則
　　仕事上知り得た情報は、外部に漏らしてはならない。
（5）重要性の原則
　　仕事には優先順位があることを常に意識し、限られた時間と能力を最適配分する。
　ビジネス倫理観とは、業務遂行上で不正行為を行わないという道徳性以上のものがある。従って、ビジネスパースンの心構えとして、学校生活のすべてにおいて、日常的に何度も繰り返すことによって、身に付くものである。朝の朝礼であれ、修学旅行であれ、「簿記」の授業であれ、「英語」の授業であれ、ビジネス倫理観について折に触れて日々繰り返す必要がある。例えば、授業の中で、ビジネスの諸活動について説明をする時、併せてこれは（3）効率性の原則に関わるものである、という説明を加え商業教育と一体化させて理解し、身に付けさせることを日々実践していかなければならない。

ビジネス倫理観とは、(1) の誠実性の原則から (5) の重要性の原則まで、すべての原則を守ることによって成り立つ総合的な原則である。なかでも基本になるのは (1) 誠実性の原則であり、体得させなければならない。ビジネス倫理観は、商業に関する分野で働くための心構えそのものであると同時に、自らの身を守る術でもある。ビジネス倫理観の欠如は、長い間積み上げてきたものを一瞬にして失う危険性を秘めているからである。

む す び

　教育は、現実を直視すること、理想を掲げることが、車の両輪のようにバランスよく成り立たなければ、前に進まない。ビジネスの諸活動を行うにあたって、誠実にビジネス取引を行う仕組みの裏づけのない魂は危ういし、魂の入っていない仕組みは空虚であり、ともに機能しない。ビジネス倫理観の育成という課題は、誰もが一度は考えたことのあるテーマではないか。

　実際のところ、なぜこうも、ビジネスに関する不祥事が続くのであろうか。個人としては立派なビジネスパースンが、なぜ、モラルハザード（倫理崩壊）を起こしてしまうのであろうか。このことについては、すでに、資本の論理やビジネスの論理について、また、ビジネスの第1次目的と第2次目的との関連性として明らかにした。ビジネス教育は、目の前で現実に起きているビジネスの諸問題の具体的な解決策を提示し、実行していかなければならないのである。

　ビジネスとは何かという真理の探求と現実的なビジネスの諸問題の解決について、日々の学校教育で具体的にどのように取り組めばよいのか、という問題がある。その一つの教育方法として、ケーススタディは有効な教材になると考えている。また、現状の財務データ中心のビジネスゲームには少し配慮がいると思っている。ゲーム感覚が強すぎると生徒は、「要領の悪い者」、「支払請求を忘れている者」からは、「儲けられるだけ儲ければいい」というような誘惑に負けはしないか。実際のビジネスでは日常茶飯事のことであっても、教育としては問題がありはしないか。その判断基準は、ビジネス倫理観の育成の

なかにある。ビジネスの責任者の釈明記者会見を見ていると、ビジネス倫理観の欠如は、人生のすべてが否定され、一瞬にして奈落の底に突き落とされる怖さを秘めていることを実感する。

注

1) 文部科学省『高等学校学習指導要領』東山書房、平成26年、p.15。
2) 学校教育法第41条、42条。
3) 文部科学省『高等学校学習指導要領解説総則編』東山書房、平成21年11月、pp.18-19。
4) 文部科学省『高等学校学習指導要領解説公民編』東山書房、平成21年7月、p.10。
5) 「―スペシャリストへの道―職業教育の活性化方策に関する調査研究会議（最終報告）」平成7年3月。
6) 同上書、pp.23-24。
7) 中央教育審議会「幼稚園、小学校、中学校、高等学校及び特別支援学校の学習指導要領等の改善について」平成20年1月、8（2）⑬（ア）（ⅰ）－（ⅱ）。
8) 前掲書『高等学校学習指導要領解説総則編』p.19。
9) 河内　満「ビジネス教育論における主体としてのビジネスとビジネス取引」、『修道商学』、第50巻2号、2010年、pp.242-246。
10) 同上書、pp.246-247。
11) 久保村隆祐・荒川祐吉編『商業学』有斐閣大学双書、p.62。

第3部

商業教育からビジネス教育へ

第9章
高等学校の商業教育とビジネス

はじめに

　平成15年度より、学年進行で高等学校学習指導要領（平成11年公布）が実施され、高等学校の商業教育の目標は、「経営活動」から「ビジネス」へ、また「経営活動を主体的、合理的に行い」から「ビジネスの諸活動を主体的、合理的に行い」へと、ビジネスという新しい概念を取り入れた教育をスタートさせた。このことは、インターンシップ・勤労体験学習からアントレプレナーシップ・自ら起業を考える教育に商業教育が向かうこと、つまり、よりビジネス教育へとシフトしたことを示唆している。実際のビジネスは結果責任を問われる。結果を見て努力していないと切り捨てられたのでは、学校教育として心のかよった商業教育とはならない。高等学校のビジネス教育は、従来の商業教育に加えて、ビジネスにおける利潤追求の正当性、企業の社会的存在意義、コスト意識、競争原理等の説明が求められると同時に、二者択一論や白か黒かという単純な発想法から、現実の曖昧さを認める柔軟な思考法へと、発想の転換が求められることになる。従来の商業教育とビジネス教育との接点について検討してみる。

1. 高等学校学習指導要領とビジネス

　平成11年度改訂の高等学校学習指導要領教科「商業」の目標は、「商業の各分野に関する基礎的・基本的な知識と技術を習得させ、ビジネスに対する望ましい心構えや理念を身に付けさせるとともに、ビジネスの諸活動を主体的、合理的に行い、経済社会の発展に寄与する能力と態度を育てる。」[1]（下線筆者）とあり、商業教育はビジネス教育へと大きく舵を切った。また、ビジネスの説明として「教科『商業』では、商業教育の対象を幅広くビジネス、商品の生産・流通・消費にかかわる経済的諸活動の総称として捉える」[2]（下線筆者）と述べている。

　この教科商業の目標について、解説書の記述から読み取れるものは、ビジネスとは経済的な諸活動の総称であるとの説明は、経済的な諸活動とビジネスの諸活動は同じ概念であるということになる。商業の機能説を取れば、従来の商業教育は経済社会に不可欠な商品流通という機能の意義や役割を担うものであると説明できるが、商業の目標の中にビジネスを取り入れることは、商業教育の変質を意味する。一般的にビジネスといった場合、ビジネスの諸活動を行うビジネスの主体は、個別企業と捉えるのが無理のない見解ではないのか。ビジネスを個別企業と理解した場合は、人には様々な個性があるのと同様に、ビジネスにも様々なビジネスがあることを前提としなければならない。商業教育は産業分類上の商業分野に関する教育から、ビジネス一般についての教育を行う教育へと、その領域を広げたことになる。

　商業科以外の産業教育は、それぞれの産業分野に限定した市場を意識する。農業であれば農業ビジネス、福祉であれば福祉ビジネスを取り扱う教育が不可欠である。消費者を意識しない産業教育は成り立たないからである。商業教育をビジネス教育と捉えた場合、他の産業教育が行うビジネス教育との差別化を図り、商業教育の中に商業教育としての独自のビジネス教育概念を明らかにしなければならない。商業科以外の産業教育は、それぞれの産業分野に根差したモノやサービスを作り出す教育を継続し、その延長線上にビジネス教育を設定

することによって、その独自性を主張できる。しかし、商業教育は、商業という産業分野から一歩踏み出し、ビジネスそのものへと向かう。この商業教育のビジネス教育という方向性は、消費者ニーズに根差したビジネス感覚を教育の中に取り込んでいくことになる。しかし、このビジネス感覚は、総ての産業教育に共通するものである。

　この産業教育全体の流れのなかで、農業科、工業科、家庭科、水産科等の各産業分野においてビジネスとして成り立つ為には、それぞれの産業分野の商品を、生産者から消費者に届けなければならない。従って、商業科におけるビジネス教育の位置づけは、商品流通活動を横断的に取り組むことを専業する教育ということになる。しかし、家庭科の流通に関しては家庭科の教育内容をしっかり把握しておかなければならない。例えば、ママレードの商品開発については、商業科の生徒が家庭科の調理を学んだ生徒に太刀打ちできるのであろうか。商業科がビジネス教育へと舵を切ったということは、他の産業教育がそれぞれの教育の中で取り扱うビジネス教育とは一線を隔し、商業科としてのビジネス教育の独自性を打ち出さなければならない。しかも、商業科は、産業教育の中でビジネス教育については、中心的存在でなければならないという課題を背負ったことになる。

2. 教科商業とビジネス・ビジネスの諸活動

　改めて、教科商業の目標を読むと、教科商業の目標は、商業の意義や役割についての理解を求めてはいない。例えば、商業教育が求めている倫理観の育成は、商業に関する倫理観ではなく、ビジネスやビジネスの諸活動に関する倫理観についてである。このことは、原則履修科目であり基礎的な科目である「ビジネス基礎」の科目目標に、「<u>ビジネス</u>に関する基礎的な知識と技術を習得させ、経済社会の一員としての望ましい心構えを身に付けさせるとともに、<u>ビジネスの諸活動</u>に適切に対応する能力と態度を育てる。」[3]（下線筆者）と、より鮮明に表されている。「ビジネス基礎」の目標には商業についての記述がないのである。さすがに、解説書には「この科目のねらいは、<u>生産・流通・消費</u>

という経済の仕組みの中におけるビジネスの意義や役割などビジネスに関する基礎的な知識と技術を習得させ、豊かな人間性をはぐくみ、自己責任や社会貢献の意識など経済社会の一員としての望ましい心構えを身に付けさせるとともに、円滑にコミュニケーションを図り、ビジネスの諸活動に適切に対応する能力と態度を育てることにある。」[4]（下線筆者）と、教科商業と商業科の科目としての「ビジネス基礎」との整合性を図っている。しかし、一般的には、「生産・流通・消費という経済の仕組み」は商業のことをさしていると考えられ、そのことをもってビジネスとは言わない。つまり、ビジネスという大枠の中の生産・流通・消費に関わるビジネスを指しているのである。このことは、ツールとしての商業教育の知識、技能の学習に変化はないが、その対象が商業そのものから、ビジネスやビジネスの諸活動に移ったことになる。しかも、高等学校の商業教育が育成する倫理観の内容は、「生産・流通・消費という経済の仕組みの中におけるビジネス」に限定されたビジネス倫理観ということになる。つまり、商業教育が目指すビジネス倫理観の育成は、商品の生産・流通・消費という流通過程の中に限定された、実質的には商業についてのビジネス倫理観の育成であると整理できる。

3．商業教育とビジネス

（1）商業教育と Bsiness

　ここで、ビジネスのルーツを探ってみることにする。ビジネスという用語は、外来語である。明治維新までの商売という用語がそれにあたる。明治に入り、Bsiness を意識したのは福沢諭吉である。福沢は、H. B. Bryant, H. D. Stratton and S. S. Packard の『Bryant and Stratton's Common School Book-Keeping』（1871年）を翻訳した『帳合之法』1873年・1874年で Business を商売と訳している。帳合之法のなかで実学について「帳合モ一種ノ学問タルハ此譯書ヲ見テ既ニ明白ナリサレバ商売モ学問ナリ工業モ学問ナリ又一方ヨリ論ズレバ天ノ定則ニ從ヒ心身ヲ労シテ其報ヲ得ルモノハ商売ナルユヘ役人ノ政ヲ為シテ月給ヲ得ルモ商売ナリ古ノ武士ガ軍役ヲ勤テ禄ヲ得ルモ亦商売ナリ然ルニ世ノ人皆

武士役人ノ商売ヲ貴ク思ヒ物ヲ売買シ物ヲ製作スル商売ヲ賤シク思フハ何故ソ畢竟商売ヲ貴キ学問ト思ハザリシ心得違ナリ」[5]と述べ、Bsiness（商売）の重要性を説くとともに、働くことに貴賤のないことを強調し、働いてその報酬を得る事を商売と広く解釈している。Business（商売）とは働いてその対価を得るものであるという認識であるが、高等学校の商業教育においてBusiness教育は、商売教育というわけにはいかない。江戸時代までの、商売に関する教育が、明治以降、商業に関する教育に引き継がれていった。商業教育の商業とは何か、商業教育におけるビジネスとは何かを探るには、商業の本質から考察していく必要がある。

（2）商業教育と商業の機能

　商業教育に携わるものは、まず「商業とは何か」について理解しておく必要がある。商業の定義づけについてはさまざまな学説[6]があるが、その議論をする前に、商業の前提となる「商品とは何か」を考えてみる。若い商業科の教員を目指す学生は、商品とは何か、商業とは何かについてその本質を理解しておく必要がある。

　例えば、次のような議論をする。「水は商品か」という質問に2つの答えがあり得る。山間で自然に湧き出てくる水は商品ではないが、コンビニで販売しているペットボトルに入った水は商品である。このことは、現実の経済社会においては、モノやサービスはその背景によって「商品である」ということと、「商品でない」という相反することが同時に成り立つことを意味している。実際のビジネスの諸活動を商業教育として捉えるとき、単純なイエス、ノーという議論では、現実の商品の本質を見誤ってしまう。商品とは何かという問に対し結論から先に述べると、その間に販売活動が入っているかどうかということである。そのモノやサービスの持つ価値（使用価値）が、お金を払ってまでほしいもの（交換価値）であるかどうかということである。商品の商品たるゆえんは販売目的で作られたということであり、モノやサービスが商品になる為には販売という行為を経なければならない。

　次に「商業とは何か」ということであるが、高等学校の生徒を教育対象とす

る商業教育では、機能説つまり「商業を、社会的に生産者と消費者との間に存在するにいたった何らかの分離ないし懸隔を克服し、これに架橋することを機能とする、特定のしくみないし活動と捉えようとする共通の志向」[7]が適切である。その流通過程つまり、生産者から消費者にいたるまで、商品が移転する為の機能を商業として認識し、その生産、流通、消費の主要な流れは売買取引の連鎖で結ばれ、その商品の流れを補助する金融、運送、保管、保険等を含めて一体として学ぶことが商業教育の学習内容である。

　高等学校の商業教育は、ビジネスの意義や役割と商業の機能の合理性や経済性を維持・発展させるために、不断の改良・改善・改革に取り組む人材の育成をしていると理解することが、教育現場において混乱の少ない商業教育の概要と思われる。商業教育の意義や役割について学ぶ対象が、商業からビジネスに移ってきたなかにおいても、商業教育である以上、商業の機能とビジネスの諸活動との関わりを押さえておかなければならない。

（3）商業教育と商業の役割

　商業教育の教育内容が商業であれば、経済社会において生産者と消費者を結びつける必要不可欠な機能が商業であるという機能説で乗り切ることが出来る。しかし、その対象がビジネスということになると、商業教育は利潤を得る根拠に触れないわけにはいかなくなる。工業教育は、生産段階・製造段階で新しい価値が作り出される。商業以外の他の産業教育が対象とするものは、モノ作りであるか、サービスそのものの提供であるか、あるいはそれらの組み合せであり、使用価値を作り出す教育である。新しく使用価値を創り出したので、その使用価値に見合う利潤を得ることが出来る。

　商業の役割は、モノやサービスの使用価値を必要とする消費者に届けることによって使用価値の実現に結びつけることであり、この流通段階を担うのが商業である。しかし、商業教育からビジネス教育へ舵を切るということは、この流通段階を商業の機能と捉えると同時に、ビジネスの諸活動と捉えることになり、流通活動をビジネスとして行うことになる。

　機能としての商業は、生産者から消費者に商品を移転することであり使用価

値そのものを作り出すわけではない。商業が成り立つのは、商品が移転するまでの時間的・空間的・人的隔たりをうめるコストが、生産者が自前で行うより商業に依頼する方が、費用の節減、投下資本の節約に結びつくというメリットがある場合に限られる。生産者は商業に依頼すれば、経費の節減となり、商業もその専門性を発揮することにより利潤を得ることができるのである。

経済社会において商業が扱うモノやサービスの流れが人の動脈であるとすれば、お金の流れもやはり反対方向に流れる動脈である。モノやサービスの流れが重要なら、お金の流れも同様に重要なのである。タイムラグがあるにしても売買取引が完結するには商品の引き渡しとその代金の支払いが完了しなければならない。商業教育が行う教育内容は、ヒト、モノ、カネ、情報が複雑にからみあって動く現代の経済社会において、売買取引の連鎖による商品流通とお金の流れであると捉えることによって、その存在意義をビジネスとの関わりにおいて不動のものとすることができる。他の産業教育の主要な教育内容は、モノやサービスという使用価値を作り出すことであるから、お金の動きはビジネス取引が発生する場合に表面化する。

(4) 商業教育と利潤追求

現代の経済社会では、モノを作り続けることそのものが目的ではない。作ったものが売れなければ、単なる資源の無駄遣いとなってしまう。ビジネスという用語は、一見幅広く広範な概念で、経済社会を横断的に取り込んでいけそうな印象を与えるが、実のところは高等学校の商業教育に「利潤追求の正当性」というやっかいな問題を表面化させる。商業の意義であれば経済社会に不可欠な機能として効率性の追求、生産性の向上の問題として乗り切ることができる。計画経済で自由な取引が保障されていない社会で効率が悪かった一因は、生産性の向上と自己の収入との因果関係や成功と報酬の相関関係が不十分にしか結びついていなかった等のことが考えられる。つまり、経済が滞った原因は、市場経済という概念、顧客の自由意思による購入、売れるか売れないかのリスクについて検討が不十分であったことによる。経済学では、個別企業の利潤獲得について、経済社会全体の現象として捉えることにより、私益は公益

へと転化し私的利潤追求という呪縛から逃れられる。また、商業といった場合も、経済社会に不可欠な機能として、その社会性・公益性を主張できる。しかし、ビジネスの諸活動といった場合はどうであろう。個々の企業の個別性と利潤追求が前面に出て、私的利潤追求としてのビジネスについて説明せざるを得なくなる。

4. ビジネスと利潤追求

（1） ビジネスと教科の目標

　現代の経済社会における企業は、事実・現実としての利潤追求を否定することは出来ない。資本の論理が貫徹しているからである。高等学校の商業教育は、他の職業教育に関する教科と異なり、モノやサービスそのものを創り、その使用価値を提供することによって利潤を得るのではなく、生産者から消費者へ商品を移転する機能によって利潤を得るものとした。商業科の目標と他の職業教育に関する教科の目標を見比べてみよう。各教科とも目標の冒頭の部分は、「商業の各分野に関する」のように各教科の取り扱う産業分野を明示していることは同様である。しかし、その次の文が商業科は「ビジネスの諸活動を主体的、合理的に行い」[8] と続き他の産業教育とは異なっている。商業科以外はこの部分について、農業科「農業に関する諸活動」[9] 工業科「工業技術の諸活動」[10] 家庭科「家庭の各分野に関する諸活動」[11] 情報科「高度情報通信社会の諸活動」[12] 等となっており、商業科のみ教科の看板である商業を外しビジネスとしている。この点に関して、解説書は「ビジネス教育の視点を明確にした」[13] と説明している。ここで危惧することは、商業科はビジネスを前面に出すことによって、ビジネスが成り立つ前提としての利潤追求（金儲け）を教える教科と誤解されはしないかということである。

　商業教育として、この利潤追求の問題（金儲けを教える教育）に対処する方法として考えられるのは、まず、企業の利潤追求は自明の理として棚上げし、開き直る方法がある。しかし、商業科の目標として「ビジネス」という文言がある以上、ビジネスと利潤追求との関係を避けて通ることは適切ではなかろ

う。ここで必要なことは、利潤追求の本質について商業教育として堂々と正面きって立ち向かい、ビジネス教育論を展開する気概を持つことである。かつてガリレオ・ガリレイは、地動説を唱え宗教裁判にかけられ「それでも地球は動く」と言ったという。商業教育におけるビジネスと利潤追求との関連は、それくらいの重みがあるのではなかろうか。

（2） 簿記会計からみた利潤追求

　現代の経済社会での企業経営は、貨幣の動きを通して把握されている。企業の経営は、資本の投下からはじまる。その出資は貨幣でなされることもあるし、現物でなされることもあるが、いずれにしても貨幣で表示され資本金となる。資本金は貨幣のままで存在していたのでは意味がなく、事業目的を達成する為に様々なモノやサービスに形を変えていく。製造業の経営でいえば、工場を建設しその代金を貨幣で支払い、原材料を貨幣で仕入れ、労働者を貨幣で雇用し、製造した製品はすべてこれを売却し貨幣に変える。製造業に限らず全ての産業分野においても同様に、貨幣にはじまり貨幣に終わる。この企業の動きを貨幣という尺度を使い仕訳をとおして把握するのが複式簿記である。

　複式簿記は、事業の動きそのものを仕訳という独自の仕組みで取引を把握し決算整理を行って、損益計算書（経営成績）、貸借対照表（財政状態）に表す。ここでやっかいなことがおこる。損益計算書・貸借対照表上の当期純利益の金額は、会計処理の違いによって異なってくるからである。世の中には様々な企業形態があり、それぞれに事業の特殊性があり、それに伴い会計処理方法も異なる。企業を維持・発展させることに日々努力することについては同様であるが、減価償却を定率法で行うのと定額法で行うのでは、当期純利益は異なってくるのである。

　企業生き残りの原点は黒字である。企業の決算が黒字ということは、当該企業が市場にとどまる資格を与えられたことを意味している。ここでまた面倒なことが起こる。黒字・赤字というのは会計処理上のことで、赤字といってもすぐに企業は倒産するとは限らないし、黒字であっても資金繰りに失敗すれば企業は倒産する。さらに経営戦略的に黒字・赤字を演出することもある。

かつて、日産自動車株式会社が行った会計処理の例が典型であろう。2000年度3月期の決算は製造業としては過去最悪の6,843億円の連結赤字であったが2001年度3月期には1,160億円の連結黒字に文字通りＶ字回復した。その原因は2000年度の会計処理として2003年3月期までの赤字要因を先取りし償却してしまったからである。2000年度3月期には過去最大の赤字を計上したが、次年度以降は収益のマイナス要因をすでに償却しているわけであるから大幅黒字となる[14]。欠損金の繰越控除を行えば、単年度で大幅黒字であっても、その前年度の赤字を繰り越すことによって、法人税の支払いの調整が行える。その間のキャッシュフローを当初から予定し親会社からの金融支援を受けて乗り切ったことは、ある意味見事である。これもまたビジネスである。いずれにしても、事業を行う意味は貨幣の量的変化で判断され、増加することにのみ意味がある。プラス・マスナス・ゼロでは意味がないし、ましてやマイナスでは存在意義そのものが否定される。当事者の意識とは関係なく企業における利潤追求は、資本の論理として貫徹しているのである。

（3）利潤追求の危うさ

　企業の利潤追求は止まるところを知らない量的拡大を目指す。外においては、自らが扱っている商品が売れているうちは、販売価格を下げず据え置くのは自然であり、民間企業である限りは利潤の極大化という資本の論理は貫徹される。しかも、国際化された現代では国内にとどまらず、海外企業をも巻き込んだ総力戦の様相をきたしている。

　また、内については利益と給料に代表される関係がある。つまり、ビジネスの論理が貫徹し他の経費が確定したとすれば、利益と給料の関係は完全な相関関係となる。充分な給料を支払い、株主に充分な配当を実施することは、むしろ例外であろう。薄利も多売と結びついて意味があり、環境対策も将来を含めてそれに見合う売上げが伸び利益要因に転化することによって意味がある。企業の社会的責任や社会奉仕等も同様である。景況が暗転し企業の存在自体が危うくなると、企業の第2次目的である企業の社会奉仕等は継続できなくなる。企業の一般的なスローガンの本質は、カモフラージュされた収益性であり利潤

追求の為の損失回避との批判も外れているとは言いがたい。問題は、ビジネスに対する皮相的な批判や生徒への影響である。

　資本の論理やビジネスの論理を単純に生徒がそのまま受け入れると、世の中を達観してしまう危険性がある。諸刃の刀というより妖刀村正を手にした武士に似ている。企業の行う全ての行動は利潤追求の手段に過ぎない、という一言でビジネスに関する問題は面白いように切れる。しかも有無を言わさず一刀両断である。そして、その後に何が残るのであろうか。刀の使い手としての技量と体験と倫理観を持ち合わせていない者には、取り扱いに十分注意する必要がある

5．ビジネスの諸活動

（1）　ビジネスの諸活動と利害関係

　ビジネスはややもすると、いくら儲かるのか、何の役に立つのか、という単純な功利主義に陥りやすい。しかも、その背後に資本の論理としての利潤追求を背負っている。ビジネスは、その周囲には多くの利害関係者が存在する。株主、債権者、債務者、得意先、仕入先、従業員、国・地方公共団体、地域住民等である。これらの利害関係者は運命の赤い糸で結ばれ、お互い激しい駆け引きを行い、場合によっては赤い糸が絡まり、身動きが取れなくなり、一緒に沈んでしまうこともある。また、現代は唯物的な経営手法が日本の経済社会を席捲している。企業の内についていえばrestructure（再構築）のないリストラの名のもとによる切り捨て、首切りが行われる。企業の外においては、中小零細企業の生存そのものを否定するようなコストダウンを通知したり、場合によっては従業員を犠牲にし、消費者を裏切る商品や不正行為が後を絶たない。ビジネスの諸活動は、首切りという非人間的で恐ろしい表現を平気で使い、本来は戦争用語である戦略、戦術、最前線、実動部隊という用語が何の抵抗もなく飛び交う世界でもある。これもまた、ビジネスの諸活動が現実に直面する現象の一つの側面である。

　商業教育は実務において実践的課題解決に対応できなければならない。実践

的課題の解決には知識、技能、ビジネス倫理観が求められる。ビジネス教育はこの原点を忘れてはならない。現実のビジネスは静止することなく絶えずダイナミックに動いている。絶えず変化する消費者と共にあるビジネスは、そのときどきに与えられた外部環境とビジネスの内部条件によって変化しなければならない。このようなビジネス環境の中で、ビジネス教育は直接的であれ間接的であれ実践教育として実務に役立たなければならない。ビジネスの現実は、清濁併せ呑むような部分もあり、難しい判断を迫られた時、その時こそ、原点に帰って思考を再構築しなければならない。ビジネス教育の存在意義を求められる時、その拠り所となるのは消費者を中心としたビジネス倫理観の育成の成果である。

（2） ビジネスと市場原理

　現代の経済社会における製造業は、販売のために製品を作る。売れなければ意味がないし、売れれば万事丸く収まる。現代の経済社会は、社会が必要とする製品を製造することそのものに意義があり、出来上がった製品は必ず売れ、場合によっては国が買い取り、確実にその代金を支払ってくれる社会ではない。作ったモノやサービスは、当事者の意図とは関わりなく市場での競争にさらされる。

　ビジネスが対象とする経済社会は市場を抜きには考えられない。商品の仕入や販売、従業員の給料、直接金融・間接金融等すべてが市場を通して行われる。従って、ビジネスの諸活動とは市場原理を前提にした諸活動と理解しなければならない。市場原理がはたらくビジネスでは、その責任者はビジネスの全責任を一手に背負うか、背負う気構えがなければならない。企業家精神の養成等についての教育課題が浮かび上がってくる。

　ビジネスが対象とする経済社会は、市場原理が正常に働くことによって競争という潤滑油が機能し、市場での自由競争が保障されていなければならない。ビジネスは、市場で事業の効率性を高め、他の企業より生産性を高め、コストを切り下げる努力が求められる。他の競争相手が、同様に生産性を高めてくるまでの間は、このコスト引き下げ分についての超過利潤を手にすることができ

る。しかし、他の競争相手が自社のコストダウンに追いついてくると超過利潤は失われ、平均利潤に落ち着く。さらに、他の競争相手とのコストダウン競争に敗れた場合は、市場からの退場を余儀なくされる。平均利潤は、市場で自由競争が行われた結果実現された利潤であって、当初から約束された平均利潤があるわけではない。競争は市場の潤滑油であると同時に、マイナスの効果を引き起こすこともある。自由競争は裏を返せば、弱肉強食の世界でもある。強いものが弱いものを市場から駆逐してしまい、その後は独占的な振る舞いを行い、結果として健全な経済活動に支障があると認定された場合は、独占禁止法によって競争のルール作りが行われる。ビジネス教育が想定するビジネスの諸活動は、自由競争が闊達に行われ、市場原理が機能する市場を想定していると考えられる。その背後には、資本の論理、ビジネスの論理が貫徹しているのである。

(3) ビジネスと結果としての利潤追求

　ビジネスは明確な行動基準を持っている。それは結果として利潤追求することである。ビジネスが営利事業を営むと言われる所以である。営利事業はビジネスの論理に従って、可能な限り多くの利益を獲得しようとする。従って、経済界からのビジネス教育に求められる人材像は、より多くの利潤追求に貢献できる素材としての人材である。しかし、このことをもってビジネス教育は、銭儲けを教える教育であるとの批判があるとしたら短絡的である。利益を得る積極的な根拠は、良い商品を安く提供することによる社会的サービスであり、ビジネスの利潤追求はそれぞれの企業が他の企業より安くて良い商品を作ることや、流通コストを削減すること、確実に商品を届けるノウハウを身に付けること、商品を安全に保管すること等、ビジネスの質の向上に求めなくてはならない。利益を得る過程を無視した利潤追求と、利益を得る過程のみを重視した利潤追求では、結果としての利益額は同じであっても、教育としては異質のものである。ビジネス教育におけるビジネス倫理観の育成という課題が浮かび上がってくる。

　ビジネスは実践の中から多くのものを学び、また、過去の失敗を生かすこと

が出来ないビジネスは長期的に見れば市場が存続を許さない。別の言い方をすれば、市場での利潤追求が安全弁としての機能を果たしているという側面があることを評価しなければならない。現実にビジネスは社会的貢献をし、多くの人々に仕事という生活の基盤を与えている。

　利潤追及には二つの側面がある。利潤追求の為には手段を選ばずあえて不法行為をも犯しかねない強欲的な利潤追求の側面と経済社会の成熟に裏付けられた企業の社会貢献に代表される客観的・合理的な利潤追求の側面である。どちらも結果として利潤を追求しているのであるが明確に区別しなければならない。その区別の指針となるのがビジネス倫理観である。人類の長い歴史のなかで培ってきた成果が知恵としてビジネスを支えている。現代の経済社会は、ビジネス教育を通してビジネスの緒活動を誠実に行う術を身に付けなければ生き残れない。市場での自由競争と市場の規制という相反することのバランスを正しく理解し、自らの能力を十分に発揮する道筋をビジネス教育は模索し続けなければならない。

6. ビジネス教育論の展開

（1）ビジネス教育の目的

　ビジネスには目的がある。その目的を達成する為には、結果としての利潤追求という資本の論理は避けて通れない。究極の第1次目的である結果としての利潤追求とビジネスが維持・発展するためのCSR等の第2次目的とが混在することが問題を複雑にしている。ここで大切なことは、第1次目的である究極の目的と眼前の差し迫った第2次目的とを区別することであり、ビジネス教育が対象とするのは眼前の差し迫った第2次目的であり、究極の目的である第1次目的（利潤追求）は、高等学校のビジネス教育の現場からすれば結果目的となる。

　高等学校の商業教育が対象とするビジネス教育は、高等学校卒業後すぐ役立つか、将来ビジネスに関する仕事に就くときに役立つか、直接仕事に役立つか、間接的に役立つかは別として、実際のビジネスの諸活動の実践に参考とな

り役立つことが前提である。ビジネス教育は、ビジネスの目的達成のために専門教育として商業教育の知識、技能、ビジネス倫理観の基礎・基本のうえに成り立っていると考えるのが自然である。

　高等学校学習指導要領平成元年改訂の教科商業のねらい「経営管理的能力の育成」[15]が、平成10年改訂では「ビジネスの基礎・基本の能力の育成」[16]に改められた。この改定によって、商業教育はビジネス教育に大きく舵を切ったことを表している。それまでの経営管理的能力を育成する「経営」とこのビジネスの基礎・基本の能力を育成する「ビジネス」では、日本語の語感として「経営」より「ビジネス」という用語の方が、利潤追求がより表面化しやすいことにも、配慮しておかなければならない。全国民が関わる公教育では直接的な利潤追求について慎重な意見があるかもしれない。しかし、現実の経済社会でビジネスの諸活動によって利益を得るまでには、数多くのハードルをクリアしなければならず、確かな知識と技能とビジネス倫理観の育成という学習の裏付けがビジネスの維持・発展に不可欠であるという主張を欠かしてはならない。

（2）ビジネス教育と目的の連鎖

　ビジネスの論理によれば、利益を増やすには収益を上げるか費用を下げるかの二つの方法しかない。それぞれのビジネスのおかれている環境は千差万別であり、一足飛びに利益獲得に結びつくものではない。収益を上げる方法は幾通りもあり、その中から最上と思われるものを決定し、同様に費用の節減についても様々な選択肢の中から意思決定がなされ、しかもうまくいった場合にのみ、利益の獲得と結びつくのである。確かなビジネスの諸活動に関する知識、技能、ビジネス倫理観の裏付けがなければ、利益を上げ続けることはできない。ビジネスは、常に市場での競争にさらされているからである。

　また、ビジネスには数多くのステークホルダー（利害関係者）が存在する。そしてそれぞれのステークホルダーは相反する利害関係を持っているのである。だからこそビジネスは、ステークホルダーに対して利害関係調整機能を果たさなければならないのである。それぞれ主張の異なるステークホルダーに対

しては、広範な知識と技能、とりわけ信頼関係を構築する誠実さに裏付けられたビジネス倫理観が重要となる。

　高等学校のビジネス教育として、何をどこまで取り上げるかは教育対象の理解度や成熟度によって異なる。眼前の目的と究極の目的との間には、それぞれの目的の連鎖があり一気に利益の獲得へと飛び上がることはできないのである。工場の製造現場では、いかにして稼働率を高めるか、不良品を出さないか。また経理部門であれば、いかにしてキャッシュフローを確保するか、経理の正確性と効率性を上げるか。それぞれの部署で眼前の問題解決に全力を尽くしている。この目的の連鎖を機能させることは、一朝一夕に出来るものではない。しかもある部署の致命的失策は、目的の連鎖を断ち切り企業全体を危機に陥れることもある。業界最大手の企業であっても、形式だけの安全・衛生管理意識が事故を引き起こした場合、目的の連鎖が崩れ、企業全体の結果としての利益の獲得という目的の合理性は失われ、企業の存続そのものを危うくさせることになる。

（3）ビジネス教育における不易と流行

　資本の論理が貫徹し、利潤追求が現代の経済社会の本質であるとしても、利潤追求のための手段は選ばれなければならない。ビジネス教育は不易と流行[17]を強く意識すべきである。ビジネスの不易の部分においてはビジネスの本質の探究を行い、流行の部分については時代が求めるビジネスに関する知識、技能、ビジネス倫理観の教育で乗り切ることである。別の視点でいえば、リスク管理ということである。ビジネス教育に求められるものは、ビジネスの諸活動の持つリスクについて、どのように対応していくかということである。

　ビジネスのリスクについても不易と流行がある。ビジネス取引には、ハイリスク・ハイリターンのものもあれば、ローリスク・ローリターンのものがある。古来、シルクロードを旅した冒険商人から、現代の先物取引にいたるまで一攫千金を夢見る人はいつの世にもいるものである。だからといってシルクロードの交易やリスクヘッジとしての先物取引の必要性を否定するものではない。冒険商人は歴史的に意義のあるものであるし、デリバティブ取引は経済

社会の仕組みとして必要不可欠なものである。東西の交易や先物市場の必要性と、それにまつわる個人的なビジネスとは峻別すべきである。

　それではビジネス教育とリスクとの関係は、どのように理解すればよいのであろうか。ビジネス教育とリスクとの不易のテーマは、リスクの高いビジネスプランを精査し無駄な失敗をしないようにすることであり、リスクを下げて成功の確率を上げることである。そのためには、問題点を見つける能力、現状を変革していく実行力という不易の能力と、現在のビジネス環境や時代の流れをつかむ流行の知識、技能、ビジネス倫理観が必要である。不易と流行の巧みな使い分け、眼前の目的達成（ビジネスの第2次目的）と究極の目的（ビジネスの第1次目的）である結果としての利潤追求の意味と内容を、しっかり理解しておくことである。

　このことは、現代の学校教育理念である「生きる力」と結びついていく。商業教育に限らず産業教育は、それぞれの分野での専門教育であり職業教育であるから、本質的に「生きる力」と密接に結びついている。ビジネスには利害関係者がおり、それぞれの主張は真反対であり、それぞれの合理的な要求を両立させることは本質的に困難な場合が多い。売り手は高く売りたいし買い手は安く買いたいという相異なる主張について、具体的に一つ一つ対応策を立て解決していかなければならない。市場への対応、従業員への対応、環境問題への対応をどのように考えるか、ビジネスの諸活動を通してどのように現実の問題に対処しより良い結果を導き出すのか。ビジネス教育と「生きる力」は、市場を仲立ちとした自由闊達なビジネスの諸活動がそのまま経済社会の発展に結びつく、というビジネス教育の教育内容と深く結びつくのである。

（4）　商業教育とビジネス教育

　商業教育のなかでビジネス教育をどのように位置づけるか。教科「商業」との関係で商業という呼称は法的に残さざるを得ない。教科商業であって、教科ビジネスというものはないからである。内容的には商業教育という看板を下ろし、実質的にはビジネス教育とするのか。あるいはビジネス教育は、あくまで商業教育の一環として、商業教育の新しい方向性ではあるが、商業教育に取っ

て代わるまでのものではないと理解すべきなのか。結論から言えば、高等学校の商業教育においては後者の立場に立たざるを得ない。校名を○○商業高等学校から、先駆的な校名はさておき統一的に○○ビジネス高等学校とするには膨大な労力が求められる割には得るものはほとんどないからである。

　もともと高等学校におけるビジネス教育は、商業教育現場の中から自発的に生まれてきたものではない。教育課程審議会の答申（平成10年6月）、理科教育及び産業教育審議会の答申（平成10年7月）そして高等学校学習指導要領の改定（平成11年3月）の流れの中から出てきたものである[18]。従って、ビジネス教育は所与のものとして高等学校の商業教育の中に入ってきたと理解すべきである。教育現場にとって、このトップダウン方式はビジネス教育に限らず、過去の学習指導要領の改定と同様であり特に問題があるわけではない。教育現場の問題としては、商業教育の中でいかにビジネス教育を消化・吸収するかということである。ここで指摘していることは、ビジネス教育の方針は既に決定したものであり、教育現場に選択の余地はなく、いかに受け入れるかの方法論に終始する。問題は、このトップダウンからくるビジネス教育とは何かという本質論の欠如である。

　現状での説明は、商業教育で扱うビジネス教育は、従来の商業教育の基盤の上に立ち、現代の経済社会の象徴としての意味合いを持つものである。なぜ、商業ではなくビジネスかということについては、現実の経済社会は不確実性、冒険性を避けて通ることはできないからである。商業では実務のダイナミックな感覚を伝えきれない。ビジネスとは、自由闊達で活気に満ちた商業教育の向かう基本的方向性の象徴であり、そのことをわかりやすく示したスローガンである、との認識が無難な回答ではなかろうか。現状で行い得る現実的な対応は、ビジネス教育が従来の商業教育と矛盾なく、教育現場の意識改革のスローガンとしていくための、最大の課題であるビジネスの利潤追求の表面化への対応であろう。

　ビジネスは専門用語ではないが、通称として世間一般に定着しおり、日々の生活に密着している。しかし、それだけに誤解を受けやすい。教育は全国民が直接当事者であることを忘れてはならない。ビジネスという用語自体に高等学

校の公教育として誤解を受けやすい一面が潜んでいることに注意を払うのは、神経質すぎるのであろうか。高等学校の商業教育において、従来の商業教育とは、何が同じで、何が異なっているのか。ビジネス教育が論として独立して成り立つためには、ビジネス教育論としての教育理念、教育内容、教育方法を確立しなければならない。

む　す　び

　学校教育におけるビジネス教育は、ビジネスの諸活動と利潤追求との関係について正面から向かい合わなければならない。この点をクリアできないと高等学校の商業教育におけるビジネス教育論の展開は難しいといえる。学校教育においてビジネス教育論を構築するとき、現代の経済社会の本質としての利潤追求について検討することを避けて通ることは、ビジネス教育論としての存立基盤そのものに関わることである。なぜなら、ビジネスそのものに批判的な保護者や評論家がいた場合、「ビジネス教育というが、要するに世の経営者に都合の良い人材育成をする教育ではないか」と、一刀両断にされてしまう危険性があるからである。他の教育においては、自然科学系であれ、社会科学系であれ、このような批判は成り立たない。ビジネス教育の教育内容があまりにも実社会に近すぎるからである。
　ビジネスの第1次目的は利潤追求である。従って、ビジネス教育の教育内容は利潤追求（利潤の極大化）のための手段ということになる。このことが理論的に正しいとしても、高等学校の公教育として真正面からこの問題を取り上げるとしたら、賛否両論が生まれ、場合によっては鋭い批判を受けることになるのではないか。そのような事態に陥らないためには、ビジネス教育の教育としての立場を強調しなければならない。
　高等学校の商業教育は、商業教育の中にビジネス教育という新しい概念を持ち込み、商業教育の新たな展開を促すことへと舵を切った。商業教育そのものが、他の職業教育に関する学科、普通科、総合学科との競争関係の真っただ中にいる。ビジネス教育は産業横断的な教育である。産業教育はビジネスとの関

わりを抜きにしては成り立たないからである。農業教育にしても、工業教育にしても、他の産業教育にしても、それぞれの産業分野の学習を中心に構成されており、その教育内容に加えてビジネスとの関わりがある。しかし、商業教育におけるビジネス教育は、専門教育としてビジネスそのものを教育内容としている。商業教育におけるビジネス教育は、他の産業教育のビジネス教育との差異性を打ち出さなければならず、高等学校の商業教育は、好むと好まざるとに関わらず、ビジネス教育を通じて結果責任を問われる時代に入ったのである。

注
1) 文部科学省「高等学校学習指導要領」平成21年度3月告示、第3章　第3節　商業　第1款　目標。
2) 文部科学省『高等学校学習指導要領解説商業編』実教出版社、平成22年、pp.4-5。
3) 同上書、p.10。
4) 同上書、p.11。
5) 福沢諭吉『帳合之法』、慶応義塾出版局、初編一第四。
6) 久保村隆祐・荒川祐吉編『商業学』、有斐閣大学双書、pp.58-63。
7) 同上書、pp.62-63。
8) 文部省、『高等学校学習指導要領』、ぎょうせい、p.259。
9) 同上書、p.151。
10) 同上書、p.189。
11) 同上書、p.308。
12) 同上書、p.338。
13) 文部省、前掲書『高等学校学習指導要領解説商業編』pp.6-7。
14) 日本経済新聞、「決算V字回復の真実」、2001年5月27日、17面。
15) 文部省、前掲書『高等学校学習指導要領解説商業編』pp.12-15。
16) 同上書、p.7。
17) 「中央教育審議会・第1次答申」、平成8年7月、第1節（3）。
18) 文部省、前掲書、『高等学校学習指導要領解説商業編』pp.3-6。

第10章
商業教育の原点（試案）と学習指導要領の英語版

はじめに

　高等学校の商業教育は、日本の産業教育を牽引してきた。しかし、これからの商業教育は、いかにその独自性を主張できるかが問われる。実務から距離をおき、純粋に商業のあり方、あるべき姿を探求する、それも一つの方法ではある。しかし、それでは、高等学校における商業教育は成り立たない。商業教育は生徒の適性や進路等、実務の動向を探りながら、学校教育としての限られた選択肢の中で模索を繰り返し、そのあるべき姿を求めていかなければならない。

　商業教育は今、曲り角に立っている。過去何度も口にされた言葉であるが、今ほど危機感に満ちた環境は、かつてなかったのではないか。出生率の低下による生徒減とそれに伴う学級減、入試倍率の低下、さらには総合学科の創設や公立学校の中高一貫教育等にみる新たな展開が商業教育を取り巻く外部環境を変化させる。商業教育は外部からの意見について真摯に耳を傾けなければならないが、様々な立場からの意見の全てに対応できるかといえば、それには限界がある。商業教育に携わる教師は、まず、目の前の生徒・保護者に結果を出さなければならないのである。これからの商業教育はいかにあるべきか。このことを考えるにあたり、二つのアプローチがある。まず、現在の商業教育の原点に帰ってみることである。その原点とは、終戦直後の混乱期に新たな商業教育を構築しようと試みた学習指導要領（試案）、とりわけ一般教育としての商業

教育の再生に現状を打開するヒントを求めてみた。もう一つは、日本の商業教育は海外にどのように発信されているかということである。海外への発信は、コンパクトに本質を突いている場合がある。現在、私が入手することができたものに限定されるが、具体的には、高等学校学習指導要領の英語版から商業教育を見ることである。英語版を見ることによって、商業教育とビジネス教育の関連性が明らかすることができるのではないか。

1. 一般教育目標（試案）と商業教育

（1） 戦後商業教育の再生にむけて

　学習指導要領一般編（試案）昭和二十二年度（以下、一般編（試案）と略称する。）にみる戦前の教育と戦後の教育の相違の最大のものは、トップダウンの教育からボトムアップの教育への模索である。戦前の教育は、中央で決められたことに対して教育現場はそれを忠実に実行する画一的な場でしかなかった。一般編（試案）は、この戦前教育の様々な不合理を教育のトップダウン方式による画一性にあると論じ、そのことが、教育現場での創意・工夫の余地をなくし、教育の生気を結果的にそぐことになったと分析している。それに対し、戦後の民主的な教育の特徴は下から作り上げてゆくボトムアップ方式であるとし、教育を施す地域社会の特性、学校の施設・設備の実情、児童・生徒の特性に応じて創意・工夫がなされてこそ生きた教育が施されると論じている。戦後、日本に民主的な教育が根づくためには、教師の役割の重要性、とりわけ教師自身の意識革命を求めている。教師は直接に児童・生徒に接し、その育成の任にあたるのであるから、その責任は重く「われわれは児童を愛し、社会を愛し、国を愛し、そしてりっぱな国民を育てあげ、世界の文化の発展につくそうとする望みを胸において、あらん限りの努力をささげなくてはならない。」[1]と教師の情熱に強い期待をかけている。

（2）必要の分析

　わが国の教育の根本的な目標は、憲法、教育基本法、学校教育法等に示されているとおりであるが。これを具体的な形で、しかも社会状況に応じて国民一般の教育として示す必要がある。教育は児童・生徒の成長・発達を扶ける営みであることからすれば、具体的な教育目標は児童・生徒の個人的、社会的必要をよく考慮して決められなければならない。従って、教育の必要性は理想として追求される深遠なものから、日々到達すべききわめて身近なものに至るまで大きな幅がある。学習指導要領一般編（試案）改訂版　昭和26年（1951）改訂版（以下、一般編（試案）改訂版と略称する。）はこの必要性を次の三段階に分けて分析している。

　① 生理的な必要

　　生理的な必要とは、人間が生命を維持してゆく上で充足されなければならない様々な必要であり、これを満たそうとするところに人間の活動が生まれる。この必要は、生物としての人間の分析から発見されるものであり、あらゆる形態の社会に通ずる基本的な必要でもある。児童・生徒はこれらの生理的な必要を社会に望ましい、もしくは、受け入れられる方法でいかに満たしてゆけばよいかについて学ばなければならない。

　② 潜在的な必要

　　潜在的な必要とは、発達段階にある児童・生徒には身体的発達の事実から生ずる必要、知的発達の事実から生ずる必要、社会的発達の事実から生ずる必要、情緒的発達の事実から生ずる必要が生じる。これらの必要は、児童心理学や青年心理学の研究および教師が直接に児童や生徒に日々接し、観察し、彼らを理解することによって認識されるものである。

　③ 社会的な必要

　　社会的な必要とは、児童・生徒は現在および将来の民主的な社会の構成員として必要とされる様々な価値や、それを実現する方法を学ぶことが求められる。この場合、特に注意を要することは、常に教育的配慮がなされなければならないということである。社会的な要求の中には、直接、児童・生徒に施した場合、教育的に望ましくないこともあり得るので注意が必要であ

る。

（3） 教育目標と社会生活

　教育の目標は児童・生徒の必要の分析に基づいて定められると同時に、社会の理想を目指して児童・生徒が努力すべき目標でもある。個人の望ましい成長・発達は、社会の維持・改善をもたらし、また、社会の維持・発展のためには個人の望ましい成長・発達を図らなければならない。このような、相互依存関係は、児童・生徒の必要性と社会の必要性とが教育目標の中で一体化されることを示している。従って、「教育の目標は、児童・生徒の行動や考え方の変化によって、社会の必要が充足され、それによって社会目的が達成されうるような方式で考えられねばならない。」[2] のである。

　次に個人と社会との関わりを段階的にみてゆくと、経済社会で生活している独立した個人は様々な側面を持っている。このことについて一般編（試案）は、①個人生活 ②家庭生活 ③社会生活 ④経済生活および職業生活の4つに区分していたが、一般編（試案）改訂版は、①個人生活 ②家庭生活および社会生活 ③経済生活および職業生活の3区分とし、それぞれ個人生活、集団生活、経済生活に分割した。教育目標としてこの三つの側面は、すべて望ましい社会の構成員となるために児童・生徒が常にそれを意識して学習経験を積むべきことがらであり、商業教育の段階性を検討してゆく上で重要な手掛りとなる。

（4） 教育目標の段階性

　教育の一般目標は小学校、中学校、高等学校に共通であるが、同一の教育目標であっても児童・生徒の身心の発達段階に応じてその内容の深さは異なる。教育対象が小学校から中学校へ、また同種の学校でも低学年から高学年へと移るにつれて、その重点は個人生活から集団生活・経済生活へと移り、各学校段階独自の教育目標が生まれる。

　① 小学校の教育目標

　　小学校の段階では、一般の社会人に必要とされる知識、理解、態度、習

慣、技能、鑑賞の初歩的なものを心身の発達に即して初等普通教育として施される。ここでは、個人生活、団体生活が主体となり問題の解決・処理に必要な初歩的な理解、態度、能力等を身につけることに重点がおかれている[3]。

② 中学校の教育目標

中学校は小学校の教育目標の充実に加えて国民一般の社会生活に必要な教育を施す段階である。また、義務教育の終了段階である中学校教育は職業についての基礎的・基本的な知識や技能、職業の選択能力を身につけることが求められる。従って、学習指導要領職業科商業編（試案）昭和二十二年度（以下、職業科商業編（試案）と略称する。）は中学校段階の商業教育を進路指導と位置づけている[4]。

③ 高等学校の教育目標

高等学校では、中学校教育の延長線上に高等普通教育を施すものと、専門教育を施すものと二つの方向に分岐する。高等普通教育において生徒は、社会生活に関する理解を一段と深め、社会における個人の役割をよく自覚し、自らの個性を最高度に発揮して、社会の進展に貢献しようとする態度を身につけることが求められる。また専門教育としては、生徒は自らの進路、適性、能力に応じた専門知識、技能、態度を習得すると共に、職業についての理解を深めることが求められる[5]。

（5） 教科の目標

教育目標は、教育の根本目的を基にして、社会の要求を考慮し設定されるものであるが、この教育目標を達成するためには多面的な指導がなされなくてはならない。また、各方面にわたる学習経験を組織し計画的・組織的に学習させる必要もある。このような経験のまとまりや組織が教科であり、小学校、中学校、高等学校の各教科はそれぞれの学校段階に応じて、教育目標の到達を分担する。各教科は、教育目標に含まれる様々な経験の各領域を分担すると共に、それぞれが密接な関係を保ち教育目標への到達を目指すものである。なお、教育目標のすべてを教科学習のみで充分に達成することは困難であり、教科以外の活動によって達成される部分が大きいことも認識する必要がある[6]。

（6） 一般教育としての商業教育

　社会の一構成員としての個人は、国民経済の仕組みのなかで独立した個人としての個人生活を営むと同時に、他の人々との協調を保ちながら社会生活を営む存在である。また現実の社会では、経済的な観察と判断を必要とする様々な問題が発生し、それぞれに対し合理的な解決策を自らの力で見出さなければならない。このことは、将来、商業に関する職業につく場合のみならずどのような職業についても、自らの生計を立てること、つまり、収入と支出の合理的調和は生活してゆくための基礎的・基本的な能力に外ならない。この点について職業科商業編（試案）は「将来の進む方向が異なるこれらの生徒を対象とするのであって、上級への進学または職業選択に当たって、その方向を判断するために必要な資料をかれらに与えて、職業指導としての役目を果たすと同時に、社会・経済関係の学理と実際とを理解させ、かれらが将来当面する様々な経済的・社会的な問題を適切に処理し、経済生活を合理的に工夫・改善することができるような、創造的・発展的な教育でなければならない。すなわち、かれらの将来の生活において商業の学習がなにかしら役にたったと感じさせるようなものがなければならない。」[7]と述べ、ここに一般教育としての商業教育の必要性の原点を見出すことができる。さらに、「中学校における商業の教育は、わが国が建設しようとする新興国家の国民の知的水準を社会経済並みに産業に関する理解程度において規定するものであって、たとえ商業以外のいかなる職業に従事するものでも、その人が社会人として経済生活を営む以上、おのおのが現在おかれている社会経済状態がどんなものであるかを理解し、会得することができるような知識・技能を与えるものである。」[7]として、商業教育をアピールしており、現代的意義を読み取ることができる。

　このような背景のもとで商業の教育目標を次のように述べている。

　「商業の教育目標は、これを学ぶものに社会的、経済的自覚にもとづいた、良心的な生活を営ませ、経営の改善や能率的に事務を処理するために必要な知識・技能を習得させ、さらに社会及び産業の健全な発展につくす態度を涵養するために、他の教科で学んだ基礎の上に商業を通じて、次のことを発達させるにある。

① ものごとを科学的・能率的に処理する能力
② 経済生活及び商業活動に必要な技能
③ 経済及び商業に関する一般知識
④ わが国の経済・産業の特色、商業と他の産業との相互関係についての理解
⑤ 良心的な経済生活・商業活動をなし、社会一般の福祉に貢献し、国民生活の向上に努力する態度
⑥ 勤労を尊び、産業の発展に努力する態度」[8]

2. 高等学校学習指導要領商業抖編（試案）の一般目標

中学校における職業科商業編（試案）で展開された商業教育は、進路指導の一環として位置づけられ、一般教育としての商業教育であった。高等学校学習指導要領商業科編（試案）昭和25年（1950）（以下、商業科編（試案）と略称する。）が展開する商業教育は、専門教育としての商業教育のみならず普通科、もしくは他の専門学科での履習をも視野に入れた一般教育としての商業教育を包含したかたちで商業教育の目標を定めている。

（1）「商業が経済生活において、どのような機能を果しているかについて理解する。」[9]

この目標は、主要には一般教育としての商業教育の立場から商業の機能・役割について述べたものである。専門教育の立場からこの目標をみれば一般教育に関わる内容はそのまま専門教育としての商業教育の導入部分としての役割をあわせて持っている。

（2）「商業に関する基礎的な知識・技能を習得して、経済生活を合理的に営むために役だてる」[10]

この目標は、商業に関する基礎的・基本的な知識や技能を常識として身につけることにより、商業諸機関を有効に利用することを可能にし、経済生活を便

利で豊かにすることに結びつくという一般教育としての商業教育について述べたものである。また目標（1）と同様に専門教育としての導入部分であることの意味をもあわせて持っている。

（3）「商業を自己の職業とする者にとって必要な、知識・技能を身につけ、商業を合理的、能率的に運営する能力を養う。」[11]

　この目標は専門教育としての商業教育の目標である。目標（1）、（2）が一般教育であると同時に専門教育の導入部分であったのに比べ、商品の売買についていえば供給の側に立っている。商業教育として同じ内容を教育するとしても、経済生活を送る立場と商業を職業として職業生活を営む立場の違いが、教育目標として一般教育であるか、専門教育であるかの別れ目となる。

（4）「正しい、好ましい経営の態度・習慣を養い国民の経済生活の向上に貢献するように努める心構えを養う。」[11]

　この目標は専門教育としての商業教育の目標である。目標（3）で経営活動の知識・技能について述べていることに加えて、経営活動を行ってゆくうえで重要なもう一つの要素である商業道徳・倫理観の必要性について述べている。ここでいう経済生活とは、目標（1）、（2）でいう経済生活とは内容を異にする。目標（1）、（2）では経済生活の主体としての立場であったが、ここでいう経済生活は商業教育を通して経済社会に貢献してゆく立場である。

（5）「商業経済社会の新しい状態に適応したり、さらに、いっそう発展した研究をしたりするために必要な基礎を養い、将来の進展に役立つ能力を身につける。」[12]

　この目標は、将来にむけての商業教育の意義について述べている。一般教育としての商業教育は経済社会の新しい状態に適応するための商業に関する基礎的・基本的な知識や技能を学習する。また、専門教育としての商業教育は、将来直接商業に関する仕事に携わる場合はもちろん、さらに進学し、より発展した学習を行う場合の基礎・基本を学ぶためのものである。このような商業教

の目標体系による商業教育は常にビジネスを意識してきた。その商業とビジネスとの関連性については高等学校学習指導要領の英語版と合わせて検討することによって、その関連性が明らかとなる。そもそも高等学校学習指導要領の英語版は、商業をCommerceと英訳せずBusinessと英訳している。日本の商業教育を海外に紹介するには、商業をCommerceと直訳するよりBusinessという用語を用いる方がより実情に合っていることを示唆している。

3. 商業教育と高等学校学習指導要領（英語版）

(1) 高等学校学習指導要領（昭和53年改訂）の英語版

　教科商業の目標は、平成元年改訂と平成11年改訂では大きく変化した。その布石は高等学校学習指導要領の英語版にみることができる。教科商業は当初より経営を強く意識し教育内容に取り入れてきた。実は、高等学校学習指導要領の英語版において、商業の英訳はCommerce、CommercialではなくBusinessであり、高等学校学習指導要領とその英語版を対比してみると商業の目標において商業にあたる部分はすべてBusinessと英訳されている[13]。

高等学校学習指導要領（昭和53年改訂）英語版との比較
　第11節　商業
　第1款　目　標
　<u>商業の各分野</u>に関する基礎的・基本的な知識と技術を習得させ、国民経済における<u>商業</u>の意義や役割を理解させるとともに、<u>商業の諸活動</u>を合理的、実践的に行う能力と態度を育て、経済社会の形成者として望ましい資質を養う。

　Section 11 <u>Business</u>
　SUB-SECTION 1 OVERALL OBJECTIVE
　To have students acquire the fundamental and basic knowledge and techniques necessary for <u>various fields of business</u>, understand the significance and role of <u>business</u> in the national economy, foster the ability and attitude to rationally and practically carry out <u>various business activities</u>, and develop desirable aptitude as a member of the economic society.（下線筆

者）

（2）商業、経営の英訳

　それでは、高等学校学習指導要領（昭和53年改訂）のなかで、商業、経営はどのように英訳されているのであろうか。教科としての商業はBusinessであったが、科目についてはどうであろうか。

　「商業経済Ⅰ」BUSINESS ECNOMICS Ⅰ、「商業経済Ⅱ」BUSINESS ECNOMICS Ⅱ、「商品」GOODS、「商業法規」BUSINESS LAWS AND REGULATIONS、「貿易英語」ENGLISH FOR TRADE BUSINESS、「経営数学」MATEMATICS FOR MANAGEMENTであり、商業は英語ではBUSINESSと英訳されているなかで、唯一「商業デザイン」COMMERCIAL DESIGNはBUSINESSではなくCOMMERCIALを使っている。このことは、COMMERCIAL DESIGNという科目がすでに確立しており、それにあわせた表現であると考えられる。高等学校学習指導要領（昭和53年改訂）の他の個所の英訳の商業をみると、「商業デザイン」COMMERCIAL DESIGN以外の個所の英語表現は、以下のようにbusinessと英訳されている。商業活動business activities、商品売買業purchase business、商業経営business management、商業事象business phenomena、商業英会話Conversation in business English、商業に関する学科the courses relating to Business、商業経済政策business and economic policiesである。このことは、商業デザインcommercial designのように、商業をcommercialと英訳しているのはむしろ例外であり、学習指導要領では、商業の英訳は、Businessであるといえるのである。

　次に経営については、科目としては「経営数学」MATEMATICS FOR MANAGEMENTがあり、記述内容から経営をみると、商業経営business management、経営情報management information、企業経営Management of the enterprise、経営資料management data、経営に役立てるuse it in managementと英訳されており、高等学校学習指導要領（昭和53年改訂）における経営の英訳はmanagementであるといえる。

(3) 職業教育に関する教科の英訳

教育課程審議会答申（平成10年7月）の英語版[14]と高等学校学習指導要領（昭和53年改訂）の英語版とを比較してみる。

(教科)	(昭和53年改訂)	(教育課程審議会答申平成10年)
農業	Agriculture	Agriculture
工業	Industry	Mnufacturing
商業	Business	Business
水産	Fisheries	Marine ProductsIndustry
家庭	Home Economics	Home Economics
看護	Nursing	Nursing
福祉	──	Welfare
情報	──	Information Study

ここで気づくのは、英語表現では教科工業はIndustry（工業）からMnufacturing（製造業）へ、同様に教科水産はFisheries（水産業）からMarine Products Industry（海産物産業）へと英訳が変化している。なぜ、農業、家庭が現状を維持できて、なぜ、工業、水産は英語表現が変化したのかについて裏付ける資料を持ち合わせていないが、教科内容が変化したことによると推測できる。同様なことは、教科情報Information Studyに限ってStudyという用語が使われている。これは、教科情報が普通教育と専門教育にわたることを含めて他の職業教育に関する教科とは、一線を画した意味合いを持っているのではないかと推測される。

このようにみてくると、皮肉なことに職業教育に関する教科名、教科の目標、科目名、科目の目標や内容について、むしろ英訳の方が本来の意味を明らかにしているといえるのである。

4. 高等学校における商業教育理念

（1） 経済生活と商業教育

　経済社会で独立して生活している個人には様々な側面があり、自分自身のこと（個人生活）、家族の一員としての個人（家族生活）、社会の一員としての個人（社会生活）、仕事を行う共同体の一員としての個人（職業生活）を意識して生活しており、人はその共同体への役割やその中での個人としてそれぞれの経済生活を営んでいる[15]。人は、それぞれの経済生活の中で様々な側面を持つことになるが、その側面の多様性は共同体の目的と共同体での個人の位置付けの相違による。個人生活では自分自身を主体と認識した場合についての行動であり、家族生活は家族という共同体、社会生活では社会という共同体、職業生活では自らを労働者と認識することが経済社会への対応の基本となる。この多様な経済生活の中で、商業教育が対象とするのは生産者と消費者を結びつけるビジネスの諸活動との関りに限定しなければならない。そうでなければ、商業教育はあまりにも多くの検討課題を抱え込むことになるからである。

　商業教育の重要な目的として、生産者と消費者を結びつけるビジネスの諸活動との関わりのなかで、経済生活を社会のルールに従い合理的に営む術を身に付けることがある。生産と消費を流通を通して結びつける仕事を行うには、ビジネスの諸活動に関する基礎的・基本的な知識、技能、倫理観を身に付けなければならない。個人が消費者の立場に立つにしろ生産者の立場に立つにしろ、それぞれの生活局面で具体的な購買・消費活動を行うための基礎的・基本的な知識、技能、倫理観が求められる。さらに、それぞれの知識、技能、倫理観に加え、経済生活を営むために不可欠な利害関係が異なる他者とのコミュニケーション能力が求められる。経済社会において、経営者であれ、消費者であれ、より良い品物をより安く取得するための行動は、利害が相反するビジネス取引相手との交渉と自らの意思決定は欠かせない。意思決定の前提であるビジネスの諸活動には知識、技能、倫理観に加えてコミュニケーション能力が求められる。

（2）基礎的・基本的教育としての商業教育

　普通教育としての商業教育の必要性は、現代の経済生活を行っていくうえでビジネスについての素養がなくてはならないことを示唆している。小学生が自分の小遣いでおやつを買うのも、家族の夕食の為にスーパーで買い物をすることも売買取引であり、収入と支出の調和を図ることは経済生活の第一歩である。銀行から住宅ローンを借りる場合に固定金利にするか、変動金利にするかの判断にはコスト計算は欠かせない。商業教育の学習内容は、現代の経済生活を行っていくうえでの一般常識である。

　本来、商業教育は、普通教育として全ての児童・生徒に施されるものでなくてはからない。中学校の「技術・家庭」の教育内容に、技術分野、家庭分野に加えて商業分野があってしかるべきである。確かに、家庭分野の中には「身近な消費生活と環境」という単元があるが、それは消費者教育の視点であり事業者の立場からの教育内容ではない。商業教育の事業者としての側面と家庭教育の消費者としての側面を合わせて学習することによってバランス感覚のある人材の育成が可能となる。

　商業教育の学習内容は、卒業後直ちに実社会に入り仕事に就くものや進学し商業に関わる勉強を続けるものにとっても、基礎的・基本的な学習内容という意味では同様である。実務または進学先から高等学校の商業教育をみれば、継続教育に必要な基礎的・基本的な教育内容となる。このことは、高等学校における商業教育は、自らを専門教育と認識しても、実社会や進学先からみると専門教育の基礎的・基本的教育としての役割を持ち、その専門性は卒業後の進路先に委ねられている。商業教育が時代の変化に対応してゆくためには、専門教育としての商業教育のみならず、普通教育としての商業教育をも合せて議論し商業教育を構築する必要がある。いずれにしても、高等学校の商業教育はビジネスの諸活動に関する基礎的・基本的な教育であることを常に意識しておかなければならない。

(3) 商業教育の専門性
① 実践的ということ

　商業教育は単なる知識、技能、倫理観、コミュニケーション能力にとどまらずそれを応用した実務への対応を図ることによって、その存在意義を持ち得る。売買取引を例にとれば、買うという日常的な行為を取り扱うことはもちろん、売る側の論理をその教育内容の中心として取り扱う。売る側の論理と買う側の論理とを二つの側面から客観的、論理的に分析するためには、消費者教育にない事業主の立場に立った商業教育が求められる。売る側と買う側の両方の論理の学習することによって実践的な学習が成立するといえる。

② 批判的摂取

　商業教育で検討すべき実践的批判力とはどのようなものであろうか。相手の弱点をつき揚げ足を取るということではない。現実の経済社会では、結果として相手のミスにつけ込むことは日常茶飯事であるかもしれない。しかし、批判する力とは、ある問題を納得するまで追求する態度、深くものごとを考える姿勢から生まれてくるものである。単なる批判のための批判は、商業教育として戒めなければならない。相手に勝つことのみが目的化してしまうと、無責任で無用の混乱を招くことになる。代替案の提示と建設的な発想・行動のうちに実践的批判力は生まれ、育つものである。

③ ビジネス倫理観

　人と人との信頼関係で成り立つビジネス取引において、ビジネス倫理観について常に自問自答しなければならない。商業の機能が経済社会のシステムとして社会に貢献し、その存在意義を主張する為には、個々のビジネスパーソンが自覚を持ち誠実にビジネスの諸活動に携わらなくてはならない。古来、商業に関する不透明なイメージの多くは適性利潤の算定の難しさに起因する。その背後にビジネスの論理が貫徹しているからである。自由主義を背景とした自由闊達な売買取引は、ケース・バイ・ケースでしか対応しきれないのが実情であり、取引の潤滑油としてのビジネス倫理観なくして経済社会は正常に機能しない。愚直なまでの誠実性が商業教育の柱にならなければ

ならない。商業に関する知識と技能にビジネス倫理観が結びつくことによってはじめて、専門教育としての商業教育は、その存在意義を主張し得るのである。

(4) 基礎的・基本的な学習内容

　高等学校における商業教育は、実務にせよ、理論的な学習にせよ、基礎的・基本的な学習内容を重視しなければならない。基礎的・基本的といった場合2つのことが考えられる。一つは、いわゆる基礎的・基本的といわれるもので、その科目が成り立つ文字どおり基礎的・基本的内容である。もう一つは、決して技術的にも理論的にも段階性としても水準の低いものではないが、その内容が特殊なものではなく、一般的な場合である。特定の業種・業務を想定しない一般的な内容であるということは、その内容が高度ではないことを意味しているわけではない。また、学習内容の専門性については、高等学校の発達段階にある生徒に施すには、自ずから限界があり、過度の専門化は適切ではないと同時に、実務を想定した場合、その多様性・特殊性を学習内容にすべて取り入れることは不可能であり、その必要もない。基礎的・基本的な学習を基盤として、ものごとの本質から如何に応用・発展させていくのかという筋道を身に付けなければならない。

(5) 商業教育の段階性

　商業教育を児童・生徒に施す場合、まず考えなくてはならないことは、教育としての立場である。学習の主体は、発達段階にある児童・生徒自身であって、商業教育は、最終的には独立した個人として職業を持ち、自らの責任で収入と支出を合理的に調和させ、社会に貢献する人材を育成することを目的としている。導入段階は、現実の経済社会と個人生活との繋がりや経済社会との接し方に関する内容とし、学習の動機を日常生活についての必要性とすることによって関連する興味・関心を喚起する。つぎに、ビジネスに関する身近な疑問に関して、分析的、論理的、客観的な解答を得ようとする学習意欲の醸成に務めなければならない。これらの教材開発には、それぞれの段階に合せた知識、

技能、倫理観をワンセットとして組み込んだサイクル・メソッドが適切である。

　前述の中学校教育である職業科商業編（試案）は仕事内容を中心に教育内容が構成されていたが、高等学校教育である商業科編（試案）では、実務を中心としながらも理論的なものも追加されている。商業教育の段階性は、技能から知識へ、さらに理論的な内容へと移ることが適切であることを示唆している。このことは、すべての科目が一律にそうであるということではない。実務的・実践的な内容の強い教育内容のものもあれば、もともと理論的な教育内容の強いものもある。様々な教育内容が有機的に構成されて商業科の科目群を構成している。学習の段階性とは、学習内容が単純なものから複雑なものへ、具体的なものから抽象的なものへ、理論的なものからその理論に裏付けられた実務的なものへという学習の質の変化を伴い、応用力・実践力へと導く。商業教育の段階性とは、それぞれの学習内容の役割の変化を伴う多重構造的なものとして理解できる。

（6）商業教育と利潤追求

　ビジネスと利潤追求の関連性については、資本の論理とビジネスの論理によって明らかにした。しかし、学校教育としてすべての児童・生徒に画一的な説明を行うことには疑問が残る。理論的な把握が可能でない発達段階の教育対象には教育的な配慮がいる。教育対象に合わせた説明を行わなければならない。

　それでは、商業はなぜ利潤を得ることができるのであろうか。この疑問に対して農業や工業のようにモノを作らない商業が利潤を得ることのできる根拠は、投下資本の節約ができるかどうかにかかっている。自らが行うより、商業に依頼することの方がコスト計算上有利になる場合に限って、商業の介在する余地が生まれる。依頼主はコストダウンに結びつき、商業はその専門性を発揮して利潤を得る。相方にメリットがある場合に限って商業は成り立つのである。

　かつて、情報が社会に偏在し、経済社会全体に行きわたるシステムが不十分な時代においては、仕入情報や販売情報を持つ売買取引の当事者である商業の優位性があった。同じ条件であっても情報不足、知識不足の相手には高く売り

つけることもできた。しかし、情報化が進み自由競争による市場の自浄作用が機能する時代になると、消費者のニーズをくみ取る小回りのきくことがビジネスチャンスと結びつくことになる。しかし、可能性があることと自らが取り組んで成功することとは別問題である。むやみにチャレンジすればよいのではなく、また逆に必要以上に尻込みする必要もない。客観的事実を積み上げ冷静に対処し市場を認識し決断することは、自己責任に基づいた意思決定の問題である。このことをしっかりと認識し、経済社会の発展とビジネスの維持とその発展のために、利潤追求に貢献する人材育成は商業教育の役割であり教育内容である。

(7) 教育・理論・実務の乖離

商業プラス教育が商業教育ではない[16]。高等学校における商業教育について、あえて商業と教育のどちらが大切かと問われれば、教育であると答えざるをえない。商業は教育内容であり、公教育としての高等学校教育が先行するからである。商業教育は、教育としての立場を主張しなければならず、そのことを忘れた時、商業教育は基盤を失う。教育には教育理論があり、教育のための方法論がある。同様に商業には商学として商業の本質を探究するという純粋理論としての立場があり、そのための方法論がある。また実務においても実践理論があり、実務のための方法論がある。商業に関する教育・理論・実務はそれぞれ独自の立場があり、それぞれの目的に向かって行動している。本来なら、商業という核で結ばれた教育、理論、実務は相互に依存し有機的結合関係が成立しなければならないが、必ずしもそうではない。

教育の目的は人材の育成、理論の目的は真理の探求、実務の目的は効率性の追求とそれぞれ主要な目的が異なる。この目的論の相違が同様に商業を取り扱いながらも教育、理論、実務の間に乖離を生じさせている。いま、商業教育の立場に立てば、経済社会で独立した個人として生きていくためには、経済社会の仕組み、行動原理を理解しなければその独立は心もとない。実務の行動基準は効率性の追求、コストダウンであるが、その中に商業教育としてビジネス倫理観をいかに取り入れていくかの問題が生じる。いずれにしても純粋理論や実

務現場の行動基準をそのままストレートに教育に取り入れたのでは混乱をきたしてしまう。たとえ、理論的に正しく正当性を主張できたとしても、発達段階にある生徒に商業教育として、理論そのものを教えることによって理解を妨げたのでは本末転倒である。理論的に深入りしないようにとのコメントは学習指導要領が一貫して主張してきたことである。また、実務を無視した商業教育は成り立たない。だからといって、利潤追求、効率第一主義に流されやすい企業の論理をそのまま無批判に教育に取り込み生徒に教えることは大きな疑問が残る。商業教育は、それぞれの立場を尊重しつつ、自信と誇りを持って教育を推進させなければならない。純粋理論に多くを学びつつ、生徒が巣立っていく実務からの声に対して真摯に耳を傾け、商業教育は教育としてどこまで踏み込むかを冷静に分析し自己主張していくことが、就職も、進学も、学校教育にも対応していく道ではなかろうか。

5. ビジネスの諸活動

（1） 商業学から経営学へ

　大学教育は商学から経営学に大きくシフトしている。商業は、産業分類の中で農業、工業と対比され、生産者と消費者を結びつける経済社会の流通機能として発達してきた。狭義の商業は商品流通において中心的な役割を果たす売買業であり、広義の商業は、売買業のほかに、運送業、倉庫業、保険業および金融業などを商業に含める[17]。

　商業といった場合、一般的には、まず、経済産業省の商業統計調査が浮ぶのではないか。その統計項目は卸業、小売業であり、これをもとに総務省統計局の日本標準産業分類（平成14年3月改定）の大分類項目表をみれば、I運輸業、J卸売・小売業、K金融・保険業、L不動産業、M飲食店、宿泊業と分類され、本来の商業はその大分類の1項目にすぎず、補助商業と位置づけていたものが卸売・小売業と同格に扱われている。このような産業構造の変化は、大学教育のなかでは敏感に現われ、卸売・小売業（流通論・マーケティング）、金融論、保険論、交通論、貿易論等の業種ごとの分類と企業経営を横断的

(マーケティング、金融、保険、貿易も企業経営にとって横断的である。）に取り扱う経営学、会計学が配置され、経営学は経営管理論、経営形態論、経営労務論、経営情報論、経営戦略論等、会計学は財務会計論、会計監査論、税務会計論、原価計算論、管理会計論等が学際的にネットワークを組んでいる。このようなカリキュラム編成のなかでは、商学部という伝統的な学部名称は残っても、実質的に商学ではカリキュラム全体をくくりきれなくなっている。

　このような大学の状況を含めて、高等学校の商業教育がビジネスに注目し、その教育内容の対象をビジネスの諸活動として、しかも従来の商業教育の流れから、生産・流通・消費に関わるさまざまな事業活動、なかでも流通を中心に据えて時代の流れに呼応しようとしていると理解すれば、高等学校の商業教育の生き残り・発展をビジネス教育に託した選択は、合理性を確保しているといってよいのではないか。

（2）ビジネス教育

　高等学校の商業教育は高等学校学習指導要領（平成 11 年改訂）で、前述のようにビジネス（他の職業教育に関する教科は教科名）、ビジネスの諸活動（他の職業教育に関する教科は各教科の諸問題）、経済社会（他の職業教育に関する教科は社会）を取り入れ、商業教育は他の産業教育に関する教科が横並びで推移している中から大きくビジネスへ一歩を踏み出した。

　このなかで、商業教育が他の産業教育とは異なる経済社会（他の産業教育は社会である。）については、平成 11 年度の改定から新しい表現として出てきたものではなく、商業教育本来の教育目標に根ざしたものである。「経済社会の発展に寄与する能力と態度を育てる」[18]（下線、筆者）の源流は、高等学校学習指導要領（試案）昭和 25 年「商業経済社会」[19] 以来、昭和 31 年改訂「経済社会」[20]、昭和 35 年改訂「経済生活」[21]、昭和 45 年改訂「経済社会」[22]、昭和 53 年改訂「経済社会」[23]、平成元年改訂「経済社会」[24]、平成 11 年改訂「経済社会」[25]、と多少の表現は異なるが商業教育の基本的方向性として、引き継がれてきた。

　それでは商業教育の流れと、ビジネスについてはどのように説明すればよ

いのであろうか。大学教育であれば、大学教育の基本は、真理の探究であるから、個別企業の問題を対象に研究するものの、そこから導き出される法則性を理論化し、企業行動を解明することに目的があると説明できる。また、人材の育成としては、真理の探求のなかからものごとの本質を見る目や課題探求能力[26]の育成を図ることになる。利潤追求の問題も、個別企業の経済法則として行う利潤追求を客観的に明らかにし、そのことが実践理論として企業行動のなかで合理性を持ちうるのか、場合によっては警鐘を鳴らす。このような理論構成のなかで、実務から一定の距離を保ちつつ、自ら学問としての独自性を保持することができる。

　高等学校の商業教育の場合は、生涯教育を前提とし、将来のスペシャリストとして必要とされる専門性の基礎的・基本的な知識・技能の習得を目指し理論的に深入りしないようにしている。"ビジネス"という一般用語としての語感のなかに、個別企業の行動として商売、売買、金儲けというイメージを払拭することは難しい[27]。産業教育に関する他の教科が、社会の中での存在意義と役割を主張するなか、商業科は経済社会そのものの中に活路を見出すことに努めてきた。商業自らが、経済社会を構成し、発展を担う、という位置付け・方向性を示してきた。一般的に、"ビジネス"には事業目的があり、そのなかで"ビジネス"を維持するためには収入と支出の均衡以上のもの、つまり利潤の極大化が求められる。商業教育は、経済社会の中で利潤追求することを、ビジネス教育の中に包含せざるを得ないのである。

（3）損益の計算式

　利潤追求と利益追求[28]では、日本語の語感として利益追求の方がより直接的な印象を与える。計算式の　収益－費用＝利益　は、その背後に　資産－負債＝資本（資本＋利益）を前提としている。この二つの計算式は、車の両輪として、ビジネスの論理と資本の論理の化身でもある。経営活動によって資本の増加の原因となる収益と資本の減少の原因となる費用を引くことによって、資本の増減を表している。企業の利益追及の基本は、収益－費用＝利益の式のなかにあり、この計算式のなかに企業の行動が凝縮され、企業行動の全てはこの

式で説明がつく。大学の研究であれば理論的な解明は、データを積み重ねて論理で実証していけばよい。

　しかし、高等学校の商業教育ではビジネス教育の視点をどのように取り入れていけばよいのであろうか。従来から商業教育は、学習者（生徒）が事業活動を学習することを対象としてきたが、ビジネス教育の導入は、学習者（生徒）が事業活動の当事者となった印象を与えるところが、今回の改訂の大きな変化である。事業活動を維持、発展させるためには、利益をあげることが不可欠である。収益から費用を引いて残ったものが利益であり、利益は行動目的であり、ビジネスの結果目的でもある。

　ビジネスを教材として取り扱う場合の難しさは、消費者の利便性の検討や経済社会への貢献の前に、現実のビジネスは利益をあげなければ意味がないことである。ましてや、いくら高尚な理想を掲げても、赤字続きではビジネスは維持できないという現実である。利益をあげる方法は、収益を上げるか、費用をカットするしか他に方法がない。この単純さのなかに、ビジネスの光と影が存在する。ビジネスの当事者は、ビジネスの存続をかけて、影すれすれで行動したいという強烈な誘惑にかられる。事業活動そのものを対象とするのと、事業活動の当事者として振る舞うのでは根本的に異なる。商業教育におけるビジネス教育は、ビジネスそのものからは一定の距離を保ち、数式としての利益を確保しながら、ビジネスの諸活動について学習する教育と位置づける必要がある。この点をしっかり認識し説明しなければ、商業教育におけるビジネス教育は足元をすくわれることになる。

（4）ビジネスの諸活動と実際的・体験的学習

　ビジネスの諸活動と実際的・体験的な学習との接点はどこに求めればよいのか。NPOをどのように評価するのかを手がかりにして考えてみよう。NPOの本来の姿は、ビジネスになじまないものであろう。Non Profit ではビジネスの意味をなさないのであるから、事業活動に利益追求以外の事業目的を設定しなければならない。従って、あえて非営利組織といわなければならないのである。もともと政府・地方自治体等ではきめ細かな対応ができず、それかといっ

て、ビジネスに依頼することは可能であるが、コストを加算していくと高い料金設定となり、ニーズはあっても、利用者を確保できないことはあり得る。NPO は行政やビジネスに対する批判・反省から生まれてきたものではなかろうか。もっといえば、ビジネスの利潤追求する姿勢に批判的な人達が、ボランティア活動の限界をカバーし、より良く暮らしやすい社会の実現の為に行っている非営利組織といってもよいのではないか。NPO は、あくまでも Non Profit な組織運営を行っている組織でなければならない。

　それでは、商業教育として NPO を排除すべかというとそうではない。厳密にいえば、NPO そのものはビジネスではないが、主体としてのビジネスとして行動し、NPO の収支に関する諸活動は、ビジネスの諸活動である。NPO は、事業の協力者に本人の同意を得ているが、仕事内容に比べ十分に見合う対価を支払う必要はないし、労働の対価を支払っている場合も、寄付金や助成金なくしては成り立たない場合も少なくない。もしビジネスとして成り立つのなら、当該分野で NPO が入り込む隙間はないのである。NPO はあくまでも、行政やビジネスを補完する組織である。もし、その一線を超えた場合は、形式的には NPO ではあっても、当事者はビジネスにむけての前段階と考えていたり、実質的には NPO と呼べないものである。

　商業教育にとって NPO の魅力は、Non Profit ということである。ビジネスの諸活動を学ぶ実践的・体験的な教育の場としてきわめて有効な組織である。学校デパート等は、もともと利益を得ることが目的ではなく、商業教育として学んだ学習成果を統合し実務として確認する教育目的で行われているので、利益が出すぎるとむしろ問題となり、赤字でなければ良しとすることが多い。また、生徒が将来、自分を生かせる場としての選択肢の一つでもある。NPO は本質的にビジネスと異なるが、形式的にはビジネスと同じ要件を備えている。このような観点にたてば、ビジネス教育にとって NPO は魅力的な学習内容ということになる。

　商業教育における実際的・体験的学習は、仮想現実（virtual reality）の世界ではないかと思っている。そもそも人件費を考慮しないことは、現実のビジネスそのものではありえない。生徒は学校デパートや構内コンビニで、確かに

現実に商品を仕入れ、その商品を工夫して販売し、代金を受取り、仕入れ代金決済をし、財務諸表を作成する。これらの一連の取引はすべて現実のビジネス取引である。しかし、ここで注意しなければならないことは、だからといって、そのまま厳しいビジネスの世界で通用するかというと、答えはNoであろう。なぜなら、学校や生徒は幾重にも防御壁で守られているからである。高校生だから、勉強の為だから、地域の活性化の為だから、これらのことは消費者の信用、商店街や地域住民の理解、卒業生の協力、報道機関の取材等々に結びつく。高等学校教育の一環でなければこのような好条件はまずあり得ない。これらのことは、自らはビジネスを行っているといっても、現実のビジネスそのものといえるだろうか。現実のビジネスとは距離をおいた、ビジネスの諸活動であり、仮想現実の世界ではなかろうか。その原因は、ビジネスの諸活動の目的が人材の育成にあるからである。NPOは、商業教育にとって矛盾をはらんだ教育内容ではなく、ビジネス教育としてむしろ自然な姿であると認識することで、従来の商業教育とビジネス教育の整合性が保てるのである。

(5) ビジネスの諸活動

　ビジネスの諸活動の主体であるビジネスの規模には、巨大・大・中・小・零細ビジネスがあり、産業分類上のいかなる産業・分野においても、ビジネスは成り立ち得る。ビジネスが対象とする業種は千差万別である。つまり、当事者自らが名付けたテーマをビジネス名として行う活動がビジネスとなり得るのである。ビジネスを立ち上げるかどうかは、極めて属人的な判断を含むものである。しかし、ビジネスの諸活動には、収益から費用を引いた結果責任が求められ、資本の論理が貫徹する。

　商業教育におけるビジネス教育は、ビジネスそのものを対象としたり、ビジネスそのものを教える教育ではなく、将来ビジネスに携わる人材育成が目的であることを確認しなければならない。ここで前述の、商業の諸活動の英訳がvarious business activitiesであったことを思い起こしてみよう。various business activitiesの日本語訳は、ビジネスの諸活動である。商業教育の教育理念は継承されていることを前提として、現在の高等学校学習指導要領の継続

性を考えれば、現在の商業科で使われているビジネスの諸活動という用語について違和感はない。しかし、高等学校の商業教育で用いるには、ある程度限定的に使う配慮がいる。具体的には、商業教育に関わるビジネスの諸活動は、ビジネスといっても、モノ作りそのものや使用価値の創造に関するものは、他の産業教育の教育内容であり、商業教育の対象ではない。高等学校の商業教育のドメイン（生存領域）を明らかにしておかなければならないのである。

　商業が生産者から消費者へ商品を移転する機能であるならば、その機能に関するビジネスが行う活動がビジネスの諸活動と理解できる。別の言い方をすれば、調理パンの製作そのものは家庭科が勝り、モノ作りそのものは工業科が勝る。これらのことは他の産業教育の守備範囲である。また、地域と連携して商品開発を行って売り切ったとしても、生徒や地域社会という消費者を抱えた学校デパートであれば、ビジネス教育の成果だけとは言い切れない。地域住民の理解と支援があるからである。商業教育は、使用価値を交換価値に結び付けてこそ意味がある。他の産業教育が手を付けることができない販売しにくい環境、販売しにくい商品にチャレンジすることが商業教育の学習成果となる。ビジネスの諸活動は、商業教育の過去の遺産の上に成り立っていることを常に意識しておかなければ、商業教育の教育内容としてのビジネスの諸活動は迷走してしまう。

　ビジネスの諸活動で求められる能力は、ビジネスの実践的な対応力である。この対応力には、商業教育としての系統的、総合的な学習の積み重ねが求められる。ビジネスの諸活動の教材開発においては、簿記のサイクル・メソッドのように一連の取引・決算手続きを繰り返しながら、だんだん高度な学習内容に向かっていく方法が適切である。生徒の実態や学校の置かれている地域の状況に配慮しつつ、どの段階で学習を終結しても、一応のビジネスの諸活動に関する学習の全体像をつかむことのできる工夫である。このように検討してくると、高等学校の商業教育におけるビジネス教育は、従来の商業教育に取って代わるものではなく、商業教育の目指す新しい方向性を示すスローガンとしての意味合いを持つものといえるのではないか。

むすび

　商業教育がビジネス教育となっても、教科商業が教科ビジネスとなることはない。そのことが、もしあり得るとしたら、教科情報や家庭科のように、教科ビジネスが学校教育のなかで、普通教育と専門教育の両方に取り入れられた時ではなかろうか。それほどビジネス教育は、産業横断的な内容を持つ教育である。産業分類を基本とした職業教育に関する教科が、個別企業を対象とするビジネス（農業ビジネス、工業ビジネス、看護ビジネス、福祉ビジネス等）を教科にすることは考えにくい。

　現状の産業教育はモノ作りに比重がおかれすぎているのではないかと危惧している。戦時中は軍需産業が優先され、統制経済下の商業は冷遇された。戦後の復興も製造業中心に行われ、いってみれば、モノ作りの発想で産業も教育も行われてきたのではないか。学校の日常生活も何か製造工場を思わせるものがある。中学校の教科書に「技術・家庭」はあるが、なぜ、商業の中身がないのであろうか。少なくとも昭和22年の職業科商業編（試案）には、商業教育は存在していた。新たな時代の進展にソフトを学習するビジネス教育の発想は不可欠である。普通教育としての商業教育の復活が議論として注目されることを期待する。

注

1)　文部省、「学習指導要領一般編（試案）」明和印刷、昭和22年、p.1。
2)　文部省、「学習指導要領一般編（試案）昭和26年（1951）改訂版」明治図書出版、昭和26年、p.6。
3)　同上書、p.8。
4)　同上書、p.13。
5)　同上書、p.14。
6)　同上書、pp.14-16。
7)　文部省、「学習指導要領職業科商業編（試案）」大日本印刷、昭和22年度、p.3。
8)　同上書、p.6。

9) 文部省、「高等学校学習指導要領商業科編（試案）」国元書房、昭和25年、p.1。
10) 同上書、p.18。
11) 同上書、p.1。
12) 同上書、p.2
13) 文部省学術国際局、『高等学校学習指導要領（英語版）』大蔵省印刷局、平成元年4月、pp.140-147。
　　現在、筆者が手にしている高等学校学習指導要領の商業科についての英語版は、（文部省学術国際局、『高等学校学習指導要領（英語版）』、大蔵省印刷局、平成元年4月）のみである。
14) 教育課程審議会「幼稚園、小学校、中学校、高等学校、盲学校、聾学校及び養護学校の教育課程の基準の改善について（答申）」平成10、英語版。
15) 河内　満、「高等学校における商業教育理念の再検討」『商業教育論集』第4集、平成6年、pp.99-100。
16) 同上書、p.97。
17) 西村栄治『商業学概論』同文舘出版、平成11年、4ページ。
18) 文部省、高等学校学習指導要領11年改訂。
19) 文部省、前掲書「高等学校学習指導要領商業科編（試案）」昭和25年。
20) 文部省、高等学校学習指導要領　昭和31年改訂。
21) 文部省、高等学校学習指導要領　昭和35年改訂。
22) 文部省、高等学校学習指導要領　昭和45年改訂。
23) 文部省、高等学校学習指導要領　昭和53年改訂。
24) 文部省、高等学校学習指導要領　平成元年改訂。
25) 文部省、高等学校学習指導要領　平成11年改訂。
26) 大学審議会「21世紀の大学像と今後の改革方策について（答申）」平成10年10月、第1章.3.(3).ⅰ)。
27) 文部省、前掲書「学習指導要領一般編（試案）昭和26年（1951）改訂版」p.13。
28) 利潤：経済学的な概念。
　　利益：会計において、利益はある期間における企業資本の増加分。
　　（神戸大学会計学研究室編、『第五版会計学辞典』、同文舘出版、平成13年）。

第11章
高等学校における商業教育理念の再検討

はじめに

　商業教育の教育理念とは何か、という問いかけは商業教育に携わるものにとって、常に自問自答し続けていくテーマである。商業教育理念とは、商業教育を行っていくうえでの基本的な方向性である。商業教育に限らず、教育は時代の変化に対応する、あるいは時代と共に変化していくものである。ここで問わなければならないことは、商業プラス教育が商業教育ではないということである。商業教育は確かに商業や教育の研究成果を参考にするし多くの影響を受ける。しかし、そのことをもって商業教育の独自性が問われるべきではない。商業教育は、商業教育としての独自の教育目的、教育内容、教育方法等を持っていると同時に、何にもまして現在、商業教育で学ぶ多くの生徒がいることを忘れてはならない。

　河合昭三は「商業の本質的要素・範疇をめぐって学者の見解は必ずしも一致せず、統一的見解に達していないとみられる。」[1]と述べている。また、教育とは何かという定義づけについては「これを一口にいえば、学ぶ立場の者に対しての人間形成を図って、教える立場の者が意識的に働きかけ、学ぶ者がこれに反応する精神の相互作用であるということができよう。」[2]と述べている。商業教育は自らの内に、商業とは何か、教育とは何か、という2つの根源的な問いかけを内包している。裏を返せば、商業教育独自の教育理念が問われているのである。

1. 商業教育理念の定義

　高等学校における商業教育理念の背後にある、もしくは重要な影響をおよぼすものは国家としての教育理念である。日本における国家としての教育理念は、いうまでもなく教育基本法であり高等学校の商業教育理念の前提をなしている。商業教育は、時代の変化とは関わりなく普遍性を持つ側面と、時代と共に変化するという側面を併せ持っている。このことは、商業教育はビジネスの論理と資本の論理という時代の変化とは関わりのない普遍的な側面（不易）と、社会体制や経済体制という時代と共に変化するという側面（流行）との関連性のなかで揺れ動いている。商業教育理念を考えるにあたって以下のことを考慮する必要がある。

(1) 商業教育理念とは、商業教育の目指すべき基本的な方向性とは何かについての根本的な考え方である。
(2) 商業教育理念は、その国の歴史や文化を反映し、その国を支えている基本理念と深く結びついている。
(3) 商業教育理念は、その国の歴史や文化の制約を受けつつも、それを越えた教育としての普遍性も合わせ持っている。
(4) 商業教育理念は、常にそれと対比される教育の現実を意識し、そのあるべき姿に教育の現実を唱導しようとするものである。
(5) 商業教育理念は、商業教育の目的体系の基盤をなすものである。

　以上のことを考慮に入れ高等学校における商業教育理念を定義すれば以下のとおりになる。「高等学校における商業教育理念とは、経済社会におけるある時代の高等学校教育において、商業教育のあり方を根本から規定する理想主義的な商業教育目的の体系である。」ここで、敢えて、理想主義的という言葉を入れた。教育にはロマンと将来展望が不可欠であるからである。商業教育がこうなればもっと良くなるだろう。こうすればもっと社会貢献できるであろう。そして、その道筋を描くことのできる商業教育に関わる人材を育成することが商業教育の課題である。

2. 商業教育と経済社会

(1) 経済社会とは

　商業教育が対象とする社会は現代の経済社会である。ここで、商業教育が対象とする経済社会について定義すると、「経済社会とは、現代社会において人々が社会を形成し、共同生活を営むために必要とする財貨やサービスを獲得・利用する活動と、これによって生まれる社会的つながりである。」となる。商業教育は、この経済社会の構成員たる人材の育成を図る教育である。

(2) 個人と社会

　商業教育が教育の対象とする高等学校の生徒は、将来、独立した個人として自らの力で働き、収入と支出とを自己の責任において管理・運営してゆく存在である。現代社会では、個人は決して孤立した存在ではなく、個人は共同体に属していると同時にその共同体も個人を離れては成立し得ない。ここに、個人と社会との付き合い方の問題が生じる。個人が個人の必要性のみを強調し社会の統合性を省みなければ、社会はエゴイズムの集積場と化してしまい、社会の構成員相互の信頼・協力・発展も望めない。また、社会が個人を離れて社会の統合性のみを強調すれば、個人の自律性は見過ごされ全体の価値観のみが優先される。この二律相反するもののバランス感覚の中で現代の経済社会は成り立っている。言葉を換えれば、この二律背反する中で揺れ動いている。従って、世界で全く同じ国はないし、同じ国においても時代と共に変化している。この不易と流行が混ざり合い、一瞬たりとも止まることのない社会の中でい自己実現を図るための自己管理・自己調整能力の育成が商業教育に求められている。

(3) 経済社会と個人

　経済社会で独立して生計を立てるということは、自己の欲望にそって自らを取り巻く経済社会の諸条件を改変していくか、もしくは経済社会の諸条件に対応するために自己の欲望を修正するか、のいずれかしかない。経済社会での個

人を取り巻く諸条件は日々変化するものであり、不可能と諦めていたことが可能になることもあるし、またその逆もあり得る。ビジネスパーソンは、常に経済社会に対して積極的に働き掛けていくことが求められ、経済社会のなかでビジネスを行うことは、何らかの判断を求められた時、それに対して何も行動を起こさないことも一つの行動・意思決定とみなされる動的な経済社会を想定しなければならない。経済社会でのビジネスの諸活動は、常にYes又はNoの判断を迫られる。ビジネス取引は成立するか、あるいは成立しないのか、それ以外にはない。従って、"現状での意思決定は"という前提を付け、経済社会を注視し、軌道修正を繰り返えしていかなければ、結果としてビジネスの目標から大きく外れてしまう。経済社会は、ビジネスチャンスとビジネスリスクが同居している社会でもある。ビジネスパーソンは、より良い結果を求めて、常に比較、検討、意思決定の連鎖が繰り返される動的な社会に生きていると認識しなければならない。

（4） 経済社会への適応力

このような動的な経済社会に適応していく力は、言葉や文章で書かれた既成の知識群のみでは得られない。必要な知識・技能を理解し、活用する実践力を養う必要があり、現代の学校教育理念である「生きる力」と結びついていく。ものごとを理解し、処理していくための適応力には、総合的・継続的な分析能力が欠かせない。いかなるビジネスの諸活動も、決して孤立して存在するものではなく、世界的な環境問題や為替の変動から高校生の嗜好の変化に至るまで、多くの性質や種類の異なった要素の複合で成り立っている。従って、経済社会への適応力の育成には、ものごとの本質・真理に対する探究心が不可欠であり、問題解決するための知識や技能に加えて倫理観が求められる。一言でいえば、経済社会での総合的な適応力である。商業教育は、動的な時代・社会の変化に対応していくための知的な自己増殖が可能な創造的なビジネスパーソンの育成を目指さなくてはならないのである。

(5) 職業の獲得

　経済社会における個人の重要な役割は、職業を得ることとそれを保持することである。商業教育は、単なる職業訓練とは異なる。勿論、高等学校卒業後の職業選択に必要な指導を行い、実務で必要とされる知識、技能、倫理観を育成することは商業教育の重要な役割であるが、それのみでは学校教育としての商業教育とはいえない。商業教育は、生徒が自らの個性の伸張と経済社会の中で生きていく自覚を持ち、よりよい人生を送るという一般目的と併せて、職業教育として経済社会の維持・発展に寄与するという動的・積極的な教育でなければならない。従って、商業教育は個人と経済社会との付き合い方の教育から、商業に関する分野の職業を得るための専門教育までの範囲を取り扱うことになる。同時に、生徒の私益と経済社会の公益との一致を如何に求めてゆくかということが職業教育としての商業教育の重要な課題となる。

(6) 経済社会と商業教育

　商業教育の対象とする経済社会は、経済法則の貫徹する社会である。経済法則は特定の社会体制によって変化する。現代の経済社会は自由競争を前提とし、利潤追求の呪縛から逃れることはできない。しかし、民主主義と結合することによって、その国・その時代の国民の選択として、無数の政策の組み合わせの中から、例えば、その国の重点目標として国際化への対応等の国としての基本的な方向性が示される。これらの決定や実行は、その国の伝統、習慣、国民性等の要素に大きく影響され、その国独自の経済社会システムを形作っていく。日本の商習慣が他国で通用しないことは希ではないし、その逆もある。商業教育がその国の特殊性を持ち得る根拠がここにある。また、経済社会は、その国の歴史や文化を反映しているといいながらも、基本的な経済法則は貫徹する。商業教育は、経済社会の同質性と異質性という二律相反するものを同時に矛盾なく受け入れる柔軟性のあるビジネスパースンの育成に努めなければからない。実社会を常に意識し想定する商業教育理念が浮かび上がってくる。

3. 商業教育の特質

（1） 教育の不易と流行
　教育の人間形成という目的は、時代を越えた普遍性があると同時に、教育は時の社会の要請を受け入れ、その教育の行われる時代や経済的な状況によって独自の教育を形作っていく。このことは教育が、人を育てるという普遍的な側面（不易）とその時代に合った人材の育成という時代と共に変化する側面（流行）とを合わせ持っていることを意味している。このことは、教育の普遍的で変化しない側面と教育内容や教育方法によって変化する側面についてもいえる。教育の段階性は、生徒の心身の発達に応じて低次の段階から高次の段階へ、卑近なものから深遠なものへ、具体的なものから抽象的なものへという学習内容の深化を求める。これは、前者は後者の基礎・前提となり、前者という土台を抜きにして一足飛びに後者へ到達し得ないことを意味している。この教育の段階性は、普遍的な不易の側面として、農業教育、工業教育等に限らずどのような教育にもあてはまる。しかし、教育内容によって、また、同じ教育内容であっても、その教育を受ける教育対象の変化によって教育方法が異なるという流行の側面が浮かび上がる。歴史の流れのなかで、不易と流行が絡み合い、全く同じ教育ということはあり得ない。教育には時代と共に変化するという流行の側面があるからである。

（2） 商業教育と実践
　商業教育の原点は商人である。独立した商人として必要なものは、商業に関する知識、技能と商人としての倫理観である。各個人が独立の商人として商業に関する知識、技能、倫理観を持ち経済社会を構成し支えているのであるから、商業教育は現代社会における個人としての主体性の確立に貢献する。本来、商業教育は実務を対象とするものであるから、その教育はビジネスの諸活動に必要であると実感されるものから構成されていなければならない。経済社会の高度化・国際化をふまえ、ビジネスの諸活動の背後にある経済法則やさら

に各種の専門知識を必要とし、学習内容も多岐にわたってくる。実践的能力を持った人材育成ということは、理論は実務を理解・応用する為に学ぶものであるという極めて実利的な内容を持たざるをえない。実際の経済社会は実力の世界であり、結果を求められるからである。

だからといって、商業教育は職業教育であるが、手に職をつける教育に終始してはならない。為すことによって学ぶことは重要であるが、教育内容は厳選され本質的、基礎的・基本的内容を、実務への理解・応用を前提として組み立てる工夫が必要である。断片的な知識の詰め込みと抽象的理論の解説のみでは不十分である。高等学校における商業教育は、理論も実践も共に重要であり、相互に有機的に結合させ、関連させることによって当初の目的を果たすことができるのである。

（3） 商業教育の目的体系

商業教育の研究は、その目的論、内容論、方法論の体系を構築し、商業教育の本質的・理論的な問題、専門的な問題、一般的な問題を取り扱うことによって、商業教育はその専門性を維持することができる。商業教育の教育目的、教育内容、教育方法は時代の変化と共にさらに分化の方向に進むであろうが、商業教育の教育目的、教育内容、教育方法についてそれぞれが本質に根差した理論によって構成されていれば、いかなる変化があろうとも商業教育としての統合が可能である。しかし、細分化の方向性が商業教育としての統合を考慮に入れたものでなければ、それは分化ではなく分裂を意味する。それを統合し繋ぎ止める要となるのが商業教育の目的論である。

商業科の各科目は、商業の学理から生まれたものではない。ビジネスの諸活動に必要な売買取引に関する知識や技能、各種のビジネス取引を補助する機関の構造や運用等、実際に商業を営むうえで必要とされるものの集積は、それだけではビジネス実践マニュアルにすぎない。商業に関する諸科目を束ね一定の方向性を与え総合力としての教育効果をあげる目的体系を構築することによって、商業教育として生き残れるのである。

（4） 高等学校における商業教育の特質

　学校教育としておこなう商業教育と学校以外でおこなう商業教育の相違は、前者が人間教育の立場を鮮明に表わすのに対し、後者は経済社会の現実の要求に応じて必要な知識、技能、倫理観の習得を目指すことにある。経済社会と商業教育の一致し得る教育を望むことは両刃の刀でもある。その安易な取り組みは学校教育としての商業教育が実践の為のハウツー教育に陥る可能性があるし、逆に、経済社会と距離を置くことは職業教育としての商業教育への期待に背くことになる。商業教育はビジネスに関する教育内容を通じて、経済社会に対応できる人材の育成を図る教育である。従って、高等学校の商業教育は育成すべき人間像（ビジネスパースン）を提示することが求められる。

4．教育改革の方向性への疑問

　現在の学校教育が抱える深刻ないじめ、不登校、人を思いやる心の欠如等の問題と、国際化・情報化等にみる経済社会の変化に対応できる人材育成の要求、これらの諸要求に答えるものとして平成11年改訂の学習指導要領は、「ゆとり」を持つことのできる条件整備をし「生きる力」を育成していくという方向性が示された。この方向性について、専門教育・職業教育の視点からいくつかの疑問点をあげてみる。以下の疑問点からして、「ゆとり教育」は、見直される運命にあったといえる。

　第1は、教育のとらえ方である。教育はもともと何らかの強制力を伴うものである。教育と趣味との違いは、教育には何らかの強制力があり、趣味は個人の自由意志基づき、やりたい時に行い、止めたい時に止めることのできる自由がある。実務への適応を前提にした職業教育は現実と向き合わなければならない。生徒の興味・関心のあるものを中心に教育課程を編成すれば、教育と実務との乖離はさらに深まり、進路保証の観点から問題が残る。

　第2は、基礎・基本についての考え方である。学校教育においては、基礎・基本の重視は単位数の増加で対応しなければその成果は上がらない。特に、基礎的・基本的な教育内容の充実や生活習慣の定着には時間がかかり、これに対

し総単位数の減少で対応することは、教育方針の趣旨に逆行するものである。しっかりとした基礎・基本の土台があって多様な選択肢の意味がある。社会や個人の多様化には基礎・基本を重視することで対応することが合理的であり、選択肢の多様化で対応しきれるのか疑問である。

第3は、世の中は児童・生徒を中心に回っているのであろうかという疑問である。自分の興味・関心のあるものを勉強する。この意識を維持するために、出来るだけ強制される部分つまり、必修科目や原則履修科目の単位数や位置づけを相対的に低くすることによって解決策を見いだそうとしている。このことが、生徒の目的意識の低さや不登校等を減らせるという相関関係があるのか疑問が残る。

第4は、教育の問題点の主要な部分は、「学校でしっかり勉強させる」こと、まさに教育としての基礎・基本が十分に機能していないことではなかろうか。高等学校においても大学においても多くの教員の実感は、「最近の生徒・学生は学力が落ちた」ということではないのか。基礎・基本を重視する意向とは逆に、結果として基礎・基本の不徹底になりはしないか。大多数の生徒が高等学校へ進学するようになりかなりの年月が経つ、多様な生徒が入学してくることを理由として、基礎・基本を一律に絞り込むのは説得力に欠けるのではないか。

第5は、教育の負の部分が強調され、高校生の能力の捉え方に問題がありはしないか。特に、生徒の努力と教師の指導による伝統的な専門教育の成果を評価しようという姿勢がみられない。このことは、教育の「ゆとり」と基礎・基本に絞り込むという教育改革の方向性と、商業教育の生き残りをその専門性の深化を図るという方向性とが矛盾することを意味している。不易と流行、教育改革の方向性が流行に流されているのではないかと危惧するのは筆者だけであろうか。

5. 商業教育における専門性の変質

「ゆとり」の中で「生きる力」を育むために、まず教育内容の厳選ありき、の感はいがめない。商業教育の変質を象徴しているのは以下の記述である。「今後の専門教育の在り方としては、<u>農業、工業、商業など、それぞれの『業』という特定の産業分野の存在を前提にしながら</u>、それと<u>直接に関係した教育内容の充実を図るというこれまでの考え方を踏襲するのではなく</u>、『農』『工』『商』といった教科の専門性に着目し、より広い観点から教育内容をとらえることも望まれる。その際、専門性の基礎・基本に当たるものは、時代の変化に応じて変わるものであり『新しい専門的事項』が常に新たに構築される必要があることを留意しなければならない。」[3]（下線筆者）。

（1）「生きる力」

近年、我が国の社会は大きく変化し、就業構造の変化や職業生活において必要とされる専門知識や技術の高度化が進み、個人の創造性等が重視されはじめている。さらに、国民の意識や価値観も、心の豊かさの重視、多様性、選択の自由の拡大等の方向に変わりつつある。このような背景のもとに、「ゆとり」を持つことによって生まれる「生きる力」の概念が示された。しかし、ひとつの大きな疑問は、「ゆとり」と「生きる力」とは直接結びつくものであろうか、という疑問である。「ゆとり」と「生きる力」は、結びつくこともあるし、単純に結びつかないこともあるというのが事実に近いのではないか。発達段階にある生徒にとって、ハードな目標を設定し、時間的に「ゆとり」のない時を過ごすこと、禁欲的な努力を積み重ねることによって目標に近づき、達成することが「生きる力」に結びつくことは否定できない。確かに、一部の進学実績のある有名な高等学校では、勉学に追われ「ゆとり」がなく詰め込み主義の教育の弊害を否定するものではない。しかし、商業教育には、長年培ってきた歴史と伝統に支えられた実績と社会からの期待があるのも事実である。一方では、多様性を求め、各学校の創意工夫を奨励しつつ、他方では「ゆとり」と

結びついた「生きる力」の概念を統一・堅持し例外を認めず一律に一定の方向に突き進むことを強いる施策は、自己矛盾ではなかろうか。「生きる力」の概念は、商業教育にとって専門性の深化を教育課程上正面切って主張することを難しくし、逆に専門性を薄くせざるをえなくなるというのがが実状ではないのか。

（2） スペシャリストへの道

　専門教育は将来のスペシャリストを育成する教育であり、専門教育を行う高等学校を専門高校と呼ぶことによって、産業教育の理解と支持を求めることに、もとより異論はない。しかし、高等学校における職業教育が、過去、中堅産業労働者の育成に果たしてきた役割は評価するものの、現代の産業構造の変化や技術革新の進展に対応していくためには、仕事内容に関する知識・技能の高度化・多様化は避けられず、生涯を通じて専門的能力の向上に努めることが要請される。このことにより専門高校は、将来のスペシャリスト育成の第１段階として位置づけられ、教育内容としては、専門性の基礎・基本に重点をおき、学校教育から生涯教育へという継続教育としての円滑な移行と、職業教育を視野に入れた「生きる力」の育成という流れのなかで専門教育の教育改革は行われる。この方向性に異論があるわけではないが、このような教育方針から導き出される結果が、「これまで、専門高校における教育は職業生活において必要とされる専門的知識や技術・技能を身に付けた職業人を育成するための教育、完成教育としての職業教育という側面が強調されてきた。その背景には、専門高校は職業教育をしっかりと行う場であるという意識が関係者を含め広くあったものと思われる。」[4)]（下線筆者）と現状の職業教育の問題点を指摘しているが、はたしてこれが問題点であろうか。

　このような認識のもとで、専門高校の職業教育として必要なことは、「生涯に渡って学習する意欲と態度を育成するとともに、基礎となる知識や技術・技能、学び方などを確実に身に付けさせることを重視した教育の在り方を検討する必要がある。」[5)]と示しているとおり、これまでの「専門高校は職業教育をしっかりと行う場であるという意識が関係者を含め広くあった」商業教育の専

門性を否定し、基礎・基本を重視することが、文字通り将来のスペシャリストへの道の第1歩となるとするのは、商業教育の後退につながりはしないか。

（3） 基礎・基本

　個性化・多様化の重視の教育は、完全学校週5日制とあいまって、限られた時間数の中で教育内容の消化を余儀なくされ、教育内容の絞り込みが行われ基礎・基本の縮減をもたらす。この影響は商業教育においても、基礎的・基本的科目の「ビジネス基礎」は広く浅くなるうえに絞り込まれ、結果として、幅広い教育内容の共通基盤としての基礎的・基本的な内容を扱うことになるのではあるが、基礎的・基本的な教育内容そのものが絞られたのである。この結果、商業教育は専門教育から進路指導教育へと重心を移していき、生涯を通じて絶えず新たな知識・技能の習得に努める態度に重点が置かれ、商業教育の専門性が薄くなる。商業教育の役割は、基礎・基本を身に付ける教育となり、総合学科との差異性は商業という専門分野に絞り込んでいるということでしかなくなる。

（4） 卒業後の進路と専門教育

　商業教育は、職業教育として高等学校3年間で一応の完成をみる教育を行ってきた。基礎的・基本的教育内容と発展的・応用的教育内容は一体のものとして考えなければならない。発展的・応用的教育内容に併せて基礎的・基本的教育内容も変化していくという見解があるとしたら論理の一貫性を欠く。専門教育は、その専門とする特定分野の産業に従事することを前提にしなければ成り立たないからである。

　理科教育及び産業教育審議会は、「就社から就業へといった就職観の変化等も進んでおり、これまでの卒業後すぐに特定分野の産業に従事することを前提にした教育課程では、社会のニーズや生徒の希望に十分に対応できなくなっている。」[6]（下線筆者）と結論づけている。しかし、就社から就業へという職業観の変化と、一応の完成をみる教育が不適応を起こしているということは結びつきにくく、むしろ、逆に高等学校3年間で一応の完成をみる教育が必要であ

るといえる。さらに、卒業後すぐに特定の分野（商業）の産業に従事することを前提にした教育課程でなければ、専門教育の意味をなさないのではなかろうか。卒業後の将来も含めて、商業という産業分野に職を求めるという前提での教育が専門教育である。これらのことは、商業教育の歴史的役割は終わったかのような印象を与えている。

（5）職業教育の重視

　職業教育がすべての人々にとって不可欠な教育であるとの認識に異論はない。しかし、その捉え方によって状況は異なってくる。これからの職業教育の方向性は、職業教育はすべての教育段階で必要かつ重要な教育であるとの認識を強め、職業教育の認知度を向上させることについても異論はない。しかし、職業教育は専門高校のみで行うものではなく、学校教育全体の問題として拡大し、生涯にわたり専門的知識・技能の向上に努めるという継続教育の概念と結びつく結果、従来の専門教育の専門性を薄め専門高校の役割も変質を余儀なくされる結果となりはしないか。

　これらのことを総合すると、専門学科の必修単位数の縮減、標準的な学科を示す必要に乏しい等の方向性の意味するものは、中学校段階で、いち早く自らの進路を商業という分野に絞った生徒が、商業という領域の中で、自らの進路を絞り込むための過程そのものが、専門性の深化と受け取れる。もしそうであるならば、総合学科の教育構造を専門学科にまで拡大したものと考えられはしないか。

6. 商業教育における専門性の深化

　商業教育の専門性とは、まず、商業教育は職業教育であると認識するところからはじまる（高等学校設置基準第5条、第6条②）。職業教育は本来、生涯教育を前提にしており、高等学校卒業後ただちに実務につく生徒のみではなく、大学・専修学校等へ進学し、将来商業に関する分野で仕事をする生徒も対象にしている。従って、商業科からの進学率の上昇に対応するあまり、職業教

育としての認識が薄れることは、逆に専門教育としての商業教育の基盤を自ら揺るがすことになりかねない。

（1） 商業教育の苦悩

　商業教育は職業教育であり専門教育である。このことは、学校教育のみで自己完結しないことを意味している。具体的にいえば、高等学校における商業教育は、他の専門学科・総合学科・普通科との競争に加え、さらに、就職については同一労働市場において、短期大学・専修学校等の異質な教育機関との競争にさらされている。公教育としての高等学校教育という枠の中で、同時に異質の教育機関との競争関係を構造的に内包しているところに、高等学校における商業教育の本質的苦悩がある。教育改革の方向性は、このことを理解していないか、もしくは無視している。

（2） 専門性とは何か

　高等学校の商業教育が専門教育であるかどうかの判断は、自己認識と他者認識のはざまで揺れ動く。このことは、基礎・基本とは何かということにも結びつくのであるが、生徒を送り出す側と生徒を受け入れる側との意識の違いに起因する。つまり、高等学校の商業教育を学校制度上専門教育と主張したとしても、実務あるは次の教育段階からみれば、高等学校の商業教育は専門教育の前段階であり基礎的・基本的教育ということになる。従って、基礎・基本という概念は、当事者によって異なるものであり、専門教育としては幅広く対応する必要がある。商業教育における専門性の深化とは、商業に関する教育内容をより深く掘り下げるということであるが、「ゆとり」を持つことによって育まれる「生きる力」の育成という教育方針と専門性の深化は、本質的に一致することは難しい。次世代の商業教育は、専門教育・職業教育であることを前面に出し、商業教育の専門性の深化を主張するというしたたかな対応が求められる。

（3）専門性の深化の社会的評価

　まず考えられるのは、商業教育における専門性の深化の必要性は実務からの要請がある、との主張である。実務はその業務遂行上、商業教育で学習した専門的な知識、技能、ビジネス倫理観を必要とし、過去の実績もある。次に考えられるのは、大学進学である。大学が商業科を対象にした公募推薦入試等で生徒に求めるものは、大学の商業教育を学ぶにあたって高等学校の専門教育としてしっかり学力を付けているかどうかである。もし、大学が入学試験にあたって商業教育の専門性の深化から身に付く学力を評価の対象としていないならば、公募推薦入試は商業科出身生徒の救済策であり学生募集の手段でしかない。このことを受け入れるとしたら、商業教育は一番大切な誇りを失い、商業教育の歴史的使命の終了へと向かうことになる。

（4）商業教育における専門性の深化

　商業教育としての専門性の深化は次の点を考慮して行う必要がある。

① 商業教育の専門性は、商業教育が進むべき方向性を示し、それに沿ったものでなければならない。

② 商業教育の専門性の深化は、学校全体の教育力であり、知識、技能、倫理観が三位一体となったバランス感覚の中で育成され、一応の完成をみる教育によってその深化が図られる。

③ 学科設置の自由度が高まり、生徒の興味・関心による科目選択の余地が拡大されたとしても、商業教育としてのまとまりを意識した教育内容の組み立てがなければ、専門性の深化と結びつかない。

④ 抽象的な教育成果は、職業教育にはなじみにくく、専門性とは、具体的な実力であるという認識が必要である。

⑤ 商業教育の専門性の深化の方向性として、その中核となるものは、生徒の適時性を考慮した知識、技能、倫理観の育成である。

⑥ 商業教育の教育方法は「簿記」の学習のように、一連の取引・決算という一応のまとまりを繰り返しながらより高度な学習内容へと進む、サイクル・メソッドが望ましい。1サイクルの単位数の組み合わせによって、

学年や学科の多様な生徒のニーズに対応する教育過程の編成が可能となる。

（5） 高等学校の商業教育の方向性

　商業教育の専門性には、職業教育として厳しいビジネス環境の中でも生き抜いていける人材の育成が求められる。商業教育の進むべき専門性の深化については、現状の商業教育の方向性で特に問題はないのではないか。なぜなら専門性には深さが求められるのであり、商業教育にはその実績があり評価もされている。そのために、生徒に時間的な「ゆとり」がなくなることは、やもをえないことであり、充実した時間を送っていると捉えて問題があるのであろうか。教育には、適時性があり、古来「鉄は熱いうちに打て」「若い頃の苦労はかってでもしろ」という人生訓のとおり、教育の不易の部分である。専門教育は商業教育に限らず専門分野の厳しさを生徒に自覚させることを通して普通科・総合学科との差異性を主張できるのである。このことが専門学科の独自性を生かすことであり、多様性や学校の創意工夫の余地を導き出す源泉である。

む　す　び

　商業プラス教育イコール商業教育という方程式は商業教育を正しく表わしてはいない。商業教育は一つのまとまりとして、独自の教育理念、教育目的、教育内容、教育方法をもっているからである。商業と教育は共に時代と共に変化する側面と時代を越えた普遍的側面を併せ持っている。当然、商業教育についてもこのことはいえる。本質的なものを重視するか、それとも時代の変化に即応してゆくのか。しかし、商業教育にとってこの二者択一は意味のない議論であろう。二律相反するものの調整・対応の中から、自らの進むべき道を見出していくことそのものが、職業教育たる商業教育の宿命だからである。
　商業教育が専門性を維持し、しかも普通教育や他の職業教育との関係を深めてゆくために、商業教育が対象とする社会として、ビジネスの諸活動という側面に重点をおいた経済社会という概念を示した。経済社会をとおして商業教育

の育成する人材観を構築しようとする試みである。経済社会を構成する人を独立した個人とし、自立した個人は経済社会の中で、私人としての家庭生活、公人としての社会生活、職業人としての職場生活を送る存在である。また、独立した個人は、経済社会の中で生きてゆく力を職業教育で学び、自らの力で収入と支出を行い、しかもその個人は同時に経済社会の構成員として経済社会を支えるのである。ここに、経済社会を構成する個人と経済社会との付き合い方の問題が生じる。個人のより良き人生・生活とより良い経済社会が同時に実現可能となる為には、私益と公益の統合が不可欠である。その一翼を担うのが商業教育である。

　実社会の現実と生徒・保護者の希望との狭間で現実的な対応をせざるをえない教育現場において、商業教育は理想主義的・未来思考的な部分をその潤滑油として持たなければならない。商業教育のあるべき姿を提示し、それに向かって社会を導く筋道の提案と行動が商業教育に活力を与えるのである。商業教育のあり方を根本から規定する商業教育理念について検討することは、日本の将来を担う高等学校教育をどうするのか。さらに、商業教育の役割について、他の教科、とりわけ普通科の理解と協力を得るための共通項目を見出すにはどうするのか、とりわけ、生徒の保護者を中心に、商業教育への理解と支援をどのようにして取り込んでいくのかの起点となり得るであろう。

注
1)　河合昭三他編著『新商業教育論』、多賀出版 p.3。
2)　田中義雄、雲英道夫編著『商業教育論』、多賀出版 p.3。
3)　「理科教育及び産業教育審議会・答申」、平成10年7月、Ⅲ．3。
4)　同上書、Ⅰ。
5)　同上書、Ⅰ。
6)　理科教育及び産業教育審議会「今後の専門高校における教育の在り方について」(理産審中間まとめ)、平成9年10月、1。

第12章
ビジネス教育に関する教科調査官の諸説

はじめに

　高等学校の商業教育を商業教育と呼ぶか、ビジネス教育と呼ぶか、教育関係者、研究者によって様々である。それらの見解や定義付けは、自らの教育観を商業教育としてはじめるのか、ビジネス教育として構成するのかという、教育観そのものに対する問いかけでもある。高等学校の商業教育について、学会や研究会では、商業教育、商業（ビジネス）教育、商業（Business）教育、ビジネス（商業）教育、ビジネス教育等さまざまな表現がなされている。

　ここで取り上げた、大埜隆治、雲英道夫、澤田利夫、吉野弘一の共通点は、もと文部省・文部科学省の教科調査官ということと、高等学校の商業教育を念頭においていることである。この4氏が、自著において展開している、商業とは何か、米国のBusiness Educationと商業教育との関連性をどのように捉えるか、いわゆるビジネスの諸活動をどのように捉えるのか、それぞれの主張は興味深い。

1. 大埜隆治と商業（Business）教育

（1） 米国のBusiness Educationと高等学校の商業（Business）教育

　大埜隆治は、戦後の初代教科調査官として、わが国の商業教育の再生・発展を図るために、わが国の実情に即した、新しい商業教育の構築を目指してい

た。その構想を着実に前進させるには、米国の Business Education の研究は極めて重要であると強く認識し、「もとより、アメリカの教育に無批判的に追従する愚は避けなければならないが、その長所を学ぶことは忘れてはならないことである。」[1] と述べている。大埜の商業（Business）教育という表現には、戦後、日本の高等学校の商業教育を新たに立ち上げるには、米国の Business Education を大いに参考にすべきであるとの思いが込められている。

（2）旧式な商業教育観

　大埜は、旧式な商業教育として、次の2点をあげて、その打破をはかる。まず、戦前の商業教育は、明治11年公布の商業学校通則第1条 商業学校は「商の学業を教授する所」と規定し、明治32年の実業学校令第1条は「商業に従事する者に須要なる教育を為すをもって目的とす」[2] と規定していることを挙げ、商業教育の範囲を狭く解釈するものとして批判した。また、終戦直後の「新制高等学校の教科課程に関する件」昭和二十二年四月七日（以後、「商業の教科表」と略称する。）については、技術中心主義の立場として批判している。戦前の、商業教育の範囲を狭く解釈する立場と終戦直後の技術中心主義の立場とは同一の系列に属するものであり、これが合体して旧式な商業教育観を構成しているとの見解である[3]。大埜はこのような、戦前の商業教育観からの脱却の根拠を米国の Business Education に求め、我が国独自の商業教育の構築を図ったのである。

（3）商業教育と技術

　商業教育が教育内容としている技術は、工業の自然物を対象としてそれを変形させる技術とは本質的に異なり、商業教育の教育内容としての技術は人間関係を含むものであり、工業や農業等の技術とは本質的に異なる側面を持つものである。従って、商業教育においては、人間関係・社会関係の理解が不可欠であり、その背後には誠意の問題がある。これらのことを理解せず、または軽視し、誠意（態度）を度外視し、ただ単に商業上の技術を教育内容の中心とするならば、現代の社会において、商業教育は営利主義万能に陥るのは明らかであ

る。これらの事を勘案すれば、商業教育における単なる技術中心主義は排除されなければならない。

　事務的作業に関する教育に限らず、販売や経営についても、広義に解釈すれば一種の技術であるといえるが、それらは本質的に技術以上の面を持つものである。本質的に商業のなかにある功利主義・卑俗性は、技術主義の先にある倫理観の軽視・欠如することをより露呈するのである。この点こそ、過去の商業教育がともすれば欠点と指摘された功利主義・卑俗性に対する反論として極めて重要な観点である[4]。

(4) 商業（Business）の認識

　戦前の商業教育や昭和22年の「商業の教科表」の技術主義から脱却するには、商業教育の教育内容である商業そのものの検討からはじめなければならない。まず、商業の範囲については、小売や卸売などの商品売買業ばかりではなく、銀行や信託などの金融業、証券業、運送業、倉庫業、保険業などが商業の範囲に属することは明らかであり、さらに、サービス業も商業の範囲と捉える必要がある。例えば、工業会社の原材料の仕入、製品の販売、物品の保管、出納、経理、労務、人事管理などの仕事は、工業の商業的側面ということができる。「つまり、事務や管理の仕事も商業（Business）である。『産業』は、いかなる産業においても、その中に必要不可欠の要素として『商業』の面を含むものである。商業的側面を除外しては、あらゆる産業はその機能を発揮することはできない。」[5]（下線、筆者。）、このような「新しい概念にふさわしい新しい名称が作られるかも知れない。しかし商業（Business）については、現在この言葉以外に、これらの内容を含む言葉は無いのである。」[6]（下線、筆者。）。

(5) ビズネスと商業（Business）

　それでは大埜は、"ビズネス"についてどのように捉えていたのであろうか。「現代の社会生活を営む者は何人でも、複雑に織りなされた社会機構において生活し、自己と他人との関係を処理したり、その機構・組織を合理的・能率的に利用し運営するために行うビズネスは量的に増大し、質的に複雑化し、

必要不可欠の生活要素となってきている。」[7]（下線、筆者。）と記述している。この下線の"ビズネス"は決して筆者の誤植ではない。筆者の見る限り、そもそもカタカナで"ビズネス"と表現されたのはこの箇所しかなく、英語のBusinessを音読みしたものと考えられる。ここで使われている"ビズネス"は、ほぼmanagementと同じ意味といえる。

　大埜は、戦前・終戦直後の旧式な商業教育観と米国のBusiness Educationを研究・参考にした新しい日本の高等学校の商業教育を区別するために、商業（Business）と表現しており、日本の高等学校の商業教育そのものについては、商業教育と表現し商業（Business）とは区別して表現している。

（6）商業教育の範囲

　大埜によれば、高等学校の商業教育が対象とする「商業」のもつ意味は、次の二つから成り立っている。まず、工業や農業等の他の産業教育と区別する意味として、一種の産業分類としての性格をもつ「商業」であり、もう一つは教育内容として、工業や農業等の他の産業分野に共通して内在する事務や経営に関する仕事内容を表す意味での「商業」である。「従って、縦断的な産業分類の系列のみによって、商業教育の範囲を考えることは狭きに失するのであって、横断的な職務分類の系列も合わせて考えなければ不合理になる。」[8] このことは、「商業教育は第三次産業としての商業にとどまらず、すべての企業の経営管理に関する教育であり、製造工業のような第二次産業の経営管理についても、その教育内容とするものである。たとえば企業形態・経営組織・業務管理・労務管理・財務管理・原価計算・経営計算ならびに各種の事務的作業に関する教育は、その企業がいずれの産業分類に属するかを問わず、すべて商業教育の取り扱う範囲に属する。」[9] ことを意味し、商業教育の教育内容は、事務はもちろんとして、経営や管理の面をも含むものであり、この「経営管理の面は、商・工・農などの産業分野に必要な要素であるばかりでなく、官庁、学校などにおいても重要な要素であることは言うまでもない。これらに関する教育はやはり商業（Business）の担当するところである。」[10]（下線、筆者。）さらに、「高校における経営管理の教育とは、最高経営者の教育だけではなくして、

経営体において働く事務従業員にとっても必要な、企業経営の組織および管理についての知識を習得させ、それぞれの職務を合理的、能率的に行うことができるようにすることを目標とするものである。」[11]との見解に帰結する。

(7) 一般教育としての商業教育

社会生活が近代化するにつれて、商業（Business）が社会のあらゆる層、あらゆる面に必要となる。確かに、専門教育からみた商業教育の固有の範囲とは、言うまでもなく、産業分類としての商業に関する分野である。しかし、さらに商業教育の範囲は「一般教養としての商業教育が普及発達した地盤において職業教育としての商業教育もますます発展するであろうし、それが望ましい姿である」[12]と商業教育の一般教育への広がりを示唆している。

専門教育としての商業（Business）教育においても、一般教育としての商業（Business）教育においても、ビジネス的職務はあるし、ビジネス的職務に従事するものはいる[13]。そして、ビジネス従事者として大切なことは、ビジネスに関する知識・技術を習得するとともに、職業人としての意識・心構え・センス・態度を養うことである[14]。ここで、専門教育と一般教育を結びつけるものは、筆者の見解によれば、ビジネス的職務の"的"ということにある。このビジネス的職務という意味あいの中に、商業の産業横断的販売その他のサービスに関する仕事があるし、産業横断的事務作業や経営管理に関する仕事内容が含まれるのである。

(8) 消費者教育と個人的便益

大埜の一般教育としての商業教育は、消費者教育の観点と個人的便益の観点で構成されている。消費者教育は、「国民大衆はすなわち消費者であり、商業教育は一般教育の性格を帯びることになる。それは社会生活が近代化するにつれて、<u>商業（Business）</u>が社会のあらゆる層、あらゆる面に必要になってきているという事実にもとづくものである。消費者教育は、社会科・家庭科・農業科・理科などの各教科とともに協力して担当すべき広範な問題を含むが、商業教育が主たる担当者にならなければならない。」[15]（下線、筆者）、また同様な

観点から、個人的便益については、米国の Personal Use Value of Business Education を参考にして「職業上の目的のための商業教育と、このような<u>個人便益</u>のための商業教育との異なる点は、ただそれらの知識や技術の程度に差があるだけである。程度の差があるだけということは、それが商業教育であるか否かを決定する基準にはならないのである。」[16]（下線、筆者）、上記の個人的便益の例としては、珠算は決して商人にだけ必要なものではなく、一般社会生活を送るためにも必要なものであり、このような意味では、簿記や商業法規についても同様のことがいえるのである。

従って、大埜にとって消費者教育は、企業の経営管理と対立する概念ではなく、消費者自身の経営管理を通して自らの便益に結びつくものであり、個人の経営管理と企業の経営管理は、経営管理という意味においては、規模・程度の差でしかないのである。

2. 雲英道夫と商業教育

(1) 商業とは何か
① 時代と商業

雲英道夫の商業についての基本的な見解は、時代の変遷、それに伴う社会・経済の変化によって商業の姿・形が一見変化したように見えても、商業としての本質的な存在・意義は変化しないものである、という商業の普遍性に根ざしている。経済社会の現実解明のために、商業に代わるべき新しい意味を込めて様々な用語が登場することは理解できる、「しかしながら、伝統的な商業の地位がいろいろな意味でいかに後退したとはいえ、それは流通の直接・間接の担当者に一部の変更が現れているというだけのことであって、既存の商業が全く衰亡したわけでもなければ、旧来より流通の問題を扱ってきた商業学ないし商学が消滅したわけでもない。…（中略）…商業そのものの概念を時代に合わせて変えていくことこそが重要であり、筆者の基本姿勢としては、そうした方向をとっていきたい。」[17] と商業についての強い思い入れがある。

② 商業概念

雲英は商業の概念を次の4つの視点から明らかにしている。

1) 新しい商業広義説

新しい商業広義説として、商品の取引流通に直接に関わるものだけではなく、間接的に関わるものをも含め、「商品の取引流通に直接かかわる事業が商業である。ただし、その主体を売買業者に限定することなく、生産者についても、自己の生産物の流通に対する積極的な努力を商業に含めたい。」[17] としているが、生産そのものについては、商業は踏み込まないとの見解に立ち、特に、「サービスは、商品流通に付随して売買業者や生産者が提供するもの、あるいはそのために利用するもののみに限定し、関連して考察の対象とすることが適切であろう。」[18] として、商業統計調査の対象となっている飲食店等そのものは商業の対象から除いている。

2) 商業の営利性

商業の営利性については、これを商業の本質であるとの見解は取らず、営利性と経済的合理性とを明確に区別している。商業の機能は経済的合理性を本来求めるものであり、商品流通が営利性をもっているとか、商品流通が相互扶助や公共目的で行われる場合は営利性をもっていないということは、それ自体、商業の本質的な問題ではない。いずれの場合も商品流通は、経済的合理性を無視して行われるわけではない。事業は私益であれ、公益であれ、経済的合理性によって支えられなければならないという点では共通しているのである。このことは、経済社会における商業としての流通の重要性や効率性、公共性や福祉への貢献、が必要であるということと矛盾するものではない[18]。

3) 事業組織と事業活動

商業は、事業組織か、事業活動か、の問題についでは、その双方を商業の概念の中に取り入れる。すなわち、商業は組織概念であるとともに活動概念であるという立場をとり、いずれか一方を否定ないし無視してはならない。従って、商業は必ずしも独立した専門の事業体であることを要せず、生産者のように商品を生産・販売する事業体もまた、その販

売的側面は、商業の概念に含められる[19]。

4) 商業の概念と広義の流通およびマーケティング

1)、2)、3)のような商業の概念と、広義の流通およびマーケティングは、ほぼ同義とみなし、「ただし、マクロ的、社会経済的観点に立って商業をみるか、ミクロ的、企業経営的観点に立ってこれをみるかにより狭義の流通と狭義のマーケティングとに分かれる。この両者を統合した概念として、商業をとらえていきたい。」[20]と述べ、このことは、雲英の主張する新しい商業広義説へと向かい、「商学は極論すれば、マーケティング論や流通論に分解されて発展的解消を遂げかねない情勢にある。歴史は分化と統合を繰り返すといわれてきているが、マーケティング論なり流通論がある程度実を結んだ段階で、再びそれらを統合するかたちで新しい商学が誕生したとしても、なんら不都合は生じないであろう。」[20]と時代、経済社会の流れの中で新しい商業概念の構築を目指している。

(2) 米国の Business Education の紹介

雲英は、日本の商業教育にとって米国の Business Education は、学ぶべき多くのことがあるとの強い思いがある。日本の商業教育は、明治の創設期に多くのものを欧米から吸収してきた。しかし、第二次大戦中にわが国の商業教育は壊滅的な打撃を受け、戦後の商業教育は多くアメリカに倣って復興発展してきたといえるのではないか[21]。

米国の Business Education の先駆性は、高校進学率の向上による一人ひとりの生徒の能力、適性、進路等の多様化についても、「このような生徒の多様化現象は、すでに以前からアメリカにおいて見られ、これに対応して、いわゆる商業教育（ビジネス教育）の面でも、その指導技術がわが国より一歩先んじていることは、だれしも疑わないところであろう。」[22]（下線、筆者）。さらに、商業教育は生徒の実業界への就職に備え、かつ、商業を生徒の個人的用途に適用できるようにする教育を授けるものであるが、「米国の教科目標はわが国のものとは異なり、商業教育の職業目的、個人生活目的、進学目的が明確に文面に表されている。」[23]と、特に進学目的に注目している。

米国の Business Education にかかわるものは、雲英の著書『ビジネス教育の教授＝学習システム（上巻・下巻）』（多賀出版、1981 年）、また、論文については米国のビジネス教育に関するもの 7 本、マーケティングに関するもの 6 本、コオペラティブ教育に関するものは 4 本におよぶ[24]。さらに、特記すべきことは Northern Illinois University の E. Edward Harris 博士の日本への招聘（昭和 61 年 8 月）を挙げることができる[25]。このように、雲英の商業教育論と米国の Business Education は密接な関係にある。また、上記のマーケティングの論文数からして、日本の商業教育にマーケティング教育を取り入れる努力を重ねられたことがうかがえる。

（3）マーケティングと商業教育

　わが国の商業に、ほぼ該当する海外の専門用語として、米国には Marketing そしてイギリスには Commerce がある。なかでも Marketing は、米国でも比較的新しく誕生した用語で、20 世紀に入ってから大学の講座名などに使われるようになったものである。Marketing は、商業と同様に様々な定義付けがなされており、「このマーケティングには、母国アメリカでさえそうであるのだが研究者によってそれぞれ異なる定義が与えられ、議論の共通性を欠くうらみがある。」[26] として、諸説を挙げて紹介しているが、雲英の関心はそのマーケティングの定義づけより、むしろ商業教育における流通とマーケティングとの整合性をはかることに向けられている。

　雲英によれば、流通にはマクロとミクロの 2 つの移転があり、①マクロ、すなわち国民経済全体の観点から、生産物一般の社会的移転を眺めたものと、②ミクロ、すなわち個別企業による事業経営の観点から、自社の関係する生産物の社会的移転を眺めたものがある。①マクロの移転を流通と呼び、②ミクロの移転をマーケティングと呼んで区別・整理している[27]。

　雲英は、次世代の商業教育の柱となるのはマーケティングであると主張し学習指導に際して教師が留意すべきマーケティング理念、多様な学習指導のあり方、事例学習法を考案している[28]。しかし、商業教育におけるマーケティング教育は、その後も進展と活気がみられず、昭和 57 年の調査によれば必修・

選択等を合わせたマーケティング教育の実施率は全体で 48.5%、比較的よく行われている商業科経営類型・営業科でさえも 88.9%であったとこの事実をどう受け止めるべきであろうかと嘆かれている[29]。

（4）高等学校の商業教育
① 商業教育と商業
　ふつう一般に"商業"といえばこれを狭く解し、生産者と消費者との間に立って、商品流通の事業に携わるものとみる。しかし、高等学校の商業教育では、その"商業"が非常に幅広い意味をもっていることは、広く関係者が共通に理解しているところでる。高等学校で取り扱う"商業"の内容は、「高等学校における商業教育は、日本標準職業分類でいう事務従事者、販売従事者を中心に専門的、技術的職業従事者および管理的職業従事者の一部に該当する職業の職務遂行に関する内容を主として取り扱うという見方である。逆にいえば、商業教育では農林・漁業作業や採鉱・採石作業、運輸・通信作業、生産工程作業などの職務上の内容は取り扱わないのである。」[30]との見解である。

② 商業教育の教育内容
　雲英は、大埜と同様に商業教育の教育内容については産業横断説をとっている。高等学校の商業教育における商業の概念は、物品の売買業に限定されるものではなく、第3次産業に属する業種の大部分を包含するものであると捉え、さらに商業教育を産業分類としての第3次産業の範囲にとどめることは商業教育の実態を表していない。なぜなら、商業教育は、商業学のほかに、経営学、経済学、会計学の各分野にまたがり、経営学や会計学の取り扱う領域は、流通面に限られるものではなく、生産に関しても大きな役割を持ち、経済学はさらに消費についても重要な対象としている。従って、高等学校の商業教育の教育内容は、すべての産業の中に共通に存在する商業的な面を対象とするものであるとの見解を示している[31]。

（5）一般教育としての商業教育

① ビジネスのための（for）教育とビジネスに関する（about）教育

　米国のビジネス教育の多様性を理解するには、ビジネスのための（for）教育とビジネスに関する（about）教育を区別する必要がある。ビジネスのための（for）教育とは、職業生活に進む目的を持っている生徒に、就職または昇進のために必要なことを学ぶ学習者の教育レベルに応じて、実務で必要とされる水準まで技術的能力を伸ばし、ビジネスを理解させる職業教育であることを強調した教育である。また、ビジネスに関する（about）教育とは、ビジネスのシステム全体の中で自分の役割を果たす能力を得させ、消費者、労働者、市民として必要とされる個人的・社会的・経済的な能力を伸ばすというビジネス教育の一般教育の役割に目を向けた教育である[32]。

② 一般教育とキャリア教育

　雲英によれば、一般教育とは、生徒が将来ひとりの人間として、あるいは国民ないし国際人として、職業の有無、職種のいかんに関わらず社会生活を営むうえでの資質を培い教養を高めるために行われる教育である[33]。「アメリカにおける2つの目標論をならべてみて気付くことは、前者が体系的に組まれているのに対して、後者はその具体性ですぐれている点である。両者ともに商業教育を単なる職業教育（vocational education）と見ないで、その一般教育（general education）や社会的経済的観点（social and economic viewpoint）を重視している点、まことに同感である」[34]。このことを通して雲英の主張は、「商業教育は基本的に専門教育、職業教育（産業教育）としての性格をもつ。現実に商業教育が主として行われる場は商業の専門学科であるから、関係者の目はもっぱら専門教育のほうに向けられて、いま一つの性格であるはずの一般教育、市民教育の面は従来あまり顧みられなかったきらいがある。」[35] が、一般教育としての商業教育はもっと強調されてもよいはずであるとの見解である。

　キャリア教育と一般教育の関係については、キャリア（career）とは、人の生涯の仕事で、キャリアの中には複数の職業に就いていたこと、またいくつかの職務を経験したことが含まれることがあり、キャリア教育は職業教

育や職務訓練よりは意味の広い用語であるとの見解である。キャリア教育は、幼稚園から成人までの教育の過程全般を包括するものであり、キャリア教育は一般教養教育と職業教育の両方にまたがるものである[36]。

3. 澤田利夫と商業教育

(1) 商業の未分化から分化へ

澤田利夫の商業についての認識は、もともと自給自足の経済においては、生産・流通・消費の機能は単一の経済主体として未分化であり一体のものであった。その未分化であり一体となっている生産活動には、本来、生産するための職分と職能が含まれているとの見解である。

この未分化の職分と職能は、経済社会の発展につれて、需要の増大、それに伴う生産方式の変化、企業規模の拡大によってもたらされる業務の複雑化により徐々に分化していった。この職分と職能の分化は、企業の商業経営活動においては、商業の企業職分としての活動と企業職能としての活動の分離をもたらすのである。このことは、それまで未分化であった財務・購買・販売及びさまざまな管理事務等についての知識・技能の必要性を高めるとともに、生産と消費が時間的・空間的に分化し、商業の専門性が求められ、さらなる職分と職能の専門化に拍車がかかり、その結果として、商業による流通の機能が派生・独立していったのである[37]。

(2) 商業の企業職分と企業職能

澤田の商業理論の特徴は、商業のなかで一体となっていた職分と職能を切り離し、説明することにある。商業の企業職分とは、国民経済の主体としての商業者が果たす経済機能であり、商品の再販売購入活動をとおして消費者の満足を最大に実現するものである。また、商業の職業機能とは、商業の企業職分を達成するための各種の経営活動であると区別している[38]。

商業に関する教科の教育内容は、商事活動および経営管理に関する知識や技能であり、これらの知識・技能がすべての産業全般に必要なものであるとされ

てきたのは、企業職能の分化によるものである[39]。このように商業の企業職分と企業職能の分化は、経営活動に関する知識・技能については、流通機能としての購買や販売に関するものと、経営組織の垂直的分化によって生じた管理や事務に関するものという企業活動の対外的なものと対内的なものが合体したものとして理解される。このような商業観は、商業教育と結びつき、高等学校学習指導要領の教科商業の目標と澤田の商業理論との整合性を保っている。

（3）米国の Business Education と Distributive Education

　米国のビジネスに関する教育で、わが国の高等学校の商業教育に該当するものは、Business Education（ビジネス教育）と Distributive Education（流通教育）をあわせたものであるとの認識に立っている。Business Education（ビジネス教育）の内容とされる科目は、一般に Business Mathematics、General Business、Typing、Shorthand、Business English、Office Management、Consumer Education、Filing、Office Machine、Business Low、Record Keeping などである。これに対して Distributive Education（流通教育）は、主として小売販売・広告・マーケティング・セールスマンシップに焦点をおき、できるだけ学校内外でのO. J. Tによる作業経験を通じて学習させるものである。通常 Vocational Education といわれているものに最も近いのがこの流通教育であり、「このようなアメリカ合衆国の場合と比べると、わが国の場合は、ビジネス教育と流通教育の両方の性格をもっているが、<u>どちらかといえばビジネス教育の内容に近いものが多いといえる。</u>」[40]（下線、筆者）。

　澤田の理解によれば、Business Education（ビジネス教育）は、知識・技能についての内容が主要なものであり、Distributive Education（流通教育）は、実践的・体験的な学習が主要なものであるということになる。日本の商業教育は、米国の Business Education（ビジネス教育）と Distributive Education（流通教育）の両方の教育内容で構成されているが、知識・技能に関する内容の比重が大きいという見解である。

4. 吉野弘一とビジネス教育・商業（Business）教育

（1）ビジネス教育

　吉野弘一の著書である『商業科教育法―21世紀のビジネス教育―』[41]は、副題にあるようにビジネス教育という用語が使われている。商業科教育法という著書名は、大学の教職課程において高等学校教諭一種免許状（商業）を取得する為の教科書として書かれたものである。また、副題を「21世紀のビジネス教育」としていることにより、吉野は高等学校の商業教育は、ビジネス教育であるとの認識しており、このことは「今回の改訂においては、商業ではその対象とする教育内容を幅広く<u>ビジネス、商品の生産・流通・消費にかかわる経済的諸活動の総称</u>としてとらえるとともに、従前の教科のねらいである『経営管理的能力の育成にも配慮する』を『ビジネスの基礎・基本の能力の育成に配慮する』と改めた。」[42]（下線、筆者）とあり、解説書も「教科『商業』では、商業教育の対象を幅広くビジネス、商品の生産・流通・消費にかかわる経済的諸活動の総称としてとらえるとともに、教科の狙いを従前の『経営管理的能力の育成にも配慮する』から『ビジネスの基礎・基本の能力の育成に配慮する』に改め、教科の目標については、ビジネス教育の視点を明確にすることにした。」[43]とすることによって、商業教育をビジネス教育と捉え、高等学校学習指導要領との整合性を図っている。

（2）ビジネス教育と企業の利潤追求

　『解説書』と吉野の『商業科教育法』の大きな相違点は、ビジネスの利潤追求にふれたことにある。『商業科教育法』では、上記の経済的諸活動という表現について、さらに一歩踏み込み、「教科『商業』が対象とする<u>ビジネスは、商品の生産・流通・消費にかかわる企業の利潤獲得を目的とした経済的諸活動（日常継続的な仕事）の総称</u>とすることができる。」[44]（下線、筆者）としている。このことから、ビジネスの諸活動とは、企業の利潤獲得を目的とした商品の生産・流通・消費の日常継続的な仕事の総称ということになる。

従来、文部省の学習指導要領・同解説書には、企業の利潤追求については、様々な見解があり得るので触れることはなかった。吉野も教科調査官としてこのことを踏襲したのであろう。前述の大埜、雲英、澤田は、商業の機能・社会的役割に注目し、企業の利潤追求については、商業教育として踏み込まないか、前述の雲英のように、ある意味では棚上げしてきた。しかし、商業に比べ、語感として、私的営利がより強く表に出るビジネスを商業教育の中心に据える以上、企業と利潤獲得との関係について、自著による私的立場として、踏み込む必要があったのではなかろうか。

（3）　経済的諸活動とビジネスの諸活動

　吉野は、「教科『商業』が対象とするビジネスは、商品の生産・流通・消費にかかわる経済的諸活動の総称としているが、厳密に示すと、商品の生産・流通・消費にかかわる企業の利潤獲得を目的とした経済的諸活動（日常的な仕事）の総称とすることができる。」[45]（下線、筆者）として、ビジネスとは、企業の利潤獲得を目的とした（日常的な仕事）の総称と捉え、商品は、生産者から流通業者に、流通業者から小売業者に売られ、そして小売業者から消費者に売られることである。そして、これらの取引のすべてが行われる場が市場または市場経済という概念であり、「企業の経済活動の総称であるビジネスが拡大すれば、家計や政府など経済主体の活動も拡大し、豊かな経済社会が構築され、豊かな経済生活をおくることができるようになる。」[45]（下線、筆者）としている。「教科『商業』の対象とするビジネスは、企業の経済的諸活動の総称としているが、幅広くビジネス教育をとらえれば、教科『商業』の教育内容は、このような経済の仕組みの中におけるすべての経済的な諸活動の基礎・基本の内容としてもとらえることができる。」[46]（下線、筆者）と教科「商業」とビジネスとの整合性を図っているが、ここで、ひとつ気になるのは、吉野が主張しているビジネスは、従来、商業教育が扱ってきた商業と同じ概念であるのではないか、という疑問である。

　商業の定義については諸説あるので、ここでは『広辞苑第6版』（岩波書店、2008年1月。）を引用すると、商業とは「商品の売買によって、生産者と消費

者との財貨の転換の媒介をし、利益を得ることを目的とする事業。」とあり、吉野のビジネスと同じ概念のように思われる。「企業は商品の生産・流通・消費という経済の流れの中の生産・流通活動を主とした様々な経済的諸活動を担当しており、教科『商業』はこれらの経済的諸活動の総称である<u>ビジネス</u>の基礎・基本の能力の育成に関する教科として21世紀を迎えることになる。」[46]（下線、筆者。）との主張は、そもそも、経済的諸活動というマクロとビジネスの諸活動というミクロを直接結びつけたことによるミスマッチのように思える。

利潤については、「企業は家計から労働・土地・資本などの生産用益を、また他の企業から原料・資材・用具などの資本財を購入して生産活動を行い、その結果つくり出される生産物を家計や政府及び他の企業に販売することによって、利潤を獲得する。ここにおける生産とは、パンの製造や自動車の組立のようなものだけでなく、輸送や小売りのようにサービスをつくり出すことをも含んでいる。」と説明している。利潤の根拠は、企業の生産活動、その生産物の販売やサービスによるものであるとして、教科書との整合性をはかっているのであるが、生産そのものは産業教育としての商業教育の対象ではない。

(4) 商業（Business）教育

吉野は、「商業（Business）教育の創造 ― 知識社会を生きる生徒の育成 ―」[47]において、次の学習指導要領の改訂にむけて、来るべき社会を知識社会と規定し、商業教育の新しい課題は、企業家の養成、専門家の育成、地域活性化の人材育成であるとしている。また、「新しい商業（Business）教育への挑戦」[48]において、新しいビジネス教育の方向性、充実に向けた課題を示すとともに、新学力を提示し、ビジネス教育の強みを生かすものとして、資格取得、商品開発、地域連携、知的財産権教育や金融教育への新規挑戦を挙げている。しかし、吉野のビジネス教育と商業（Business）教育との関連性が不明確であり、とりわけ、なぜ、（Business）でなければならないかの必然性を読み取ることは出来ない。

むすび

　商業教育におけるビジネス教育は、表現の差こそあれ、商業教育にとって、古くて新しいテーマである。初代の教科調査官大埜と2代目の雲英においては、まだ米国の Business Education の影が見て取れる。また、4代目の澤田については、Business Education は、日本の商業教育との比較の対象としての位置付けが読み取れる。しかし、5代目の教科調査官岡田修二の頃より米国の Business Education の影は消え、日本独自の商業教育として、経営・管理、経営管理、経営管理的能力の育成へと移っていき、6代目の吉野のビジネス教育へと引き継がれていったのである。

　日本の高等学校の商業教育は、米国の Business Education を参考にしたビジネス教育（商業教育の範囲の拡大）から商業教育に内在する経営管理に関するものへ、そして現在のビジネス教育（商業教育の教育内容の拡大）に移ってきたのである。この間、商業についての理論的研究は、商業教育の伝統の中で業績としてしっかりと根を下ろしている感があるが、ビジネスについての理論的な研究は、これから更に積み重ねていかなければならない。

　高等学校の商業教育のなかに、ビジネス教育を取り入れる、もしくは、商業教育とビジネス教育が共存する方向性は、高等学校学習指導要領をみても明らかである。商業教育におけるビジネス教育の理論的な支柱を、自由闊達な議論の中から早急に構築し、商業教育としてのアイデンティティを確立しなければならない。

　日本商業教育学会第19回全国大会での東京支部代表（山原克明）の研究発表「ビジネス（商業）教育の新たな構想と展開」は興味深いものがある。「ビジネス（商業）教育」を創造するためにつぎ込まれた膨大な労力と時間とその研究成果に敬意を表するものである。筆者もビジネス教育という大枠から高等学校の商業教育を分析するという立場であるから、「ビジネス（商業）教育」といえるかもしれない。

　雲英道夫先生は、生前、阿含経の"群盲撫象"という仏教説話を引用され

270　第3部　商業教育からビジネス教育へ

「商業教育とは何かについて、"群盲撫象"の寓話を思い出させる。人が象のどの部分に触れたかによって、それぞれ象を壁、槍、蛇、あるいはロープのごときものだと定義するが、この場合、それぞれの人にとって象がどのような動物であるかというイメージは、各自の知覚と経験の範囲内に限定されているのである。」と、話されていた。商業教育に携わるものとして胸に刻むべき言葉である。

注
1)　大埜隆治『高等学校商業教育論』、市ヶ谷出版、昭和39年、p2。
2)　同上書、p.1。
3)　同上書、p.23。
4)　同上書、pp.22-23。
5)　同上書、p.3。
6)　同上書、p.4。
7)　同上書、p.9。
8)　同上書、p.5。
9)　同上書、p.194。
10)　同上書、p.6。
11)　同上書、p.200。
12)　同上書、p.14。
13)　同上書、p.204。
14)　同上書、pp.212-213。
15)　同上書、pp.6-9。
16)　同上書、PP.9-11。
17)　雲英道夫『新講　商学総論』、多賀出版、平成7年、p.35。
18)　同上書、p.36。
19)　同上書、pp.37-38。
20)　同上書、p.37。
21)　雲英道夫「アメリカの高等学校における商業教育 ― その一例 ― 」『商学研究所報』、専修大学、第53号、1985.7、p.16。
22)　雲英道夫『ビジネス教育の教授＝学習システム（上巻）』多賀出版、1981年（昭和56年）、訳者序文。
23)　前掲書、雲英道夫「アメリカの高等学校における商業教育 ― その一例 ― 」、p.4。

24) 雲英道夫『商業教育を論ず』、白桃書房、1989年9月、pp.289-291。
25) 同上書、p.281。
26) 雲英道夫、前掲書、p.21。
27) 同上書、p.34。
28) 前掲書、雲英道夫『商業教育を論ず』、pp.67-116。
29) 雲英道夫・土屋卓治・田中義雄「高等学校商業教育の実態分析」、専修大学商学研究所報第30・31合併号、昭和57年。
30) 田中義雄・雲英道夫編著『商業科教育論』、多賀出版、昭和53年11月、p.6。
31) 雲英道夫、前掲書『商業教育を論ず』、pp.22-26。
32) 雲英道夫、前掲書『ビジネス教育の教授＝学習システム（上巻）』、pp.7-12。
33) 雲英道夫、前掲書『商業教育を論ず』、p.36。
34) 田中義雄・雲英道夫編著、前掲書『商業科教育論』、p.14。
35) 同上書、p.218。
36) 雲英道夫、前掲書『ビジネス教育の教授＝学習システム（上巻）』、pp.18-21。
37) 澤田利夫『商業教育原理』、多賀出版、昭和58年5月、p.81。
38) 同上書、pp.117-119。
39) 同上書、p.118。
40) 同上書、p.119。
41) 吉野弘一『商業科教育法 ― 21世紀のビジネス教育 ―』実教出版、2002年。
42) 同上書、p.47。
43) 文部省『高等学校学習指導要領解説　商業編』、実教出版、平成12年 p.7。
44) 吉野弘一、前掲書、p50。
45) 同上書、p.49。
46) 同上書、p.50。
47) 吉野弘一「商業（Business）教育の創造 ― 知識社会を生きる生徒の育成 ―」、じっきょう 商業教育資料　No.73　通巻361号、実教出版、2006年5月20日。
48) 吉野弘一「新しい商業（Business）教育への挑戦」『じっきょう 商業教育資料』No.79、通巻367号、実教出版、2008年6月2日。

第4部

ビジネスの起源と教材開発

第13章
ビジネスの歴史を主体的に学ぶ基軸とは何か

はじめに

　ビジネス教育の課題として、現代が混沌とした時代であるからこそ、ビジネスとは何かという本質論やビジネスに関する理論についての学習が求められる。ビジネス教育を学ぶにあたり、現代の我々を取り巻く経済社会環境のなかで、ビジネスを身近な存在として感じ取る方法として、二つのアプローチが考えられる。まず、ビジネスを実体験することによってビジネスとは何かを学ぶアプローチであり、もう一つは、ビジネスの歴史を遡りビジネスの原点を探るなかからビジネスとは何かを学ぶアプローチである。

　現実のビジネスにまず触れて、ビジネスがどのようなものかを体験することによって、ビジネス教育の導入とすることは、ビジネス教育の実践のなかでインターンシップや学校デパート実習、アントレプレナーシップ等で数多く取り組まれているが、ビジネスの歴史を遡ることによってビジネスの本質を探るというアプローチの実践例はほとんどない。

　ビジネスについて学ぶということは、教科書や参考書・問題集に書かれているビジネスの事象やテクニックを単に知識や技能として受け入れることではない。また、ビジネスに関する歴史的な事実をただ知識として受け入れることでもない。ビジネスに関する史実から、なぜそのようなことが行われたのか、それに対応するビジネスの諸活動の特徴とは何か等について疑問を持つことは、主体的にビジネスを学ぶ方法として重要な示唆を与えるはずである。

ビジネス教育においてビジネスの歴史を検証することは、ビジネスの原点について考えることでもある。その思考訓練のなかから自分のもっているビジネスに関する、知識、技能、倫理観、体験、をとおして現実のビジネスを理解することに結びつけていく教育が求められる。日本の歴史にビジネスという光をあて、そこに映る写像からビジネスの本質を学ぶ学習を新たに組み立てることは、ビジネス教育の新しい分野を切り開くことになるのではないか。

1. ビジネスの歴史の分析軸

（1）ビジネスを主体的に学ぶ

　ビジネスを主体的に学ぶとは、自らと現代の経済社会におけるビジネスとの関わりを考えながら、自分自身が経験したことや自分の持っているビジネスに関する知識、技能、倫理観を確認・修正することによって、ビジネスの本質を自分なりに描き出そうとすることである。この思考訓練を通して、ビジネスを主体的に学ぶということを身に付ける為には、どのようなビジネスに関する教材が有効なのであろうか。

　ビジネスに限らず、現在あるものは様々な歴史的経緯を経て現在に至っている。その歴史的経緯のなかに、ビジネス取引の原点を探り、ビジネスの源流から、史実を踏まえながら、現代に滔々と流れるビジネスの潮流をたどる学習方法を構築するには、どのようにすればよいのか。

　ビジネスの歴史を学ぶことは、シンプルなものから徐々に拡大し、枝分かれをし、複雑化してきたビジネスの歴史をたどることでもある。しかし、ビジネスの歴史を遡るといっても、どこまで遡ればよいのか、という疑問が残る。現代社会のビジネスの香りが漂う起点とは歴史上のどの辺りであるのか、ビジネスの歴史を総合的・全体的に把握する必要がある。ビジネス取引に関する知識、技能、ビジネス倫理観等は、それぞれ個別に発達したというより一体となって、その時代のビジネスの諸活動を形作ってきた。

　ビジネスの起源やビジネスの歴史についての学習内容は、現代のビジネス感覚で史実と向き合うことによって、どのような経緯を経て、現代のビジネ

スに引き継がれてきたのか、その原因を推測するという学習方法を取ることになる。なぜなら、史実としての歴史は、様々な経緯を経てスクリーニングされ、生き残り、後世に伝えられたものであるからである。例えば、史実として大原女(おはらめ)という用語が教科書に登場する。その記述については、「この時代、連雀(れんじゃく)商人や振売(ふりうり)とよばれた行商人の数も増加していった。これら行商人には、京都の大原女(おはらめ)(炭や薪を売る商人)・桂女(かつらめ)(鵜飼集団の女性の鮎売り商人)をはじめ、魚売り・扇売り・豆腐売りなど女性の活躍がめだった。」[1]であるが、この教科書の記述をビジネスの諸活動という視点で捉えると、なぜ、そのような販売形態や販売方法を取ったのか、または取らざるを得なかったのか、その時代背景はどのようなもので、史実として残っているということは、ビジネスとして成り立っていたことを意味している等を考えることによって、当時のビジネスの諸活動に迫ることができるのである。史実として残されているビジネスの諸活動について、その原因を探る教育を念頭に置くことによって、ビジネス教育の主体的な学習教材となるのである。

高等学校学習指導要領解説地理歴史編(以降、地理歴史解説書と略称する。)は、生徒に自覚させる学習課題としての指導上の配慮事項として、以下の6点をあげている[2]。

① どういうことか(事象の意味・内容)
② いつから・どのようにしてそうなったのか(事象の起点・推移の過程)
③ 何・だれがそうしたのか(事象の主体)
④ なぜそうなったのか(事象の背景、事象間の因果関係)
⑤ 本当にそうだったのか・何によって分かるのか(事象の信憑性、論拠)
⑥ 他の地域や時代とどういう違いがあるのか(事象の特殊性・普遍性)

(2) ビジネスの論理と資本の論理

ビジネスの諸活動は、二つの論理が貫徹する。まず、ビジネスの論理である。ビジネスの論理とは、損益計算(収益－費用＝利益)を意識することである[3]。次に、資本の論理である。資本の論理とは、事業に投下された資本は資本の自己増殖(利潤追求・利潤の極大化)を求めるということである[4]。

ここでは、ビジネスの諸活動を行う主体を「主体としてのビジネス」とよぶことにする。主体としてのビジネスとは、ビジネスの諸活動を行う主体を1つの財務単位として捉え、ビジネスの目的を達成するために個人であれ、事業体であれ、収入と支出を自らの能力と責任で行っているものをいう[5]。

　主体としてのビジネスは、極めて単純で合理的な行動をとる。それは、不易（時代や社会体制によって変化しないもの）としてのビジネスの論理、資本の論理が貫徹するということであるが、そのビジネスの論理、資本の論理は、流行（時代や社会体制によって変化するもの）としてのビジネス倫理観と結びつく。その時代の主体としてのビジネスは、ビジネスの諸活動を行うにあたって、販売してもよい商品の選択（公序良俗に反しない）、費用を節減させる具体的な方法、時の政府の政策としての利潤追求の奨励又は制限等は、時の社会体制によって異なっているのである。

　ビジネスの諸活動は、理論としてのビジネスの論理や資本の論理が、実際に貫徹する不易という側面とその時代に適合するために形を変えて貫徹する流行という側面とを併せ持っていることを理解することによって、その時代、その社会におけるビジネスの特徴を明らかにすることができる。

　史実という結果として表れている事象に対し、ビジネス教育はその事象がビジネスにあたるかどうかの判断を下さなければならない。ビジネスの諸活動であると判断するためには、当事者が意識していたか意識していなかったのかは別として、ビジネスの論理、資本の論理が貫徹していたという結果が伴わなければならない。そうでなければ、経済外的な強制による行為であるか、自発的な労働奉仕であるかの見極めがつかない。経済外的な強制や対価を求めない行為は、そもそもビジネス取引ではないのである。また、あまりに単純化してビジネス取引を扱うと、ビジネスについてそれぞれの個別性はなくなり、古代の物々交換にまで遡ってしまう。

(3) 労働の価値

　ビジネス取引の成立要件には様々なことが考えられるが、平時で特別な事情がない限り、究極的には、お互いの交換取引の対象物について、自らが投下

するであろう労働の質と量に見合うかどうかということが重要な判断材料となる。物々交換であれ、売買取引であれ、ビジネス取引の対象物について、自らの持っているモノにかけた知識、技能、労働量と、取引相手が持っているモノを自らが制作するとしたら、投下するであろう自らの労働の価値としての知識、技能、労働量とを比較して、自らに有利であると判断した場合にのみ、交換取引に応じるのである。ただ、この合理性の認識には個人差がある。自らの知識や技能を含め、緊急度や得意・不得意による個人差があるからである。ビジネス取引は当事者の意識のなかで、ビジネス取引の是非について検討がなされる。モノやサービスの必要性、代替品があるかどうかの検討、緊急度、交換機会の喪失等のそれぞれの事情を加味し状況判断を行い、結果として、お互いがメリットを見いだすことによってビジネス取引が成立するのである。

詐欺や犯罪行為は別として、モノやサービスを無償で提供する譲渡や利益を念頭におかないボランティア活動等はビジネス取引ではない。善意に基づいたボランティア活動等は、労働の対価たる交換価値の認識を放棄したもので、一方的な使用価値の提供であるからである。また譲渡は、モノやサービスを提供する者と受け取る者との合意はあるが、モノやサービスを提供する側に商品という認識はなく対価を求めないので、自らに有利な取引を行うというビジネス取引の要件を備えていない。従って、ビジネスの論理が貫徹していない譲渡やボランティア活動等は、労働を含め無償提供という善意に支えられており、広義のビジネス取引の範疇に入らないのである。

(4) 広義のビジネス取引（ビジネスの論理）

ビジネス取引[6]の起源をどこまで遡るかということについて、広義のビジネス取引と狭義のビジネス取引とを区別して検討する必要がある。

広義のビジネス取引とは、ビジネスの論理に基づいて行われる相対(あいたい)交換取引である。ビジネス取引の原点はモノやサービスを商品と認識するところからはじまる。モノやサービスの交換取引は、物々交換するモノを持ち合わせず、モノを受け取る代わりに労働を提供するという場合もあり得るが、ここでは単純化するために、モノとモノとの交換を前提にした物々交換を取り上げる。

相対交換取引は、お互いのモノの使用価値を認識する者同士が、少しでも自らに有利なるようにしのぎを削り交渉するビジネス取引である。ビジネス取引の前提は、お互いの合意・納得のもとで交換取引[7]を行うことであり、その結果、取引が成立する場合もあるし成立しない場合もあるという選択の自由が前提になければならない。つまり同じ立場で同じ条件のもとで当事者が相対し、交換取引が成立するか成立しないかの意思決定の自由が保障されていなければ、ビジネス取引とはならないのである。

　ビジネス取引の中心には使用価値と交換価値の認識がある。モノの交換当事者は、お互いに利害関係が正反対に現われるゼロサムゲームであるから、安易に譲ることはできない。ビジネス取引過程は、お互いに商品の使用価値を認め合い、その使用価値にふさわしい交換価値の認識の開きを埋める作業でもある。従って、ビジネス取引のなかで取引が成立するということは、結果として、お互いにメリットを見いだしたということであり、ビジネス取引の正常な姿である。

　広義のビジネス取引は、使用価値の認識と交換価値の一致という合意過程を含むものであり、とりわけ売買取引では交換価値（売買価格）の評価に当事者の意識が集中する。いくらで売れたのか、いくらで買ったのか、このことがビジネス取引の中心的な課題である。

(5) 狭義のビジネス取引（ビジネスの論理＋資本の論理）

　狭義のビジネス取引は、ビジネスの論理に加えて、主体としてのビジネスがビジネスの諸活動を行うために投下した資本に対し、結果として、投下した資本を上回る資本の回収が求められる。資本の論理は、投下した資本の自己増殖を目指す再投資を行うことを前提としており、多額の利益を得たとしてもその利益を再投資しない場合、例えば、ビジネス以外の贅沢品やビジネスの諸活動に不要な屋敷等に利益を使い切る行為は、資本の論理に反することである。

　狭義のビジネス取引では、実際に資本を投下する場合は、資本の自己増殖、しかも利潤の極大化をもとめる資本の論理が貫徹している。主体としてのビジネス（個人でも、事業体でもよい）は、家や事業体の内と外を区別し、ビジネ

スの専業部分がビジネス取引を行うことによって成り立っているものをいう。事業体が店を構える等、ビジネスとして実際に資本を投下する場合には、投下した資本そのものが資本の自己増殖という意志を持ち、常に、利潤の追求や利潤の極大化が一人歩きをしてしまう危険性を秘めている。従って、狭義のビジネス取引では、利潤の極大化をもとめる資本の論理が貫徹し、その制御は困難を極める。このことは、ビジネス教育の過去、現在、未来にわたる永遠のテーマとなっており、商業道徳、ビジネス倫理観の育成という教育テーマがビジネス教育から外れることはない。

狭義のビジネスとは、広義のビジネスの論理に資本の論理を重ね合わせたビジネスの諸活動を行うことを指している。現代のビジネスから見たビジネスの歴史を遡る起点は、ビジネスの諸活動を行う主体としてのビジネスが、ビジネスの論理と資本の論理を合わせて認識したことが史実として日本の歴史に登場することをもって、ビジネス教育におけるビジネスの起点と判断する。

(6) 社会体制とビジネス倫理観

ビジネス取引である以上、いつの世であっても消費者ニーズに応えなければならないし、取り扱う商品の価格と質についての競争が生まれる。これらのことはビジネスの不易の側面である。また、ビジネスの流行の側面とは、ビジネスの歴史を遡れば、ビジネス取引について、何らかの規制があるか、逆に何らかの奨励があるか、その時代の特徴として表れてくる。

ビジネス取引における時代の特徴は、ビジネス取引を遂行する具体的な方策の移り変わりであり、主体としてのビジネスが行うビジネスの諸活動の在り方に大きな影響を与える。ビジネスの論理であれ、資本の論理であれ、そのための手段は選ばれなければならないのであり、その何らかの制約なり奨励がビジネス倫理観に凝縮され、その時代のビジネス倫理観を醸成させていくのである。

ビジネス倫理観は、同じ日本でも江戸時代と現代では異なる。身分制度が社会の基軸となった社会と自由と平等を指向する現代社会では消費者についての捉え方が異なり、また、平和な時代と戦時体制下では、取扱商品や売買方法の

違いとなって表れる。どのような社会体制、政治体制、経済体制であれ、ビジネスに対して何の規制も奨励もなく、自由にビジネス取引が行われる社会はむしろ稀である。ビジネスの歴史を分析するとき、その社会体制が封建社会であるのか、社会主義社会であるのか、資本主義社会であるのかによって、社会体制、政治体制、経済体制が異なり、結果として、ビジネス倫理観に大きな影響を与えるのである。

　封建社会では、社会の基幹である身分制度を揺るがしかねないビジネスは禁止されるし、現代社会では人の自由と平等に反するビジネスは成り立っていかない。これらのことは、結果として、ビジネス倫理観という形に収束され、社会体制に反するようなビジネスは社会に受け入れられない。ビジネス倫理観と社会は太い絆で結ばれているのである。

　ビジネスの歴史を通して、その時代のビジネスの諸活動を理解する有効な分析方法として、社会体制や政治体制という枠組みのなかで、ビジネス取引の不易と流行について考察することが浮かび上がってくる。結果として、ビジネス倫理観として特に強調されていることそのものが、その時代のビジネスの諸活動の問題点であることが、浮かび上がってくる。

（7）　現金、安売り、掛け値なし

　ビジネス倫理観にも不易と流行がある。ビジネス倫理観は、業界団体に都合の良いものもあれば、都合の悪いものもある。都合の良いものとは、業界内のビジネス倫理観を守ることが同業者全体の利益に貢献することであり、都合が悪いものとは、安売りのように消費者の利益に貢献するが同業者全体の利益を損なうものであり、同業者は利益を十分に確保できず、通常、同業者間の競争が厳しくなることである。

　現代にも通じるビジネス倫理観の不易の例として、三井八郎兵衛高利の越後屋の繁盛ぶりをみてみる。越後屋が掲げ実行した「現金、安売り、掛け値なし」という引札（広告）の効果によって客が殺到し、『誹風柳多留』に「駿河丁（越後屋の所在地）、畳の上の人通り」と詠まれるほどであった[8]。しかし、三井八郎兵衛高利の新商法は平坦な道を歩んだわけではなかった。越後

屋は、呉服商仲間から様々な妨害を受け、さらに奉行所に訴えられたのであるが、消費者の支持があり奉行所は呉服商仲間からの訴訟を取り上げなかった[9]。ここでは、同業者間のビジネス倫理観と消費者に向けてのビジネス倫理観が対立したのである。

　封建社会の秩序を守るために同業者と足並みをそろえるビジネス倫理観と消費者に安く良いものを提供するというビジネス倫理観は必ずしも一致しない場合がある。どちらのビジネス倫理観が社会体制に受け入れられるかは、その社会の成熟度によって異なってくる。三井八郎兵衛高利の場合は、新商法が庶民にすでに受け入れられており、奉行所もその影響を無視できない社会状況が成立していたことを意味している。そうでなければ、高等学校の日本史の教科書に載ることはなかった[8]。

　封建社会と現代では、社会構造も社会が目指す目的も異なっている。越後屋の行った、掛売りを止めて現金売りのみで商売をすることには大きなリスクがあったに違いない。当時の商習慣では、掛売や掛値が一般的に行われていたからである。そして、このことが商品の価格が高くなる原因でもあった[10]。封建社会という社会環境のなかで、安くてより良い品物を提供し、薄利多売を実行することは、現代のビジネスとは比べものにならない障害があったはずである。まず、独自の商品仕入れルートを持っていなければ、供給ルートを止められ、すぐに頓挫してしまう。なかでも呉服商仲間のビジネス倫理観（暗黙の合意）に背くことが、そのまま封建社会体制に背くものであると見做されると、高利はすべてを失い、場合によっては命の危険にさらされたはずである。このことは、社会体制、政治体制、経済体制を抜きにしたビジネスの歴史学習では、時代の流れ、先人の偉大さを十分に伝えられないことを意味している。

2. ビジネスの黎明期

（1）基本的な資料の選択

　日本のビジネスの歴史を遡る教材として何を基本的な資料とすればよいのか。特に史実として取り上げるべきか否かの判断基準をどこに設定すればよい

のか。客観性をもち得る史実とは何か。基本的な資料の選択についてのこれらの疑問について、どのように応えればよいのであろうか。

　まず考えなければならないのは、ビジネス教育の教育対象をどこに設定するかということである。金融ビジネス等の専門的なビジネス分野の歴史を学問として研究する大学院生の場合と高等学校教育のなかでビジネスの歴史を学ぶ生徒の場合では教育対象が異なる。教育対象が異なれば、教育内容も異なるし、教育方法も異なってくる。

　史実については、様々な解釈があり得る。基本的にどの見解を中心に据え、どの資料を裏付けとして用いればよいのか。このことについて、全く手掛かりがないわけではない。教育対象を高等学校の生徒に設定すれば、具体的な教育内容や教育方法は自づから決まってくるからである。本稿で取り扱うビジネスの歴史は、特殊的・専門的な分野のものではなく、高等学校の専門教育・普通教育におけるビジネス教育の歴史である。このことを前提とすれば、その基本的な見解や資料は、日本のビジネスの歴史については高等学校の「日本史」の検定教科書からビジネスの歴史を抽出し構成していくことが適切である。

　高等学校学習指導要領が示す「日本史Ｂ」の時代区分は、原始・古代、中世、近世、近代、現代という区切りである[11]。また、地理歴史解説書によれば、それぞれの時代の区切りは、原始・古代は旧石器文化の時代から平安時代まで、中世は鎌倉時代から戦国時代まで、近世は安土桃山時代から江戸時代まで、近代はペリー来航から明治時代末期、現代は第二次世界大戦終結以降となっている[12]。

　社会体制によって制約条件等ビジネスを取り巻く環境が変わってくることは、すでに述べた。社会体制を中心に日本史をみれば、古代の律令国家制の成立は、日本では7世紀半ばから形成され、奈良時代を最盛期とし、平安初期の10世紀頃まで続いた[13]。中世は12世紀後半から武士による政権が生まれ、武士は各地で荘園・公領の支配権を貴族層から奪い、しだいに武家社会を確立していった[14]。封建制度との関連においては、武士による幕藩体制の成立期と一致し、中世と近世は、古代の氏族・奴隷制社会と近代の資本主義社会との中間にあり、封建制度を基底とする社会である[15]。

284　第4部　ビジネスの起源と教材開発

「日本史B」で行っている時代区分は、社会体制の変化によるものが基本であるから、原始・古代、中世、近世、近代、現代というこの時代の区切りはビジネスの流れと一致するはずである。なぜなら、ビジネスの外部環境として一番影響を与えるのが社会体制、政治体制の変化であるからである。ビジネスの黎明期は、広義のビジネス取引が行われていた原始・古代であり、また、日本における狭義のビジネス取引の起点は、武士が社会を支配した中世、近世の封建社会が対象となる。

（2）ビジネス取引の起点

「日本史B」における原始・古代の学習の要点は、地理歴史解説書によれば、日本の原始・古代については、旧石器文化の時代から奈良時代までを扱い、その時代を古代国家の推移という観点で捉えれば、国家体制の諸地域における土地と人々に対する支配体制の動揺が公領の変質をもたらし、荘園が拡大するなかで武士が登場してきたことであり、その背景にあるのは、摂関政治の展開や院政の成立などによって、律令体制の再編と変質が起ってきたことである。この歴史の流れを通して、古代社会の変化のなかに中世社会の萌芽がみられたことを、生徒に考察させるとしている[16]。

日本の歴史のなかで原始・古代におけるビジネス取引は、自給自足と等価交換の時代といえる。確かに、日本に古代国家の政治組織である律令体制が成立し、主要産業である農業を担う農民は、戸籍・計帳に登録され、国家より口分田が与えられ、その代わりに租庸調の税を納め雑徭や兵役などを負担していた[17]。このような社会体制のなかでは、自己消費する以外の農作物は租税として徴収される対象であり、農民が農民自身の判断によって、自由なビジネス取引を行う素地があったとは言い難い。

余剰農作物と生活必需品・道具の物々交換について、代理や委託による商業といえるものが当時からあったと思われるが、「日本史」の教科書に市の記述が出てくる例としては、畿内やその周辺では十日ごとに月三回開かれる定期市（三斎市）が出現するようになったことや全国の各地域においても荘園と荘園の境界や河原などに市が立つようになったのは、中世になってからである[18]。

古代に市にあたるものがあり、広義のビジネス取引が行われていたとしても、教科書に記述がないことは、市にあたるものが史実として確認できないか、市が公に統制又は育成を図るところまでに至っていないと判断した結果である。また、物々交換取引があったとしてもこれは広義のビジネス取引であり、原始・古代は基本的に自給自足を前提とした社会であったことを示している。現代のビジネスの起源として古代は、狭義のビジネス（ビジネスの論理＋資本の論理）が成立するまでの要件を備えていないのである。

中世について地理歴史解説書は、中世の日本の時代区分は中世国家の成立から戦国時代までを扱うとしている。地域社会において武家権力が伸張するなかで荘園制などの社会の仕組みが変化してきた、その変遷について考察させるとある[19]。現代ビジネスの起点を求める場合、史実としての宋銭の流入による貨幣経済の発達や諸産業と流通や地域経済が発達し庶民が台頭してきたことが挙げられる[20]。これらの史実によって、この時代に主体としてのビジネスの萌芽が生まれたといえる。ここで重要なのは、中世から近世までの社会体制は封建社会であるということである。

（3） ビジネスの起点の要件

現代のビジネスの起点として、日本の歴史のなかでビジネスの成り立ちと認めるには、以下の3つの要件を備えていなければならない。

① 主体としてのビジネスの当事者がビジネスの論理、資本の論理を認識していること。ビジネスの論理、資本の論理を認識しているということは、事業を行う上でビジネスの論理（収益－費用＝利益）、資本の論理（資本の自己増殖・利潤の極大化）を念頭におきビジネスの諸活動を行っていることである。

② 主体としてのビジネスの実体があるということ。主体としてのビジネスの実体があるということは、一つの事業体として、自己の責任で収入と支出を管理・運営していることで、具体的には、事業体として会計帳簿を用いてビジネスを行っていることが推測できることである。

③ 事業体としてのビジネスが公に認められていること。公にビジネスと認

められているかどうかの判断は、事業体（主体としてのビジネス）に対して公的に収益事業として課税されているということである。

　この3点を基軸として、現代のビジネスの視点に立ってビジネスの歴史を遡っていくことは、日本の歴史の流れとビジネスとの関連性をみてゆくことでもある。ここで大きな問題に直面する。ビジネスとしての一つの区切りは、その時代のなかでビジネス取引が広義のビジネス取引の状態であるか、狭義のビジネス取引の状態になっているかということである。しかし、この分類では、ビジネスの歴史は広義のビジネスの時代と狭義のビジネスの時代の二つの区切りしかないことになる。しかも、時代としての期間・年数ではなく、ビジネスの取引内容で区分すると、圧倒的に内容の少ない広義のビジネス取引の時代と圧倒的に内容が多い狭義のビジネス取引の時代となってしまう。

　現代社会でのビジネスの諸活動からその歴史を遡りビジネスの原点に至るには、広義のビジネス（ビジネスの論理）のみでは自給自足の時代、物々交換の時代しかカバーできない。加えて、広義のビジネス取引が主流の時代では、前述のビジネスが成立する3要件を備えていない。この段階では、ビジネス教育としてのビジネスの起点とはいえないのである。

　ビジネス教育において、歴史上のビジネスの起点となるには、狭義のビジネス取引（ビジネスの論理＋資本の論理）が社会に必要不可欠な存在として「日本史」の教科書に記述されていなければ、その客観性を担保したとはいえない。つまり、単に教科書に記載されていればよいのではなく、事業体としてビジネスの論理と資本の論理を認識し、独立した財務単位として収入と支出の管理について会計帳簿を用いて記載されていると推測され、社会的に収益事業として無視できない存在として課税されている、という3つの要件を備えていなければならないのである。

3. 封建社会とビジネス

（1）封建制とは

　中世の日本にビジネス取引の萌芽をみるということは、中世から近世に至る社会体制である日本の封建制とはいかなるものであったのかについての分析が求められる。ビジネスは社会体制や政治体制に大きく影響されるからである。

　封建的な諸関係について、マックス・ウェーバーは「封建的」な諸関係を大きく（一）「徭役貢納義務的」封建制、（二）「家産制的」封建制、（三）「自由な」封建制の三つに分類している。そのなかで、日本の封建制は（三）「自由な」封建制のなかでも（a）「従士制的」（b）「僧禄的」（c）「知行的」（d）「都市領主的」に区分しているなかの「従士制的」と分類している[21]。このウェーバーの指摘が適切であるかどうかについて、ここでは取り扱わない。そもそも、封建制の概念規定についてもさまざまな見解があるからである。

　日本の封建制の成立については、如何なる時期に、如何にして成立したのかについて様々な見解があり、安田元久は、「封建制の成立に関する考察に際して、つねに問題となるのは、『封建制』の概念を如何に規定するかということであろう。ここに『日本封建制の成立』についての研究史を述べようとするとき、やはり『封建制』の概念規定の問題が前面に横たわり、その概念規定についての整理が必須の前提となる。日本における封建制度が如何なる時期に、如何にして成立したか、あるいは日本の封建制が如何なる特質をもつかなど、封建制をめぐる諸問題は、過去における研究のおびただしい累積にもかかわらず今日も依然として学会の重要問題の一つとしての地位を失っていない。」[22] と述べている。

（2）封建制度の定義と封建関係

　封建制度とは何かを明らかにするには2つのアプローチ・立場がある。封建制度の本質の解明として、法制史的立場を取るか、経済史的立場を取るのかという議論である。法制史的立場を取るか、経済史的立場を取るかによって、封

建制の定義づけが異なってくるからである。

　法制史的立場を取るならば、封建制度とは領主層相互間の階層的な支配関係を基調として成立している法的秩序として把握される。このことにより、封建制の基礎としての主従制や恩給制などの概念が生まれてくる。また、経済史的立場で封建制度を把握すると、封建制度とは、領主とその支配下の農民との対抗関係に基軸を置くことになり、領主とは封建的土地所有者であり、農民は農奴と規定される。従って、封建制度とは領主の農民に対する経済外的強制による支配と収取が行われている社会体制ということになる[23]。

　ここでは、思考の迷路に迷い込まないために、日本史としての歴史区分におけるのと同様に、社会的・一般的に受け入れられている封建制についての定義づけを文部科学省の検定教科書の記述に求めることにする。検定教科書は法制史的立場を取っており、御恩と奉公についての説明は、御恩とは、将軍が御家人の所領を保証（本領安堵）したり、彼らを新たに地頭職（じとうしき）に補任（ぶにん）する（新恩給与）などを行うことによって、御家人の在地領主としての権利を公的に保障した将軍の御恩に報いることである[24]。また、奉公とは、御恩に報いる為に、御家人が戦時の軍役や平時の京都大番役・鎌倉番役などに励むことをいう[25]。このように、検定教科書は、所領（土地）を仲立ちにした主従関係を封建制という法制史的立場を取っているため、どの教科書の索引をみても、農奴という用語は出てこない。

　「日本史B」の検定教科書による封建制や封建関係についての説明は、それぞれの教科書で表現は多少異なるにしても統一見解といえるものがある。そもそも封建制は、少数の武装能力者が社会を支配することであり、その支配構造である[26]。さらに、封建制は一つの権力分割を意味しており、その分割は権力機能の分割ではなく、相似形の支配形態の量的な分割である[27]。このことをまとめると、封建制とは、武力を背景とした支配者が、武士以外の人々（被支配者）を支配することによって成り立ち、その支配構造は、支配者層と被支配者層の相似形のピラミッド組織の多重構造となっている。支配組織の仕組みは、領主を一つの頂点とした支配組織であるが、ある一定以上の規模になると細胞分裂を起こし、領主の下に領主を一つの頂点とした相似形の支配組織が臣

下の中に複数生まれる。この場合、領主と臣下との関係は保たれたままで、それまでの臣下が独立した領主となるのであり、組織が大きくなればなるほど、一つの領主の下に多数の臣下が細胞分裂し、かつて臣下であった者が新しい細胞では新たな領主として、元の領主の下に自らの臣下を引き連れて就いたり、又は他の組織から加わったりする多層関係である。

　また、封建関係とは、所領支配を通じて成立する主従関係のことであり、鎌倉時代以降の武家権力の体制の骨格となったものであると説明している[28]。従って、このような封建関係によって成り立つ封建制度とは、土地の給与を通じて、主人と従者が御恩と奉公の関係によって結ばれる制度のことで、支配階級内部の法秩序を封建制度ということができる[29]。この関係が最も動的に表れたのが戦国時代である。このような見解に立てば、天下の統一とは、この細胞分裂を統合することによって終息させ、一つのピラミッド組織に安定化させることであるといえる。

（3）被支配者像とビジネスの主役

　封建社会は、武士という少数の支配者と武士以外の大多数の被支配者によって成り立つ社会であり、その支配形態はピラミッド型の相似形・多重形・多層形の社会である。武士の頂点である将軍以外は、必ず組織的には上司からの直接支配を受けている[30]。

　封建制の定義の中に、主従関係についての記述はあるが被支配者の記述はない、ないというより、法制史的な歴史観では、法的な無権利者は被支配者というだけで、それ以上の記述は必要ないからである[31]。しかし、日々のビジネス取引を行っているのは支配者層だけではない。封建体制下で、人々の消費生活に必要な衣・食・住に関する生産活動を行っているのは、被支配者層の人々である。

　封建社会において日々のビジネスの諸活動を行っているのは被支配者層であり、ビジネス教育の立場は、実際のビジネスの諸活動を行っている者が、ビジネスの歴史の主役でなければならない。経済社会は、衣・食・住に関する実物財の供給がなければ立ち行かないのである。ビジネス教育として、ビジネス

の歴史を遡ることは、この点に焦点を当てるなかでビジネスの本質を探らなければならないのである。

　ビジネス教育として、ビジネスの歴史を遡る学習の目的は、人々の日々の生活をビジネス取引の視点で明らかにすることを教育内容とすることによって、ビジネスの意義や役割を再認識することである。ここにビジネス教育の、新しい分野としてのビジネスの歴史が成り立ち得る根拠があり、ビジネスの歴史を教育内容とする意義がある。

　封建社会といっても、時代が変わり、為政者が異なるとその内容が変わってくる。為政者の封建制に対する考え方が変わったのではなく、自らの権力基盤を強化し、より盤石な支配体制を構築する様々な施策の実行が、その為政者の時代の封建社会を形作っていったからである。封建社会の確立という目的の達成に向けて、信長、秀吉、家康ではその実施方法が異なり、それぞれの時代の封建社会が形作られていったと解釈できる。

4．封建社会と主体としてのビジネス

（1）経済主体と主体としてのビジネス

　封建社会を構成するものは、支配者である武士と武士以外の被支配者の農民、商人・職人等であり、中世から近世における主要な産業は農業であった。

　武士層、農民層、商人・職人層を現代の経済主体との関係を検定教科書である『ビジネス基礎』にある「経済主体と経済の循環」[32]、「経済のしくみ」[33]を参考に、経済主体と関連づけてみると[34]、経済主体としての「政府」（以降、「政府」と略称する。）、にあたるのが武士であり、経済主体としての「家計」（以降、「家計」と略称する。）にあたるのが農民であり、経済主体としての「企業」（以降、「企業」と略称する。）にあたるのが商人・職人ということになるが、これでは封建制度下の主体としてのビジネスを正しく表したことにはならない。封建制度は、現代社会とは根本的に社会構造関係が異なっているからである。ビジネス教育が社会制度を重視するのは、そもそも社会制度を抜きにした社会科学はありえないからである。

「政府」（領主）と「家計」（農民）とがビジネス取引関係があると仮定した場合、「政府」（領主）は外部からの侵略を防ぎ領内の「家計」（農民）に対し安全を確保する。「家計」（農民）は、「政府」（領主）から安全性というサービスの提供を受けることと引き換えに「家計」（農民）はその代価としての年貢を納めているということになる。しかし、領主と農民という支配者と被支配者という関係で、サービスに対する対価の支払いというビジネス取引が成立するであろうか。気をつけなければならないのは、現代社会と封建社会とでは社会体制が異なるということである。「政府」（領主）と「家計」（農民）との関係では、年貢を拒否する自由がないという経済外的な強制関係があり、武士と農民の年貢のやり取りはビジネス取引が行われているとはいえないのである。

　形式的には同じようにみえることも、主体としてのビジネスが行うビジネスの諸活動が、その行動原理とするビジネスの論理、資本の論理と社会体制との関連性に言及することによって、ビジネス教育独自の教育内容となる。社会体制、政治体制が異なればビジネスの諸活動の意味や役割、社会に与える影響は大きく異なるからである。

(2) ミクロの「家計」とマクロの「家計」

　経済主体としての「家計」は、家を最小単位とするミクロとしての「家計」と、ミクロとしての「家計」の束を総唱するマクロとしての「家計」とを区別して考える必要がある。

　それぞれの武士集団、農民集団、商人・職人集団等は、一つ一つの家（ミクロとしての「家計」）によって構成されている。封建社会においては、家の構成員は家族とは限らない。武家や商家などのように一つの事業体を家と呼ぶ場合があるからである。マクロとしての武士集団は、武士という支配者集団として軍事、治安、司法、立法、行政等のすべての社会権力を一手に納めていると同時に、ミクロの「家計」としての武士は、それぞれの家・家族を持っている。同様にマクロとしての農民集団は、領地全体の農業生産を担う存在であると同時に、ミクロの「家計」としての農民は、それぞれ家・家族を持っている。また、商人・職人集団においても、マクロとしての商人・職人集団は、商業や

手工業等のそれぞれの生業によって生産活動や流通活動に従事しているが、ミクロとしての「家計」はそれぞれ家・家族を持っている。

　マクロとしての、「政府」、「家計」、「企業」は、それぞれ目的を持ってビジネスの諸活動を行っている。「政府」は社会体制を維持・発展させる為の行政単位として、「家計」は消費単位として労働力の再生産を行い、「企業」は生産単位としてモノやサービスの生産・流通活動を行いそれぞれビジネスの諸活動を行っている。しかし、ビジネスという視点で捉える、マクロ（経済主体の束）とミクロ（個別の経済主体）の関係は、そう簡単ではない。

　ミクロの「家計」としての主体としてのビジネス（個別の経済主体）は、武士、農民、商人・職人を区別することなく横断的に、家・家族としての消費単位であると同時に、労働力の再生産を行っている。消費単位としての主体としてのビジネスは、それぞれビジネス取引を行っており、大根1本買うにも安くてより良いものを求めるミクロの「家計」（家・家族）と、大根を提供する側のミクロの「企業」（家・家族）は、しのぎを削りビジネス取引が成り立っている。そこにはビジネスの論理が働いているし、ミクロの「企業」（家・家族）が事業体の場合は、さらに資本の論理が働いている。このことは「政府」と「企業」との関係において、「政府」が「企業」から商品を適正な価格で納入させる場合にもあてはまる。ここで、ビジネスの諸活動を分析するために整理しておくと、主体としてのビジネスとしては、ミクロ（個別）を中心に、経済主体としてはマクロ（主体としてのビジネスの束）を中心に、2つの側面から把握する必要がある。

（3）領主と農民との関係の変化

　封建制度下の領主と農民の関係は年貢を仲介として、収奪する側と収奪される側の関係であり、ビジネス取引の要件が備わっていない。領主にとって農民と耕作地は一体のものであり、領主の収入にあたる年貢の取り立ては、領地という用語のなかに農民と耕作地は一体のものとして内包されている。領地という土地そのものに意味があるのではなく、その土地を生産手段として農民が作り出す農作物に意味がある。

封建社会の経済基盤は農業であったから、ビジネス取引の最大のモノと貨幣の流れは、年貢に関するものであり、米という商品流通に関するビジネス取引が成立する。しかし、年貢を徴収するという行為の性格は、それが「年貢」である限り、支配者が被支配者から強制的に徴収する非経済的行動である[35]。従って、この非経済的行為が、社会における物や貨幣の流れの源泉である限り、封建社会においては領主と農民との間に、労働とその対価に関する関係が成立せず、ビジネス取引があるとは言えないという矛盾した関係となる。つまり、同じ米であっても、年貢としての米はビジネス取引の対象ではなく、年貢として領主の手元に入った米の売却はビジネス取引である。

封建社会において、領主の行動や判断は、自らの権益の確保に向けられ、ビジネス取引が成立するには被支配者としての農民の地位が問題となる。歴史を学ぶビジネス教育の目的は、ビジネスという光を歴史にあてることによって浮かび上がってくるビジネスの諸活動の中に、その時代とビジネスとの関係を見出し、その本質を明らかにすることである。

（4） ビジネス教育としての歴史学習

「政府」と「家計」や「政府」と「企業」との税金の徴収・納付関係については、不易の側面を持っている。現代社会においても国民には納税の義務（日本国憲法第30条）があるし、封建社会においても領主からの年貢の取り立てを拒否できない。一見すると両方とも、一方通行の強制に思えるが、現代社会が指向する国民主権の社会制度と支配者と被支配者の関係に基づく封建社会では、社会制度として根本的な相違がある。封建社会の武士と武士以外の人々とは、支配者と被支配者との関係が前提であるから、現代社会では当然である税金の徴収やその使途について、チェックする仕組みそのものが、封建社会では社会制度として組み込まれていない。

現代社会においても「政府」と「家計」、「政府」と「企業」との税金の徴収関係については、行政サービスと税金の徴収額との直接的な関係はない。消費税一つとっても住民から選ばれた代議士が構成する行政の政治判断によっている、という間接的な関与である。主体としてのビジネスの「家計」の所得税や

「企業」の法人税は、主体としてのビジネスにとって所与のものであり選択・交渉の対象とはならず、主体としてのビジネスを維持・運営するための経費である。従って、現代社会においても「政府」からの税金の徴収は「家計」や「企業」にとっては、ビジネス取引関係があるとはいえないのである。

「政府」が徴収する「家計」や「企業」からの税金は不易であるが、どのようなビジネスの諸活動からいくら徴収するかは流行の部分である。その時々の社会体制、政治課題によって変化するからである。この流行の部分にビジネスとビジネスを取り巻く社会環境の変化を理解するヒントが隠されている。ビジネス教育は、封建制度という社会制度が前提として、ビジネス取引が行われていることを十分に理解しておかなければ、ビジネスの歴史を正しく学ぶことにはならないのである。

(5) 武士の位置づけ

経済主体としての「家計」（武士、農民、商人・職人）は、消費単位の「家計」の側面であることは同じであるが、「企業」の生産単位の側面は農民、商人・職人にはあるが、武士については生産単位としての「企業」の側面にあたるものはない。武士は「政府」の側面として灌漑工事や城下町の整備等の公共工事を行うことが考えられるが、武士は「政府」の官僚として計画や指示することはあるが、実際の作業等は農民や商人・職人が行い、武士は支配者であるから一般的には直接自らが作業をすることはない。

つまり、経済主体として農業や商業・製造業に携わるものは「家計」や「企業」の側面を持ち、農民は経済主体の「企業」の側面として米作りや原材料の供給を行い、商人・職人は経済主体の「企業」の側面として生産と流通という社会的な機能を担いそれぞれビジネス取引を行っていたことになる。

封建社会にあっても、ビジネス取引が成立するには、代価に見合うモノやサービスの提供と消費についての費用対効果の検討を行い、ビジネス取引は不易としてのビジネスの論理、資本の論理が貫徹していなければならない。

主君と家臣の関係は、家臣は主君から知行[36]として与えられた石高により、有事には定められた人数を率いて従軍する義務が課せられていた。この軍役を

役という労働義務を課せられた税の一種と取れなくはないが、主君から見た家臣は平時においては税金を徴収する対象ではなく恩給を支払う対象であった。武士は、全人口の10%にも満たない存在[37]であったが、この身分は、上は将軍や大名から下は足軽まで幅広い格差があり、武士のなかでもそれぞれの家柄などにより処遇に差がつけられていた[38]。

このような視点で「家計」の側面から武士をみると、武士は、領地の管理・運営を行う行政の仕事を行うという行政官僚としての仕事を行うが、ビジネスの諸活動という視点からは、戦乱の世が終わった時代においては、生産活動に携わらない多くの武士は社会にとって大きな負担と映ってしまう。

（6）ビジネスの歴史を動かすもの

石高制とは、それまでの複雑な土地の所有関係を単純化して中間収奪を一掃し、領主が直接耕作者に耕地の保有権を保障することによって年貢納入の責任を負わせ、村の石高に応じて年貢の額が決められたものをいう[39]。

このいわば定額の石高制と農業生産力の上昇が、封建社会の地盤を揺るがすことになる[40]。生産の中心である米の多くは年貢として領主に取り立てられ、農民たちは自給自足の苦しい暮らしを強いられていた[41]。そのような中で、農業生産力を拡大させるには、耕作地を拡大させるか、農業生産性を向上させるかの2つの方法しかない。当初、農業生産力の増大はもっぱら新田開発に求めるという耕作地の量の拡大であったが、次第に、限られた耕地のなかで肥料などを使って集約化するという質の拡大の方向に移っていった。その原動力となったのは技術開発である。農業技術では水車の利用や用水池の整備、牛馬耕や鉄製農具の普及などめざましいものがあったのである[42]。

農業における生産力の向上は様々な変化をもたらした。石高制により、年貢は一定量であるから、農業生産力の向上は余剰生産物の増加をもたらすことになる[43]。また、自給自足を基本とする農家であっても、すべて自給できるわけではなく、農具や手工業品、塩や自給できない産物を購入しなければならなかった[44]。

農業の生産力が急速に高まると余剰米を商品としたり、販売を目的とした

商品作物を裏作として栽培することによって、収入を得ようとする者も現れてくる。木綿が衣料として普及すると河内や尾張では綿の栽培が盛んになり、農民は商品作物を生産・販売することによって貨幣を得る機会が増大し、多くの村々はしだいに商品流通というビジネス取引に巻き込まれていった[45]。社会全体としての生産力の増大が、ビジネスの諸活動を活発化させ、単純再生産と世襲を前提にした封建社会の経済基盤を崩していったのである。

むすび

ビジネス教育として、ビジネスの歴史を遡る教育が必要ではないか。ビジネスの歴史の起点を探ることにより、ビジネスから派生的した様々なものが削ぎ落とされ、ビジネスの原型に近づくことができる。現代の経済社会からビジネスの歴史を遡るとしたら、ビジネスのはじまりをどこに設定すればよいのか、ビジネスの諸活動をどのように捉えればよいのか、ビジネスの歴史についての教材開発を行う場合に理論的に押さえておかなければならないものは何か、ビジネスを取り巻く社会環境はどのように作用したのか等、様々な検討すべきことが浮かび上がってくる。

主体としてのビジネスは、不易としてのビジネスの論理と資本の論理で動いていると同時に、ビジネスの諸活動は流行としての社会体制や政治体制に大きく影響され、ビジネス倫理観を意識しなければならなくなる。主体としてのビジネスは、社会体制や政治体制との調和を図りながら生き抜き、ビジネスの論理と資本の論理を貫いてきた。収益性やコスト意識を持たないものはビジネスの範疇には入らないからである。社会体制や政治体制とビジネスの諸活動のすり合わせは、ビジネスの命運を左右する。社会体制や政治体制の目的に反するビジネスの諸活動は社会から葬り去られるからである。

封建社会は、単純再生産と世襲制を前提にした社会である。そして、封建社会の枠組みを着実に守っていけば、封建社会は永遠に続くはずであった。少なくても、武士の上層部はそう考えていたはずである。しかし、永続できなかった。その原因はビジネスが求める自由闊達なビジネスの諸活動と封建社会の閉

鎖性とが合い入れなかったからである。

　社会体制は、ビジネス取引を行う上で一番大きな生存環境である。反面、人間の生活に密着しているビジネス取引は、社会体制がどうであれ人間社会と共にある。ビジネスの合理性、効率性は自由闊達なビジネスの諸活動によって維持されるからである。

　ビジネスの歴史は、ビジネスが封建社会そのものと対峙し、そして、ビジネスの諸活動が封建制を突き崩してゆく歴史であったかもしれない。この点については、さらなる検証がもとめられる。ビジネス教育は、ビジネスの歴史を遡っていくことを通して、ビジネスには時代を変えていくパワーがあること、そしてビジネスの諸活動のなかに創造的な発想力と実行力を放つ発信力が備わっていることを明らかにするのである。

注
1) 石井　進（ほか12名）『詳説日本史　改訂版』山川出版、2013年3月、p.126。
2) 文部科学省『高等学校学習指導要領解説地理歴史編』平成21年12月、第3章　第4節 3 (6)。
3) 河内　満「ビジネス教育におけるビジネスと人間観」『修道商学』第48巻第1号、2007年9月、pp.123-128。
4) 河内　満「ビジネス教育と利潤追求」『修道商学』第55巻第1号、2014年9月、pp.202-208。
5) 河内　満「ビジネス教育における主体としてのビジネスとビジネス取引」『修道商学』第50巻第2号、2010年2月、pp.247-248。
6) 河内　満、前掲書「ビジネス教育と利潤追求」pp.196-197。
7) モノとモノを交換する場合は物々交換であり、モノと貨幣を交換する場合は売買取引となる。
8) 加藤友康（ほか2名）『高等学校日本史B　改訂版』清水書院、平成25年2月、p.146。
9) 「越後屋はこの試練にも耐えることができた。また呉服商たちはたびたび奉行所へも訴訟した。その訴訟の趣旨は、『無法に商仕、江戸中の邪魔を致、迷惑仕候』ということであったが、『薄利多売』は買主一般に対する利益であり、したがって『御屋敷方、買人衆中』一般の支持があったので、奉行所も越後屋に対し新規商法の取り止めを命じなかったのである。」（土屋喬雄『日本経営理念史』麗澤大学出版会、平成14年、p117）。
10) 「当時までの商習慣として、掛売（月末や盆暮の支払い）や掛値が一般に行われていたが、

298　第4部　ビジネスの起源と教材開発

これらは非合理的な取引方法で、結局商品の価格を高からしめるものであった。何となれば、掛売りという方法には、貸し倒れの危険も伴うし、金利の負担ということもあるので、商品の値段は多かれ少なかれ高くならざるを得ない。また、掛値が行われる場合には、商人と買主とが店頭で商品を前に掛け引きをしたり、値切問答を繰り返さなければならず、時間と神経をいたずらに費さなければならぬこととなり、その無駄も結局は商品の値段を高いものにするわけである。」(同上書、p.115)。

11)　文部科学省『高等学校学習指導要領』平成21年3月、第2章　第2節　第2款　第4。
12)　文部科学省、前掲書『高等学校学習指導要領解説地理歴史編』、第3章　第4節　3（6）。
13)　新村　出編『広辞苑第四版』岩波書店、1991年、p.2687。
14)　石井進（ほか12名）、前掲書、p.78。
15)　新村　出編、前掲書、p.332。
16)　文部科学省、前掲書『高等学校学習指導要領解説地理歴史編』第3章　第4節　3（6）。
17)　宮原武夫（ほか16名）『高校日本史B』実教出版、平成25年1月、pp.32-36。
18)　同上書、p.67。
19)　文部科学省、前掲書『高等学校学習指導要領解説地理歴史編』第3章　第4節　3（6）。
20)　「陸上交通・水上交通の要所や寺社の門前には、生産物の取り引きが月に3回定期的に開かれる三斎市(さんさいいち)が開かれた。また、中央と地方の間を移動して商売を行う行商人の活動もみられるようになった。遠隔地を結ぶ商業取り引きがさかんになり、港などの交通の要衝に拠点をもち、商品の保管・運搬・委託販売を専門に扱う問丸(といまる)が大きな役割を果たした。また、平安時代末期より大量に流入するようになった宋銭(そうせん)が、貨幣経済の発展をうながした。そのため遠隔地の取り引きのための為替(かわせ)（割符(さいふ)）の制度が発達し、金融業をいとなむ借上(かしあげ)の活動が活発になった。」（山本博文（ほか11名）『日本史B』東京書籍、平成25年2月。pp.110-111)。
21)　「そこで、よりひろい意味で『封建的』な諸関係を、つぎのように分類することができる。(一)『徭役貢納義務的』封建制。屯田兵、国境守備兵、特殊な防衛義務のある農民（持分地保有者 Kleruchen、ラエティ laeti、国境守備兵 limitanei、コサック騎兵）がそこに含まれる。(二)『家産制的』封建制。すなわち、(a)『荘園領主的』には、土着農民の召集軍（たとえば、市民戦争時代におけるローマの貴族、古代エジプトのファラオにみられる土着農民の召集軍）が、これにあたる。(b)『體僕領主的』には、奴隷（古代バビロニアおよびエジプトの奴隷軍、中世におけるアラビアの私兵軍、マメルック人）がこれに属する。(c)『氏族制的』(gentilizisch) には、私兵としての世襲的被護者（ローマの貴族）があげられる。(三)『自由な』封建制。すなわち、(a)『従士制的』(gefolgschaftlich) には、荘園領主の権利をさずけられずに、ただ私的な忠誠関係によるだけのもの（日本の侍の大部分、メロヴィング王朝のトゥルスティス trustis）が、それにふくまれる。(b)『僧祿的』には、私的な忠誠関係がなく、ただ封與された荘園および租税給付によるだけのもの（トルコの知行をふくめて、

近東諸国）が、これにあたる。(c)『知行的』には、私的な忠誠関係と知行とがむすびついたもの（西欧）があげられる。(d)『都市領主的』（stadtherrschaftlich）には、個々人に割り当てられる荘園領主的な戦士の分け前にもとづく、戦士の仲間団体よるもの（スパルタ型の典型的なギリシアの都市国家）がふくまれる。（マックス・ウェーバー著、浜村　朗訳『家産制と封建制』みすず書房、昭和32年、pp.134-135）。

22）安田元久「『日本封建制度の成立』に関する研究史」『学習院史学』第1号、1965年1月、p.16。

23）「前者すなわち法制史的立場にあっては、『封建制』（feudalism, Lehens wesen）を『土地領有者層（領主層）の相互の間における、階層的な支配関係を基調として成立している法的秩序』として把握する。従ってその封建制の基礎としての主従制・恩給制などの概念が生まれるのである。また後者の経済史的立場においては、封建制とは、『領主と支配下の農民との対抗関係に基軸を置き、領主の農民に対する経済外的強制による支配と収取とが実現している社会体制』をさす。この場合、領主とは封建的土地所有者であり、農民は農奴と規定される。従ってこの封建制社会とは、経済構造の上から言うならば農奴制社会とも言えるわけである。」（安田元久、前掲書「『日本封建制度の成立』に関する研究史」p.19）。

24）「将軍は御家人の所領を保証したり（本領安堵）、彼らを新たに地頭職(じとうしき ぶにん)に補任するなどし（新恩給与）、御家人の在地領主としての権利を公的に保障した。こうした将軍の御恩に対して御家人は奉公にはげみ、戦時に軍役を平時には京都大番役や鎌倉番役などの番役（警固役）をつとめた。このような、所領（土地）を仲立ちにした主従関係を封建制度という。」（加藤友康（ほか2名）、前掲書、p.63）。

25）「頼朝は鎌倉殿として御家人たちと主従関係をむすび、先祖伝来の領地の支配を認めたり（本領安堵）、敵方没収地など新たに領地を与える（新恩給与）などの御恩を施した。御家人は、戦時の軍役、平時の京都大番役・鎌倉番役などの奉公にはげんだ。ここに、鎌倉殿（将軍）と御家人との土地を媒介にする主従関係、すなわち封建制が成立した。」（宮原武夫（ほか16名）、前掲書、p.59）。

26）「一切の形態の封建制は、少数者 ― 武装能力者 ― の支配である。」（マックス・ウェーバー著、世良晃志郎訳『支配の社会学2』創文社、昭和61年、p.391）。

27）「封建制は一つの『権力分割』を意味している。但し、それはモンテスキューの権立分割とはちがって、ヘル権力の分業的・質的ではなく、単に量的な分割である。」（同上書、p.334）。

28）「所領支配を通じて成立する主従関係を封建関係とよぶ。封建関係は、鎌倉時代以降の武家権力の体制の骨格となるものであった。」（山本博文（ほか11名）、前掲書、p.99）。

29）「このように土地の給与を通じて、主人と従者が御恩と奉公の関係によって結ばれる制度を封建制度というが、鎌倉幕府は封建制度にもとづいて成立した最初の政権であり、守護・地頭の設置によって、はじめて日本の封建制度が国家的制度として成立した④。」「④ 封建制度は、土地の給与を通じて主従のあいだに御恩と奉公の関係が結ばれるという支配階級内部

の法秩序をいう。」（石井　進（ほか 12 名）、前掲書、P.91）。
30) 同上書、p.73。
31) 「商人や手工業者が政治的に無権利であっただけでなく、広汎な農民層もそうであった。農民は、ヘルたちのために租税を納入するために存在していたのであり、彼らにあっては、少なくとも部分的には、——租税義務との関連からして——〔耕地の〕新割替 Neuumteilung の原理が存在していた。村落は、村落外で生まれた者に対しては、厳重に閉鎖されていた。けだし、農地への緊縛の義務には、日本においても、農地を要求する権利が照応していたからである。水呑（農地の要求権をもたない他所者）は、村落内では無権利であった。共同保証の制度（五人組）が実施されており、村の長の地位は氏族カリスマ的に世襲された。」（マックス・ウェーバー著、世良晃志郎訳、前掲書、p.134）。
32) 片岡　寛・清水啓典『ビジネス基礎』実教出版、平成 23 年、pp.26-27。
33) 小松　章『ビジネス基礎』東京法令出版、平成 23 年、p.53。
34) 河内　満、前掲書「ビジネス教育と利潤追求」pp.197-200。
35) 速水　融・宮本又郎『経済社会の成立』岩波書店、1988 年、p.37。
36) 「知行とは、本来、ある職務を執り行うことを意味し、やがて、その職務から生ずる得分を得ることを意味するようになった。」（竹内　誠編『徳川幕府事典』東京堂出版、2010 年、p.55）。
37) 「秋田藩の身分別人口構成は、百姓 76.4%、武士 9.8%、商人・職人 7.5%、神官・僧侶 2.0%、その他 4.3% であった。」（宮原武夫（ほか 16 名）、前掲書、p.115）。
38) 加藤友康（ほか 2 名）、前掲書、p.116。
39) 「複雑な土地の所有関係を単純化して中間の収奪を一掃し、直接耕作者に耕地の保有権を保障して年貢納入の責任を負わせた。こうして、近世の村は検地帳に登録された農民を中心に構成され、村の石高に応じて年貢の額が決められた。また石高は、諸大名や家臣団への領地の配分や軍役負担の基準とされた。」（宮原武夫（ほか 16 名）、前掲書、p.103）。
40) 「そもそも石高制は、土地の生産性が長期的に一定であることを前提として組み立てられた制度であり、実際、それ以前の農業生産を知る者にとって、生産性は、長期的には一定であるとすることは何ら不思議ではなかった。」（速水　融・宮本又郎、前掲書、p.38）。
41) 「生産の中心である米の多くは年貢として領主に取り立てられ、農民たちは自給自足の苦しい暮らしを強いられた。」（石井進（ほか 12 名）、前掲書、p.184）。
42) 「水車などによる灌漑や排水施設の整備・改善により畿内では二毛作に加え、三毛作もおこなわれた。また、水稲の品種改良も進み、早稲・中稲・晩稲の作付けも普及した。肥料も刈敷・草木灰などとともに下肥が広く使われるようになって地味の向上と収穫の安定化が進んだ。また、手工業の原料として苧（からむし）・桑・楮・漆・藍・茶・麻などの栽培も盛んなり、農村加工業の発達により、これらが商品として流通するようになった。」（同上書、p.125）。

43) 速水融、宮本又郎編集、前掲書、p.38。
44) 同上書、p.272。
45) 石井進（ほか12名）、前掲書、p.184。

第14章
ビジネスの起源と織豊時代

はじめに

　ビジネスは、その時代のビジネスを取り巻く外部環境を意識し、受け入れ、進化することによって生き抜いてきた。その生き抜く力の源は、その時代からビジネスとしての存在意義と役割を認められ、その結果として、ビジネスの諸活動が社会に貢献したことを意味している。

　ここで取り扱うビジネスのはじまり（起点）は、戦国時代から江戸時代初期で、日本史では近世にあたり、社会体制は封建社会である[1]。封建社会は、支配者層によって社会における身分意識を醸成し、被支配者層は支配者層に従わざるを得ない仕組みを作り上げていった。その仕組み作りの過程において、同じ封建社会であっても、それぞれ独自の封建社会体制が生まれ、画一的であるとは限らない[2]。社会体制のピラミッドの頂点に立つ者が誰か、その施策の重点をどこに置いていたかによって、支配者層や被支配者層の封建社会におけるビジネスに対する社会意識は異なってくる。

　織田信長、豊臣秀吉、徳川家康の施策はそのまま、その時代の社会意識を作り出し、信長の時代と秀吉の時代と家康の時代では、同じ封建社会でありながら、封建社会という不易の側面とその時代の支配者の流行の側面とによって社会は形作られ、全く同じ時代というものはない。

　また、被支配者層である農民や商人・職人においても、それぞれの仕事内容という不易の側面があると同時に、その時代意識に拘束されることによって、

固有の考え方がその時代の傾向として表れるという流行の側面がある。

　現代社会からみたビジネスの起点というには、自給自足の生活から抜け出し、交換を目的とした商品の売買というビジネス取引を認識したことをもって起点としなければならない。さらに、現代のビジネスの起点というには、ビジネス教育の定義づけ（第Ⅰ部）を前提として、農業をはじめとする第一次産業に限らず、モノを作る第二次産業、流通等のサービスに関わる第三次産業が、それぞれの分野において、それぞれの主体としてのビジネスが独自のビジネスの諸活動を行うと同時に、第一次産業、第二次産業、第三次産業が相互に関連し合い有機的なビジネスの諸活動を形作っていく過程がなければ、ビジネスの起点であるとはいえない。ここでは、社会体制が封建社会という枠組み[3]のなかにおいて、戦国時代から江戸幕府の設立までをビジネスの起点として捉えていく。

1. 戦 国 時 代

（1）戦国時代

　戦国時代[4]は、所領の支配を通じて成立する主従関係によって成り立っていた時代であり、その経済的基盤は農業であった。従って、戦国大名[5]の意識の真ん中には、常に領地の支配・拡大があった。領地は、領有することによって果実を生み出す領国の経済基盤そのものであり、常に外敵からの脅威にさらされていた。領地を守るための武力は必須であり、上下関係が明確な上意下達の直線的な組織形態が社会全体にいき渡っていた時代であった[6]。

　戦国時代は領地の所有そのものに利害関係が集中し、旧来の荘園領主や寺社などの旧体制と新興勢力である武士とが、領地の支配権をめぐる権益争いに発展するが、最終的には武力によって決着することになる[7]。

　領主と領民との関係は、武力による経済外的な強制力によって維持されていた。土地の所有者である領主とその土地を耕作することによって生活する農民との間には、その土地の使用料として地租を納めるという図式が成り立つが、対等な関係とはいえない。つまり、領主と領民との関係は、双方の合意に基づ

くビジネス取引関係があったとはいえないが、しかし、日常生活における市で行われる領民同士の物々交換は、利害関係が相反する当事者が、自らの意志で行う交換取引であるから、広義のビジネス取引[8]といえものであった。

(2) 分国と家臣団

　戦国大名は、自らの分国を運営するにあたり、独立心・自立心の強い家臣を管理することに腐心したはずである。戦国大名と家臣との主従属関係は、領主が自らの権力基盤である領地を量的に分割することによって家臣に特権を与え、軍事的義務と引き換えに支配地域の占有を認めること、つまり、戦国大名は家臣に経済的権利や政治的権利を与えることによって、主従関係を維持していた[9]。

　戦国大名の分国支配には単純明快さが求められ、上意を下達することが直結した組織形態と、その組織の規律を明文化した分国法を定めることによって、戦国大名と家臣との主従関係を維持する規範としていた。分国法[10]には、戦国大名と家臣との関係において、家臣が私的に同盟を結ぶことや領地を勝手に売却すること、あるいは分割相続することなどを禁止し、また、喧嘩を両成敗と定める（私闘の禁止）など家臣を統制するための規定が多く記載され、違反者には厳罰で臨んでいた[11]。

　このような家臣団との関係を維持するには、領地の管理・運営は単なる上意下達は通用せずギブ・アンド・テイクを根幹に据えた、信賞必罰の緊張関係を作り出さなければならない。その為に戦国大名は、常に領土拡大を志向し、家臣への報償としての支配地の分配を維持し続けなければならない運命を背負っていたのである。

　戦国大名は、家臣を管理・支配する基本理念を信賞必罰とし、新しく服従させた国人や地侍らの収入額を銭に換算した貫高という基準で統一的に把握し、地位や収入を保証する代わりに、彼らに貫高に見合った一定の軍役を負担させる貫高制[12]によって、戦国大名の軍事制度の基礎を確立させていた[13]。戦国時代は、下克上の危険をはらみながら戦国地図は常に塗り替えられていったのである[14]。

（3） 富国強兵

　戦国大名の戦略[15]の原点は、富国強兵に基づいた領国の維持・拡大である。分国を一つの事業体（主体としてのビジネス）とみた場合、戦国時代を生き抜く為に必要不可欠な軍事力を維持するには、軍事支出の増加を抑えるより、確実な年貢の取り立てと、新たな領土拡大による年貢の増加に努める、という拡大戦略が思考の中心を占める。

　戦国大名が収益としての領地からの年貢を徴収するには、軍事力の維持という費用がかかる。領地を維持・管理するための収入を増やす方法（ビジネスの論理）は、領地の農民からより多く収奪するか分国の維持経費を切り詰めるしかない。この施策の実施については、農民の疲弊という限界や家臣団からの不満の噴出を感じ取るバランス感覚（ビジネス感覚）が重要で、その対応を一つ誤れば存続の危機に発展する危険性を秘めていた。

　領主が収入を増加させる現実的な方法は、まず、領土拡大による新たな収入源の確保が挙げられる。次に、旧体制下の荘園領主や寺社の年貢徴収権を排除し自らに組み込むことが考えられる。さらに別の視点で、新たな収入源を求めるのであれば、新たな商品作物の開発（農業）、新たな製品の製作（工業）、新たな販売ルート整備（商業）の向上による領内の活性化の方向へと向かうことになる[16]。

　戦国時代の領主にとって軍事力と経済力は表裏一体、車の両輪の関係であり、どちらかが重要という関係ではない。軍事力と経済力は両立させるべきものであり、軍事力と経済力は一方を失えば他方も失うという運命共同体の関係にある。戦国時代は、富国強兵という目標を立て、その目標実現の為の具体策を積み上げる構想力と実行力を兼ね備えていなければ生き抜いていけない時代でもあった。領主には、自らの領地の状況、地域の軍事情勢、隣国との経済力のバランス等を考慮した総合的な判断力が求められたのである。

（4） 財源の確保

　戦国大名は、富国として領国を豊かにするためには、長期的な視野に立って生産力の増大に努めなければならない。そのためには、治水・灌漑事業に力を

入れ主要産業である農業を盛んにすることが求められる。信玄堤や各種の灌漑工事には、膨大な資金力と労働力を投入しなければならない[17]。その財政負担に耐えられる大名が、天下統一の覇権を握る位置を確保できたのである。

さらに農業以外の新たな収入源の確保（租税の増加）としては、売買取引を活性化させることによって取引量の拡大をもたらすための取引の自由化は避けて通れない。取引量の増大は、そのままビジネスに携わる有力な商工業者からの新たな税の創設や税収増に繋がるからである。

経済活動を活性化させるには有力な商工業者を取り立て、領国内の商工業者を統制させると共に、商工業者の力を結集し、大きな城や城下町の建設、鉱山の開発、大河川の治水・灌漑などの事業の拡大が求められる[18]。加えて、旧制度や慣例の見直しによって財源を確保するには、これまで寺社などの荘園領主が持っていた特権の多くを否定し、部分的ではあっても申告による検地（指出）を行い、それに基づいて支配下の領地に対して段銭・棟別銭、夫役などを課したのである[19]。

（5）商品流通のはじまり

広義のビジネス取引は、自らが制作したものを販売し、自らに必要なものを購入する場としての市においても行われていた。しかし、それは生産者と消費者との取引ではあるが双方とも生産者であると同時に消費者である者同士の相対取引であった。これをもって現代のビジネスからみたビジネス取引の始まりとは言い難い。主体としてのビジネスと言えるのは、その取引が社会の中に取り込まれ、専業として成り立っていなければならない。そのようななかでも、荘園内に発生した地方市場やその物産の売買を専業とする高野聖や山崎の油商人等の行商人が現れてきた[20]。

典型的な専業としての商人のはじまりは、振売・旅商を主とする行商であり、その行商人は、近江商人に代表される隊商となり、それが定着して座商となった。座商は更に定期市や市場に販売座席を有する市座となり市座商人が現れてきた。また、荘園の荘官であった問・問丸も仲次商人として業をなすようになり、京都や鎌倉等においては市に代わって常設小売店舗が次第に発達して

いった。このようにして生産者と消費者の仲立ちを業とする商人が多く現れ、米、魚、藍物等については卸売市場も現れ、卸売商人が出現し定着していったのである[21]。

このようにして生産者と消費者が市を介して向かい合う相対取引から、生産者から卸問屋、さらに小売商人をとおして消費者に伝わる商品流通が定着していった。この生産者と消費者との仲立ちを専業として行う仲介業者たる商業の発生は、事業体（主体としてのビジネス）としてビジネスの論理を体現しており、主体としてのビジネスの起点となったといえるのであるが、ここで問題となるのは、資本の論理の取り扱いである。事業展開するには、資本の蓄積がなければ対応できない。この時点では、ビジネスの萌芽と言えるのであるが、より確かなビジネスの起点となるには、業務内容と同業者の集合体の形成についてみていかなければならない。

（6）座と問

ビジネスの起点と認められるには、そのビジネスがその社会において統治者から認知される必要がある。ビジネスに関わるものとして客観的に社会から認知されたということは、外形的には、統治者からビジネスに関わる税金を徴集される対象となったことをもって判断できる。

鎌倉時代に同業者組合として結成された座は室町時代には飛躍的に増加し、座は注文に応じて市で売るための商品生産にも乗り出していった[22]。座は、京都、奈良、鎌倉などの都市では、貴族や寺社を本所と仰ぎ保護を受けることによってその地盤を築いていき、市では領主から営業を許可された市座が設けられ、その地の領主に税を納めることによって、販売権を確保した商人のみに営業が認められていったのである[23]。

座は、ビジネス取引が定着し、商品の需要が見込めるようになると競争を排除して利益の独占を図るようになる。ビジネスの論理が働くからである。このことは領主にとっても都合がよく、組織された座の代表者を抑え、問題が起きれば座の連帯責任とすればよいのであり、座の発展は、領主と座との利害が一致することを意味していた。

また、問については、商品の運送が盛んになると、畿内を中心とする各地の港や河川沿いの要地には、商品を運ぶことや販売を請け負ったりする問が発達していった。都市では、常設の小売店が増加し、特定の商品だけを扱う専門の市場も生まれてくるに従って、領主は商品の移動についても収益源の対象とするようになっていった[24]。

水運の発達によって、年貢や商品の陸揚げ港として淀川の淀、琵琶湖西岸の坂本、日本海に面した敦賀などが栄え、港町が発達し問丸とよばれる運送業者も生まれた。物資の保管や委託販売を業務とした問丸は、馬借、卸売り、運送や商人宿を営む問屋に発展していき、さらに商品の輸送量が増加してくると幕府、公家、寺社は収入を増やす目的で多くの関所を領内の海陸の要地に配置し、関銭や津料など商品の通関にあたる税を徴収していったのである[25]。

(7) 城下町

戦国大名たちが、自らが制御できる分、国内に軍事や政治の中核都市として形成したものが城下町である[26]。都市計画に沿って、軍事や政治を司るために、家臣を城下に集め直接命令が届くようにしたということは、城下町は政治都市・軍事都市である側面と家臣という消費集団を抱えた経済都市の側面も併せ持っていたことを意味する。家臣の消費生活を支えるためには、商工業者を集め、家臣の消費生活を支えなければならない。消費都市を形成するには、各地の商工業者を城下町に誘致する必要があり、その為に、楽市楽座等の優遇処置が取られていったのである[27]。

城下町が、軍事都市、政治都市、経済都市の側面を持ち分国の中心であるということは、城下町が分国経済圏の中心として各宿駅を継ぐハブ都市の機能を持ったことになる。ビジネスの側面から城下町をみると、家臣団を維持するための一大消費都市という側面が大きく浮かび上がってくる。城下町での消費をまかなうには、地方に分散した生産物をまず城下町に送り届ける流通の仕組みを構築し、それを城下町で集中管理させ、領国全体を制御する機能を城下町に持たせなければならない。

当初、諸大名は道路橋梁の整備は、東国地方における富士川、大井川、天竜

川などで行われていたが、こうした道路橋梁の整備は、多くの場合は軍事的役割を持つことが多く、一般にも利用されていたが、それは第二義的であった[28]。しかし、戦国時代末期にもなると、城下町を中心に地方経済圏が確立し、城下町の周辺の農村では城下町向けに必要な野菜作物の栽培と加工農産物などの販売に早くから取り組み、さらに領国内産業の発展は、その地の生産物を地方に送り出す道を開くとともに、大名および家臣団の消費が増大するにつれて、他国からの織物、金属製品、酒などの奢侈品購入の道も開かれていったのである[29]。

(8) 交通網の整備

　領国内の物資の輸送や情報伝達は、城下町を中核として、ほぼ一定間隔に宿駅が設けられ、その輸送手段は継替えられる伝馬によっていた。このような駅制は主要道路のすべてに設けられ、領土の拡張の際はそれがただちに延長された。伝馬役の負担者は、職業的な伝馬問屋や地域の農民であったが、領主は三頭ないし十頭の馬を一日の負担・義務として無賃で提供させ、その代償として種々の特権を与えることによって、この仕組みを維持していた[30]。

　領国内の街道では、家臣使節や飛脚の往来、軍事手工業者の召集、軍需物資の急送等に駅制の利用が認められ、分国各地との間では、人と物の流れや命令の伝達がより円滑に行われることが求められた。城下町と村という点と線のモノや情報の流れから、城下町を中心とした放射線状の面としてのハブネットワークによって城下町と中継地である宿駅と、さらに各村を結ぶ物や情報の流れが形作られ、都市としての城下町と地方を結ぶ中継地の宿駅を管理・運営する仕組みが出来上がっていったのである[31]。

　ビジネスの視点でこれらの変化を見ると、馬の提供や労務の提供に対しての対価としての様々な特権が与えられていたことをもってビジネスといえるのか、という疑問が残る。広い意味では、馬を提供することの負担とその負担に見合う様々な特権を受けるというギブ・アンド・テイクの関係であるからビジネスであるといえなくもないが、封建社会を背景とした一方的な通達は経済外的な言い渡しであり、少なくとも売買取引とはいえない。このことは、サー

ビスの提供と特権との交換という広い意味でのビジネス取引であるかもしれないが、売買取引を根底とするビジネス取引ではない。ビジネス取引と経済外的強制の同居という微妙な取引関係は、人の交流、モノ、サービス、情報の流れの仕組みをシステムとして動かすための現場の知恵であったに違いない。このような知恵なくしては、一方的な通達だけで、それに見合う減免や利権を併用する仕組みなくして、システムとしての交通網は維持できなかったにちがいない。

(9) 自治都市の誕生

　戦国時代は、群雄割拠、海外貿易、辺境の地への取引等、自らリスクを取り様々なことに挑戦する自由闊達なビジネス取引を求める社会でもあった。中世末から近世初頭における海外貿易の発展は、多くの冒険商人を排出させ、朱印船貿易商人の活躍は、ビジネス教育の教材として日本における海外ビジネスとして注目すべきものがある。堺、京都、博多、長崎、敦賀などを根拠地とした近世初期の有力商人は、朱印船貿易や国内での交通体系が整備されていない地域との価格差を利用して、自らの資本蓄積による船や蔵を用いて巨大な富を築いていった。彼らを初期豪商と呼び、京都の角倉了以や茶屋四郎次郎、摂津平野の末吉孫左衛門、堺の今井宗薫らが有名である[32]。

　このような外国貿易に於ける活況は、国内商業にも大きな影響を与え、農村手工業や商品経済の発達によって、農村の市や町が飛躍的に増加していったのである[33]。また、大名の城下町のほか、真宗寺院を中心とした摂津の石山、河内の富田林などの寺内町、信濃の善光寺、紀伊の高野山などの門前町、伊勢の桑名・大湊などの港町、武蔵の品川などの宿場町がいっそう栄えた[34]。

　これらのビジネスの諸活動は、租税の金納や住民の租税請負の現象を引き起こし、商人を領主より経済的、身分的に開放させる有力な原因となり、自治都市を排出させる気運が高まっていった[35]。都市のなかには、富裕な商工業者が自治組織を結成するものが現れ、堺の36人会合衆や博多の12人の年行司とよばれる豪商らによって都市が運営され自治都市の性格を持っていったのである[36]。

貿易港として栄えた堺は、1万人もの商工業者が集まり、町の周囲は深い堀をめぐらし、主君を離れた武士（牢人）を雇い入れて武装していた。会合衆についてキリスト教の宣教師の記録では、日本全国でこの堺の町より安全なところはなく、他の諸国では動乱があるが、この町にはかつてなく、戦の勝者も敗者もこの町に来て住めば平和に生活し、みなで仲良くし、他人に危害を加えるものもなく、町は防備が非常にしっかりしており、西方は海で、他の側は深い堀で囲まれ、いつも水が満ちている。この町はヴェネツィアの執政官によって統治されているようであると報告している[37]。

　また、京都のような古い政治都市にも、富裕な商工業者である町衆を中心とした都市住民の自治体である町が生まれた。町ではぞれぞれ独自の町法を定め、住民の生活や営業活動を守っていた。さらに、町が集まって町組という組織が作られ、町や町組は町衆のなかから選ばれた月行事の手によって自治的に運営されており、応仁の乱で焼かれた京都は、これらの町衆によって復興され、祇園祭も町を母体とした町衆たちの祭として再興されたのである[38]。

（10）ビジネスの萌芽期

　戦国時代は、日本のビジネスの歴史のなかで、近代的なビジネスの萌芽期として光輝いた時代でもあり、ビジネス教育の教材作成としても興味深い。初期豪商を生み出した背景は、自らリスクを取り先行的に交通手段の未整備な僻地へ出かけ、入手困難な商品や地域間格差による価格差に目を付け、自らの裁量によってハイリスクをハイリターンに変える冒険商人の心意気があった。

　これらのことを可能にしたのは、有力な中央政府が不在であったことにより、統一的な統制がなく、自由にビジネス取引が行えたことがある。仕入にしろ、販売にしろ、その地の領主との個人的な信頼関係を築くことによって、他の競合者を寄せ付けず利益を独占的に手中に収めることも可能であった。

　このような、初期豪商の繁栄を戦国大名が見過ごすはずがない。領国の支配が安定し、領土が拡大するにつれて、その豊かな財力の魅力は、共に栄える対象から戦国大名にとって支配下に置くべき対象へと変化してくる。自らリスクを取り、自由闊達なビジネスを展開していった初期豪商の繁栄は、「堺や平野

が戦国の動乱に際して互に連絡をとり、竹矢来を結び、互濠をめぐらして封建領主に封抗した経緯はあまねく知らるる所である。此の外博多・大湊の町政も各々年寄の合議によって決定され、桑名も上儀をさへ承せず、御退治を加えられた程に自由都市の気分を濃厚に持っていた。これらの自由都市の商人の心意気に、すさまじきものがあった。」[39]。しかし、初期豪商と自治都市の繁栄は、強大な武力を背景とした中央政権が誕生するまでのあだ花的な存在であったといえる。

2. 織田信長

(1) 戦国時代と織田信長

　戦国時代は戦いに勝つことが前提の世の中であった。軍事力が勝れば様々な選択肢が広がり、逆に軍事力が劣れば選択の余地は限られてくるだけでなく、領国の存在そのものが危ぶまれる状況に陥る。戦国時代は、軍事力の強化そのものが生き残りをかけた戦いであり日常であった。

　戦国時代の武将の意識の中には、常に富国強兵による領地の拡大志向が根底にあり、その富国強兵をより盤石なものとするには、軍事と財政という全く異なる二つのものを同時に達成する戦略的思考[40]が求められた。有力な戦国武将は、必ず強力な軍事力を持ち、その軍事力を支える確固たる収入源を有していたといえる。

　このような戦国時代に傑出したリーダーが3人続けて日本の歴史に登場した。それは、織田信長、豊臣秀吉、徳川家康である。3人は、それぞれ「封建制度下での天下統一」という同じゴールを描いており、信長は旧体制の排除、秀吉は幕藩体制の基礎作り、家康は幕藩体制の完成へと時代は向かうのである。

　天下統一を成し遂げるキーワードは、軍事力、それを支える経済力、さらに領国内外の体制をまとめる政治力である。この3つのキーワードのいずれが欠けても分国を維持し拡大させ、その先にある天下統一は成し遂げられなかった。乱世に限らず、一国のリーダーは軍事力の掌握、経済力の増強、そして国

内外での政治力が、為政者としての資質であることに変わりはない。ビジネスの世界では軍事用語が氾濫している。経営戦略、戦術、最前線、販売部隊、市場の争奪戦等々、現在のビジネス環境は戦国時代さながらである。

　いつの世も一片の通達で物事が動くとは思えない。特に戦国時代は一瞬の油断や一つの意思決定の誤りが全てを失う時代であった。天下統一を成し遂げるためには、その道筋を画く戦略的な発想とその戦略を具体的に実行に移す卓越した実行力が求められたのである。

（2）織田信長の天下統一

　織田信長は、比較的京都に近く生産力の高い濃尾平野を領国とし、地理的条件にも経済的条件にも恵まれていた[41]。信長は永禄三年（1560年）桶狭間の戦いで今川義元を奇襲で破り、一躍天下に注目されるようになった。信長は、今川氏の人質であった松平元康（徳川家康）と同盟を結び東方の抑えとし、永禄十年（1567年）には美濃の斉藤竜興を滅ぼし、居城を清州城から稲葉山城（岐阜城と改名）に移した。この頃から信長は「天下布武」の印判を使用して天下を武力によって統一する意志を明らかにしていた。翌永禄十一年（1568年）信長は、足利義昭を奉じて上洛し義昭を15代将軍とした。

　しかし、義昭は信長の勢力が強大になってくると、浅井長政、朝倉義景、延暦寺と組んで信長を除こうと図ったが、信長は姉川の合戦で連合軍を破り、天正元年（1573年）には義昭を追放して旧体制の象徴である室町幕府を滅ぼした[42]。

　また、信長は延暦寺を焼き討ちし、一向一揆を鎮圧し、10年間戦った石山本願寺と講和し、畿内を平定していった[43]。天正三年（1575年）信長は徳川家康と組み、長篠の戦いで足軽鉄砲隊を用いた集団戦法で武田勝頼の騎馬隊を打ち破った。このようにして信長は京都を抑え、近畿、東海、北陸地方を支配下に入れて統一事業を完成しつつあったが、天正十年（1582年）毛利氏征討の途中、滞在した京都の本能寺で明智光秀に背かれて敗死したのである[44]。

　信長は、本能寺の変で倒れるまでに近畿、中部地方の大半を制圧し、自らと家臣とで領有していった。信長が覇権を握った際の直轄都市は、堺、大津、草

津などであり、ことに堺は兵站基地として機能していた。このほかに生野銀山を支配下に入れ、そこからの鉱山収入を天下統一のための資金に充てていたが、信長の支配地はいずれも近畿地方に限られており、流通した物資は鉄砲などの武器や食糧等の軍需品が中心であった[45]。

（3）楽市楽座

　群雄割拠の戦国時代は、分国がそれぞれ独立の経済圏を形作っていった。座は、閉鎖的な経済圏のなかので、当初は商品流通を円滑に行うことに貢献していたが、ビジネスの論理がはたらき、徐々に独占による利益を獲得するという安易な方向に流れ、参入障壁を高くし、自由な取引を制限する阻害要因となっていった。そのような状況のなか、信長は、全国統一を進めるにあたり次々と城下町の建設を行っていき、その代表的なものが天正四年（1576年）に建築した近江の安土城である[46]。

　城下町を新しく建てる場合や城下町を拡張する際には、各地から商人や職人を集めなければならない。そのための一種の誘致策として、地子免除や徳政免除などと共に楽市ないし楽市類似の制度を実施していったのである[47]。信長が出した、楽市令は以下のような画期的なものであった。

織田信長が安土城下町に出した楽市令[48]
① 安土の城下町は楽市とし、なお座は撤廃し、課役・公事はすべて免除（市場税・商業税の免除と旧来の座商人の特権廃止）する。
② 往還（道を行き来する）の商人は中山道によらず、西から上るもの、東へ下るものともに安土の町に寄宿する。但し荷物以下の逓送（荷物を順送する）の場合は、荷主の都合による。
③ 普請役は免除。（但し出陣在京などやむをえず留守の時は、合力すべき事。）
④ 伝馬役は免許。
⑤ 火災について放火の時は、その亭主の責任を免除する。自火の場合は調査の上、亭主を追放する。但し事情によって罪状に軽重がある。

⑥ 咎人(とがにん)の場合、借家や同居であっても亭主に罪はない。犯罪者は尋問して罪科に処すべき事。
⑦ 色々の品物を買物する場合、たとい盗物であっても買主がこれを知らなければ罪としてはならない。次に彼の盗賊人を逮捕したなら、古法に従い贓物（盗品）は返付させるべき事。
⑧ 分国中に徳政を実施しても、安土町では免除。
⑨ 他国や他所の者が安土町に移住して来て定住すれば、先住者と同じ待遇を受けられる。誰々の家来であっても異議はない。若し給人といい、臨時の課役をかける者があっても停止する。
⑩ 喧嘩・口論并に国質・所質（質取り）、押買い・押売り以下は停止。
⑪ 町中に譴責使(けんせき)を入れるとか、打入をする場合は、福富平左衛門尉・木村次郎左衛門尉の両人に届け、その調査を待って許可する。
⑫ 町並に居住の者は、奉公人や職人であっても家並を免除する事。（付り、仰せによって扶持をうけて居住している者とか、御用の職人等は特別である。）
⑬ 博労(牛馬の仲買人)について、国中の馬匹の売買は悉(ことごと)く安土で行うべき事。

　この楽市令は、城下町の経営にあたり、賦役を免じ、往還商人を自由に寄宿させるなど、自らの支配地域において積極的な産業振興政策を行ったものである。この振興策によって地方経済は徐々に発達し、城下町を中心とした地方経済圏を確立していった。農作物の販売、とくに城下町生活者のための野菜の栽培なども早くから開け、また、領国産業の発展はその地の生産物を地方に売り出す道を開き交通の発達、商人の往来は益々多くなっていったのである[49]。

（4）検　地

　検地とは、農地の面積や収量を把握することによって、徴税の基礎資料を作成するために土地の調査を行うことであり、封建社会の基礎作りには必要不可欠のものであった。しかし、検地の実施は、当然、検地を受ける側にとっ

て自らの支配地域における課税資料を提出することであり困難が予想された。現代においてもビジネス取引に限らず自らの財産や事業の収支や財産状態を他者に明らかにすることには大きな抵抗がある。ましてや当時の状況では、家臣団や有力一族は支配従属関係に繋がる検地に抵抗したにちがいない。また、逆に検地を指示する側にとっても、もし家臣団の抵抗にあい検地が頓挫した場合、主従上下関係が保てなくなるリスクがある。実際、ほとんどの戦国大名は検地を各地で部分的に行っていたが全領地に検地を行うことができなかったのである[50]。

　信長は検地を永禄十一年（1568年）近江で行ってから、天正十年（1582年）の死にいたるまで、従来の検地より一層組織的に、また徹底的に実施した。信長は、領地を拡大するたびに領主に命じて土地の面積、耕作者、収穫高などを記した土地台帳を差し出させる差出検地を行っていった[51]。

　このような状況下で検地を行う意思決定は、信長が家臣との上下関係や力関係を正確に把握し、実施が可能であるという確信によるものであろう。新規に獲得した領地に対して検地を行っていることは、新規に獲得した領地は抵抗が少ないとの冷静な判断によるもので、検地が実施出来たということは、信長が家臣を掌握していた証でもある。

　検地には、従来は経験と勘に頼らざるを得なかった年貢の徴収（収入の把握）を、検地により確定をさせ中間搾取等の余地をなくし、収入と軍役の安定を図るねらいがあった。実際に検地が行われた地域は、信長の征服地である伊勢・山城・大和・越前・播磨・丹波・丹後・信濃に限定され、多くはその土地の有力者に測量を依頼する指出（土地目録）検地であった[52]。このことは、信長の支配権の及ぶ範囲を示しており、当時の状況が信長をしても征服地の差出検地が限界であったことを意味している。

（5）関所の廃止

　信長にとって自らの支配地の中に関所があるということは、商品流通による活性化と軍事的な安全面とのバランスを考えた場合、支配地内に関銭の徴収権を認めるという権力の空白帯を抱え込むことになる。従って、信長にとって、

それぞれの領主が領有権を主張し、実質支配の象徴である関所は撤廃すべき対象であった[53]。また、ビジネス取引の視点で関所をみれば、商品価格には、当然、関銭が加算され幾つもの関所を通り移動するだけコストアップにつながる[54]。関所を通る都度、商品の価格競争力がなくなり、消費者の購入可能金額を超えるものとなってしまい、ビジネス取引は停滞する。従来の商品流通は、自給できない特定の品物や贅沢品が流通するに止まっていたのである。座の構成メンバーの特権商人は関銭が免除されてはいたが、その地域の支配者から他に役や銭を徴収されており、いずれにしても商品流通の障害となっていた[55]。

　信長は天下統一を目指すにあたり、軍事的な掌握とその軍事力を維持する財源の確保が必須であり、そのためには検地により領地を確定させ、それまでの入り組んだ権利関係を清算し、信長の権威の証として関所の廃止に踏み切ったのである。信長は永禄十一年（1568年）足利義昭を奉じて上洛すると、沿道の関所を取り除いていった。これよりのち、伊勢、越前、甲斐、信濃など、領土を広げるごとに関所の停止を命じていったのであるが、しかし、これも徹底したものにはならなかった[56]。このことが意味するものは、信長をしても徹底した関所の廃止は困難であったということである。

　信長の領地拡大に合わせて関所を廃止するという行動は、自らの支配地域を一つのブロック経済圏と看做していたのではないか。つまり、領土拡大はそのまま信長の経済圏の拡大に繋がり、その経済圏は自由闊達なビジネス取引を奨励することによって、さらに繁栄するという信長の合理性は現代に通じるものがあった。

（6）貨　幣

　ビジネスの起点としてビジネス取引が成立していると認識するには、モノやサービスが商品となり、売りたい者と買いたい者がお互いの自由意思のもと、双方が納得して売買取引が成立する基盤が整備されていなければならない。その基盤整備の一つが庶民によって貨幣が受け入れられていることである。

　当初のビジネス取引（広義のビジネス取引）では貨幣といっても、基本的に物々交換の使用価値に見合うものでなければ流通しなかったはずである。商品

にその品質が問われるように、当然、貨幣も交換価値の担い手としての品質が問われたのである。

　産業や商品流通の発達とともに貨幣の流通も盛んとなり、年貢の銭納や段銭(たんせん)・棟別銭(むなべつせん)などの銭納の税も増加し、貨幣の需要に伴い従来の宋銭とともに明銭の永楽通宝(えいらく)や洪武通宝(こうぶ)などが輸入され、それまでの宋銭などと共に良銭の一文銭として流通していた[57]。

　信長の時代、それぞれの地域を個別にみれば、城下町から遠く離れ主要には物々交換が行われている地域と貨幣が主要なビジネス取引手段として通用している地域が並立していたことはあり得る。貨幣の需要に伴い民間で模造された粗悪な私鋳(しちゅう)銭も流通するようになってきたが、ビジネス取引の当事者にとって民間で模造した私鋳銭（鐚銭(びたせん)）を嫌い良質の貨幣を選ぶ撰銭(えりぜに)が行われたことは当然の成り行きである。このことは、当時のビジネス取引においては銭を貨幣として捉えているのではなく、物々交換の対象として取り扱っていたことを意味する。一般等価物としてどんなものとでも交換が可能な貨幣の絶対量が不足している状態では、ビジネスの諸活動を活発化させるためには不都合である。良銭であろうと、悪銭であろうと、貨幣として通用させることが求められた。そのために悪銭と良銭の混入比率を決め、一定の悪銭の流通を禁止する代わりにそれ以外の貨幣流通を強制する撰銭令(えりぜに)[58]がしばしば発布されたのである。

　撰銭の問題は、悪銭をいかに評価するかということであり、その評価に客観性がなければ、交換手段としての貨幣の機能を果たすことはできない。そもそも悪銭は、様々な状態が考えられ、一律に基準を設けることは難しい[59]。ビジネス取引であればあるほど、貨幣の信頼性についての問題は混乱を招くことになり、撰銭令の実効性は信長をしても経済法則を覆すことはできなかったのである。

（7） 封建社会での体制固め

　信長の楽市楽座、差出検地、関所の廃止、撰銭令等の政策は、それまでの関銭の徴収や、座を認めることで収入を得ていた荘園領主、寺社、公家に経済的

な打撃を与えるものであった。旧支配者層から信長の政策に強い抵抗があったはずであるが、このような政策が実施できたのは、比叡山の焼き討ちを行うなど伝統的な権威を認めない信長をしてはじめて可能なことであり、中世の荘園制を基盤にした旧支配秩序は大きく崩れていったのである[60]。

　信長の目指す社会は、封建社会体制下での天下統一である。従って、社会全体を封建制という統治体制であることを前提としなければならない。このことは、自由闊達なビジネスを求め自治都市形成を目指す豪商と、社会全体を一つの管理体制下に置こうとする信長の政策との間で衝突が起こることは、必然であった。

　信長は1568年堺の商人に対し軍事費の調達を迫ったが拒否された。堺は、能登屋、臙脂屋(べに)などの会合衆が中心となり防戦準備を行ったが、信長は武力で屈伏させ、堺は信長の直轄地となった[61]。信長の行動が、商業やビジネスを盛んにすることそのものが目的であれば、堺にそのまま自治を認めればよいはずである。ビジネスが停滞するという混乱を避け、堺の財力を維持したまま、自らの支配下に置くことができたはずである。しかし、信長の真の目的は、封建体制による天下統一であり、その達成手段としての堺の直轄地化であると理解することによって、統一的な説明が可能となる。信長は、伝統的な政治や経済の秩序や権威を克服し、武士が支配層であることをより明確にした支配体制を作ることを目指していたのである。

　信長の時代は、戦国時代の群雄割拠より戦国大名が淘汰され天下統一への転換期にあたる。そのような時代背景のもと、信長がビジネスの発展に努めた理由は、自らの財務体質の改善と旧支配者層の財力を削ぐことによって、封建社会を確立することにあった。最終的には武力で屈服させるにしても、荘園領主や公家の経済基盤を崩し、体力を削ぎ、弱体化させることが目的であったことが浮かび上がる。

　このような信長の行動は、その第1次目的は、封建体制を基盤とした天下統一であり、そのための第2次目的が、検地、楽市楽座、関所の廃止、撰銭令等の政策の達成であった。第2次目的の楽市楽座が、第1次目的に合致する限りにおいてはビジネスの諸活動の活性化との共存が成り立つが、そのことが第1

次目的達成の阻害要因になると、第2次目的の存在意義はなくなるか、その阻害要因として排除される。その典型的な例が、楽市楽座の究極的な形である堺の自治である。ある一定の時期までは認められていた豪商による堺の自治組織や都市の運営が封建社会体制と対立すると、ある時期を境に武力により堺の自治は排除されたのである。あくまでも、信長の目指したものは「天下布武」という基本戦略の方向性のもと、軍事力とそれを支えている経済力によって天下統一を図るものであった。

3. 豊臣秀吉

（1）豊臣秀吉の天下統一

　豊臣秀吉の素性については不明であるが「太閤素性記」によると、父は木下弥右衛門であり、信長の父、信秀の鉄砲足軽であったが戦傷を負い引退し百姓をしていた。鉄砲足軽の身分は、農村の中小名主のクラスであり、多くの歴史と伝統とを持つ守護大名と比べてはるかに身分の低いものであった[62]。

　秀吉が信長に仕えたのは、永禄元年（1558年）であり、永禄十一年（1568年）には近江佐久木の軍を先輩の佐々間、丹羽とともに破り、木下藤吉郎の名を著わしていたが、天正元年（1573年）には姓を羽柴と改めた。同年、長年の間、信長と敵対した越前の朝倉義景、近江の浅井長政が滅びると、秀吉はその功によって、浅井氏の旧領の大部分を拝領し、浅井氏の居城であった小谷城主となり、翌年には城を琵琶湖の湖畔の今浜（長浜）に移した。秀吉は、天正三年（1575年）筑前守に任ぜられ、これによって独立した大名として活動する基礎を確立していった。天正十年（1582年）、本能寺の変を知った羽柴秀吉は交戦中の毛利輝元と和議を結び、直ちに引き返し山崎の戦いで明智光秀を討った。翌天正十一年（1583年）には柴田勝家を近江の賤ヶ岳の戦いに破り、信長の後継者の地位を確保した。天正十二年（1584年）の小牧・長久手の戦いのあと、天正十三年（1585年）秀吉は関白に、さらに翌年には太政大臣となり、御陽天皇から豊臣の姓を受けたのである[63]。

　秀吉は、全国の戦国大名に停戦を命じ、諸大名の領国の確定を秀吉の裁定

に任せることを強制した惣無事令を発布し、それに違反したとして天正十五年（1587年）には九州の島津義久を征討して降伏させ、天正十八年（1590年）には小田原の北条氏政を滅ぼし、また伊達政宗ら東北地方の諸大名をも服属させて天下統一を完成させたのである[64]。

（2） 兵農分離

　秀吉の目指した天下統一は、武士にとっての安定した社会の実現である。その目的の実現の為の第１次目的は、武士を頂点とした封建社会の構築であり、その第１次目的を達成するための第２次目的が、兵農分離である。その兵農分離を達成するための具体的な施策は、支配者層である武士が軍事力を独占するための刀狩、社会の基盤である農業の生産力の把握と農地の当事者の確定のための太閤検地、そして、それぞれの身分を固定化する人払令[65]であった。

　秀吉が太閤検地を始めたのが天正十年（1582年）、刀狩を始めたのが天正十三年（1585年）、そして人払令を天正十九年（1591年）に実施している。これらの施策は、当初より計画し段階を追って進められたのか定かではないが、政策を実施し始めた時期を見ると、経済的基盤である農民支配をより強固にするために状況とタイミングを図りながら施策を実施していったことがうかがえる。

　秀吉は、人払令で武家奉公人が町人や百姓になることや百姓が商人や職人になることを禁じ、翌年には、関白豊臣秀次が朝鮮出兵の人員確保のために前年の人払令を徹底し、武家奉公人、町人、百姓の職業別にそれぞれの戸数を調査し確定する全国的な戸口調査を行った[66]。その結果、諸身分が確定することに結びつけていったのである。諸大名を従わせ天下統一の道筋のなかで、支配者としての武士の世の安定を図るには、経済基盤である農民支配を確かなものとするために、兵農分離は優先課題であったことに違いはない。

（3） 刀　狩

　秀吉が打ち出した主要な政策に刀狩がある。刀狩とは、農民や僧侶が刀・槍・弓・鉄砲などの武器を所持することを禁止したことである。天正四年

(1576年) に柴田勝家が越前の一揆を平定したさいに刀狩を行っているが、秀吉は刀狩を天正十三年（1585年）根来、雑賀の平定と同時に高野山で行い、そして、天正十六年（1588年）、関東、奥羽を除いて、全国でこれを行っている[67]。

　この刀狩令は、百姓たちが武器類を持つことを固く禁じている。その理由は、百姓たちが必要のない武器を持っていると年貢を納める障害になることや一揆を計画するようになると直接の当事者の給人(きゅうじん)（大名などの家臣で実際に土地を与えられている者）へ呼びかけ厳重に処罰しなければならないとしている。さらに国主や代官に連帯責任であると念を押し命令の徹底を図っている。刀狩令は、百姓は農具だけ持ち田畑の耕作さえ行っていれば、子々孫々まで長続きするし、百姓を憐れみ国土の安全と万民が幸せに暮すための方策である。百姓は農業に励むようにすることと結んでいる[68]。

　この刀狩令は、当然ではあるが支配者の論理で書かれている。このことが守られず従わない場合は「勿論御成敗あるべし(もちろんせいばい)」とあるが、問題はこの刀狩を徹底させることが出来るかどうかである。それについては、大きな抵抗があると予測され、実は不徹底であった。不徹底になることは、現場の武士は解っていたはずであり、秀吉も農民から刀、脇ざし、弓、槍、鉄砲、その外の武具の全てを完全に取り除くことが困難であることはある程度予測できたはずである[69]。

　秀吉の第1次目的が、武士を頂点とした封建社会体制の確立であり、その第1次目的達成のための第2次目的が、兵農分離でありその目的実現のための具体的な施策が刀狩であるとすれば、この刀狩令の最優先課題は、秀吉が全国の津々浦々に天下統一したことを知らせ、農民には領主の上に天下人秀吉がいること示し、武器を公式に持てるのは武士であることを明らかにすることである。つまり、武士と農民の身分を明確に分けることにあったのであれば、刀狩については、現場の武士と百姓が賢く振る舞い、お互いに顔が立つように治めてくれればよかったのであるかもしれない。

(4) 太閤検地

　秀吉は山崎の戦い直後から征服地において検地を実施していった。この一連の検地を太閤検地という。太閤検地は、信長時代までの指出検地とは異なり、現地に検地奉行を派遣することによって田畑や屋敷の面積と等級を綿密に調査し、米の生産高を確定するものであった。石高の確定については、地域や荘園ごとに異なっていた枡の大きさや面積の単位を統一したうえで、一段(いったん)あたりの石盛(こくもり)（標準収穫高）を算定し、田畑一筆（一区画）ごとに等級、面積、名請人(なうけにん)を検地帳に登録した。その名請人は、その土地の耕作権を有する百姓として認められ石高に応じた年貢の負担を義務づけたのである[70]。秀吉の検地は、天正十年（1582年）七月山城で行ったのを始めとして、慶長三年（1598年）その死に至るまで、機会あるごとに諸国でこれを行い、遂に全国に及びほとんど完了したのである[71]。

　この太閤検地と刀狩では、政策実行に対する意気込みが明らかに異なっていた。太閤検地については不退転の決意が込められていた。この太閤検地は、「国人(こくじん)（在地性の強い土着領主）　并(ならびに)　百姓共ニ合点(がてん)（納得）行候(ゆき)様(よくよく)ニ、能々申し聞すべく候(きか)」と太閤検地の主旨を領主や百姓に周知徹底させ、「相届かざる(かく)（納得しないこと）覚悟の　輩(ともがら)　之在るに於ては」これに反抗する者については、「其(そ)もの城へ追入れ、　各(おのおの)　相談(あいだん)（検地担当の武将たちが連携して）じ、一人も残し置かず、なでぎり（片端から切り捨てること）ニ申し付くべく候。百姓以下ニ至るまで、相届かざるニ付てハ、一郷も二郷も　悉(ことごと)くなでぎり仕るべく候。」と、反対する者について、城主はその者達を一人も残さず城に追い入れ、検地担当の武士は残らず撫で斬りにし、百姓も含めて従わないものは、一郷（村）や二郷（村）撫で斬りにし百姓がいなくなってもよいと厳命している。秀吉は、断乎たる態度をもって、全国の津々浦々に至るまで実施したのである[72]。

　太閤検地は一筆の耕地に複数の権利が重なり合っていた権利関係を精算するものであり、一地一作人を原則として、これまで領主と耕作者の中間で作合(さくあい)（利益）を得ていた名主(みょうしゅ)の存在が否定された。この結果、古代以来の荘園制度は完全になくなったのである[73]。

（5）石高制

　秀吉は、天正十九年（1591年）、全国の大名に対しその領国の御前帳（検地帳）と国絵図の提出を命じた。これにより、すべての大名の石高が正式に定まり、大名は支配する領国の石高にみあった軍役を奉仕する体制ができあがったのである[74]。

　秀吉の体制構築のための管理運営で注目すべき点は、複雑な年貢や公事（雑税）を廃止し、米納年貢を原則としたことである[75]。実際に日本全国を統一的にその経済力を把握するには、従来の貫高制を踏襲すればよい地域と、貫高制を統一的に実施するには難しい地域があったはずである。その現実的な対応として石高制を採用したことは、政策上の後退ではなく、領地の実情を適切に把握し、全国の統一基準を作成する合理的な選択であった。米は、日本全国どこに行ってもその使用価値は安定しており、米を持っていれば農器具であろうと地域の特産品であろうと交換可能で、米は全国共通の物品貨幣としての価値尺度の基準として機能する条件を備えていた。問題は、領地の確定とその度量制度の統一にあったのである。

　封建社会を確固としたものにするという第1次目的を達成するためには、武士の統率・管理は欠かすことはできない。そして、武士の経済基盤が農村にあること、その農村を支配下に置いているのが領主であり、その領主の頂点に立っているのが秀吉であることを示す必要があった。秀吉は、度量制度の統一という合理的な方法によって諸大名が納得するかたちで石高を決めていったのである。

　この徹底した検地と石高制の実施こそ秀吉の天下統一を全国津々浦々にまで告知させ、諸大名に対し主従関係を宣言し、封建社会体制の確立を図ったものである。太閤検地は、支配者層である武士と被支配者である百姓との身分の違いを周知徹底させ、石高制は秀吉と諸大名との上下関係を明らかにしたのである。秀吉は、現実を直視し、目的実現のために取るべき施策を具体的に構想し、実施する能力と実行力を兼ね備えていたのである。

（6）座の否定

　信長はすでに大山崎の油商人の油座や西京の麹座に対してその特権を否定していたが、これは決して徹底したものとはいえなかった。信長に比べ、秀吉の座の否定の特徴は、特定市場における市座の否定ではなく、それぞれの市場において横断的に独占権を持つ一般的な座の否定であり、このことは同時に特権商人の否定でもあった。これは信長の初期の楽座とは異なる新たな楽座政策の展開を意味していた[76]。

　秀吉の座の否定は京都のみではなく、大和でも行われ郡山城主羽柴秀長は郡山と奈良の諸座の破却を命じた。また、博多においても秀吉の命によって、諸役、諸座、諸問の撤廃が行われ、主として、市や問の商業的な市場の解放を意味していた。さらに、座の否定は、鍛冶、番匠、大鋸引、畳刺、瓦師などの諸職人諸座の廃棄にまで推し進められ、物作りに関わる諸座も解散させられたのである[77]。

　秀吉の政策実施の巧みさは、政権掌握直後はしばらくの間、人心の安定をはかるため経過処置を取っていることである。具体的には、天正十一年（1583年）には、京都の雲母(きらら)座・桶座をはじめ、洛中の諸座を十数種にわたって権利を確認していた。しかし、天正十三年（1585年）小牧・長久手の戦で家康と和睦したことを契機に、自己の権力基盤が確固であることに自信を持つと、標的を公家や寺社の持つ特権の解体へと移していった。

　秀吉の座の否定の真の目的は、第1次目的である武士による新たな支配体制を作り上げることであるから、旧来の勢力の特権を廃止し、旧体制の収入源を断つことである。秀吉は、施策が実行可能であるかどうかを慎重に見極めた後、断固たる態度で、洛中の公家および寺社に対し諸公事徴収権を否定し、さらに、伊勢神官・天竜寺・比叡山・浄福寺・清涼寺に属する大工職の破棄や、公家のもっていた諸公事の徴収権の否定にまでおよび、薄家のもつ諸国牛博労(すてき)役もこの時に廃止したのである[78]。

　座の廃止は、現代ビジネス風に言ってみれば規制緩和であり、商人にとって座の廃止は、商品の新たな仕入ルートの開拓や販売方法の見直しが必要となる。仕入先や販売先の相手の選択ができるということは、封建社会のなかでも

自らに少しでも有利な取引条件を得るためのビジネスの諸活動ができる道が開け、新興の商人にとっては大きなビジネスチャンスを与えることになったのである。

（7） 交通網の整備

　戦国時代は群雄割拠・分国の時代であって、ごく一部の戦国大名が地域内で交通網を統合し分国経済圏の活性化を図っていたが、全国的な視野で交通網の整備を行うことはなかった。秀吉の天下統一による戦国大名相互間の対立や抗争の終結は、従来からの領国内の主要道路から他国の主要道路への結合が可能となり、交通制限は徐々に解除されていった。

　秀吉の関所の撤廃は、信長の意志を継承し、さらに一貫させ徹底したものであった。天正十年（1582年）九月、かつて信長が廃止しようとして断念した公家知行の京都および諸国の率分所（関所）の撤廃、天正十三年（1585年）には高野山で七口の関銭をとることの廃止、天正十四年（1586年）中国征伐の折には毛利氏の分国において海陸役所停止事を発した。このような秀吉の旧利権に関わる規制の撤廃は、次々とその範囲を拡大し、ついに全国に及び、わが国の道路や橋梁史上もっとも意義深い位置づけをなしている。全国的な交通網の発展は信長を経て、秀吉の天下統一事業によって実現され、商品流通の行く手を阻む関所の撤廃は、全国的商品流通を急激に発展させることになったのである[79]。

　天下統一による石高制の実施は、米の意義や役割を大きく変化させた。戦時において米の軍事的な意味は兵糧米として重要な補給物資であったが、天下統一によって自給自足経済の中で消費されずに残った余剰米は、兵糧米から消費物資としての米へとその役割を変え、米は全国どこでも通用する物品貨幣の役割を更に強めていった。

　しかし、物品貨幣としての米は、重く、かさばり、移動には適さない。このことが、逆に全国の交通網を整備することに結びついていったのである。城下町という一大消費地の一般庶民が消費者として登場することによって、米の商品流通のためインフラ整備の仕組み、とりわけ運送ルートの開拓（ソフト）や

米の運搬や保管の為の施設・設備（ハード）が求められた。これらの米の輸送に対するニーズが輸送手段全体の改善、交通網の整備に結びついていったのである[80]。

（8）財政基盤の充実

秀吉の主な経済的基盤は、莫大な蔵入地（くらいりち）（直轄領）にあった。秀吉の直轄地は、畿内や近国を中心に全国各地に設けられ、その年貢収入は太閤検地総石高の約12％にあたる222万石であった[81]。加えて、佐渡、石見、大森、但馬生野などの直轄の鉱山は、大名領地内であるが重要な財源として代官を派遣しその経営にあたらせ金銀の上納を行わせた。さらに、秀吉は天正大判などの貨幣を鋳造する実権も握っていたのである[82]。

直轄都市は京都、大坂、奈良、堺、大津などのほか、長崎や博多も含まれていた。秀吉の支配地は摂河泉を中心にしていたことは信長と大差ないが、その領地支配は征服地の旧領主を安堵させ、新しく領主を入封させる場合には必ず一定量の石高を蔵入地として軍役動員のために兵糧備蓄させた。その地域は陸奥から肥後へと、ほぼ全国におよび、そのことが全国的な商品流通成立の端緒となっていったのである[83]。

秀吉は、財政基盤の重要性を熟知しており、さらに豪商を自らの統制下におくことによって、堺の千利休や小西隆佐、博多の島井宗室や神屋宗湛（そうたん）らの商人の経済力を活用した[84]。このようにして秀吉は、圧倒的な軍事力を背景としたうえで、圧倒的な経済力のもと、権力を集中させ天下統一を成し遂げていったのである。

むすび

織田信長、豊臣秀吉の政権を織豊政権という。信長も秀吉も中世の伝統的な政治や経済のあり方に挑戦し新しい体制を作ることを目指した。ビジネス教育として魅力的な人物である。信長と秀吉とが政局の中心として登場する時代は、永禄十一年（1568年）に信長が京都に入ってから、秀吉が死んだ慶長三

328　第 4 部　ビジネスの起源と教材開発

年（1598 年）までの時代であり、さらに翌々年の慶長五年（1600 年）天下分け目の関ヶ原の戦で政権が徳川家康に帰するまでの期間、年数からいって、このわずか三十年の短い間は、わが国の歴史の発展過程において極めて重要な時期であった。

　ビジネス教育の教材開発の視点で日本史をみると宝の山である。ここで、注意しなければならないことがある。ビジネスの諸活動を取り巻く社会体制の捉え方である。現代のビジネスの起点を求めるからといって、単純に外形的な仕組みやその戦略性のみにとらわれてはならない。封建社会の道徳観や倫理観を抜きにした封建社会体制下のビジネスは成り立たないからである。ビジネスを取り巻く環境は、その時代の主要な指導者の個性とその時代を構成する人々の不易の側面と流行の側面とのマトリックスの中に、その時代独自のビジネスの諸活動という形で表れてくるからである。

　ビジネスの諸活動の不易の側面としては、ビジネスの論理と資本の論理の貫徹であり、流行の側面は、その時代の社会構造や支配構造の中で醸成される社会意識である。その社会意識は、ビジネスの諸活動を行う事業体（主体としてのビジネス）の経営方針に影響を与え、その時代の消費者に新たなニーズを提案するのか、個々のニーズを集計したニーズの束に対応するのかの意思決定が求められる。ビジネスは、いかなる時代、いかなる環境であっても、柔軟な発想と臨機応変な対応力をもってしなければ、生き残っていけないのである。

　ビジネス教育は、動的な社会環境の中で合理的な判断と実践的な対応力の育成が試される。ビジネス教育は、ビジネスの不易と流行の中から、自らの力で、自らの指針を導き出す力を醸成する教材開発をしなければならないのである。

注
1)　「封建制は、少数の武装能力者が社会を支配することであり、その支配構造である。」（マックス・ウェーバー著、世良晃志郎訳『支配の社会学 2』創文社、昭和 61 年、p.391）。
2)　マックス・ウェーバー著、浜村　朗訳『家産制と封建制』みすず書房、昭和 32 年、pp.134-135。
3)　「封建制度とは、土地の給与を通じて、主人と従者が御恩と奉公の関係によって結ばれる制度のことで、支配階級内部の法秩序を封建制度ということができる。」（石井　進（ほか 12

第 14 章　ビジネスの起源と織豊時代　329

　　名）『詳説日本史　改訂版』山川出版社、2013 年、p.91）。
4)　「室町幕府は、応仁の乱以後は、全くその無力さを暴露し約一世紀の間、新旧の武家勢力が交代する「群雄割拠」の時代となる、この動乱の時代を戦国時代という。」（石井　進（ほか 12 名）『高校日本史改訂版』山川出版社、2013 年、p.100）。
5)　「室町幕府下において、幕府の主軸となっていた守護大名は、この戦国時代を経て、没落し、それに代わって、守護大名の家臣や新興の国人層が、生き残りを賭けて室町幕府の支配構造からの自立をめざし、国や郡といったまとまりのある地域に対して独自の支配権を持とうとし、自らの領地を強力な軍事力によって排他的支配を強めた大名を戦国大名という。」（加藤友康（ほか 16 名）『高等学校日本史B改訂版』清水書院、平成 25 年、p.96）。
6)　石井　進（ほか 12 名）、前掲書『詳説日本史改訂版』、p.143。
7)　宮原武夫（ほか 16 名）『高校日本史B』実教出版、平成 25 年、pp.88-91。
8)　「広義のビジネス取引とは、商品を中心に、売り手側も買い手側もビジネスの主体（主体としてのビジネス）として共に独立し、双方が尊重し合い、売り手側はできるだけ高く売りたいし、買い手側はできるだけ安く買いたいとの思惑からの交渉を行い、双方は取引条件を納得し、商品を引き渡し、その代金を支払うことによって、ビジネス取引は完結するまでの一連の活動をいう。」（河内満「ビジネス教育と利潤追求」『修道商学』第 55 巻第 1 号、p.196）。
9)　「分国とは、戦国大名がその地域に住む国人・地侍などを中小領主として認めたうえで彼らを家臣団として編成し、軍事力で築き上げた戦国大名自らの支配領域をいう。」（尾藤正英（ほか 7 名）『新選日本史B』東京書籍、平成 25 年、p.94）。
10)　「一、（武田氏の）許可を受けずに、他国へ進物や手紙を遣わすことは、いっさい禁止する。但し、信濃にいる人（武田氏のスパイ）が策略のため、（甲州）一国中に物や手紙を通わせるのはやむをえないことである。…（中略）…
　　一、もとから自分の所有であった私領・名田をのぞいて、主君から御恩としてもらった領地を容易に売却することは、これを禁止した。
　　一、喧嘩のことについては、どちらがよいか悪いかにかかわらず。罪科とする。但し（相手から）仕掛けられたけれども怒りをこらえた者については、処罰しない。しかし、どちらかに肩入れしたり、えこひいきをして、助太刀をした者を、事の正邪にかかわらず同罪とする。『甲州法度之次第』（石井　進（ほか 12 名）、前掲書『高校日本史改訂版』、p.111）。
11)　尾藤正英（ほか 7 名）、前掲書『新選日本史B』、p.94。
12)　「年貢高を銭で表示する貫高。家臣にはおもに郷や村を単位として領地を与え、その貫高に応じて軍役の人数を徴集して、戦いに動員した。」（君島和彦（ほか 16 名）、前掲書『高校日本史B』、p.91）。
13)　石井　進（ほか 12 名）、前掲書『詳説日本史改訂版』、p.143。
14)　石井　進（ほか 12 名）、前掲書『高校日本史改訂版』、p.111。

330　第4部　ビジネスの起源と教材開発

15) 「経営戦略とは、組織活動の基本的方向を環境とのかかわりにおいて示すもので、組織の諸活動基本的状況の選択と諸活動の組みあわせの基本方針の決定を行うものである。」(伊丹敬之『新・経営戦略の論理』日本経済新聞社、昭和60年、pp.17-21)。
16) 石井　進（ほか12名）、前掲書『高校日本史改訂版』、pp.98-99。
17) 「武田信玄の治水事業のひとつ。御勅使川(みだい)の流れを北にかえて釜無川(かまなし)の本流と衝突させ、竜王高岩(りゅうおうたかいわ)とよばれる崖にぶつからせて水勢を弱め、合流点から下流2kmにわたって堅固な堤防(ごていぼう)をきずいて氾濫(はんらん)を防いだ(ふせ)。」(同上書、p.110)。
18) 石井　進（ほか12名）、前掲書『高校日本史改訂版』、p.110。
19) 加藤友康（ほか10名）、前掲書、p.96。
20) 宮本又次『近世商人意識の研究』有斐閣、昭和16年、p.12。
21) 同上書、p.13。
22) 「座とは　中世において職能民・商人・芸能民が結成した同業者組織。朝廷や寺社などの本所(ほんじょ)の保護下にあった職能民の組織が、供御人(くごにん)・駕輿丁(かよちょう)・神人(じにん)・寄人(よりうど)などの称号を与えられた。課税免除・関所通行権（関銭免除(せきせん)）・独占的な仕入権や販売権を保障され、座役として労役奉仕や物品・座金を本所におさめた。対外的に閉鎖性が強く、価格高騰や流通停滞を招いた。室町中期以降、本所を持たない座（仲間）の出現や座に所属しない座外商人もあらわれ、戦国時代には流通促進をはかるため、座の特権を否定する楽市令(らくいちれい)が出されることとなる。」(編者　詳説日本史図録編集委員会『山川詳説日本史図録（第6版）』2014年、p.125)。
23) 尾藤正英（ほか7名）、前掲書『新選日本史B』、p.88。
24) 同上書、p.76。
25) 同上書、p.89。
26) 石井　進（ほか12名）、前掲書『詳説日本史改訂版』、p.144。
27) 河原茂太郎・菊浦重雄『日本商業発展史』文雅堂書店、昭和35年、pp.223-224。
28) 同上書、p.190。
29) 同上書、pp.167-176。
30) 同上書、pp.190-191。
31) 同上書、pp.310-312。
32) 石井　進（ほか12名）、前掲書『詳説日本史改訂版』、p189。
33) 同上書、p145。
34) 宮原武夫（ほか16名）、前掲書『高校日本史B』、p.69。
35) 宮本又次、前掲書、p.12。
36) 加藤友康（ほか10名）、前掲書、p.97。
37) 「日本全国当堺の町より安全なる所なく、他の諸国に於て動乱あるも、此町には嘗(かつ)て無く、敗者も勝者も、此町に来住すれば皆平和に生活し、諸人相和(あい)し、他人に害を加ふる者なし。市街に於ては嘗て紛擾(ふんじょう)起ることなく、敵味方の差別なく皆大なる愛情と礼儀を以て応

対せり。市街には悉く門ありて番人を付し、紛擾あれば直に之を閉づることも一の理由なるべし。紛擾を起す時は犯人其他悉く捕へて処罰す。然れども互に敵視する者町壁外に出づれば、仮令一投石の距離を超えざるも遭遇する時は互に殺傷せんとす。町は甚だ堅固にして、西方は海を以て、又他の側は深き堀を以て囲まれ、常に水充満せり。(1562〈永禄五〉年、ガスパル＝ヴィレラ書簡『耶蘇会士日本通信』)」(詳説日本史図録編集委員会編、前掲書、p.145)。

38) 石井 進(ほか12名)、前掲書『詳説日本史改訂版』p.145。
39) 宮本又次、前掲書、p.13。
40) 「企業の長期的な目的を達成するための将来の道筋を、企業環境とのかかわりで示した長期的な構想を経営戦略という。」(神戸大学大学院経営学研究室編『経営学大辞典 第2版』中央経済社、平成14年、p.239)。
41) 石井 進(ほか12名)、前掲書『詳説日本史改訂版』、p.150。
42) 石井 進(ほか12名)、前掲書『高校日本史改訂版』、p.120。
43) 宮原武夫(ほか16名)、前掲書、p.100。
44) 石井 進(ほか12名)、前掲書『詳説日本史改訂版』、pp.149-151。
45) 速水 融・宮本又郎編『経済社会の成立』岩波書店、2007年、p.97。
46) 河原茂太郎・菊浦重雄、前掲書、p.170。
47) 石井 進(ほか12名)、前掲書『詳説日本史改訂版』、p151。
48) 安野眞幸「安土山下中宛信長朱印状」弘前大学教育学部紀要93、2005年、pp.7-23。
49) 河原茂太郎・菊浦重雄、前掲書、pp.189-191。
50) 同上書、pp.151-160。
51) 加藤友康(ほか10名)『高等学校日本史B改訂版』文雅堂書店、昭和35年、p.104。
52) 河原茂太郎・菊浦重雄、前掲書、pp.151-160。
53) 「(永禄十一年十月)且は天下の御為、且は往還の旅人御憐愍の儀を思しめされ(かわいそうに思って)、御分国中に数多これある諸関諸役上させられ(信長の分国内にたくさんあった関所とさまざまな負担を廃止され)、都鄙(町と田舎)の貴賤一同に悉しと拝し奉り、満足仕り候ひおわんぬ。『信長公記』」(直木孝次郎・脇田修監修『新詳細日本史資料集』、実教出版 pp.200-202)。
54) 「古代・近世の関所が反乱防止などの意図で設置されたのに対して、中世の関所は関銭、津料を徴収する目的で、朝廷・幕府・寺社・武士などが設けた。人、物資流通の多い主要な街道では、わずか15kmほどの距離に60余りの関所があり、関銭が徴収された。結果として商品価格の高騰・物流停滞を招いたので、享徳の徳政一揆、新関撤廃を要求し、商業・振興をはかった。戦国大名は関所を撤廃した。」(編者詳説日本史図録編集委員会、前掲書、p.125)。
55) 河原茂太郎・菊浦重雄、前掲書、pp.189-191。

56) 同上書、pp.190-191。
57) 山本博文（ほか11名）、前掲書『日本史B』、p.89。
58) 「撰銭令
　　　定　撰銭の事、京銭。打平等を限る。
　　　右、唐銭においては、善悪をいわず、少暇を求めず。ことごとくもって諸人あい互いに取り用うべし。次に悪銭売買の事、同じく停止の上は、彼といい、是といい、もし違犯の輩あらば、その身を死罪に行い、私宅に至りては結封せらるべきの由、仰せ下さる所なり。よって下知、件のごとし。
　　　　永正弐年十月十日　　　　　　　　散位三善朝臣
　　　　　　　　　　　　　　豊前守平朝臣　　『蜷川文書』」
　　　　　　　　　　　　　　　（直木孝次郎・脇田修監修、前掲書、p.163）。
59) 「宋銭その他の主要渡来銭はすでに摩滅・破損がいちじるしくなっており、ますます高まりつつある国内の銭貨需要には京銭輸入または私鋳銭（これらは『悪銭』とされた）をふやすほかはなかった。皇朝銭や渡来銭を『精銭』として悪銭と区別選択し、悪銭の収受を拒否したり、精銭との交換や、増歩を要求したりする『撰銭』行為はすでに一五世紀後半より顕著となっており、精銭はこの面でも退蔵される傾向にあり、銭貨不足に拍車をかけた。一六世紀後半まで渡来銭の標準銭であった永楽銭も磨耗が始まると、銭を価値基準とする取引体系が大いに揺らぐのは当然であった。そうした当時の銭貨の『貨幣』としての適格性（貨幣の要件である、とりわけ、識別性と同質性）が揺らぎ、それに代る貨幣として米や銀が支払手段に用いられた事実の中に、むしろすでに貨幣経済が定着し、自然経済に逆行できない経済社会に成長していたと解釈できるのである。」（速水　融・宮本又郎編、前掲書『経済社会の成立』、pp.118-119）。
60) 山本博文（ほか11名）『日本史B』東京書籍、平成25年、p.94。
61) 宮原武夫（ほか16名）、前掲書、p.89。
62) 河原茂太郎・菊浦重雄、前掲書、p.153。
63) 同上書、pp.153-154。
64) 石井　進（ほか12名）、前掲書『高校日本史改訂版』、p.122。
65) 「身分統制令
　一、奉公人、侍・中間・小者・あらし子（いずれも武家に奉公するもの）に至る迄、去七月奥州え御出勢より以後、新儀ニ町人百姓ニ成り候者これ在らば、其町中地下人として相改、一切をくべからず。若しかくし置ニ付いては、其一町一在所御成敗を加えらるべき事。
　一　在々百姓等、田畠を打捨て、或はあきない、或は賃仕事ニ罷出る輩これ有らば、そのものの事ハ申すに及ばず、地下中御成敗たるべし。並に奉公をも仕らず、田畠もつくらざるもの、代官、給人としてかたく相改め、をくべからず。若し其沙汰なきにおいては給

人過怠にハ、其在所めしあげらるべし。町人、百姓としてかくし置くにおゐてハ、其一郷、同一町曲事たるべき事。……

　右条々定置かるる所件の如し。

　　天正十九年八月廿一日　　（秀吉朱印）　　　　　『小早川家文書』」

（直木孝次郎・脇田修監修、前掲書、pp.200-202）。

66)　石井　進（ほか12名）、前掲書『詳説日本史改訂版』、p.154。
67)　河原茂太郎・菊浦重雄、前掲書、pp.157-160。
68)　「刀狩令
一、諸国百姓、刀、脇指、弓、やり、てつはう、其外武具のたぐひ所持候事、堅く御停止候。其子細は、いらざる道具をあひたくはへ、年貢所当①を難渋せしめ、自然一揆を企て、給人②にたいし非儀③の働をなすやから、勿論御成敗あるべし。然れば、其所の田畠不作せしめ、知行ついえになり候の間、其国主⑤、給人、代官として、右武具悉取あつめ進上致すべき事。
一、右取をかるべき刀、脇指、ついえにさせられるべき儀にあらず候の間、今度大仏御建立の釘かすがひ⑥に仰せ付けられるべし。
一、百姓は農具さへもち、耕作専に仕り候へば、子々孫々まで長久に候。
　　天正十六年七月八日（秀吉朱印）
　　　　　（『小早川家文書』）
①年貢・雑税など。②大名から知行地を支給された者。③非法。④むだ。⑤大名。⑥方広寺の大仏殿建造に用いる釘とかすがい。」（君島和彦（ほか15名）、前掲書、p.107）。
69)　「事実、秀吉の刀狩令をうけて、全国の村々で刀狩がおこなわれたが、実は村々にはなお大量の武器がそのままに残された。これは、百姓の帯刀を免許制にしたもので、このたてまえを創り出すことに、刀狩令の真のねらいがあった。このように、すべての民衆から武器を取り上げたわけではなく、刀狩の現実との間には、大きな隔たりがあった。」（詳説日本史図録編集委員会編、前掲書、p.139）。
70)　加藤友康（ほか10名）、前掲書『高等学校日本史B改訂版』、p.106。
71)　河原茂太郎・菊浦重雄、前掲書、P.158。
72)　「一、仰せ出され候趣、国人①并百姓共二合点②行候様ニ、能々申し聞すべく候。自然③、相届かざる④覚悟の輩之在るに於ては、城主にて候ハヽ、其もの城へ追入れ、各相談⑤じ、一人も残し置かず、なでぎり⑥二申し付くべく候。百姓以下二至るまで、相届かざる二付てハ、一郷も二郷も悉くなでぎり仕るべく候。六十余州⑦堅く仰せ付けられ、出羽・奥州迄そさう⑧ニハさせらる間敷候。たとへ亡所⑨ニ成候ても苦しからず候間、其意を得べく候。山のおく、海ひろかいのつつ候迄、念を入るべき事専一に候。……

　　（天正十八年）八月十二日　　（秀吉朱印）
　　浅野弾正少弼とのへ　　　　（浅野家文書）

①在地性の強い土着領主。②納得。③もしも。④納得しないこと。検地に反対することをさす。⑤検地担当の武将たちが連携して。⑥撫斬り。片端から切り捨てること。⑦日本全国のこと。全国に六六カ国二島あった。⑧粗相。粗略の意。⑨耕作者のいない土地。」（石井進（ほか12名）『詳説日本史改訂版』、p.153）。
73) 加藤友康（ほか10名）、前掲書、p.106。
74) 石井　進（ほか12名）、前掲書『詳説日本史改訂版』、p.153。
75) 宮原武夫（ほか16名）、前掲書、p.103。
76) 河原茂太郎・菊浦重雄、前掲書、p.172。
77) 同上書、pp.171-173。
78) 同上書、p.172。
79) 同上書、pp.189-191。
80) 速水　融・宮本又郎編、前掲書『経済社会の成立』、pp.289-294。
81) 同上書、p.97。
82) 石井　進（ほか12名）、前掲書『高校日本史改訂版』、p.122。
83) 速水　融・宮本又郎編、前掲書、p.97。
84) 宮原武夫（ほか16名）、前掲書、p103。

第15章
ビジネスの起源と幕藩体制の成立

はじめに

　ビジネス教育として江戸時代のビジネスの諸活動を見る視点は、まず、封建社会という社会体制を認識しなければならない。ビジネスは不易の部分と流行の部分があるが、不易の部分がビジネスの論理と資本の論理であり、封建社会という社会体制を背景としたビジネス倫理観に基づいたビジネスの諸活動がその流行の部分にあたる。

　徳川家康にとって、天下統一ということは、諸大名の中で最も武力で勝り、一番大きな領地を持ち、盤石の経済基盤を持つことによって、日本国中の諸大名を支配下に置くことであった。徳川家は、大名の中の大名として名実ともに最大・最強の武家であり、家康が江戸幕府を開くということは、徳川家の家長は国家という家の家長になるということを意味していた。諸大名は、それぞれの家の家長である藩主と家臣との関係を持ちながら、自らは徳川家の家臣となったのであり、その徳川家が天下統一した証として江戸幕府となったのである。

　家康は、江戸に徳川幕府を開き幕藩体制を敷いたのであるが、意識の中では徳川家と他の諸大名との関係については従来通りで変化がなかったであろう。徳川家の支配体制を盤石にするには、不安要因を除去しなければならい。それは、武士を頂点とした封建社会の完成へと向かう。

　諸大名の立場は、江戸幕府の配下である家臣という枠内での行動と、自ら

の家では家長として家の管理・運営と家臣団を統率するという従来の立場がある。従って、徳川家という大名の主従関係から、江戸幕府という国家運営に移ることになるが、江戸幕府の組織編成の原型は、従来の徳川家との主従関係と相似型となっていると考えるのが自然である。

1. 徳川家康

(1) 徳川家康の天下統一

　徳川家康が覇権を打ち立てる糸口は、天正十八年（1590年）の関東入部により、土地の開発、家臣の配置、農民の統制・支配など、領地支配全般に意を注ぎ、着々と力を蓄え、その結果、秀吉に服従する諸大名の中でも最大の大名としてその存在感を増していった[1]。

　秀吉の死後、家康は石田三成との対立を深め慶長五年（1600年）9月15日、東軍の徳川家康と西軍の石田三成が関ケ原で激突した。両軍合わせて15万以上の兵が集結したが、西軍の6割以上が戦闘に参加せず、わずか1日で東軍の勝利となった。この戦いは全国の大名を巻き込み、戦場も美濃、尾張だけでなく、全国に広がっていたが関ケ原での決戦の結果が伝わると、ほどなく終息した。関ケ原の戦いに勝った家康は、敵対した大名を処罰し、改易（領地没収）、減封（領地削減）、転封（国替）を行った。没収した領地は直轄地としたもの、東軍の大名に加増したもの、そして徳川一族や家臣に与えることによって大名に取り立て、政権基盤を整えていった[2]。

　家康は、朝廷から征夷大将軍の宣下を受けることにより、全大名に対する指揮権の正当性を得た。慶長八年（1603年）江戸に幕府を開き、これを江戸幕府と呼び、これより明治維新までの260余年間を江戸時代という[3]。

　家康は、朝廷に慶長十年（1605年）将軍職を子の秀忠に譲ることを申し入れ、徳川家の将軍世襲制を全国に明示した。家康は、幕府の権力が強まったことを確認すると慶長十九年（1614年）から元和元年（1615年）2度にわたる大坂の役（冬の陣、夏の陣）によって豊臣家を滅ぼし、江戸幕府の権力を盤石のものとした[4]。

(2) 徳川家の永続

　家康は、信長から秀吉に引き継がれてきた天下統一を実現し、さらに揺ぎ無い武士の世の構築に向けて取り組んでいった。家康が武士の世の永続を願っていたとは考えにくい。なぜなら、群雄割拠の世に生まれ、戦い、生き抜いてきた家康にとって、武士の世は自らの生活そのものであり、当然のこととして、武士の世が変わるなどと考えもしなかったであろう。この支配者である武士の時代認識が、後の幕府改革が後手に回った遠因ではないか。

　家康は天下統一が叶った今、徳川家の永続をいかに盤石のものとするかに腐心したはずである。家康の第一次目的は、封建社会の完成ではなく、徳川家の永続であると考えることによって、家康の目からみた江戸幕府とは何か、また、江戸時代の封建社会とは何か、を浮び上がらせることになる。家康にとって、封建社会は社会そのものであり、すべてのものが封建社会体制を基盤としたものであり、逆に言えば、それ以外の社会を知る由もなかった。従って、家康の第1次目標は、徳川家の永続に向かい、結果として、より強固な封建社会を形成させていったのである。

　家康の徳川家を永続させるという第1次目的の達成が、江戸幕府を形作り、その江戸幕府を盤石のものにすることが、歴史的な変遷のなかでは、封建社会をより強固な身分社会へと向かわせたのである[5]。家康が行った徳川家の永続を目指したその施策が、江戸時代の封建社会の特徴を形作っていったのである。

　家康の第一次目的である徳川家の永続を図るには、2つのことが必要であった。それは他の大名からの軍事的脅威への対応と徳川家の経済的基盤の確立である。この2点は、車の両輪であり、軍事力は経済基盤によって支えられ、経済基盤は軍事力によって守られていたのである。

(3) 圧倒的な軍事力

　家康が、戦国時代から抜け出し関ケ原の戦いに勝利し、政権の基盤を着実におし進めていけたのは、その武力の強大さによるものである。江戸時代の大名は、徳川氏一族の親藩、関ケ原以前から家臣である譜代、関ケ原以後に従った

外様に区別され、親藩・譜代大名は関東や東海などの要地に配置され、外様は東北や西国などの遠国に領地を与えられた[6]。

このように親藩、譜代、外様を区別し領地を配置することによって、それぞれの藩は自らの存在が江戸幕府のなかで、どのような位置にあたるかを自覚することになる。江戸に近いか、領地の大きさはどうか、についての調整権はすべて幕府が握っていたのである。大名がこのような国分けを受け入れたのは、圧倒的な軍事力の裏付けによる威圧であった。

幕府の軍事力は、親藩・譜代大名をも含んで考えるべきであるが、なかでも中心となったのは将軍直属の旗本や御家人であった。将軍直属の家臣団である旗本や御家人は、直参と呼ばれ、知行1万石未満のもので、将軍に直接謁見できるものを御目見といい、旗本と御家人の違いは御目見の出来る者と出来ない者の差であった。御家人は原則として知行地（土地）を与えられず、切米・扶持米などという玄米の俸禄をうけていた[7]。

旗本の知行地[8]の多くは、武蔵、相模、上総、下総など江戸の近くの諸国が中心であり、駿河、遠江、三河、甲斐などの旧領地にもあり、三千石以上の知行取は、大名領とほぼ同様な支配形態をもっていた[9]。

江戸幕府の直参の数は享保年間（1716年〜1735年）の調査では、旗本5,204名、御家人17,309名で合計22,513名であった。この数は年代によって多少の相違はあるが、幕府成立当時より増加しつつあり、「旗本八万騎」といわれるのは、有力な旗本はその下に相当数の家臣を従え出陣出来る軍備を持っていたことによる。おおよそ旗本の総兵力は6万人から7万人と考えられ、それに御家人の1万人を加えて、大体8万人に達する圧倒的な軍事力を誇示していた[10]。

（4）圧倒的な財力

江戸幕府の直轄領は、増加し続け、盛時といわれる五代将軍綱吉の治世にあたる元禄年間（1688年〜1703年）には、全領地は700万石にのぼっていた。当時全国の石高はほぼ2,600万石から3,000万石といわれていたから、幕府の直轄領は全国の四分の一を占める巨大なもので、かつてない最強の大名となっ

ていたのである[11]。徳川以外の諸大名については、直轄領（天領、御領、御料）以外の土地約二千万石を分与し、各大名の領有を認めていた[12]。

大名の数は一定しないが、ほぼ240家くらいで、その規模は17世紀末頃（貞享・元禄）には、十万石以上の大名が45家で19％、10万石以下5万石以上の大名は54家の32％であるのに対し、5万石以下の大名は141家で、その割合は59％で、全大名の六割を占めており、明らかに大名の中でも小藩の大名が大多数を占めていた[13]。

一般大名の最高は、前田家の102万石、島津家の77万石、伊達家の62万石であることから比べ、幕府直轄地の700万石に比較すると問題にならない圧倒的な規模の差があった。この700万石の内訳は、約430万石が幕府直轄領（蔵入地）であり、残りの260万石から300万石は家臣用（旗本）の知行地とし給与した。この直接貢租収納の源泉である蔵入地のなかでは、関東地方に100万石、駿河、遠江、三河、甲斐、信濃の旧領地に50万石余、近畿地方の50万石ないし60万石がその主なもので、その他は各地に散在していた。このように、幕府は諸大名に比べ圧倒的な直轄領を保有し、その盤石な経済的基盤を基に全国支配を行っていたのである[14]。

2. 江戸幕府の成立

（1） 支配者層と被支配者層の区別

信長、秀吉、家康が目指した天下統一後の安定した社会は、武士を支配者層とすることが前提であった。農業生産とりわけ米による経済基盤を強く意識し、石高制を基軸とした支配体制をより強固なものにしていった。安定した武士による支配体制を確立するには、太閤検地や刀狩によって進められた兵農分離をさらに厳格に実施する方向へ向かうのである。

支配とは、武力による支配であることを意味する時代において、武力を独占するものが、行政権、立法権、司法権の三権を握ることは当然のことである。支配者層である武士と被支配者層である武士以外の人々との関係は、まず、公的に武力を持つ武士身分と武力を持たない身分とに明確に区別され、被支配者

層は社会の消費活動を支えるための農業生産と生活必需品の生産と流通に関わる仕事に従事した[15]。

　武士は、有事の際はいつでも軍事力を行使するための戦闘員としての訓練を日々行う一方、生産・流通活動そのものから距離を置き、平時での主要な業務は、行政、司法、立法に関わる社会の管理・運営にあたることになる。経済活動は、まず、社会の安定を主旨とした単純再生産[16]を念頭に置き、武士は家督の継承を第一と考え、百姓、職人、商人は親の仕事を受け継ぐことが求められた[17]。

　江戸幕府は、支配者身分としての権威を外形的に表すために、支配者層である武士と被支配層である農工商とを明確に区別し、それぞれの身分間の分断と同時に相互監視を行わせた。外形的には、武士は苗字を名乗ることや大刀を帯びることが許され、百姓についてはそれまでの通達を徹底させた。百姓の服装については、庄屋は絹紬（きぬつむぎ）・布・木綿（もめん）の着用を許すが百姓の着物は木綿とし襟や帯をしてはならない等、外見によってそれぞれの身分の中においても区別し、周知徹底させていた[18]。

　支配者層と被支配者層は住居においても区別が行われた。誰が支配者で、誰が被支配者であるか明らかにするためである。武士は城下町の一定区域に、百姓は村に、町人は町に住むが更に仕事によって居住地域が決められていた[19]。

　封建社会は、明確な身分の区別がなされる社会である反面、自らの身分に安住し、その身分の範囲内で社会の法に触れなければ、生活の安定は保障されている社会でもある。幕藩体制[20]による封建社会の安定感は、個人の力では到底太刀打ちできず乗り越えられないという諦めを体感させることによって、それを乗り越えようとする気力さえ起こさせない仕組みが生活のすべての中に組み込まれている。現代社会においても、上司と部下の関係があり責任と権限の仕事上の階層はある。しかし、仕事を離れれば私的な生活を営むことができ、上司と部下の関係は人生の全てではない。

（2） 諸大名の統制

　家康は、豊臣家滅亡直後の元和元年（1615年）7月二代将軍秀忠の時に伏見城に諸大名を集め、大名統制の最も基本的な制度として元和元年（1615年）「武家諸法度」を発布した。これは十三条からなり、その内容は、居城の補修は幕府の許可を必要とし、新しく構営することは固く禁じ、婚姻は幕府の承認を必要とするなど、諸大名にとって高圧的なものであった[21]。

　幕府と諸大名の関係は、大名は幕府より領地の領有者として認められるが、その反対給付として戦時には軍役として石高に応じた兵力で従軍する義務を負い、平時には幕府から城の修築や河川の修復などの土木・建築工事（御手伝普請）を命じられた。大坂の役直後の元和元年（1615年）には大名の居城を一つに限り（一国一城令）それ以外の領内の城を破壊させた[22]。圧倒的な軍事力と財力に裏付けられた幕府の威圧感は、幕府が発布する法の実行支配を万全なものにしていったのである。

　江戸幕府の強大な官僚組織は、三代将軍家光や四代将軍家綱の治世にほぼ出来あがった[23]。この組織をビジネスの視点でみると、最高位は将軍であることはいうまでもないが、江戸幕府の職制に関する組織図[24]からは極めて巧妙な権力の均衡を図る意図が読み取れる。国政執行の中心は、老中、若年寄、大目付、目付、および寺社奉行、勘定奉行であるが、老中に江戸幕府の核心部の行政、司法、財務に関する権力を集中させている。このことは、将軍は老中を重用することによって幕府全体を掌握することが可能となるうえに、もし、老中に異変がある等の不測の事態が発生した場合は、老中の上座にすべての権限を掌握できる臨時の最高職として大老を置き権力の均衡を図ることができる。臨時職としたのは、大老を常設とした場合、将軍を脅かす権力を握る存在にならない為の工夫であろう。老中が将軍の意に反するときは大老を任命して老中と対峙させ、その大老職は常設ではなく臨時職として、組織に緊張感を持たせることによって内部統制を図ることができる。常に将軍が最高権力者として幕府を掌握し、無視できない存在であり続ける為の仕組み作りに、戦国時代を生き抜き、天下統一を果たした知恵が凝縮されている。

　大名の領地は、幕府の一方的意志によって、いつ何時でも、没収、削減、国

替されるか分からない不安定なものであった。武家諸法度は実効性をもった法令としてしばしば発布され、家康から家光時代の改易は約200家・1,600万石にのぼり、そのうち法令違反によるものがほぼ3分の1を占め、幕府と諸大名の主従関係は確立したのである[25]。

（3） 地方の統治組織

江戸以外の重要地に配置した役職で最も重要な職は、京都所司代である。京都所司代は朝廷を監視し、西国諸大名を監視・監督する機能を持っており、京都にはこの外に京都を守護するために二条城番の町奉行を置いていた。大坂には、大坂城代と東町奉行・西町奉行（大阪のみ東西）をおき、駿府には駿府城代を置くことによって、それぞれの地域独自の問題に対処させていた。その他、伏見、大津、奈良、山田、長崎、堺、佐渡、日光などにもそれぞれ奉行が置かれ、これらは遠国奉行とよばれた。なお、直轄地の規模に応じて、郡代、代官などを置いていたが、行政官と司法官との区別がなく、司法と行政は同じ部署で処理されていた。最高裁判所にあたるものは評定所で、ここでは各奉行所で決定出来ない事件や二つ以上の奉行所に関連した事件、幕府と私領（藩領）に関する事件などを取扱い、老中、若年寄が参加することもあった[26]。

このようにして江戸幕府は地方にその裁量権を委譲したが、その要所は常に江戸幕府の統制下に置いていたのである。これらの組織編成は、処理すべき案件の重要性や頻度によって合理的に対応できる統治組織を構築していたことを示している。

（4） 後顧の憂いの排除

武士については、将軍から末端に至るまでの管理・監視・運営組織が完成したが、江戸幕府を未来永劫に盤石なものとするには、後顧の憂いの芽を摘んでおく必要があり、その対象は朝廷、公家、寺社にも及んだ。

幕府の皇族に対しての統制は、元和元年（1615年）禁中　並　公家諸法度[27]を制定公布し、天皇は学問を第一とすべし等の心構えを説くとともに、公家の席次や昇進にまで規制を加えた。天皇が学ぶべき学問は政治の学であったが、

実際に天皇に残された権限は、幕府の承認を得て行う年号や暦の制定と冠位授与だけとなった。その一方で京都所司代を置いて朝廷を監視させ、公家が任命される武家伝奏(でんそう)を通じて朝廷を統制した。朝廷は禁裏御料(きんりごりょう)3万石、宮家・公家領7万石と領地も少なく[28]政治的にも無力な存在となっていったのである[29]。

また江戸幕府は、寺院や神社にも統制を加え、元和元年（1615年）頃から寺院法度を公布し、宗派ごとに本山が末寺を統制する本山・末寺制度を確立し、寛文五年（1665年）には全国の寺院に対して幕府の統制が及ぶように諸宗(しょしゅう)寺院法度を公布した。神社や神職に対しても寛文五年（1665年）に諸社禰宜神主法度(しゃねぎかんぬし)を出して公家の吉田家を本所として統制させたのである[30]。

江戸幕府による主な法度は、大名統制のための武家諸法度元和元年（1615年）、朝廷や公家統制のための禁中並公家諸法度元和元年（1615年）、旗本・御家人統制のための諸士法度寛永十二年（1635年）、寺院・僧侶統制のための諸宗寺院法度寛文五年（1665年）、諸社禰宜神主法度は寛文五年（1665年）であり、これらの法度によって後顧の憂いを取り除き、江戸幕藩体制は完成したのである。

3. 参勤交代とビジネス

（1） 参勤交代のコスト計算

武家諸法度の中でも、諸大名の義務のうちで最も重かったのは参勤交代である。この制度のはじまりは、諸大名が将軍に対して忠誠のしるしとして、自ら進んで江戸に参勤し、人質を差し出したことである。しかし、このことが次第に広まり、やがて武家諸法度の中に組み入れられ、諸大名の義務とされた。参勤交代では、大名の妻子は「人質」として江戸に置かれ、諸大名は、隔年で江戸に在府し、次の一年間は領地に就くことを毎年定期的に交替することを義務づけられた[31]。

武士を支配することの困難さを体験的に熟知している徳川家は、圧倒的な武力を後ろ盾として、領主に領地の実効支配を認める代わりに幕府への忠誠を誓わせた。石高制は、諸藩の独立採算制による領地支配を認めており、国税に当

たるものを領主から徴収するという形は取っていなかった。その代わりに、事ある時は、石高に応じて兵を出すことが義務づけられており、諸藩は有事に備えて軍備や兵糧米等の備蓄を行っていた。

問題は、その事ある時が無くなった世の中である。従来は軍事費として消費されていたものが必要でなくなると、諸藩は蓄財を行い、幕府を脅かす存在になりはしないかという危惧である。そこで幕府は、参勤交代により妻子を人質に取ることによって、大名と支配領地との結合関係を緩ませ、膨大な出費を伴う領地と江戸との往復により藩財政を圧迫させ、さらに幕府と諸大名との間の臣従関係を確実なものとしようとしたのである[32]。

しかし、この軍事費を吐き出させることを目指した参勤交代が、幕藩体制崩壊の遠因になったのではないか。ビジネス教育としてこの参勤交代を見れば、幕府は合理的なコスト計算をしていなかったのではないか。諸大名は、領地から江戸までを隔年に往復する旅費・交通費の経済的な負担や人的手立て、加えて江戸での藩邸維持費と家臣の生活費等について負担しなければならない[33]。参勤交代のように収入が全く見込めず、支出のみを強いる事業はビジネスとはいえない。諸藩にとっては、全く経費の無駄使いであって得るものは何もないのである。幕府に驕りがあったのではないか。もし、参勤交代が3年ごとか4年ごとであったとしたら、各藩は創意工夫によって、なんとか藩財政を維持し、武士の世は別の歴史的展開をしていたかもしれない。

（2）巨大消費都市の誕生

幕藩体制のもとでは、諸大名は幕府に臣従しているとはいえ、領国を自立的に統治することができた。そして、幕府も直轄領（天領）の支配に関する限り、諸大名と同じ立場に立っていたので、藩の財政計画等は理解できたはずである。江戸に各藩の人質を住まわせるということは、江戸屋敷の建設という初期投資が必要となり、その藩邸の維持のために家臣を常駐させる維持管理費も大きな財政負担となる。しかも、江戸の藩邸はその経費に見合う収入は見込めず、ただ藩からの送金のみが頼りである。

経常的に年収を超える出費が求められ、資金繰りが厳しくなると、何とか資

金のやり繰りをしなければならない。ビジネスの論理に従えば、収支を均衡させるには、収入の増加か経費の削減しかないからである。しかも必要経費の節減には限界がある。従って、諸藩は新たな収入源を求め、ビジネス取引である商品作物による収入増を目指すことになる[34]。このことは、単純再生産[35]を基盤とする封建社会から商品生産を念頭においた拡大再生産という未知の世界に踏み込むことになる。新規の財源獲得というビジネスの諸活動が、武士の世に地殻変動をもたらすことになるのである。いずれにしろ、江戸に多数の武士が集住することは、巨大都市江戸を誕生させることになった[35]。これらの参勤交代がもたらす影響や巨大消費都市江戸の誕生は、ビジネスの視点からみると、武士以外の農工商に携わるものにとっては需要拡大による大きなビジネスチャンスが生まれたことになる。

　江戸は武士たちに日常必需品を供給する商人や職人が多数集まり、武士約50万人、町人約50万人、当時の世界有数の人口100万人を有する一大消費都市となった[36]。100万人の人口を支える消費物資を江戸近郊ですべて調達することは、まず不可能である。しかも、江戸は新興都市であるから、従来からその物資の集散地であった大坂に大きく依存せざるを得ないことになる[37]。当然、江戸と大坂との物流、それに伴う資金の流れ、銀本位制と金本位制の違い[38]等、商人にとってビジネスの幅はさらに広がっていった。各藩は年貢米を換金するために大坂の米市場で米を売却し、その後、江戸に送金しなければならない。江戸と大阪で為替による送金が行われ、近代ビジネスの要件を備えていったのである。参勤交代がなく、徳川家の家臣とその奉公人を中心に都市を建設していれば、江戸はここまでの規模にはなっていなかったであろう。

（3）参勤交代とビジネス

　封建社会の単純再生産を経済基盤としたなかで、参勤交代は全国規模の巨大な商品需要を創出したことになる。領地から江戸を結ぶ街道は整備され、産地から江戸への物資輸送の為の海路が開かれ、物資の動きに呼応してお金の動きも活発となった。モノやお金が動くということは、その背後でビジネスの諸活動が活発に行われ、単純再生産を前提とした経済社会から拡大再生産に見合う

新たな経済社会システムの構築が求められることになる。

　天下統一した平和な世は、武士という消費するだけの人口を抱え込んでしまったのである。さらに、参勤交代の巨大な需要の創出は、街道を潤し、全国各地の生産地から商品が江戸や各藩の城下町へ送られ、交通の要衝が発展し、生産地の地方分散を促進した[39]。

　江戸幕府は三権を掌握し圧倒的な統治能力を持っていたが、経済主体としての政府の収入増に結びつけることが出来なかった。武士の行うビジネスの諸活動は、収入に見合う支出を計るビジネスの論理に止まり、資本の論理が機能する世の中の主役になることが出来なかった。

　このようなビジネスを取り巻く環境変化のなか、ビジネスの論理と資本の論理を結びつけることができた人たちがいた。封建社会のなかでモノを作ることを生業とした人達とその作ったモノを流通させた人達である。商品生産とその流通に関わった人たちは、封建社会のなかで実効支配に必要な武力を持っていなかったにも関わらず、ビジネス取引で得た利益を資本として蓄積し再投資を行っていったのである[40]。商品開発は、新たな収入源を模索する藩主導で行われたものも多い[41]。しかし、その主役であるべき農民の大多数は、支配者である武士からの収奪関係から抜け出せず、年貢を納め生きるのが精一杯の生活であった。

（4）武士の世の終わり

　このような経済社会の変化のなかでビジネスの諸活動に乗り遅れたのは、支配層である武士であった。武士においても、有事に備え備蓄米や戦費の為に金銀の備蓄は行ってきた。しかし、武士の蓄財は、軍資金として、城、城壁、堤防、または美術品等へ流れ、貨幣そのものの増殖を見据えたものではなかった。新たな収入増に結びつけるために、米や貨幣を資本として再投資し、新たな資本を生み出す目的で行われたものは少なかったのである。

　有事に備えた備蓄米や戦費のための金銀の備蓄は、死蔵され、ビジネスの諸活動に有効利用されることなく、藩の財政がひっ迫してくるとその穴埋めに使われ底をついていく運命をたどってしまった。江戸時代に名君と呼ばれる藩主

は数多く生まれたが、商品作物の開発等で得た利益は富国より強兵に流れ、増収分を再投資するビジネス感覚は、多くの武士という支配層には思い至らず、封建社会が終わりビジネスを中心とした新しい時代の到来を待たなければならなかったのである。

むすび

　幕府の統治組織の特徴は、自治と統制を巧みに使い分ける合理性にあった。幕府は、国家的統一のために、国土の隅々まで直接支配する必要はなかった。幕府は、諸藩に対し、諸藩の独立した主権を認め、対外的にも対内的にもその権力の正当性を認めていた。しかし、その存続そのものの主導権を手放すことはなく、諸藩との共存体制を築いていった[42]。

　幕府の施策は、盤石な武士の社会を作り維持することを最優先した単純再生産を前提としたものであった。しかし、金肥の購入や農機具の改良等による農業生産力の増大、商品農作物の普及、国内の交通網の整備による物流の円滑化、貨幣経済への移行と徳川家の想定外の方向に向かっていき、もはやその流れは止めることができなくなった。この大きな流れが武家社会の崩壊へと向かわせたのである。その起点となったものは商品生産によるビジネス取引の一般化とその多様化である。

　ビジネスの諸活動は、ビジネスの論理と資本の論理によって、一度加速がつくと、封建社会の社会体制をもってしても、もはや制御することができなかったのである。それは、武士の世に限ったことではない。ビジネスの諸活動を行う動機は、個々の人の内にある本性のようなもので、人々を突き動かしていく。豊かになりたい、もっと自由にビジネスを行いたいという、人としての不易の部分である。また、このことがビジネスの暴走を招く理由でもある。それゆえ、流行として、何時の世においても、商業道徳を説く書やビジネス倫理観の育成についての教育が行われる所以である。

注

1) 河原茂太郎・菊浦重雄『日本商業発展史』文雅堂書店、昭和35年、p.205。
2) 宮原武夫（ほか16名）、『高校日本史B』実教出版、平成25年、p.112。
3) 石井　進（ほか12名）『高校日本史改訂版』山川出版社、2013年、p.100。
4) 同上書、p.128。
5) 「侍の社会的地位は、一部屋に五人も一緒に寝ながら主君の城で禄米給科勤務 Reissolddienst を果たすような軽身のレンテ受給者から、家職（封主家の家職）の事実上世襲的な保有者に至るまで、種々さまざまであった。」（マックス・ウェーバー著、世良晃志郎訳『支配の社会学2』創文社、昭和61年、p.306）。
6) 宮原武夫（ほか16名）、前掲書、p.110。
7) 河原茂太郎・菊浦重雄、前掲書、p.205。
8) 「『知行』というものは、軍務とか政務に服するのとひきかえにもろもろの権利、別して土地の用益権とか政治上の領域支配をさずけることである。」（マックス・ウェーバー著、浜島　朗訳『家産制と封建制』みすず書房、昭和32年、p.132）。
9) 河原茂太郎・菊浦重雄、前掲書、pp.205-206。
10) 同上書、p.207。
11) 石井　進（ほか12名）、前掲書『高校日本史改訂版』p.128。
12) 河原茂太郎・菊浦重雄、前掲書、pp.211-212。
13) 同上書、p.211。
14) 速水　融・宮本又郎編『経済社会の成立』岩波書店、2007年、pp.97-98。
15) 同上書、pp.99-101。
16) 「仮に消費財生産者と生産財生産者が利潤を企業内部に貯えないで、すべて家計に分配し、家計がその所得をすべて消費してしまったとするならば、次期の生産規模は今期と同じである。この場合を単純再生産という。」（千種義人『新版経済学入門』同文舘出版、平成14年、p.18）。
17) 「封建制の典型的な地域では、従臣の権利はそのときどきにあらためてむすばれる契約をもとにしていたにもかかわらず、従臣のこうした契約上の権利は、確乎とした原則のうえからは世襲的なものであった。」（マックス・ウェーバー著、浜島　朗訳、前掲書、『家産制と封建制』、p.154）。
18) 「一六四二（寛永十九）年の農村法令
　一、祭礼・仏事など結構に仕るまじき事。
　一、男女衣類の事、これ以前より御法度の如く、庄屋は絹紬・布・木綿を着すべし。わき百姓は布・もめんたるべし。右のほかは、えり・帯などにも仕るまじき事。
　一、嫁とりなどに乗物無用の事。
　一、似合わざる家作、自今以後仕るまじき事。

第15章　ビジネスの起源と幕藩体制の成立　*349*

　一、御料・私領共に、本田畑にたばこ作らざるように申しつくべき事。
　一、荷鞍に毛氈をかけ、乗り申すまじき事。
　一、来春より在々所々において、地頭・代官、木苗を植え置き、林を仕立て候様申しつくべき事。(『御当家令条』)」(石井　進(ほか12名)、前掲書『詳説日本史改訂版』、p.168)。
19)　加藤友康(ほか10名)『高等学校日本史B改訂版』清水書院、平成25年、p.113。
20)　「1603 (慶長八)年にはじまる江戸時代の統治体制ないし政治体制は『幕藩制』あるいは『幕藩体制』とよばれる (速水　融・宮本又郎編、前掲書、p.225)。
21)　「寛永の武家諸法度(一六三五年令①)
　一、文武弓馬の道、専ら相嗜むべき事。
　一、大名・小名在江戸交替、相定むる所なり。毎年四月中参勤致すべし。従業員数、近来甚だ多く、且つは国郡の費、且つは人民の労なり。向後②、其れ相応を以て③これを減少すべし。
　一、新儀の織郭構営堅くこれを禁止す。居城の隍塁・石壁④下敗壊の時は、奉行所に達し其の旨受くべきなり。櫓・塀・門等の分は先規の如く⑤修補すべき事。
　一、国主・城主・壱万石以上、並びに近習・物頭⑥は、私に⑦婚姻を結ぶべからざる事。毎年四月中参勤致すべし。従業員数、近来甚だ多く…
　一、五百石積以上の船⑧、停止の事。
　　　　　　　　　(『御当家令条』)
　　①全一九条。なお最初の一六一五年令は、家康の命を受けた南禅寺の金地院崇伝が起草した。②今後。③石高や家格に応じて。④堀・土塁や石垣。⑤もとどおりの規模で。⑥将軍の側近と弓組・鉄砲組などの隊長。⑦幕府の許可なく勝手に。⑧米五〇〇石(約七五トン)以上の積み荷をのせられる大船。」(君島和彦(ほか15名)『高校日本史B』実教出版、平成26年、p.113)。
22)　石井　進(ほか12名)、前掲書『高校日本史改訂版』、p.171。
23)　宮原武夫(ほか16名)、前掲書、p.114。
24)　石井　進(ほか12名)、前掲書『高校日本史』、p.128。
25)　石井　進(ほか12名)、前掲書『詳説日本史B改訂版』、p.162。
26)　河原茂太郎・菊浦重雄、前掲書、p.205。
27)　「禁中並公家諸法度
　一、天皇が修めなければならない諸芸能の第一は学問(中国古代の統治の知識)である。…
　一、武家にあたえる官位は、公家の在官者とは別に扱うこととする。
　一、紫衣を許される寺の住職は、以前はきめて少なかった。しかし、近頃はやたらに勅許されている。これは一つには序列を乱し、一つには官寺の名誉を汚すもので、はなはだけしからぬことである。以後は、その能力をよく吟味して…任命すべきである。
(『御当家令条』)」(石井進(ほか12名)『高校日本史B改訂版』山川出版社、2014年、

p.131）。
28）　石井　進（ほか 12 名）、前掲書『高校日本史』p.128。
29）　山本博文（ほか 11 名）、前掲書、p.174。
30）　同上書、p.175。
31）　「武家諸法度（寛永の武家諸法度（一六三五年令）」（宮原武夫（ほか 16 名）、前掲書、
　　　p.113）。
32）　君島和彦（ほか 15 名）、前掲書、平成 26 年、p.113。
33）　石井　進（ほか 12 名）、前掲書『高校日本史』p.129。
34）　山本博文他 10 名『日本史 B』東京書籍、平成 15 年、pp.221-213。
35）　速水　融・宮本又郎編、前掲書、pp.225-227。
36）　宮本又郎『日本経営史』有斐閣、2009 年、pp.6-7。
37）　同上書、pp.228-229。
38）　石井　進（ほか 12 名）、前掲書『高校日本史　改訂版』p.150。
39）　速水　融・宮本又郎編、前掲書、pp.230-232。
40）　小倉榮一郎『近江商人の経営』サンブライト出版、昭和 63 年、pp.57-65。
41）　山本博文他 10 名、前掲書、pp.199-203。
42）　速水　融・宮本又郎編、前掲書、pp.97-98。

第16章
封建社会の家とビジネス

はじめに

　現代のビジネスの起点は商人であるとの見方があるかもしれない。確かに、商人は自らの責任でビジネスの論理を意識し、売買取引を行う主体として位置づけられる。しかし、個人の商人までもビジネスの起点に含めると、現代のビジネスの起点とは何か、という論点がずれてしまう。現代のビジネスの起点というには、事業体（主体としてのビジネス）が、個人または家族で行う家族経営より進化することによって、ビジネスの論理に加えて資本の論理を意識し、家族以外の従業員を雇い、事業の組織化を図り、利益を再投資し、事業の継続性を図るものでなければならない。つまり、ビジネスを行う事業体（主体としてのビジネス）の起点となるには、ビジネスの論理に加えて資本の概念を意識し、ビジネスの諸活動を行うものでなければならない。かつて、近江商人は天秤棒を担ぎ諸国を巡ったという。しかし、個人が天秤棒を担ぎ行商を行う販売量では、自らの路銀を稼ぐのが精一杯であり、それでは、近江商人として歴史に名を残すには至らなかったはずである。

　ビジネスの起点を探る試みは、ビジネスの本質を探る営みでもある。ビジネス教育の教材開発は、歴史を遡ることが不可欠である。ビジネスの歴史を遡れば遡るほど、様々なものが削ぎ落され、シンプルなビジネスが浮かび上がる。問題は、どこまで歴史を遡りビジネスの起点とするかである。

　ビジネスの起点を模索するなかで封建社会を見ると、一つのキーワードが見

えてくる。それは家というものである。封建社会における家は、武家にしても商家にしても、家族とは異なり、事業体と言えるものである。家族と家は深く関わっているが家族のみで構成されているわけではない。将軍家の第1次目的は家の継続性であった。家は、実質的に、主体としてのビジネスと置き換えてもよい条件を備えている。ここでは、封建制社会における商家と呼ばれる家を中心に検討する。

1. 家 と 家 族

戦国時代から江戸時代初期の商家を主体としてのビジネスの起点とするには、家とは何か、封建社会における家とは何か、について検討することからはじめなければならない。人は人間社会のなかでは、一人では生きていけない。つまり、何らかの集団に所属しなければならないのである。その最小単位が家族である。家族は、社会環境の変化に適応しながら生活している集団である。その家族生活にとって一番大きな影響を与えているのが、家族生活の外部環境である社会体制である。

人は個人として意思決定する単位であり、自律的・自主的な存在であるが、封建社会という社会体制の下では、人は個人では何もできない。ビジネスの視点で家族をみれば、家族の生活を維持するためには収入が必要でありそれに見合った支出を行う。その収入を得る立場が、武士であるか、百姓であるか、職人であるか、商人であるかによって社会的な役割や位置付けが異なっている。武家、農家、職人の家、商家は自らの収入と支出を自己の責任で行う主体であり、封建社会では人は身分階層のどこかの家に所属しなければ生きていけないのである[1]。

現代のビジネスと江戸時代のビジネスの一番の相違点は、ビジネスを取り巻く社会体制という外部環境である。江戸時代の商家のビジネスは、封建社会という社会体制を抜きにしてはあり得ない。江戸時代のビジネスは、立法権、司法権、行政権のすべてを握る武士階層との関係を抜きにしてはあり得ない。そればかりか、商家は武士との関係を誤ると家の存続自体が危険にさらされる[2]。

そのような商家を取り巻く外部環境においても、ビジネスである以上、ビジネスの論理、資本の論理、それを達成するための事業体（主体としてのビジネス）としての採算性、合理性、が求められる。ここで検討する家は、血縁関係で結ばれた家族とは限らない[3]。

2. 家とは何か

　何らかの目的を達成しようとする組織の原型は、部族や軍隊のようなピラミッド型の上意下達の直線的な組織形態である。同様に、封建社会における組織の基本形は、武家であれ、農家であれ、職人の家であれ、商家であれ、ピラミッド型の組織が基本であり、それぞれの頂点は家長である。

　封建社会の家の概念は、現代社会のように個人の主権を尊重した社会に基づいてはいない。まず、家があり、家族がいて、家を代表する家長を頂点としたピラミッド型組織で、その運営の基本は、親は子を思い、子は親を敬うという親子関係で成り立っている。家が社会の最小単位であると同時に、様々な組織の原形は家である。

　個人は、必ず集団や集合体の一員として社会生活するのではあるが、一番大きな集団は国家であり、最小単位は家族である。家という言葉は、国家、家来、家臣、家風、家訓、家産、家柄、家元、宗家、本家、分家、別家など、家のつく言葉はどこまでも続くのである。家は、それほど日本の社会に根付いている。

　ここで見えてくる"家"の概念は、ハードとしての家屋よりも芸術や武術の流儀などを伝えるソフトとしての家も含まれている。家は、家族によって形作られる集団や祖先から引き継がれた家だけを指しているのではない。封建社会における家の持つ概念は、家を身分の拠り所としており、家を離脱することは、社会そのものの仕組みから逸脱することに繋がり、家を離れては生活そのものが成り立たないのである[4]。

　一つの事業体として家を見た場合、独立した事業体（主体としてのビジネス）といえるには、家の規模の大小に関わらず、ある目的をもって収入と支出を自

らの責任で完結できることである。ある目的を達成するために、合理的な収入と支出を行う以上、そこにはビジネスの論理が働くのである。このことは、家計と呼んでもよい。

　家とは、家産で成り立っている。ここでいう家産とは、家、土地、建物、現金、売掛金、商品、備品等の資産（ハード）とその家の持つ信用や人材（ソフト）によって成り立っている。"家"は、建物や土地があり具体的に目に見える実体があると同時に、その家の持つ格式や家風等を含めた目に見えないが抽象的な存在感の統合である。つまり、家産とは、家のハードとソフトの総体である。

　家産とは何かについての手掛かりは、家の財産リストを見ればよい、ビジネス用語で言えばバランスシート（貸借対照表）である。資産があって、負債があって、資産から負債を引いた純資産がある。資産については目に見える現金等もあれば、目に見えない暖簾（超過収益力）がある。負債として目に見えるものは、将来現金で支払わなければならない借入金等があると同時に、目に見えないものとしては悪い評判等がある。暖簾は外部評価が金額として表れたものであるから、人材やブランド力の評価には社会の評価に差が生じる。家を継承していく意味は、資産から負債を引いた後に純資産が残ることである。資産より負債の方が大きければ、債務超過であり、家にとっても、世の中にとっても、引き継ぐ意味はないし、新しく家を創り、出直した方が良い。商家の暖簾とはよくいったものである。

3. 武家の管理

　封建社会の最小単位は家であって個人ではない。個人は家に所属し、その家の最小単位は血縁関係のある家族である[5]。家の運営責任は家長が負い、家長は家を代表して家という共同体を維持・繁栄させる責任がある。

　封建社会の支配者は武士である。武士の身分は、百姓や町民（職人や商人）の身分の上にあり、武士であるということは百姓や町民の支配者であるということである。従って、武士の頂点に立つ者は、膨大な家というピラミッド組織

の頂点に立っているのであり、それぞれの家は直属の上位の家に管理されている図式が浮かび上がる。この図式がすべての社会生活の中に組み込まれ、封建社会の行動規範を形作っている。

　国家という家（江戸幕府）があり、諸大名にはそれぞれの家があり、その大名には家臣団という家があり、その家臣団のなかにはそれぞれの家臣の家があり、家は家族で構成されている。また、それぞれの武家には家の格式があり、武家社会のピラミッド組織は整然とした階層をなしている。

　家は、生活共同体であるから、家としての統制を保つ仕組みがなければならない。その家の管理・運営の仕組みの要となっているのが、家としての連帯責任である。武家社会の管理は、血縁家族の家においても、いくつかの家で成り立っている家臣団であっても、家の大小に関わらず、それぞれの家相互の秩序を守るために、連帯責任という相互監視システムが機能している。この家という運命共同体は、連帯責任という相互監視システムと結びつくことによって、武家社会の上意下達という管理・運営システムを機能させている。

　従って、幕府は支配者層としての武士を制御するには家長である領主を抑えておけばよいことになる。武家といっても大名という家は、血族のみで結ばれた家ではなく、家長を頂点とした家臣団という運命共同体で成り立っている。このことは、藩主の行動には家臣団の運命がかかっていることを意味している。

　武士の経済基盤は農業であるから、領地である土地を耕す百姓が一体となった領地の支配が最重要課題となる。領主は、直接百姓をその支配下におくことによって成り立つのであるが、しかし、領主と領民は一体のものではない。支配者である武士と被支配者である百姓とは身分が異なるので運命共同体として一体化しているわけではない。領主が入れ替わっても、その土地に根付いている百姓にとって支配されるという生活に変化はない。このことは、幕府による諸藩への有効な管理方法として、武士と生産力の基盤である百姓を切り離すことが浮かび上がる。百姓から切り離された武士は、収入の道を閉ざされ、武装集団としての家を維持できず、幕府に従わざるを得ないのである。藩の取り潰しは武士にとって死活問題であるが、百姓にとってはただ領主が変わったにす

ぎないのである[6]。封建社会においては、領主と領地を一体化させないという管理方法は極めて有効に作用するのである。

4. 家と家業

　家（主体としてのビジネス）は家業を営んでいる。家は代々維持され、家の始祖の遺訓を中心とした家訓があり、家風が形成され、それらのことが遵守され、次世代に引き継がれる。武士は支配者として領地を引き継ぎ、農業が家業の農家は主として土地が受け継がれ、手工業の家の場合は物を作る秘伝が引き継がれ、商家の場合は店舗や商品と共に暖簾が引き継がれる。
　ビジネス教育の視点で封建社会の家をみると、家は何らかの目的によって形成された集団であり、血縁関係の有無を問わない。武家、農家、商家、職人の家を経済主体としての家とすると、家はその家業の目的によって生産集団としての家（企業）という側面、消費集団としての家（家計）という側面、社会を維持・管理する集団としての家（政府）という側面を持っている。消費集団（家計）という家の側面は武士、百姓、町民（職人・商人）という身分を横断してすべての家にあり、生産集団としての家（企業）は百姓・町人がこれにあたり、社会を維持・管理する集団（政府）は武士がこれにあたる。武家、農家、職人の家、商家など様々な家があるが、売買取引を生業とする商家を中心に検討する。

5. 商家とビジネスの第1次目的

　商家は、まず、商業というビジネスの諸活動を行う主体として複数の従業員と協働して、ビジネスの第1次目的としての利益を追求する組織としての性格を持つ家であると捉えることができる。しかし、現代社会の感覚のみでビジネスを捉えるのではなく、商家を取り巻く社会環境を通して見なければならない。封建社会においては、正当な手段で利益を追求していても、お上（武士）の意向によって資産を没収されるという制裁が加えられることもあるからであ

る[7]。従って、封建社会では、商家の第 1 次目的は、利益の追求ではなく、商家の存続そのものであったということになる。利益の追求は、第 1 次目的である家の存続に貢献する限り正しい方向性であるが、儲けすぎて妬みの対象となり、家の存続そのものを脅かす場合は、取り下げられる。さらに、封建社会における組織の管理・統制は、家としての共同責任を主要な判断材料として行われる。家の責任体制は家長に集約され、家長が責任者として絶大な権限を有している。家の存続が第 1 次目的である商家の問題は、家長に商家を取り仕切る資質と能力がなく、さらに、家長に権限が集中している意味を考え違いしている場合である。商家の家訓は、封建社会の社会倫理上許されないことであるが、家族が家長を押し込め隠居させることを認めている[8]。家の存続が危ぶまれる事態となれば、家長は取り換えられ、家の存続が優先される。"子"が"親"を他の"親"に取り換えることもやむを得ない。家を維持・存続させるという家の第 1 次目的が貫徹しているのである。

6. 家　　　長

　家は、家長によって統率される家族という共同体である。商家の場合、家族がいて、家産があって、家計があって、引き継ぐべき家業を営むには、家を統率する責任者が不可欠である。商家の家長は、家の維持・発展の責任者として、その責務が大きければ大きいほど、家長の権限も大きなものとなる。家の管理・運営について、家長は"親"であり、その他の家族は伴侶としての"親"と"子"である。家長としての"親"と伴侶としての"親"は同じ"親"であっても、同格ではない。家父長制の封建社会では、"家"での権限は家長と伴侶とでは大きく異なるのである。
　家の家族関係は、必ずしも血の繋がった親子関係による家長と伴侶を意味するものではない。親子関係は、親分子分という表現に置き換えても良い。家の指揮・命令権は家長に集中し、家長は"親"として"子"に命令し、"子"はその役割を果たす親子関係が、家の指揮・命令関係の基本である。家長の命令が絶対であるのは、創業者がいて、その継承者が家長であることに由来する。

家長の命令は個人的なものではなく、ひたすら家の維持・発展のためという家に対する滅私奉公の一点にかかっている。従って、"子"は家の為に滅私奉公するのは当然のことであり、近代的な労働とその対価の関係はない。何より家の為に行う滅私奉公が優先するのである。

家長の受け継ぐ家産は、財産（ハード）と暖簾（ソフト）が統合されたもので、家を構成する家族は、血縁関係で結びついた親族だけではなく、非血縁関係にある者も家族として共同生活をしている。従って、家の家督を相続するということは、家族と家産を統括して、家業を営む家の維持・発展の責任者であるということである。言い換えれば、家という事業体のハードとソフトを含めたバランスシート引き継ぐことである。ここで重要なことは、家産は家に所属するものであって、家督相続人である家長の所有物ではないということである[9]。従って、第1次目的としての家の存続が最優先課題であり、家長はその受託者である。前述の「押込隠居」ということもあるし、武家では「主君押込」ということもある。大切なのはあくまでも家の存続である。

7. 運命共同体

家の構成員は、血縁・非血縁を問わず家族である。家族は親子関係で結ばれている。親は親として、子は子としての分を尽くし、個人的な利害や利己心に惑わされることなく、家のために尽くす。その見返りとして、家から家族としての庇護を受けるのである。家の家たる所以は、運命共同体であるということであり、その維持原理は連帯責任である。家の維持・発展は、親子関係の連鎖のなかにみられ、親（上司）は直属の子（部下）の能力を見極め、役割を果たすための権限を委譲し管理させることによって、親子関係が維持される。その選ばれた子は、自らは親として家の在続という役割を達成する為に何人かの子を抱えており、さらに子に権限を委譲し管理させる。それぞれの親子関係の規模は、目が届く範囲となるように工夫されており、家長、番頭、手代、丁稚というピラミッド組織が親子関係で結ばれる。

本来、人は個人として意思決定を行い、その行動は公序良俗に反しない限

り、自由に、自律的に、自主的に行えるはずである。しかし、封建社会において、家から切り離されるということは、商人という身分を剥奪され、自らの所属する拠り所をなくし、社会から排除されることを意味する。現代のような社会保障や社会福祉という概念がない世の中において、個人では自分の身を守れないのである。従って、家への帰属は全人格的となる。

　従って、商家は、生産集団として、消費集団として、組織管理集団として閉鎖的な共同生活を送ることになる。封建社会での人々の生活基盤は家にあり、家を離れて社会の中に居り場はない。家と家族は一体化しているのであるから、家のために働くことが、自分自身のために働くことと同一化され、具体的な家（ハード）と抽象的な家（ソフト）を構成する家族は運命共同体であり、家長から丁稚に至るまで家に対し忠誠を尽くす以外に選択肢はないのである。

　しかし、封建社会といえどもビジネスはビジネスである。ビジネスの諸活動を行うには、必要とされる知識、技能、封建社会でのビジネス倫理観が求められる。商家における人材育成は、丁稚制度で行われ、一人前の商人になるには丁稚10年、手代10年の修業が求められ、年季があけるには20年かかる[10]。このような厳しい人材育成が可能であったのは、家に所属し家族として生きるしかない封建社会という特殊事情である。親子関係における労働は、一人前になるための徒弟制度の一環であるから、働くというより一人前になるための修行である[11]。ビジネス感覚で商家の売上原価の計算をしてみると、労働の正当な対価としての賃金の支払いである労務費そのものが勘定科目として入っているのか疑問である。

　封建社会の社会構造は、個人を管理する社会ではなく、個人が所属している家を管理する社会である。従って、商家は擬人化され、現代社会の法人格を持った会社のように振る舞う。家族は従業員であるが、起床・就寝・食事を共にし、プライベートはない。封建社会においては、家長が家のために働き、家族もまた家のために働く、家族はそれぞれの分に応じた役割を果たすことによって家の維持・存続・繁栄が図られる。家族一丸となって働き、滅私奉公という言葉が身近なものとなるが、これは商家に限ったことではない。

　人は、家、村、藩という家に生涯所属し、家の栄枯盛衰がそのまま自らのも

のとなる。家が繁栄し、自らの努力によって暖簾分けして独立しても、町人としての身分が変わるわけではないし、本家と分家との間には暖簾をとおして家と家の親子関係が存在し、家の連合体を形成しているのである[12]。

8. 共同体（ウチ）と協働体（ソト）

　家は、共同体であり協働体でもあるという2つの側面を持っており、共同体としての家はウチ向きであり協働体としての家はソト向きを意識させる[13]。家のウチとソトは、一体となって家業を営み、その行動原理はビジネスの論理であり、家は運命共同体という一体感とそれを維持する連帯責任によって成り立っている。

　商家に限らず、家は独立採算制で成り立つ生活集団であり、家の生産生活面（働く協働体であり、現在の経済主体でいえば企業の側面）の責任者は家長・夫（ソト）であり、消費生活面（生活する共同体であり、現在の経済主体でいえば家計の側面）の責任者は妻（ウチ）が行い、二つの役割分担が有機的に結合している。現代のビジネス感覚でいえばラインとスタッフの融合でもある。

　家にはビジネスの諸活動としてのウチとソトがあり、ソト（協働体）に出る売買取引部門とそれを支える内部管理部門に加えて、収入に合わせて共同生活を行うウチ（共同体）がある。この家のウチとソト、ソトとウチは、相互依存関係にあり、ウチがソトを支えると同時にソトがウチを支え、家を成り立たせている。ウチとソトは家を維持・発展させる目的に向けた役割分担の違いである。

　家は、家のソトへの役割（収入を得る協働体）と家のウチに向けての役割（共同体を維持・管理するために支出する）によって維持される。このウチとソトを統合した家全体の責任者が家長である。このウチとソトの関係は、家業・事業体（主体としてのビジネス）にもあてはまる。家は、家族が共に暮らす共同体であり、共に働く協働体でもあるから、ビジネスの論理がはたらき、協働して働く基準としての効率性と合理性が求められる[14]。

　生業としての商家の仕事内容は、ビジネスの諸活動でいえばソトとしての

営業活動とウチとしての財務活動である。商業は商品を仕入れて売る。商品の目利きも必要であるし、「現銀掛け値なし」という薄利多売を行うにはキャッシュフローを正確に把握しなければならない。消費者が、安くて良いモノや安くて良いサービスを求めるのは、何時の世も変わることはない。商家は、ソトに出る営業活動とウチで行う財務活動が一体となってビジネスの諸活動を行う。家長は家長、ウチはウチ、ソトはソトという排他主義では、家は何時の世でも成り立っていかない。家の存続という目的を達成するために家族のベクトルを一致させなければならない。そのためには、家の消費単位という側面と生産単位という側面という異質なものを管理運営する側面で統一していかなければならない。封建社会は"お上"の都合で、家の存続そのものが奪われることがある。ビジネスの諸活動を行うには、慎重に社会の動向を把握しなければならない。武家、農家、商家、職人の親方弟子の関係においても例外はない。家長は、何はさておき家の存続に対処しなければならない。家のウチとソトが決定的に対立・分裂するとき家は家でなくなる。

9. 能力主義

　家（主体としてのビジネス）を維持・発展させるために、家は能力主義を求める。ビジネスは、同業者がいる限り競争を避けることは出来ないからである。ビジネスの諸活動を行うには、知識、技能、そして、その時代に即したビジネス倫理観が不可欠であり、ビジネスパースンの育成には多大な労力と時間を要する。商家もその例外ではない。家の維持・存続・繁栄は、容易なことではない。商家の人材育成は、家業の様々な仕事・役割について、丁稚、手代、番頭と昇進するなかで、それぞれの役割に応じて、任された仕事は同じ職務であれば、だれが担当しても遂行できなければならない。丁稚は、まだ、小学校を卒業できるかできないかという年齢であるのに、金銀銅貨の計算、その相互の換算、取引活動にわたる一通りの知識を身につけて、半元服となるのである。その鍛え方は大変なものであった。丁稚、手代、番頭には厳しい格差があるが、有能な人材の抜擢は下位者の間ではかなり行われていたのである[15]。

暖簾を守る商家や秘伝を伝えることによって家を維持する職人の家においては、特に業務処理能力としての知識や技能が重視される。これらの能力は、先祖代々の家長および家によって守られ、維持されてきたものである。武士の家や百姓の家は、特別の事件が発生しない限り、領主であった家は領主を引き継ぎ、名主であった家は名主を引き継ぐ。それに比べ、職人はその技術の継承によって家は存続し、引き継ぐべきものがなければ家は途絶える。さらに、商家は浮沈が激しかった[16]。

　封建社会という時代のなかで、武家、農家、職人の家、商家は、生き残りを賭けて家の体制を引き締める。封建社会において、武家は武士としての武芸と学問を、百姓の家では自然と闘いながら生産性を高め、職人の家においてもその技能を引き継ぐために精進する。それぞれの家が、家の浮沈を賭けて厳しい鍛錬に耐え必死に家の維持を図っていることは、現代のビジネスとの相違はない。競争には自浄作用があり、いつの世も競争が十分に確保されていない分野では、様々な問題が起こる。

　ビジネスの諸活動に取り組む家は、同業者との競争に耐えなければならない。それぞれがより有利に、自らのビジネスを展開できる余地を求めるからである。なかでも日常的に競争にさらされている商家は、能力主義を取り入れざるを得なかったのである。商家に丁稚奉公に入るということは、その商家に就職したというより、その家の家族の一員になったことであり、共同生活体としての家の家風を学び共感し、その家を繁栄させることに努めることが求められる。丁稚から手代、さらに番頭になる厳しい商家奉公人の制度が維持され、「奉公人に対する評価は、『間に合う』、『間に合わない』と言うように、店にとって役に立つかどうかで、評価が行われていた。これが奉公人への評価基準であった。」[17]

　家の拡大は、家族が分離独立して新しい家を起こすことによってなされる。長年の努力の結果、晴れて新たな家を立てる状況になったとき、たとえば、農家の新たな土地の開墾や商家の暖簾分けにより、分家・別家が立てられたとしても、本家の庇護を受けると同時に、本家は分家（血縁者による家）や別家（非血縁者によって起こされた家）が本家に従い、一門・一族のために犠牲

と献身を強いる、という親子関係に変化はない。本家を中心に一門・一族の維持・繁栄をはかるのであるが、それぞれの家にも家としての能力差によって浮沈がある。

10. ビジネスの歴史を学ぶ意味

　江戸時代の商家と現代のビジネスでは、いったい何が異なるのであろうか。封建社会の商家と現代の法人格を持つ会社と比較すれば、驚くほどその共通性が認められる。企業はゴーイン・コンサーン（継続企業）として生き残り・死に遅れを賭けて日々戦っている。企業の目的は、事業を行うことによる社会貢献とその維持・発展である。その企業の維持・発展するための経営手法として、いわゆる有名企業と言われる企業ほど、会社への忠誠心 royalty（親子関係）、運命共同体（家）、能力主義（丁稚制度）、滅私奉公（企業という家族でのそれぞれの役割）、社風（家風）、本社と系列会社（本家と分家・別家）、社長交代（家督相続・押し込め隠居）など日本企業の特徴といえるものが浮かぶ。それは、日本という国の伝統・風土の中で行われてきた事業（主体としてのビジネス）のビジネス諸活動という共通点のなかに見出せるのである。
　しかし、決定的に異なることがある。これらのキーワードが不易として同じものであっても、そのキーワードを実際にビジネスの諸活動として行う場合には、その時代の流行がある。運命共同体、能力主義、滅私奉公等々についても、現代社会ではその実施段階で封建社会の手法を使うわけにはいかない。封建社会では、丁稚を辞めるということは、失業とは訳が違う。社会の中で生きていく拠り所を失うことである。だからこそ、丁稚制度が維持できたのである。
　現代社会では、身分制度を前提とした封建社会では問題にならなかった人権問題が浮上し、ビジネスの命取りとなる。ましてや帯刀して町を歩くのは法律違反である。だからといって江戸時代のビジネスを学ぶことが参考にならないということではない。その時代のビジネスを学ぶことは、ビジネスを取り巻く外部環境としての社会をしっかり認識することからはじまる。

ビジネス教育は、いかなる時代においても、形式や結果だけを見て、その方法を真似ただけでは、教育として成り立たない。ビジネス教育にとって、現代社会であれ、江戸時代のビジネスであれ、その時代、その場所のビジネスの諸活動は、参考にする対象であって真似をする対象ではないのである。自らの思考の過程・経過の中から、自分にしかない自分独自のビジネスを創造していかなければ、ビジネス教育とはならない。ビジネスは、あくまでも物事の本質を捉えたうえで、自らの知識、技能、ビジネス倫理観を賭けて自己責任で行うものである。

む　す　び

ビジネスの視点で歴史を遡ることは、その時代の社会体制、政治体制、経済状況を考慮したうえで、ビジネスの歴史を見ることでもある。歴史のなかで、主体としてのビジネスとして成り立つためには、以下の条件をクリアできなければならない。

(1) ビジネス取引を行う主体としてのビジネスといえる実体があること。そもそもビジネスの実体がなければビジネスの歴史の対象とはならない。

(2) 社会からその実体としての存在・意義を認められていること。外形的には、時の政府からビジネスを行う事業体として認められ、課税されていること。

(3) 主体としてのビジネスは、ビジネスの論理と資本の論理でビジネスの諸活動を行っていること。主体としてのビジネスのビジネスの諸活動は、ビジネスの論理と資本の論理を意識し利潤の極大化を目指していること。

これらの条件を封建社会において満たしているのは、商家である。その商家では、これらの (1)、(2)、(3) の条件がどのようにして整ってきたのか、戦国時代、信長、秀吉、家康から江戸幕府の成立とみてきた。この流れの中で重要なことは、封建社会という社会体制下でのビジネスの諸活動である。

日本のビジネスの創成期を理解するキーワードは家である。家は、武家や商家さらに親方と弟子、茶道の家元の継承や歌舞伎の屋号に至るまで、生活共同

体としての家があり、血縁関係で結ばれてはいないが、家に所属する者は家の家族の一員と見做される運命共同体である。家は、大は江戸幕府の将軍から小は呉服屋の丁稚に至るまで江戸時代という身分制社会を構成する基礎となったものであると同時に、現代のグローバル化したビジネスの諸活動のなかにも家が見え隠れしている。

　日本のビジネスの歴史は、家という象徴的な表現を用いると一本の道筋が見えてくる。このことは、どこの国においても、ビジネスの歴史を遡ることによって、その国にしかない何かがあることを示唆している。米国のビジネス、中国のビジネス、ドイツのビジネス、イランのビジネス、オーストラリアのビジネス等々、その国の特徴と呼べるものが必ず見えてくる。家には、国籍があるのではないか。ビジネス教育によって新たな展開が開かれることを期待する。

注
1) 「これらの諸身分は、武士の主従制、百姓の村請制、町人の町、職人の仲間など団体や集団ごとに組織された。そして、一人ひとりの個人は、家に所属し、家や集団を通じてそれぞれの身分に属するのが原則であった。」（石井　進（ほか12名）『詳説日本史改訂版』山川、p.116）。
2) 「江戸時代のことであるから政治権力に対する絶対の服従を家憲のトップにかならず書いている。八幡商人の雄市田清兵衛の三代目は寛政二〇年（1643年）という江戸初期に上州安中へまず出店した関東進出の元祖であるが、その『家訓』第一條は「御公儀よりの法度堅く相守り…」ではじまる。その後のどの商人であっても例外なくこの一項ではじまる。お上からの権力の圧迫というものの強さは今日では想像もつかないものである。」（小倉榮一郎『近江商人の経営管理』中央経済社、平成3年、p.16）。
3) 「中村治兵衛家の場合、この家訓は実子が夭逝し、養子を迎えるに当たって制定したもので、身代を損なう、身体を損なうと対句にしているのは面白いが、「家族」という文字を、妻子、親子の関係でなく、店内従業員一同の意味で使ってあることに注意されたい。近江商人の場合、店で生活するが、女気はなく、親子関係もなく、他人ばかりであるが、気持は家族なのである。」（小倉榮一郎『近江商人の理念』サンライズ出版、2003年、pp.123-124）。
4) 「それぞれの身分は、幕府や藩、あるいは村や町など様々な集団に組織されていた。その集団の中心単位となったのは個人ではなく『家』である。家を代表する家長が、家族に対して絶大な権力をもち、服従をもとめた。また、子が親に従わない場合は、親は子を追放するこ

ともできた。家督は原則として代々長男によって相続され、男子がない場合は養子を迎えるなど、個人の能力や意志よりも『家』の存続が最優先された。」(加藤友康(ほか10名)『高等学校日本史B改訂版』清水書院、平成25年、p.117)。

5)「ここに小家族とは両親とその子女との共同体である。この小家族は、合法的にしてかつその関係の持続性を予想する1夫1婦制を根底とする。この小家族の経済は、今日では本質上、消費経済であり、すくなくとも記帳上では営利経済から分離されている。」(マックス・ウェーバー著、黒正　厳・青山秀夫訳『一般社会経済史要論上巻』岩波書店、昭和40年、p.100)。

6)　尾藤正英(ほか7名)、前掲書『新選日本史B』東京書籍、平成25年、p.114。

7)　宮原武夫(ほか16名)、前掲書『高校日本史B』実教出版、平成25年、p.129。

8)「長男があればこれが家督を継ぐというのが常識であるときに、その者が心得違いなら、経営の上層部の役員連が説諭したし、それでも態度を改めないなら協議の上、押込隠居させると明記していて、記録こそ残されていないがその例も少なくない。肉親の情にかかわらず、不肖の子には企業体を継承させないという制度は注目すべきである。

　これに関連して養子を入れることについて一言加える。娘だけしかいないときの婿養子については常識的であるが、息子があり押込隠居させたのでもないのに、他の娘を分家させて婿を迎える。その養子が有能で、家業を繁栄させる結果となった例はすこぶる多い。縁談をめぐっては、親戚うちと限った定めのある例もあるが、実例はそうとは限らない。そして、分家させた娘の養子が有能で、中興の主となることは多い。親木から取木して、それを台木に優秀な穂を接木するようなものである。」(小倉榮一郎、前掲書『近江商人の理念』、pp.113-114)。

9)「父祖が稼ぎ貯めた資本を相続したのであるから、より良い状態で子孫に渡すのが任務という考え方から、主人という地位をこの継続する企業体の概念の上に立てた考え方である。主人の個人財産でなくて、個人の生命をはなれて存在する資本体として店を考えることは、当然その額の確認のための計算、毎年度の営業成果の計算とつながるもので、近江商人はそのための計算方式、決算方式をあみ出した。」(小倉榮一郎、前掲書、『近江商人の経営管理』pp.24-25)。

10)「近世の商家では、後継者の教育だけでなく、家業の実質的な担い手となる店員の教育のために、奉公人制度を発達させた。丁稚として商家に住込ませて永年季の奉公をさせ、労務の提供を求めると同時に、商家の家風・店風・商風などを覚えさせる過程を丁稚奉公と呼び、その奉公人を『子飼い』と称した。一般的にいえば、十歳ごろから丁稚入りをし、十年程度勤めたのち手代に昇格し、さらに十年程度勤めて番頭となった。この丁稚十年、手代十年の合わせて二十年間が一般商家の奉公期間であって、この間に『業務の一般、販売・接客・仕入の方法をまなび、金銀の鑑定・商品の鑑別・符牒をおそわり、かたわら人間としての修練をつんだ』のである。商家の丁稚奉公の起源は中世末期にあるといわれるが、その制度化が

進むのは、元禄期から享保期にかけて商家の店則が定められて店方制度の確立する時期においてである。商家奉公人の制度は、家を単位にして形成されたため、個々の商家の経営状況に応じて、成立の時期や態様を異にしていた。」(三好信浩『日本商業教育成立史の研究』風間書房、昭和60年、pp.195-196)。

11)「十歳前後で奉公に上がり、『○吉とん』と店での呼名をつけられ、十数歳で半元服、二十歳で元服、頭髪も前髪を落として成人っぽくなるし、呼名も兵衛名にかえられるが、その間に『初登り』といって生まれ故郷へは一度だけ、一月にも満たない期間帰らせてもらう。この頃までは十分な給金はなく、毎日の食事と、衣類一揃いずつを年二回『お仕着施』と呼んで支給される。他に必要なものは通帳をもって買ってくると店が立替払いし、それが本人への前貸として記載されるので、幼少の頃は店から相当の借分が嵩む、現金は奉公中は原則として支給されないから、初登りに旅費と土産金がもらえる以外は現金と縁がない。

やがて僅かずつ給金がもらえるようになり、年々昇給するが、これも現金支給でなく、昔からの前借金と相殺されるにすぎない。

二十歳を過ぎて給金も上がるが、現金支給はなく、その後は店に預けるということになる。この借りも預けも無利子であることは入店の際に契約書を入れてあるし、途中で現金支給ができないとも規定されている。

三十歳ぐらいまでが年季で、年季が明けるまでは、二度登り、毎年登りと帰郷回数も増えるが、往復に一ヶ月もかかるので、それほど長い滞在はできない。

店への預け金は年季が明けるときに現金で支払われる。相当の金額になる。その間に結婚するが、店へは妻を伴わず、御里に留守させるので『関東後家』になる。

これらの詳細は各店それぞれに規定しているが、内容はほぼ似ているので省略する。」
(小倉榮一郎、前掲書『近江商人の理念』、pp.122-124)。

12)「人間はもろもろの欲求を充足するために行動する。そして、目的を有効に達成しようとするとき協働行為をする。協働行為は、その内部に、二人以上の人間の意識的に調整せられた行為のシステム＝体系をもつ。このシステムを組織と言う。この組織概念が最も抽象的なレベルでとらえられた組織である。この組織は物的・生物的・社会的・個人的諸要因と結合・合体して組織体＝協働体系を形づくる。この組織体もまた、組織と呼ばれ、さきの最も抽象的なレベルより、より具体的な組織概念である。」(三戸　公『家の論理1』文眞堂、1991年、p.19)。

13)「この状況とは、すべての家に従属するひとびとにとって、特別に緊密な・人格的な・継続的な・家の中での共同生活が、内外両面にわたる運命の共同を伴って営まれる、という事実である。」(マックス・ウェーバー著、浜島　朗訳『家産制と封建制』みすず書房、昭和32年、p.14)。

14)「協働の永続性は、協働の（a）有効性と、（b）能率、という二つの条件に依存する。有効性は社会的、非人間的な性格の協働目的の達成に関連する。能率は個人的動機の満足に関

連し、本質的に人格的なものである。有効性のテストは共通目的の達成であり、したがってそれは測定できる。能率のテストは協働するにいたる個人的意思を引き出すことである。」（C・I・バーナード著、山本安次郎・田杉競・飯野春樹訳『経営者の役割』ダイヤモンド社、2010年、p.62）。

15)「その上に毎日の日課が朝早く起こされて夜は十時限りに就寝であるが、店務以外に雑用が多く、またその方が目立つ。そして暇さえあれば読み書き算盤、そればかりでない。まだ小学校を卒業できるかできないかという年齢であるのに、金銀銅貨の計算、その相互の換算、取引活動にわたる一通りの知識を身につけて、半元服となるのである。その鍛え方は大変なものである。」（小倉榮一郎、前掲書『近江商人の理念』、p.123）。

16)「商家の成立は、武家よりもおくれたが、多くの面で武家がモデルにされた。武家が家名や家禄の継承発展を志向したと同じように、商家の場合も、のれんや財産を子孫に継承させようとする強い心理機制が働くようになった。…（中略）…もともと商人の生活は、田畠や家禄を基盤とする農民や武士の生活とはちがって、浮沈がはげしく、たえず家没落の危機に直面していた。…（中略）…同じ暖簾のもとで商売をする一族の結束をはかるために家訓が制定された。」（三好信浩、前掲書、pp.24-25）。

17)「採用後の昇進システムは、丁稚の時代は『吉』や『松』などの名前を貰い、17歳にもなると、元服式をして手代となる。手代になると、名前も『兵衛』や『衛門』などの大人の名前をつけてもらい、商品管理する蔵方や接客と販売、符丁、記帳、仕入の方法などの商売の基本を勉強し、それをマスターすると、10年程勤めて番頭になる。そして、番頭を勤め上げて別家を許される場合も、そのまま店に通勤して後見人となる場合や暖簾分を許されて、別店舗を持たせてもらって別家する場合がある。入店してから別家となるには、25年程度を要していた。その間、出身地への帰郷を許されることを『初登り』といい、その後も、その奉公人の能力評価に応じて、『在所登り』が許されていた。これは、一種の昇進制度で、極めて合理的な昇進システムであった。一方、奉公人に対する評価は、『間に合う』、『間に合わない』と言うように、店にとって役に立つかどうかで、評価が行われていた。これが奉公人への評価基準であった。」（吉田實男『商家の家訓』清文社、2011年、p.48）。

第17章
江戸時代とビジネスの革新性

　はじめに

　ビジネス教育の教材として、日本のビジネスの起点をどこに求めるべきかという問いに対して、戦国時代から江戸時代の初期という設定を行った。まず、はじめに考えなければならないのは、ビジネスの諸活動が行われていた時代がどのような時代であったのかということである。現代のビジネス環境と戦国時代のビジネス環境とでは、ビジネスの諸活動を行う前提が大きく異なっている。

　江戸時代のビジネスは、問屋の役割が非常に大きく、生産者と消費者との間で商品流通を支配していた。現在のビジネスでは、ほとんど死語となった「そうは問屋が卸さない」という言葉が実感をもって、ビジネスの諸活動のなかで使われていた。問屋にとって、百姓や職人は商品調達の相手であり消費者でもある。また、米問屋にとって武士は年貢米のビジネス取引の相手であり大口消費者でもあった。

　ビジネス取引の取引量の増大は、売買取引のシステムの質の変化へと移っていく。量の変化は質の変化を伴うのである。ビジネス取引が変遷していく過程は、様々な学問分野で解明され、精選・整理されて日本史の検定教科書に取り込まれている。その日本史をビジネスの諸活動という視点で再構築し教材化できないかという試みが本書の目的の一つである。

　ビジネスという視点を持つためには、ビジネスの分析軸を示さなければならない。まず、ビジネスの歴史の流れとは関わりなく、いかに時代が変化しよう

とも変わらないもの（不易）は、ビジネスの論理（収益－費用＝利益）と資本の論理（資本は自己増殖し利潤の極大化を目指す）である。また、時代と共に変化していくもの（流行）としては、ビジネスの論理と資本の論理の実施におけるさまざまな奨励策や規制策、つまり、ビジネスを取り巻く社会体制や市場の成熟度にもよるが、とりわけ支配者層の意向が大きく関わってくる。このようなビジネス環境のなかでも、ビジネス教育の教材として魅力的なテーマは、ビジネスの革新性である。江戸時代のビジネスと現代の経済社会でのビジネスの接点となっているのが、江戸時代のビジネスの革新的な取り組みである。

1. 伊勢商人（三井八郎兵衛高利）

（1） 越後屋の繁盛

伊勢松坂の商家に生まれた三井八郎兵衛高利（1622年～1694年）は、京に仕入店を持ち、江戸に出店を設けて、呉服商と両替商を営んだ。高利はつぎつぎと新商法を編み出し、後世に名を残した「現銀掛値なし」という商法は、従来の呉服屋の販売方式である得意先回りをやめ、店頭での薄利多売の現金取引を行うという現代のビジネスに通じる革新的なものであった[1]。

井原西鶴は、『日本永代蔵』の巻一の四「昔は掛算今は当座銀」のなかで、三井高利を「大商人の手本なるべし」と称賛し、その当時としては革新的な越後屋呉服店の商法を、つぎのように紹介している。「三井九郎衛右門といふ男、手金の光、むかし小判の、駿河町と云所に。面九間に四十間に、棟高く、長屋作りして。新棚を出し。萬現銀賣に、かけねなしと相定め、四十余人、利発手代を追まわし。一人一色の役目。たとへば、金襴類一人、日野郡内絹類一人、羽二重一人、沙綾類一人、紅類一人、麻袴類一人、毛織類一人、此ごとく手わけをして、天鳶兎一寸四方。緞子、毛貫袋になる程。緋繻子、鑓印長、龍門の袖覆輪かたかたにても物の自由に賣渡しぬ。殊更、俄に目見の熨斗目、いそぎの羽織などは、其使をまたせ、数十人の手前細工人、立ならび。さによって、家栄へ、毎日、金子百五十両づつ、ならしに商賣しけるとなり。世の重宝是ぞかし。此亭主を見るに。目鼻手足あって、外の人にかはつた所も

なく、家職にかはつてかしこし。大商人の手本なるべし、いろは付の引出しに。唐国、和朝の絹布をたたみこみ、品々の時代絹。中将姫の手織の蚊屋、人丸の明石縮、阿弥陀の涎かけ、朝比奈が舞鶴の切。達磨大師の敷蒲団、林和靖か括頭巾、三条小鍛が刀袋、何によらず、ないといふものなし、萬有帳 めでたし」[2]

　越後屋呉服店の新しいビジネス・スタイルの革新性は、①「萬現銀賣に、かけねなし」は、一般的な掛売りではない代わりに、他より安い定価による現金販売である。当時の江戸の呉服屋は、大名や旗本そしてその家臣、上層町人を顧客とするもので、反物を持参して、武家屋敷を廻るか、あるいは注文を取って好みの品を後ほど持参するといった商法が一般的で、掛売りが通例であり、現金取引は稀であった。これに対して越後屋は、店頭に来店するお客に対して、正札で現金取引を行うことを主とした。また、「諸国商人売り」といって、諸国の商人に対して卸売業も行っていた[3]。②「一人一色の役目」は、商品ごとに専任の手代を配置することによって、商品の種類別分業を行い専門性と販売効率を高めた。③「物の自由に賣渡しぬ」は、一反単位で売っていた商慣行から脱却し、顧客の需要に応じて反物の切り売りを行い、消費者のニーズに応えていった。④「即座に仕立、これを渡しぬ」は、着物の仕立てについては、自前の職人を数十人揃えており、使いの者を待たせておいて即座に仕立ててこれを渡すという、当時としては考えられないスピード・アップをはかった。⑤「何によらず、ないといふものなし」は、商品の品揃えについては、いろはの付いた引き出しに整頓され、お客の要望に対して、即座にすべて応えられる品数を用意しいるというものであった。この越後屋のビジネスは、「世の重宝是ぞかし」と当時の呉服に対する顧客のいかなるニーズにも対応できるものであった。越後屋のビジネスの背後にあるものは薄利多売であり、その売り上げは「家栄へ、毎日、金子百五十両づつ、ならしに商賣しけるとなり。」と、一日平均150両にも及ぶもので、1ヶ月間に4千500両、1年間の売り上げは5万4千両にのぼったことになる[4]。

（2） 越後屋への妨害

　このような越後屋の新商法は、当然、それまでの呉服商から、従来の商慣行を乱すものとして反発を受けた。その嫌がらせは、越前家（松平家）が縮緬(ちりめん)敷物多数を御用呉服所であった松屋へ注文したところ、値段が割高であったため、松屋への注文を取消し、越後屋へ注文し、越後屋は縮緬敷物を残らず越前家へ納入したことで頂点に達した。松屋は大いに怒り、本町仲間から越後屋を外してしまったことや、越後屋の手代たちを主人に背かせようとしたが越後屋の『商売記』には、「手代の心あしく成不申候」とあり、家として一致団結して対処していたことがうかがえる。さらに、呉服商仲間は、越後屋の隣家の家主を買収して、店の物雪隠(せっちん)を設けあふれた汚物が越後屋の台所先へ流れ込むようにした。このように越後屋を本町からの追い出しを図ると同時に、他へ移転することについても邪魔をし、越後屋を取り潰そうとした。また、呉服商仲間は、浪人たちに夜中に越後屋へ石火矢をしかけ、店手代残らず滅亡させると脅し、石火矢の絵図やその訳を書き付け、何者の仕わざとも知れぬように、町中の人々にそのことを知らせた。加えて、呉服商たちは、たびたび奉行所へも訴訟を起こした。その訴訟の趣旨は、「無法に商仕、江戸中の邪魔を致、迷惑仕候」ということであったが、「御屋敷方、買人衆中」一般の消費者の支持・同情があったため、奉行所は商いの取り止めを命じなかった[5]。

（3） 両替商

　越後屋の両替商としての発展は、幕府公金の上方から江戸への送金業務を請け負ったことが大きな転機となった。越後屋は、江戸で販売する呉服や反物を上方から仕入れており、江戸から上方へ仕入代金を送金しなければならなかった。他方、幕府は西日本の天領から上納される公金を大坂御金蔵に収めていたが、これを江戸御金蔵に送金する必要があった。これに目をつけた高利は、越後屋江戸店での販売代金を江戸御金蔵に納め、代わりに大坂では大坂御金蔵からお金を受け取り、上方での呉服仕入代金にあてる仕組みを願い出、これが許可されたのである。この仕組みは御金蔵為替と呼ばれるものであるが、これにより高利は、現金の送金業務から解放され、2ヶ月ないし5ヶ月にわたって、

多額の公金を無利子で運用することができたのである[6]。そのほか越後屋のビジネスは、大名貸や郷貸による金融業、店における分業制の確立や賞与制度の創設、同族組織の形成と事業の共同経営、堅実な商業倫理など画期的なものであった[7]。越後屋の呉服商ビジネスは、現代のビジネスと比べても300年も前の江戸時代との時の差を感じさせないものであった。

2. 近江商人（中井源左衛門光武）

（1） 産物廻しの商法

　伊勢商人と並んで近江商人の活躍にも目を見張るものがあった。中井源左衛門光武（1716年～1805年）は、日野に生まれ、19才のとき志を抱いて関東に合薬行商の旅に出た。その後行商から店舗商業に移り、30才になってようやく大田原に出店をもち、54才のときに、仙台・伏見・後野店を同時に開いて、東北地方から生糸・紅花・青苧などを上方に運び、帰りに綿・木綿・古手類を持ち込む産物廻しの商法を大規模に実践して財をなした。とくに上方で集めた古手（古衣料）類は仙台店で人気を博した[8]。また、業種も商業ばかりではなく、金融業、酒・酢・醤油の醸造業、油絞業、鋳物業まで拡げ、商圏も東北から九州までに拡大した[9]。

　近江商人は、なぜ全国各地を股にかけ活躍できたのであろうか。諸国を行き来するには、国境の関所を通らなければならなかった。その関所を通過するには、往来手形と身分証明書が必要であった。当時は、他藩へ旅をするための往来手形を藩から入手するには何ヶ月も要していたが、天領や飛地の住民である近江商人は代官から容易に往来手形を受けることが出来た。また、近江商人は、必ず檀那寺に参り先祖の法要を営むことを慣習としていた。そうすることによって、往来手形に添える身許保証のための宗門改証を檀那寺から受けていた。これがお寺参りの動機であるといわれる[10]。

(2) 薄利多売

　薄利多売が近江商人の基本戦略である。売上高に対する利益率は低くても、ビジネス取引の回転数を上げれば、利益は重なり、投下資本に対する利益額は多くなる。近江商人は決して高い利益率を求めることなく、良心的な値をつけた。これを補うために近江商人は、朝は星を頂いて商売をはじめ、夕は星を背負うて業を終るという労働時間の長さと勤勉さによってビジネスを成り立たせていったのである[11]。

　近江商人の利益率についての実際を帳簿史料によってみると、粗利益率は良くて20％で、それ以下が一般的であった。粗利（売上総利益）はそれから販売費及び一般管理費を引かなければならない。つまり、その粗利のなかには、運賃も海上積金といった保険料も、その他の諸経費も含まれている[12]。近江商人は、産地で業者から商品を仕入れ、途中のサービスは一人で担当し、遠隔地である消費地の業者に売る、その一連のビジネスの諸活動の粗利益率が20％以下なのである。この中から、なお10％の利益を出すには、資本の回転率を上げるか、販売費および一般管理費の節約しかない。近江商人は、一回限りの商売ではなく、その先を思い、欲の深いことを考えず、利益はできるだけ小さくして、自分も相手も満足して商売を続けるように、「しまつ」して「きばれ」と方言で表す営業姿勢を貫いたのである[13]。

(3) 出店戦略

　光武の行商時代は、日野の本家が唯一の店舗であったが、商勢の発展に伴い、全国各地に出店が開設されるようになった。これらの店舗には、中井家が単独で開設した店のほか、現地資本と共同出資の形態をとったものが多かった。店が、中井家との共同企業形態をとる契機になったものは、中井家からの債務が返済不能となり中井家に経営の実権が移ったもの、現地商人が経営拡大のため中井家からの出資を求めたもの、奉公人を別家として出店させる際に中井本家あるいは奉公人との共同出資を行い枝店として開店したものなどがあった。これらの出店、枝店は、それぞれ独立採算制に基づいた事業体（主体としてのビジネス）であった。

店は、無限責任の現地経営者と、有限責任の中井家との間の合資会社的形態であったといえるが、総体としては中井家の大資本の下で1つに結合されていた。多店舗展開するに伴って、本家の店舗としての機能は次第に後退し、本家は現業活動を全く行わなくなり、本家奉公人は支配人以下、少人数の手代や子供に限られることになったが、企画、人事、財務などの管理の最高機能は、本家が掌握していた[14]。現代ビジネスの持株会社を連想させ、抽象的な資本概念を体得していたと考えられる。

3. 大坂と江戸との海運ビジネス

(1) 廻船のリスク管理

　江戸と大坂間の商品流通が活発化し、その輸送手段である廻船の航行が盛んになってくるにつれて、様々なトラブルが発生した。船頭や乗組員が輸送途上で積荷を盗んだり、故意に破船させたり、難船を偽装することによって積荷を抜き取るような不正行為が多く見られるようになったのである。その原因は、積荷輸送に関して、荷主と廻船差配人である廻船問屋や船頭との間に何の規約もなく、輸送に関する業務はすべて廻船問屋と船頭に任されていたからである。このような不正行為を防止するために、元禄七年（1694年）江戸の問屋商人を結集して荷主の立場を強化するために組織されたのが、江戸十組問屋[15]である。海難予防策としては、仲間内に四つの極印元を設け、新造菱垣廻船の船名を検め、船足や船具に極印を打ったり、江戸入津に際し、それらの検査を行ったりした。また、難破船処理策として、海難にあった際の難破船の調査や難船荷物の処分、そして荷主間の分散勘定処理業務を行ったのである。この江戸での十組問屋の成立に呼応して、大坂でも江戸積問屋が結成され、これは後に廿四組問屋[16]となった。このような改革によって海難等による損害も減少し、さらに廻船数も増加し、享保八年（1723年）には160艘にも達した[17]。

（2） 菱垣廻船と樽廻船

　菱垣廻船は、当初、大坂から木綿、油、酒、酢、醤油、塗物、紙類などを江戸に運搬していた[18]。菱垣廻船の名の由来は、積み荷が海に落ちないように船べりに檜の板か竹を菱型に組んだことによる[19]。これに対して、樽廻船は、大阪の西の伝法にある船問屋が万治年間（1658年～1660年）に、伊丹の酒を積んで江戸に送ったことではじまった。樽廻船は、二百石積みから四百石積みの船で酒を主として、他に醤油、油、木綿などを積んで敏速に航海したので小早と呼ばれていたもので、菱垣廻船との間で競争関係となっていった。酒店組は問屋数も増加し、従来は菱垣廻船に付属していたが、享保十五年（1730年）に十組問屋より分離独立し、酒荷は樽廻船への一方積、酒荷以外の諸荷物は菱垣廻船に積み込むことになった[20]。

　それでは、なぜ、樽廻船は菱垣廻船から分離独立することになったのであろうか。まず、海難事故の損失について、一般に菱垣廻船の積荷は江戸十組問屋の仕入荷物であるのに対し、酒荷は荷主である伊丹・池田・西宮・灘目等の酒造家の送り荷物であった。そのため海難にあった場合の負担金の支払は、仕入荷物の場合は荷主である江戸十組問屋が行い、送り荷物である酒荷は荷主である上方酒造家の負担となった。そもそも、仕入荷物の海難による損害の共同海損組織として成立した十組問屋に、仕入荷物以外の送り荷物を扱う酒店組が包摂されていたところに無理があり、仕入荷物は菱垣廻船で、送り荷物は樽廻船で輸送する方が自然であった。

　また、このことに関連して、菱垣廻船における積荷の種類による積載方法の違いが海損処理における不公平を生んでいた。すなわち、酒荷は油・砂糖・砥石・瀬戸物・鉄等と共に重量がある下積荷物として、繰綿・木綿・薬種・煙草・紙等は比較的高価で軽くてかさ高な上積荷物として積み込まれたため、船が海難事故に遭遇したとき、積荷を海へ投捨てる刎荷として上積荷物がその対象となった。そのため、下積荷物として積み込まれた酒荷は、刎荷による損害を受けずに残ったにも関わらず、共同海損の原則に従い荷主である酒造家にも損金の負担が求められた。また、酒造家荷主には何の関わりもない上積荷物をかさ高に積むことで船の安定性が崩れ、海難の発生率が高まることも酒造家に

とっては我慢のできないところであった。さらに、菱垣廻船のスピードに問題があった。菱垣廻船は、さまざまな種類の商品をかさ高に積載するため、集荷・艤装・出帆に手間取り、迅速性に欠けていた。これに対し、酒荷は腐敗しやすい生物であったため、とりわけ輸送上の迅速性が要求された。酒荷自身は、下積荷物であり、かつ同一規格商品であるから集荷・艤装が容易であった。しかも、酒樽のみの輸送はかさ高に積載しないため安定性が高く、それだけに、気象条件が多少悪くても航行が可能となり、廻船の迅速化に繋がっていた。このような理由で、十組問屋から酒店組が脱退し、菱垣廻船から酒樽専用の樽廻船が分離独立するのは、採算制・合理性を追求するビジネスの諸活動としては、自然の成り行きであった[21]。

（3） 廻船ビジネスの結末

　樽廻船は菱垣廻船比べ、艤装・出帆の点での迅速性があること、樽廻船は主に酒樽を積み込むために添積みする荷物の運賃を安く抑えることができた。さらに、かさ高に荷物を積み上げないために安定性が高いことや荷痛みが少ないことがあり、迅速性、安定性、何より運送価格が安いことは、廻船ビジネスに大きな影響を与えた。そこで、明和七年（1770年）には、酒問屋と他問屋との間で、酒荷は樽廻船への一方積、米・糠・藍玉・灘目素麺・酢・醤油・阿波蝋燭の七品については樽廻船と菱垣廻船への両積を認めるという菱垣廻船側が譲歩する形で、顧客の棲み分けや積み荷の制限の協定を交わし、安永元年（1772年）には大坂伝法樽廻船問屋八軒・西宮樽廻船問屋六軒、翌年には菱垣廻船問屋九軒が公認され、この規定が守られた。しかし、幕府の酒造統制による造石高統制や入津高統制あるいは酒造家による自主規制によって酒荷の取扱量が減ると、樽廻船は酒荷に代わって下積荷物として砂糖・水油等に目を向けるようになる。これらの下積荷物は菱垣廻船にとっても重要な積荷であったが、樽廻船も酒造家の手船化により運賃を低く抑えられるようになると、従来の利益額を維持するために、協定を破り菱垣廻船の荷物を積み込むようになっていった。従って、樽廻船との規定も菱垣廻船そのものが持つ、迅速性、安定性の低さに加えて、運賃が割高という弱点を解消することは出来ず、樽廻船の

優位性は揺らぐことはなかった。菱垣廻船の積荷は、協定とは関わりなく徐々に樽廻船に浸食され、樽廻船が菱垣廻船を圧倒していったのである。その後、天保の諸問屋禁止などにより商業上の特権が除去され、両廻船ともに積荷の制限がなくなるという規制緩和によって、菱垣廻船はもはや樽廻船に対抗する力はなく、後に両廻船は合併するに至ったのである。このため、安永元年（1772年）には菱垣廻船160艘、樽廻船106艘存在していたが、文化五年（1808年）には菱垣廻船はわずか38艘にまで激減したのである[22]。

この樽廻船と菱垣廻船との競争は、規制、談合、規制緩和という現代のビジネスと何ら変わりはない。この顛末により、むしろ、封建社会においても、大坂と江戸との海運は適切な競争原理が働いていたことが浮かび上がる。当事者間の談合によっては、もはや制御できないほど、江戸と大坂間の物資の運送は活発に、そして大規模に行われていたことがうかがえるのである。

4. 米市場と商人

（1）大名貸し

大名貸しについては、『町人考見録』に「憎い奴とて切り倒され、可愛奴とて借り倒され」「大名がしの商ひは博奕の如くにて」と、その危険性と封建社会の身分的秩序の下では、町人では抵抗し難いことを述べている。借り倒されても抗議も出来なかったのであり、大名に対して一種の諦めにも似たものがあった。むしろ、借り倒されるのは町人の落度であり、分に過ぎた貸借関係を結んだことによる結果と考えられ、『漫窓録』には、大名に「貸した金は取れぬと思へ利子が元金に充ちたら元金は戻ったので、それから先きの利子が収益である」という考えが町人の胸に宿っていた[23]。このような大名貸しビジネスに参入する者がいるのであろうか。

大名貸は、焦げ付きや踏み倒しが多かったといわれる。もし、大名貸がそのようなものであるのなら、鴻池家のような大両替商が大名貸を専業とするような経営戦略を取るはずがない。それでは、なぜビジネスとして成り立っていたのであろうか。大名の富の源泉は領地支配であり、米納年貢制においては米を

掌握することが第1義であった。商人にとって、大名が毎年収穫する米を大坂に送り続け、それが円滑に売却できる限り、大名貸は決してリスクの高いビジネスではなかったのである。

江戸時代の大坂は「天下の台所」と呼ばれ、物資が集散していたが、なかでも諸藩が登らせる年貢米は最大の財貨であった。元禄期には少なくとも年間120万石以上の大坂登米があり、最盛期の文化期、文政期には200万石以上に達していた。しかし、年貢米の大坂廻着時期が毎年秋から冬であるのに対し、大名の貨幣支出は年中恒常的である。また、廻着量は作柄によって左右されるが、大名の家計支出は必要経費であるからあまり変化はみられない。このような大名の収入と支出には間にはタイムラグがあり、季節的に、また年ごとにずれがあった。この収入と支出のずれを補うために、商人は年貢米売却代金を受け取った後に送金するのではなく、まず大名の求めに応じて送金を行い、年貢米が売却された後に送金分とその利子分を受け取るという当座貸を行ったのである。凶作あるいは米価下落などによって、年貢米売却代金が予定額に達せず、清算の結果、翌年への貸越となっても、翌年の年貢米売却代金で穴埋めできればよかったのである。大名貸は、年貢米の販売量や販売時期の決定、送金などに関わるものであるから、商品流通や金融業務に精通したものでなければ扱えず、しかも、大規模なビジネスであったから大商人でなければ参入できなかったのである[24]。

（2）掛屋の業務

大坂廻米を行うようになった諸藩のほとんどすべては、大坂に蔵屋敷を持っていた。そこで大名は、実務担当者として、大坂町人の蔵元や掛屋を登用することになったのである。このような蔵屋敷関係商人である蔵元の業務は、自らの危険負担で蔵米を販売することではなく、蔵米の保管・管理、仲買の選定や入札時期の決定などの入札事務等に関する業務が基本であり、主な収入はそれらの代理業務からの口銭や扶持米であった。このような蔵元や掛屋に登用された町人は、個別商品取扱いに特化した専業問屋や金融業に特化した両替商であった。

ビジネスの流れとして商品市場が発達してくると、大名の年貢米販売にも、払米の入札制という変化が起こってくる。払米の入札制がシステムとして成り立つためには、大坂のような中央都市に、仲買から問屋さらに小売という縦の商品配給系列や、卸売業者間の横の取引市場が形成されていなければならない。そこでは、ビジネスの効率化が求められ、払米事務についての効率的管理を行うために、蔵元機能の集中化が図られたのである。掛屋の仕事は、蔵屋敷での蔵米販売代金を収納・保管し、大名の必要なときにそれを為替により国元および江戸藩邸に送金することであった。この送金業務は、蔵米販売代金が掛屋に収納された後に行われるべきものであるが、代金の収納が秋から冬に集中するのに対し、大名の貨幣支出は年間を通してほぼ均等的にであることから、掛屋はまず大名に必要な貨幣額を貸付け、後に蔵米代金が支払われたときに、先の貸付金の元利を受け取ることになった。これが年貢米を引当とする大名貸の本来の姿であり、大名貸は蔵米流通に対する短期の商業金融であったのである[25]。

(3) 札差の業務

札差は、徳川幕府の旗本や御家人のなかの蔵米取の者のために、その代理として蔵米を受取り、その売却を行う特殊な金融機関で、札とは蔵米受取手形の意味で、これに受取人を記し、割竹に挟んで蔵役所のわら包に差したところから、札差の名称が生れたとされる。札差は、旗本および御家人の代理人として切米・扶持米、役料などを受領し、それを売却することを業とし、その手数料を旗本から受取るものであったが、加えて、旗本および御家人の禄米を担保として金銀を貸付け、支払いは禄米によって元利金の弁済を受けることが多かった。旗本や御家人などは、商品経済・貨幣経済の急速な発展にともない、その消費生活は膨張するのみで、札差による高利の融資をうけることが一般化し、それにつれて多くの旗本・御家人は窮乏化し、一方、札差は相当の富を蓄積することが出来た。

これに対し、幕府は享保九年（1724年）の御触で利息制限の方針を打ち出し、利息は年1割半までを原則とした。しかし、札差のなかには奥印金と称

して、自己の金銀を架空の人物名儀として高利で貸付け貸与金・利子を奪取する者もいた。巨利を占めた札差に旗本は圧倒され、松平定信は、寛政元年（1789年）に旧貸付金の棄捐または年賦返済に切替を命じた。また、天保十四年（1843年）水野忠邦は、旧貸金については一切無利息二十ヵ年賦とすべきことを命じた。しかし、旗本や御家人のなかには、直取としての禄米を書入れて融通を受けながら札差を欺くものや、御蔵から禄米を直接に受け取り、転宿として借金をしながら、蔵宿を変更して新たに借金するものが現れた[26]。いつの世も、ビジネス上のトラブルは避けられないのである。

（4） 金融取引手形・切手
① 両替商

江戸時代に入ると戦乱は収まり、商業が更に発達し、それに伴って貨幣流通にも大きな変化が起こってきた。まず、江戸は金本位で大阪は銀本位であるということは、計数貨幣の金貨と秤量貨幣の銀貨の交換比率が問題となる。円とドルの交換比率のように、金と銀の相場は江戸の金の高値は大阪の銀の安値にあたり、大阪の銀の高値は江戸の金の安値となる。幕府の貨幣改鋳に際して絶えず相場が変動し、両替商はその変動によって巨利を得たのである[27]。

以前より質屋や高利貸などの金融機関はあったが、商品経済の発達により、金銭の両替や、札差などの有力な金融業者が現れてきた。金融機関としては両替商が最大で、札差がこれに続き、その他に質屋、高利貸、頼母子・捐堂銀などがあった。両替商は本来金銀貨および銭の相互交換を行うものであったが、両替制度の整備などに伴って、幕藩の公金取扱、為替、預金貸付、手形の振出および融通など、今日の銀行と類似する業務を行うようになっていった。

預金については、大坂、江戸では通常無利息で、京都では利息が払われていたといわれている。貸付は、諸藩に対する大名貸と商人に対する商人貸とがあり、大坂、江戸、京都では大名貸が多くみられた。一方、商人貸付は当座取引のあるものに限り、商人が金銀の予託に努めたことによって両替商

の信用を得て資金融通を受けるようになった。また、場合によっては商品担保の貸付も行われていた[28]。

両替商は、大坂、江戸、京都、岡山などの各主要都市で発達していたが、なかでも大坂はその中心で両替制度も完備していた。大坂の両替商には、十人両替、本両替、銭両替、米方両替の四種があった。商人の金融機関として重要なものは、十人両替や本両替であり、本両替商は信用および経済的な面の大小によって相互に親子の関係を結び、一つの両替商はその下に子両替商、その上に親両替商を持ち、十人両替を基軸として連絡・連携し、互いに扶助・提携を行っていた[29]。

江戸の両替商は、後藤先次が江戸に下って金銀改役を命ぜられ本両替町の地に金座を開設してから、同町および駿河町に金銀両替を営むものが多かった。江戸の両替は本両替と銭両替とに分かれ、銭両替は江戸の各所に有りこれを脇両替とよんだ。これを仲間組合からみて、本両替・三組・番組および上野領・済松寺領などに分けられる。本両替の業務は、御用金の包立・上納金検査・金銀並銭相場書上・新古金銀引替などのほかに、一般の両替・為替・貸付などを営んだ[30]。このように、両替商は資金流通の要として江戸時代のビジネスの諸活動と深く関わっていたのである。

② 手形

江戸時代の商取引の基本は信用取引であり、仕入れも販売も掛取引であったし、決済も現金の輸送などは皆無で、ほとんどが為替手形で行われていた[31]。為替手形は、商品、貨幣経済の発展とともに、信用制度の発達とあわせて、長足の進歩をみせ、その中心は大坂であった。大坂は「天下の台所」と言われたように、多量の物資は大坂を起点として、江戸または京都に送られ、経済のうえでも、商業においても、大坂は江戸や京都より優位に立っていた。為替は、金銀の貸し借りを相殺し現金の取引や送金を行わないものである。両替商は、為替の出合に注意し、各方面から為替を買入れ、もし、為替出合を見出すことが出来ない場合は、飛脚で金銀を現送したのである。為替手形は、商取引を円滑に行い、信用制度を確立させていったのである。この為替手形のほかに、預り手形、振出手形、振差紙、大手形、約束手

形、蔵預り手形などがあった[32]。

③ 米切手

米切手は、形式上、「出切手」と「坊主切手」とに分けられる。「出切手」「出米切手」は券面に数量、入札期日、落札者氏名、記番号が記載された切手で、「坊主切手」は入札期日、落札者の記載のないもので、蔵屋敷から借銀の担保として証書に添えて債権者に交付されることが多いものであった。

また、米切手は、機能上、「落札切手」と「先納切手」とに分けられる。「落札切手」は入札・落札の過程を経て落札者に代銀完納と引き換えに交付される切手であり、「先納切手」は未着米について、落札によらず、あらかじめ代銀を納めた者に対して交付される切手である。「先納切手」は、借銀の担保として振り出されることが多かったので、実際にはこれによって米は引き換えられず、借銀の返済によって回収された。「先納切手」は、さらに債権者によって区別することができ、浜方（堂島）関係者が債権者となっているものを「浜方先納」、浜方以外の富商が債権者となっているものを「内証先納」という。

形式上の「出切手」「坊主切手」と機能上「落札切手」「先納切手」を組み合わせた場合、「落札出切手」は実物としての米の請求権を表しているという意味において、本来の米切手であり、堂島米会所において売買されたのはこの切手であった。これに対して、「先納坊主切手」は名目上米切手の形をとっているが、実物としての米の裏付けがなく、借銀の担保としての米切手であり、本来、商品市場において流通するものではなかった[33]。

米切手が実物である米と連動しているうちは問題が起こらない。しかし、蔵屋敷は、現米在庫の裏付けのない米切手や在庫高を越えた米切手を発行し、資金を調達するようになった。これが「過米切手」「空米切手」と呼ばれるものである。過米切手、空米切手の発行が可能になったのは、蔵屋敷で米切手を買い受けた米仲買が現米の引渡しをすぐに要求するのは稀で、通常米切手の発行から現米の蔵出しまでには数カ月の余裕があった。つまり、米切手を発行する時点で、在庫米がなかったとしても、それが露見する恐れはほとんどなかったのである[34]。

米切手購入者はすぐに出米を請求せず、買持ちすることも多かった。米切手での米の買持ちの場合、実米での所有とは異なり、蔵屋敷で保管中の米の減量は蔵の負担で補填されることになっていたので、蔵での保管・管理コストがかからなかった。従って、米切手所持者は実需が生じない限り、蔵出しを請求することがないのが通常であった。米切手の発行から蔵出しまでの間には、かなりの時間が経過するようになったため、米切手と特定の米（入札された米）との対応関係は失われがちとなり、米切手は倉荷証券的なものから商品切手的なものへと変わることになった[35]。このような米切手の多様性は、大量の米取引を円滑に行う実務の中から生まれてきたものであり、現代の穀物市場と比較しても、また、取扱業者の組織や現実的な運用に関しても、その仕組みは現代のビジネスと比べても見劣りするものではなかった。

④　リスクヘッジ

ある米問屋が、将来の需要に備えて正米取引で米切手を購入し買持ちしたとする。この場合、買持ち期間中に米価が下落すると問屋は損失を被ることになる。買持ちする米の量が多くなれば少しの米価の下落でも損害は大きなものとなる。そこで、この米問屋は、米切手を購入した時に、同量の帳合米を売っておくのである。このようにすれば、将来、この米問屋が買持ちしている米切手を他者に転売する時に、先に売っておいた帳合米を買い戻す取引を同時に行ことによって、正米の価格が最初に米切手を購入したときより下落していれば、この米問屋は米切手の現物取引では損失を受けることになるが、帳合米価格は正米価格と連動して動くはずであるから、帳合米取引の方では、高く売って、安く買い戻したことになり、利益を得ることになる。この取引によって、米問屋は米価変動のリスクから解放されたことになる。これは売繋ぎと呼ばれるヘッジ取引である。

また、買繋ぎと呼ばれるヘッジ取引もある。ある米仲買が、現在米切手を所持していないにもかかわらず、将来の一定期日に引き渡すことを約束して、米問屋に一定量の米切手を売却したとする。この場合、この米仲買は引渡しの期日までに、米切手を何れかから購入しなければならないが、折り悪

しく、売却の日以後、米価が上昇を続けると損失を被ることになる。そこで、この米仲買は、最初に米問屋に売却を約束した時に、同量の帳合米を買っておく。そして米切手引渡し時に、米切手を正米取引で購入して米問屋にそれを手渡し、同時に帳合米を売り埋める。そうすれば、米切手を引渡す時に、米価が上昇しており米切手の現物取引で損をしても、その損失は帳合米の値上がりによる利得で埋め合わされ、この場合にも米問屋は米価変動のリスクから免れることができるのである。

　帳合米取引では、現米や代銀総額を用意する必要がなく、僅かな敷銀と手数料（歩銀）を納めるだけで、取引に参加できたので、ヘッジ取引を目的とするものには適していた。一般に農産物の価格変動は激しいから、農産物の大量取引を継続的に行う市場が成立するためには、卸売業者の大量取引における価格変動リスクから解放することが重要な条件となる。この意味において、江戸時代の堂島米会所が、帳合米商内（先物取引）と正米商内（実物取引）の両取引制度を兼備しており、米取引関係者に対して、近代商品取引所に類する価格保険機能を提供する仕組みを持っていたことの意義は、改めて確認されなけばならない[36)]。

5. 中井家帳合法

（1） 帳合の法

　江戸時代の商家では、取引がもれなく帳簿に記帳されていることを、どのように確認していたのであろうか。それは、各々の担当場所で、同じ取引をそれぞれの担当者が記入し、その、それぞれの担当者が記載した複記記録を確認することを原則としていた。例えば、現金売上100円という取引であれば、現金出入帳の収入欄に売上高と摘要をつけて100円記入し、それとは別に商品の売上帳に現金売上100円と摘要をつけて記入することによって、売買取引の記帳が完了する仕組みを作っていた。中井家では、毎日営業が終了すると、関係者が集まって帳簿記録を互いに照合し、複記されていればその双方に照合印を押し、全金額に照合印を押し終れば、その日の取引は全部複記されたことが

チェックできたことになり、記帳完了となる。この手続きを「帳合わせ」と呼ぶ。日本の簿記法を「帳合の法」と呼ぶのはこのためである。今日の複式簿記は、このことを仕訳で行い、日計表（試算表）を作り記帳の正否を検証するのであるが、日本式複式簿記で行う帳合わせは「突合」であって、その方が労力は少ない。

中井家の大福帳は、必要な限りのすべての勘定口座を開設した帳簿であり、今日の複式簿記でいえば総勘定元帳に相当する。その大福帳の勘定口座に記入された金額を使えば、資本計算的成果計算（貸借対照表）と損益計算的成果計算（損益計算書）の二つの決算書の作成が可能であり、中井家では貸借対照表部分と損益計算書部分からなる「店卸目録」と称する決算報告書を作成していた[37]。

中井家では、資本計算的成果計算と損益計算的成果計算の両方の計算を行い、同じ年度の利益を算出したというから、今日の複式簿記そのものであった。複式簿記法は、明治以降に西洋から導入されたという通説を覆し、近江商人の間では、江戸時代中期、元禄時代を過ぎて間もない頃には、このような帳合がすでに確立していたのである。

それでは何故このような決算が必要であったのであろうか。それは、資本維持の確認や出店という営業部門の経営を計数的に管理するためと、出店・枝店経営の管理責任者の業績目標や管理者刺戟のための徳用分配という問題が、このような確実で合理的計算方法をあみ出したのである[38]。

（2） 固定資産の扱い

中井家の複式会計制度で作成される貸借対照表にあたるものには固定資産の勘定科目がない。従って、損益計算書にあたるものには減価償却費が出てこない。つまり固定資産会計がないのである。このことは、日本だけのことではなく、ヨーロッパでも同様であった。資本勘定は、運転資本に限られていたのである。その理由の一つは、固定資産に対する会計的な考え方が、「末代もの」すなわち、家や蔵というものは、建設すると丁寧に使えば百年間でも使用可能なものであるから、記帳して金額で把握する必要はなく、固定資産そのものを

しかし、現在の減価償却を行うのと同じ考え方で会計処理が行われていた場合があった。それが実際に出てくるのは、酒蔵などの固定資産の場合であった。製造場である蔵や、製造設備である蔵道具は末代ものとはいえない。このような場合には、中井本家と酒蔵は、約定書によって、酒蔵が買い取った建物や設備類は中井本家に買い取ってもらい、酒蔵に貸し与えるという処理、すなわち、財産管理の面は修理も含んで本家の担当となり、酒蔵の会計には出てこないのである。この場合、中井本家の会計処理は資本投下を「蔵普請」といい、貸借対照表にあたるものに「蔵普請ありもの」という項目で掲げられている。その額は何年かの間に渡って店の費用とされるから、まさに、固定資産にかけた長期的費用をいったんは資産に計上し、耐用年数で期間費用化するという減価償却法が浮び上るのである[39]。

（3）決　算

　近江商人の間では、今日われわれが実施している発生主義会計の決算、期末棚卸計算や、経過勘定の決算整理なども行っていた。減価償却は一般に行っていなかったが、前述のように酒造場や醤油醸造場の製造設備などでは、減価償却計算の前身というべき費用計上を行っていた。

　決算は店ごとに行われたが、最初に年間使用資本に対して10％前後の「利足」を課した。利息の当字とも考えられるが、これは自己資本利子であって、外部への支払いや、本家に納めるのでなく、資本金に繰入れられ、年間の利足を繰入れた資本額を超える正味財産がその年度の利益「徳用」である。そして、損益計算では、何よりも先にこの利足の額が「損之部」に計上されるから、徳用の額は利足の額を超える利益の額でなければならない。その徳用は徳用積金といい、徳用が出ればその10％が世話人の取前となる。額は少ないが、当時としては無上の光栄と感じられ、世話人の努力に対して大きな刺戟となったのである。この利足の制度は、①資本の強制蓄積制であり、営業成績に関係なく10％ずつ必ず累積（積立）される。②利足は世話人の業績責任基準であり、利益が利足の額を超えたものを徳用と呼び、不足すれば損耗と呼び、損耗は将来

の利益で埋めなくてはならない。③利足を超える利益、すなわち徳用の10%が世話人に分配されたのである[40]。

（4） 資本維持の認識

　近江商人は、近江の本家では、百姓の農業用財産と店の営業用の財産とを区別していた。店への営業用の出資は、「店へかし」「出金（だし）」「入金（いれ）」「店へ預け」などと勘定科目は一定しないが、本家からの出資金であることを表現しようとしていた。やがて「元入金」「元手金」という語が熟し、中井家の場合は「望性金（もうしょうきん）」という特別の呼び方をしていた。いずれにしても、出店のための資本金としての出資である[41]。

　近江商人には「組合商合」「乗合商合」と呼ぶ合資制度もできていた。中井家の出資関係の例として、小泉酒店を傘下に入れるに当たり、中井本家単独で100%出資する。店の世話人（経営責任者）は辻次郎七という男が行い、世話料として年俸五両を支給する。世話料は損益計上し、酒店の営業経費に算入させる。いってみれば年俸制である。中井本家の出資に対しては、出資金の年10%の「利足」を資本金に繰り入れさせていた。このような利足や営業経費などを差し引いた上で損益が出れば、中井本家と辻次郎七が折半する。また、固定資産については、中井本家に帰属するという契約書を提出させていた[42]。

　このように、本家が出資した元入金は正しく確立された上に、毎年10%の利益を繰入れて増殖させ、純損益が出れば本家はその50%の利益を割当てられるという資本金の計算取扱が定められていた。店に対する出資と経営が人的に分離されているということは、店を主人の個人財産であるとは考えず、店という事業体（主体としてのビジネス）として認識していたことを意味しており、抽象的な資本概念を認識していたのである。

　従って、店の資本の維持が重大な関心事となり、どの近江商人も、自分自身のための計算として、年度末に資本確定計算を内容とする年度決算を行っていた。期末資本が期首資本より増大していればその期は利益が出たということである。また、資本は資産在高から負債在高を差引いた正味財産であるから、この資本の確定については、帳簿があれば帳簿残高を用いて計算できる。帳簿が

なければ、期末の実地棚卸を行い計算すればよいのである。近江商人はこの成果計算を実施し、記録を残していたのである[43]。

　近江商人の利益金の配分方式は多少の差はあるが、大筋では「三つ割」制であった。利益金の中からまず資本金に対する一定率を資本金に繰入れる。さらに利益があればその一定率が世話人（支配役）に分配され、他の分は資本金に繰入れられる。今日の利益配分の用語を用いれば、①一定率を配当金とし、残りは、②重役賞与金と③積立金とされるのであるから、現代の利益処分とまったく同じ考え方である。これが江戸時代中期には確立されていたのであるから、その資本意識の近代性は一驚に値する[44]。

（5）業績の評価基準

　中井家の支店が営んだ業種は、質屋・小売店・卸業・製造業にまで多岐にわたりその取扱商品も多種多様であった。従って、業績評価の基準は、地方差・業種差・品目差があり、画一的に行うことができない。また、同じ支店であっても中井家との関係が一様ではなく、出店・枝店・別家という格付けがあり、同格間であっても、それぞれに特異差があり、管理基準を一律に行うことができないのである。この問題を中井家は「店掟目」（契約書兼業務規定）の中で詳細に規定し、特異差に応じる差別規準を設けていた。この差別基準は、利益率・利足率・給金規定・欠損処理法・内部留保・支配人の権限など各部面にわたって設けられていた。また、支店には、立地条件の差があり、業種の差もあり、人為的統制も強く加えられ、営業方針も一様ではなかった。さらに、経費の発生にも大きな差が生じ、純利益のみで営業能率の基本的評価を行うことは困難であった。従って、各支店は、品種によって、売買総利益計算を行う「勘定部」（売上収益と売上商品原価の比較計算）を品目別に分けて行い、その計算結果である「売出徳用」（売買総利益）を記載したものに「此廻り」として総利益率を附記していたのである。このようにして、売買総利益率による能率の把握という合理的管理方式が案出されていたのであった[45]。

(6) 管理会計

　中井家では、原価計算も行っていた。酒造業・醤油醸造業は当時から工場制であったが、原料の精製工程（揚屋）、発酵工程（蔵）といった工程別があり、工程別に仕掛品原価が計算され、それが次の工程へ振替えられ、最終的には等級別総合原価計算が行われていたと思われる。売買損益を算出するには「徳用之部」が商品ライン別・営業種別に作られ、その一区分ごとに売買総利益率が「この廻り〇〇分」と明示され、管理会計としての役割を果していた。酒造場の決算書に棚卸製品を計上するための単価を添書きするにあたり、「見積って」と書かれているが、文字は見積ってと書かれているが、売上量と在庫量に付けられた単価を検討すると、見事に等級別総合原価計算の結果に違いない単価が付けてある。多分、算盤上の作業のみで行った為、この計算過程については何も残っていないのが残念であるが、このような合理的会計法による単位原価の裏付けのもと、価格政策を効果的に組むことができていたといってよい。出店・枝店はそれぞれ独立採算制を採用し、その決算結果で世話人の責任が問われ、利益分配がなされるのであるから、出店ごとの決算には十分に研究された合理的な処理基準が要求された。欧米の会計が株主に対する報告であることが会計原則を固めていったのとは異なり、中井家は管理会計であることが会計基準を洗練させていったのである[46]。

　中井家の本支店組織は、中井家本家の下に元方店（もとかたみせ）があり、元方店の下に出店や枝店があった。出店・枝店はそれぞれ単独決算を行い、その店卸目録を元方店へ送る。元方店は自店の単独決算に、傘下出店・枝店の決算結果を、今日でいう「持分法」で合併した本支店略式合併決算、あるいは関連会社連結決算を行っていた。それを本家へ送り本家では総合併決算となる。ここでは報告会計の役割も兼ねていたのである[47]。

(7) 本支店会計

　支店網の形成による商いは、近江商人の定石であり中井家はその好例であって、一種のコンツェルン的性格を持っていた。その管理統制手段として、完全な統一会計法と年度決算を報告させて、計算的管理を行なうこと、業績刺戟と

すること、徒弟制度の裏付けとすることなど、中井家の経営管理方式の一つひとつが本支店会計制度に結びついていたのである[48]。

　本支店会計の会計処理の原則は、本店と支店あるいは支店同士の取引において、合理的で厳密な会計処理を行わなくてはならない。中井家には、その会計方法を一つ一つ集記した会計原則集のようなものはないが、会計処理を変更すべき場面が生じる度に「…を店雑用とし」と利益処分項目でなく経費項目への変更の指示が行われていた。支店の業績管理における重要な問題点は、損益計算の結果が支店の業績を計る尺度になり得る計算の合理性があるか、ということである。本店と支店、支店相互間での取引が、分担されている場合、それぞれの営業努力の大きさに比例した利益が算出できるような計算基準を立てなければ合理的とはいえない。

　仕入れの努力と販売の努力を分割して求めるには、原価主義や売価主義でも適当ではない。例えば、A支店が500円で仕入れた商品をB支店へ送りB支店は800円で売り300円利益が出たとすると、仕入努力を1、販売努力を2、と振り分けた場合は、A支店は100円、B支店には200円の利益が算出されるように会計処理を行う必要がある。本店は、A支店へ仕入努力として利益100円振り替え、B支店へは販売努力として200円振り替えることによって調整する。また、産地価格や仲間取引価格といったものがあれば、これを用いて会計処理を行うことが合理的であった。その他に、共通に発生した費用はどちらがどれほど負担するかという問題もある。

　中井家帳合では、これを「利足」勘定で解決していたのである。本支店間での取引によって資金移動が常に起るわけであるが、本支店間の成果分割については、これを本店（元方）の側では「出店・枝店へ差引残りかし」勘定で、支店（出店・枝店）の側では「元方より差引残りかり」勘定で処理する。支店間取引の場合も「元方より差引残りかり」勘定の上でプラス、または、マイナスにする。つまり、支店相互間の取引も本店を経由して取引したものとする本店集中会計制度で処理していたのである。すなわち、この「出店・枝店へ差引残りかし」勘定と「元方より差引残りかり」勘定は、連結勘定として働いていることになる[49]。

（8） 支店管理基準

　中井家帳合における本支店会計法の優秀さは、本支店会計基準の合理性にみることができる。小倉榮一郎は『江州中井家帖合の法』のなかで、中井家の本支店会計法を次のように確認している。

　「その結果は支店管理基準が極めて巧妙にして厳格であった事情が窺い知れるのであるが、本支店会計法を通じて確認しえた点は次の諸点である。

　一、年度決算の励行とその立会監査
　二、売買総益率（商品種別）の算出
　三、担当者に対する給料制による生計の分離
　四、資本金に対する一定歩合（利足）の利益を獲得することを要求し、これを望性金に累加する資本蓄積の強行（万一欠損になった場合も欠損金は元本から差引かないで、回復するまで繰越し、将来の利益による補塡を強烈に義務づけ、場合によっては、支店担当者に弁償せしめることもある）
　五、右の一定歩合の利足を越える利益を上げた場合は出精（世）金積立を行ない、支店担当者に参与せしめるところの管理者刺戟制
　六、固定資産の簿外資産化、早期償却による正味身代計算の含み
　七、給金・徳用預り・出精金等の内部留保による企業資本の増殖と、従業員持歩制
　八、可能な限りの源泉より資本を動員する財務政策と、合資共同事業を支持する資本会計法の完備
　九、自己資本に対する望性金概念の確立と、資本維持の規準、企業実体観確立への努力
　十、すべての本支店間取引に一定の日合利足（内部利息）をつけ、共通経費の賦課を行なうことによる支店別の正確な成果分割
　十一、固定資産は支店の計算に組入れないで、本家・元方がこれを設置し、支店に貸与するという考え方で、支店には固定資産賃借料と、固定資産維持修繕費を計上するという方法をとった。これは機能としては固定資産減価償却に相当する。」[50]

むすび

　ビジネスの視点で江戸時代を見た場合、現代のビジネスの諸活動の原型がすでに出来上がっていたことに驚かされる。江戸は、当時の世界では類を見ない100万都市であり、その人口を支える為には、現代社会とそん色ないビジネスの諸活動が行われていたのである。

　越後屋では「現銀掛け値なし」薄利多売が行われ、しかもその店頭販売は、多彩な品揃えと分業制による効率化は目を見張るものがあり、両替商としても大坂の幕府御用金と江戸の呉服の売上金とを為替によって相殺している。近江商人の支店網は全国各地に渡り、のこぎり商法と称し産地間取引を薄利多売で行い封建社会下という制約を感じさせないものがあった。大坂と江戸の物資輸送が大量になってくると、リスク管理が求められると同時に、菱垣廻船と樽廻船との競争が表面化し樽廻船側の勝利に落ち着いたのは、現代のビジネスそのものである。また、大坂の米市場では、大名の日常的な出費と年貢米が入手できるまでのタイムラグや各地の米の作柄等の思惑を含め米の先物取引やリスクヘッジが行われ、米切手等の信用取引やその危うさは、現代のビジネスを彷彿させるものがあった。さらに、中井家の会計システムは、取扱商品の違いや、仕入と売上の合理的な業績判定、本店と支店、支店同士の取引を本支店集中会計制度によって、合理的に管理・運営が行われていた。中井家の会計システムの精緻さは、現代においても通用するものであり、目を見張るものがあった。まさに、江戸時代は現代ビジネスの起点というに値する時代であったのである。

　ビジネス教育には、ビジネスの本質について学ぶ教材開発が不可欠である。日本のビジネスの起源にまで遡り、学習することによって、浮かび上がってくるものの中から、ビジネスの本質について学ぶ手掛かりがある。ビジネスの変遷をたどる歴史のなかで、ビジネスがいかに根付いてきたかについての教材開発の必要性が浮かび上がる。

　ビジネスの歴史を遡る場合に決して忘れてはならないことがある。それはビ

ジネスを取り巻く外部環境としての社会体制である。ビジネスの歴史を主体的に学ぶには、その時代を把握することが不可欠である。封建社会を理解しなければ、先人の苦労やリスク管理を十分には理解できない。社会体制の変遷という基軸をもって、現代社会から遡りビジネスの起点を探らなければ、ビジネス教育の視点とはならないのである。

注
1) 三好信浩『日本商業教育成立史の研究』風間書房、昭和60年、pp.9-10。
2) 井原西鶴、東明雅校訂『日本永代蔵』岩波文庫、1999年、pp.33-34。
3) 宮本又郎『日本経営史』有斐閣、2009年、pp.28-31。
4) 「西鶴は一日に百五十両の売上げがあったことを指摘しているが、若しかりにそれが正しいとすれば、半年間に二万七千両、一ヵ年間に五万四千両となり、金一両を銀六十匁替として、銀三千二百四十貫目の売上高となる。これについて越後屋の売上高を調べてみると…(中略)…西鶴の『日本永代蔵』に示されている越後屋の売上高は、元禄元年(1688年)頃の売上高とみても、ほぼ間違いのない数字と考えられよう。」(中田易直『三井高利』吉川弘文館、2006年、pp.116-117)。
5) 土屋喬雄『日本経営理念史』麗澤大学出版、平成14年、pp.116-117。
6) 宮本又郎、前掲書、pp.28-31。
7) 三好信浩、前掲書、pp.9-10。
8) 同上書、pp.10-11。
9) 宮本又郎、前掲書、pp.46-49。
10) 小倉榮一郎『近江商人の経営管理』中央経済社、平成3年、pp24-25。
11) 同上書、pp84-85。
12) 同上書、p.169。
13) 同上書、pp168-169。
14) 宮本又郎、前掲書、pp.46-49。
15) 「江戸の十組問屋は元禄七年(一六九四年)に結成され、塗物、布と糸(内店)、通町(小間物、太物など)、薬種店、釘店、綿店、表店(畳表)、川岸(水油)、紙店、酒店の以上十組からなっている。」(河原茂太郎・菊浦重雄『日本商業発展史』文雅堂書店、昭和35年、pp.318-319)。
16) 「これに対し、大阪二十四組問屋は安永年間(一七七二年～一七八〇年)に完備し、株仲間を形成し、綿買次積問屋、油問屋、鉄釘積問屋、江戸組毛綿仕入積問屋、一番組紙店、表店(畳表)、二番組紙店、内店組(木綿類)、明神講、昆布、白粉、線香、布海台、下駄、鼻緒、傘、絵具類、通町組(小間物、古手、葛籠など)、瀬戸物店、薬種店、堀留組(青筵類)、乾

物店、安永一番組（紙類）、安永二番組（金物類、木綿、古手など）、安永三番組（渋、砥石など）、安永四番組（打物、針金など）、安永五番組（煙草、帆木綿など）、安永六番組（指金、干魚など）、安永七番組（鰹節、傘など）、安永八番組（蝋）、安永九番組（木綿、古手など）の二十四組の組織からなっている。」（同上書、pp.318-319）。

17) 速水　融・宮本又郎編『経済社会の成立』岩波書店、2007年、p.312。
18) 「このころの廻船業者には、大阪の富田屋、大津屋、塩屋、摂津の毛馬屋などがあり、いずれも寛永四年（一六二七年）に廻船業をはじめた。この菱垣廻船は大阪から木綿、油、酒、酢、醤油、塗物、紙類などを江戸に運搬した。そして、問屋仲間が江戸、大阪に組織された。江戸の十組問屋、大阪の二十四組問屋などの廻船組合が成立し、相提携して海上交通を発展せしめた。」（河原茂太郎・菊浦重雄、前掲書、pp.264-268）。
19) 宮原武夫（ほか16名）、前掲書『高校日本史B』実教出版、平成25年、p122。
20) 河原茂太郎・菊浦重雄、前掲書、pp.318-319。
21) 速水　融・宮本又郎編、前掲書、pp.313-314。
22) 同上書、pp.313-314。
23) 宮本又郎『近世商人意識の研究』有斐閣、昭和16年、pp.40-41。
24) 宮本又郎、前掲書、『日本経営史』pp.24-25。
25) 宮本又郎『日本市場史』、山種グループ記念出版会、平成元年、pp.36-40。
26) 河原茂太郎・菊浦重雄、前掲書、pp.264-268。
27) 同上書、p.266。
28) 同上書、pp.264-268。
29) 「十人両替：十人両替は両替商中、最も大きく、信用あるもので、その仲間における主領たる地位に立ち、本両替商を取締り、両替店の新設に対しては許否の権力を持っており、御用両替として幕府公金の出納を取扱い、金銀売買相場を支配し、藩に対する貸付を取扱った。帯刀を許され、町役免除の特権を持っていた。天王寺屋・平野屋・鴻池など総数十家あったので十人両替と称した。

　本両替：　本両替は普通の両替商で、開業の場合は十人両替・本両替の許可を得て朱銀一貫ほどを納めた。その業務は金銀売買、貸付・預金、手形振出、為替取組などであった。その総数は二百軒内外といわれている。

　銭両替：銭両替は銭屋とよばれ、米穀雑貨などを売り、その集った金銭をもって金銭交換を営み、十人両替の支配以外であって、その総数千軒以上であった。

　米方両替：米方両替は堂島米穀市場における特殊な金融機関で、かれらは多く堂島町内の資産家であって、米穀売買の証拠金および仲買人より預金を預り、限月売買の差引勘定などを引きうけていたのである。」（同上書、pp.264-265）。
30) 「その数は天明三年（一七八三年）以後には六百人をこえている。そのうち本両替は数名、三組は三十名内外、番組は五百名内外、寺社方は両替をあわせて二十名程度であった。両替

のうち最大のものは越後屋、すなわち三井家であった。三井家が幕府の為替御用を営んだのをはじめ、各家は諸大名の御用達として為替御用をつとめた。脇両替たる三組両替ならびに番組の本務は、金銀のほか銭の両替を取り扱い、その他、一般の商業および金融業を営んでいた。」(同上書、pp. 265-266)。

31) 小倉榮一郎『近江商人の経営管理』中央経済社、平成3年、pp84-85。

32) 預り手形：預り手形は両替商より預金者にさしだしたもので、名宛人はもちろん持参人にても支払をうけ得たのである。今日の銀行の振出手形と同様なもので、兌換券のように流通した。

振出手形：振出手形は預金者たる商人から両替商にあてて振出すもので、その名宛人または持参人に記載の金額を両替商より支払うもので、今日広く使用される小切手である。

振差紙：振差紙は主として親両替商と子両替商との間に通用する、短期融通手形で、その日限りで、九ッ時までに双方決算することとなっていた。

大手形：大手形は節季にさいして、甲商人が乙商人より請取勘定を有し丙商人に支払勘定を有するとき、甲商人が乙商人の入金を目標として自己の取引両替商あての振出手形をつくり丙に交付し、丙がこれを自己の取引両替商に振込んでその入金と同視するので、節季後三日目に決算せられた。商人の取引決済に現金を使用することはすくなく、大手形で支払うことがおこなわれ、大手形は商人の節季勘定を各自の集金事情から翌月三日に延期する方法であった。

約束手形：約束手形は今日の約手と同様である、一つは商品を買入れた時、日をきめて支払うことを約束するものである。

蔵預り手形：蔵預り手形は砂糖・米のような商品にたいして振出されるもので、蔵預切手とも称され、今日の倉庫証券である。」(河原茂太郎・菊浦重雄、前掲書、pp.266-267、参照)。

33) 宮本又郎、前掲書、『日本市場史』pp.56-57。

34) 同上書、pp.98-99。

35) 同上書、pp.58-60。

36) 同上書、pp.76-77。

37) 宮本又郎他4名『日本経営史[新版]』有斐閣、2009年、p.65。

38) 小倉榮一郎『近江商人の理念』サンライズ出版、2003年、pp.97-99。

39) 小倉榮一郎『近江商人の経営管理』中央経済社、平成3年、pp.90-91。

40) 小倉榮一郎『近江商人の経営』サンブライト出版、昭和63年、pp.83-84。

41) 小倉榮一郎、前掲書『近江商人の理念』p.83。

42) 『相定申一札事』には「此度拙者仲間になし下され、此後引請世話つかまるべく候、尤仕入金の義は入用次第お取替下され、利足の義は壱ヶ年に壱割勘定と相定め申し、私世話として金五両づつ年々宿本へお渡しくだされ店諸入用に相成し…損徳有之候分は弐割…蔵敷之義は貴殿お請取りなさるべく…」と辻次郎七が証書を入れている。(小倉榮一郎、前掲書『近

江商人の経営管理』p.77、参照)。
43)　小倉榮一郎、前掲書『近江商人の理念』、pp.83-84。
44)　同上書、p.87。
45)　小倉榮一郎『江州中井家帖合の法』ミネルヴァ書房、2008年、pp.219-220。
46)　小倉榮一郎、前掲書『近江商人の経営』pp.85-86。
47)　同上書、p.85
48)　小倉榮一郎、前掲書『江州中井家帖合の法』、p.242。
49)　小倉榮一郎、前掲書『近江商人の経営管理』、pp.86-88。
50)　小倉榮一郎、前掲書『江州中井家帖合の法』、pp.217-219。

あ と が き

　ビジネス教育をビジネス教育論といえるものにまでに高めるには、どのように組み立てればよいのであろうか。ビジネス教育が、独立した研究分野として成り立つには、何が必要なのか。久しぶりに、大学院生時代に何時も持ち歩いていた古林喜樂先生の『経営労務論序説』を開いてみた。書名はかすれ随分痛んでいる。その本のいちばん最後に赤鉛筆で波線を引いている文章が目に飛び込んできた。「資本主義社会においては、盲目的な価値法則が貫徹していくのであるから、法則に則して問題を解明していくのでなければ、科学的な解答とは言い得ないであろう。」やはり、私の原点はここにあった、と思った。

　ビジネス教育をビジネス教育論と言えるものにするには、まず、ビジネスとは何か、そしてそのビジネスはどのような法則で動いているのかについて解明したうえで、ビジネス教育とは何かという定義づけ行い、ビジネスの諸活動についての実践的な課題解決に取り組まなければならない。

　主体としてのビジネスを動かしているものは何か。この法則を理解すれば、ビジネスの諸活動を理解できるというものは何か。しかも、簡潔にして理解しやすいものは何か。このような課題に対して、資本の論理とビジネスの論理という2つの論理と「不易」と「流行」という時間軸を組み合わせること、そして、現実のビジネスの実務に関わるビジネス倫理観を念頭に置くことによって、主体としてのビジネスの諸活動を統一的に理解できることを明らかにした。

　資本の論理とは、ビジネスに投下された資本は資本の自己増殖・利潤の極大化を図るということであり、ビジネスの論理とは、利益を上げる方法は収益を上げるか費用を節減するしかないということである。ビジネスにとって、利潤の追求、利潤の極大化は、避けて通ることができない法則であり、何人もそのことを否定することはできない。人の意識を超えて、主体としてのビジネスは、資本の論理が貫徹し、その具体的方策としてのビジネスの論理はビジネスの諸活動を支配する。

ビジネスの「不易」とは、異なる国々においても、歴史を遡っても、未来のビジネスを見通しても、変わることのない資本の論理とビジネスの論理が貫徹するというビジネスに関する「不易」の側面のことである。しかし、ビジネスには、その時代の社会体制やその国の国民性、さらに経済社会情勢によって、ビジネスの諸活動は異なるという「流行」の側面がある。収益の獲得の仕方、費用の節減の具体的な方策は、その時代や社会において、行っても良いこと、行ってはいけないことがある。そもそも商品としてはいけないモノやサービスがある。つまり、ビジネスの諸活動を行う手段は、選ばなければならないのである。いつの世においても、商業道徳やビジネス倫理観が問題になるのは、このためである。ここに「流行」とビジネス倫理観との関わりが生まれ、ビジネス教育のテーマとして、ビジネス倫理観の育成が浮かび上がってくる。

　さらに、ビジネスは、活火山のように自らのなかに常にエネルギーを蓄え、放出させる。その時代をけん引するエネルギーは、封建社会を崩壊させ時代を明治維新へと向かわせた。ビジネスは、社会体制を根こそぎ変革させる震源地となり得るのである。

　実践教育であるビジネス教育は、その学習成果を手掛かりに、自らの力で課題を発見・分析し、ビジネスに関する知識、技能、倫理観を持って、その課題を解決していく道筋を自らが主体的に構築する人材育成を図らなければならない。現実のビジネスの諸活動は、様々な課題を抱えている。時代がビジネス教育に求めているものは、ビジネスの本質を見抜く力を育成することによって、問題解決にあたり、創造性豊かで、柔軟性があり、なおかつ主体性を持った、ビジネスパーソンの育成である。ビジネスパーソンは、具体的な事例に対して、なぜ、この手段・方法によって、この目的が達成できるのか、その目的を達成するに至る因果関係を究明し、具体的な解決策を提示できなければならない。この思考の基盤として、ビジネスの本質についての理解は不可欠である。

　現代の経済社会で、日常生活において、ビジネスに関わらないものはない。ビジネスの諸活動の大きさ・深さは、我々の生活そのものを飲み込んでいる。この現代の経済社会に不可欠な、ビジネスの諸活動について理解する分析軸を提示することが、本書の課題である。いまだ、捉えどころのないビジネスでは

あるが、真正面から取り組んだつもりである。
　ビジネス教育に携わるものとして、ビジネスについての本質的な理解の一助となること、そして、本書がその一端を担うことができたとしたら、幸いである。
　末筆ながら、出版を快くお引き受け下さった株式会社大学教育出版佐藤守代表取締役に心からお礼申し上げる。

■著者紹介

河内　滿（かわち　みつる）

　1948 年　広島県広島市に生まれる
　1975 年　広島修道大学大学院商学研究科修士課程修了
　1976 年　広島県立戸手商業高等学校　教諭
　1980 年　広島県立大竹高等学校　教諭
　1985 年　広島県昭和 60 年度教員特別研修生として一橋大学商学部へ内地留学
　1986 年　広島県立広島商業高等学校　教諭
　1990 年　広島修道大学商学部専任講師、助教授（1992 年）
　1993 年　日本商業教育学会理事・中国部会長（2017 年まで）
　1995 年　広島修道大学商学部教授　現在に至る
　1998 年　全国私立大学教職課程研究連絡協議会　編集委員会副委員長
　2000 年　全国私立大学教職課程研究連絡協議会
　　　　　大学院における教員養成・研修問題検討委員会委員（2003 年まで）
　2003 年　労務理論学会　常任理事、労務理論学会事務局長（2006 年まで）
　2005 年　一橋大学大学院商学研究科　在外派遣研究
　2006 年　広島地方最低賃金審議会　専門部会委員（2015 年まで）
　2010 年　（財）大学基準協会　大学評価委員会大学評価分科会委員
　2012 年　広島修道大学　学生部長（2014 年まで）
　2017 年　広島地方最低賃金審議会　専門部会委員

ビジネス教育論の展開　　　広島修道大学学術選書 69

2017 年 11 月 10 日　初版第 1 刷発行

■著　者──河内　滿
■発 行 者──佐藤　守
■発 行 所──株式会社 大学教育出版
　　　　　　〒700-0953　岡山市南区西市 855-4
　　　　　　電話（086）244-1268　FAX（086）246-0294
■印刷製本──モリモト印刷㈱

© Mitsuru Kawachi 2017, Printed in Japan
検印省略　　落丁・乱丁本はお取り替えいたします。
本書のコピー・スキャン・デジタル化等の無断複製は著作権法上での例外を除き禁じられています。本書を代行業者等の第三者に依頼してスキャンやデジタル化することは、たとえ個人や家庭内での利用でも著作権法違反です。
ISBN978-4-86429-475-1